정보조사제공학

한상완 · 이숙희 공저

연세대학교 출판부

INFORMATION SERVICES

SANG-WAN HAN, Ph. D.
Professor of Information Services, Yonsei University

SOOK-HEE LEE, Ph. D.
Instructor, Yonsei University & Chonnam National University

SEOUL
YONSEI UNIVERSITY PRESS
2007

이 저서는 2006년도 연세대학교 정책연구비 지원에 의하여 이루어진 것임.

머리말

명징하고 차가워 오히려 삶의 따스함을 느끼게 하는 겨울이다. 그래서 좋아하게 된 이 계절이 정년을 앞둔 감회의 깊이를 더해주는 것 같다.

문헌정보학과에 입학하여 그 학문을 공부한 기간이 10여 년이 넘었고, 이를 현장에서 전문직으로 봉사한 것도 적지 않은 세월이었는가 하면, 대학에서 학생들을 가르쳐 온 지 30여 년이라는 시간이 흘렀다. 문헌정보학의 한 연구영역인 정보조사제공(Information Services)을 전공으로 가르치고 연구해 왔지만 돌이켜보면 그 부족함에 아쉬운 마음이 더 크다. 석사 공부를 마치고 모교 중앙도서관에서 시작한 첫 일자리가 참고열람실이었던 인연과, 문헌정보학의 핵심영역 중 하나가 정보조사제공이란 신념에 따라 이를 연구하고 가르치는 일에 정열을 바친 것에 대하여는, 그 질적 수준과는 별도로 자긍심 또한 없지 않다.

1986년에 『대학도서관 정보서비스론』을 낸 후, 1995년, 이 분야의 본격적인 연구로서 『정보조사제공론』을 펴내었고, 2000년에는 급변하는 디지털 시대로 진입한 우리 학문분야의 상황에 대처하는 노력의 일환으로 『디지털시대의 정보조사제공학』이란 제목의 책을 간행한 바 있다. 금년 2월, 교수 생활의 대미를 맺기에 앞서 지난해부터 『디지털시대의 정보조사제공학』의 개정판을 준비해 왔는데 12년간 연속으로 대학 행정에 봉직하느라 이 분야의 새로운 연구 결과와 이론들을 섭렵할 시간을 충분히 얻지 못했다. 이러한 정황을 잘 이해하고 있는 제자 이숙희 박사와의 논의 끝에 정통적인 정보조사제공의 기본 영역과 새로운 디지털 환경에서 확장되고 있는 영역들을 종합하고 보완하는 개정 작업을 진행하게 되었다.

이 책은 크게 다섯 부분으로 구성되어 있다.

첫 번째, 정보조사제공학의 역사적 배경과 학문명의 발전과정을 고찰하였다.

두 번째, 정보조사제공의 의의와 본질에 대한 이해를 돕기 위해 정보조사제공 과정을 설명하는 모형과 이론들을 다루었다.

세 번째, 정보원, 이용자 그리고 정보사서에 대한 각론을 통해 정보조사제공을 구성하는 핵심 요소들을 분석하였다.

네 번째, 그 요소들의 상호작용으로 발생하는 정보조사제공의 주요 기능들을 질문응답서비스, 정보이용교육 그리고 상호대차와 원문제공서비스 측면에서 살펴보았다.

마지막으로, 정보조사제공의 효율성을 분석하고 평가하는 문제들을 논의하였다.

정년을 맞아 사제지간의 아름다운 학맥을 이은 연찬과 노력으로 이루어진 이 저서가 미래 문헌정보학, 특히 정보조사제공학의 발전에 밑거름이 되기를 바라며, 박사학위 논문을 준비하면서도 정성으로 간행에 애써 주었던 김태경 박사에게도 고마움을 전한다.

2007년 1월 어느 서설이 내리는 날,
연세동산에서 지은이 씀

목차

01

정보조사제공학의 학문명과 연구영역

정보조사제공학이 추구하는 학문적 목표는 이용자가 필요로 하는 정보를 가장 적절하고 신속하게 조사 제공할 수 있는 이론적 토대와 실제의 문제를 다루는 것이다. 문헌정보학의 한 연구영역으로서 이론의 현장 적용이 가장 활발하게 전개되고 있는 이 분야는 최근 컴퓨터와 온라인 네트워크 기술의 발전을 토대로 디지털 정보조사제공이라는 새로운 연구영역을 확장시켜 나가고 있다.

디지털 정보환경의 변화는 오랫동안 도서관과 이용자를 제약해 왔던 장소와 시간의 경계를 사라지게 했으며 이용자의 정보 접근과 이용 방식 뿐 아니라 인간의 삶 속에 정보가 차지하는 역할과 비중, 정보를 찾고 이용하는 방법 그리고 정보의 추구와 이용행태에 많은 변화를 가져오고 있다.

언제 어디에서나 원하는 정보를 찾고 이용할 수 있게 된 인터넷 이용자들은 물리적 공간의 도서관이 아닌 가상 도서관을 더 많이 이용하고 있으며, 이용자의 정보요구를 해결해 주는 유일한 장소로서 도서관의 기능은 점차 상실되어가고 있다. 그러나 다른 한편으로는 가상공간에서 이루어지는 정보사서와 이용자 간의 다양한 커뮤니케이션 방식이 활발해짐에 따라 도서관과 정보조사제공의 기능에 대한 이용자들의 인식도는 더 높아지는 경향을 보이고 있으며, 방대한 인터넷 정보원을 효율적으로 이용하기 위한 교육의 중요성은 그 어느 때보다 커지고 있다.

이러한 현실은 전통적인 방식의 정보조사제공과 도서관, 도서관과 이용자의 관계에 대한 새로운 분석과 해석을 필요로 하며 디지털 정보환경에서 앞으로 정보조사제공의 역할과 기능은 무엇인지 그리고 기술과 환경의 변화에도 불구하고 정보조사제공학이 변함없이 추구해야 할 이념과 가치는 무엇인가에 대한 근본적인 물음을 제기한다.

이 장에서는 정보조사제공이 발생하게 된 역사적 배경을 살펴보고 국내외 학문명의 변천과정에 나타난 정보조사제공학의 발전 과정을 이해하고자 한다. 그리고 디지털 시대에 전개되고 있는 정보환경의 변화와 함께 다양한 이용자의 정보요구에 부응하기 위해 앞으로 정보조사제공학이 발전시켜 나가야 할 연구영역을 재정립하고자 한다.

1.1 정보조사제공의 역사적 배경

도서관의 기본 기능은 정보의 선택과 수집, 정보의 조직 그리고 그 정보를 이용자에게 제공하는 것이다. 이 중 이용자의 정보이용을 돕는 정보조사제공은 가장 최근에 발전한 도서관의 한 업무라 할 수 있다.

용어의 유래에 나타난 정보조사제공의 기원을 보면, 정보조사제공이라는 용어는 참고도서라는 책의 이름에서 유래한 것으로 보여 진다(Janes, 2003, 6). 1836년 판 *Oxford English Dictionary*에 수록되어 있는 '참고도서(Book of Reference)'의 정의와 1858년 판 '참고도서관(Reference Library)'의 정의가 유사하기 때문이다. '대출할 수 없는 책'이라는 참고도서의 정의는 그 당시 도서관의 참고실(Reference Department)의 기능에 그대로 반영되었다. 그 이후 참고도서의 이용을 돕는 사서들의 존재가 점차 보편화되기 시작했고 마침내 사서가 수행하는 업무를 '참고업무(Reference Work)'라고 부르게 되었다. 그리고 1943년에 이르러 ALA의 *Glossary of Library Terms*(1943)에서는 참고실(Reference Department)에 대한 최초의 정의를 내렸는데 "참고도서(Reference Book)를 소장하고 그 이용을 돕는 도서관의 한 영역"이라고 정의하였다(Thompson, 1943, 113).

최초의 정보조사제공이 발생한 시기를 살펴보면, 1876년 미국 교육부(Dept. of Education)에서 발표한 공공도서관 보고서에 독자를 돕는 내용이 간단히 언급되어 있을 뿐 그때까지 '참고(Reference)'라는 개념은 찾아볼 수 없었다. 19세기 후반에 이르러 대중교육과 민주주의가 미국과 전 세계에 확산되면서 공공도서관이 출현하게 되었고, 19세기 중엽만 해도 대부분 문맹이었던 사람들이 읽을 줄 아는 능력과 도서관 이용에 필요한 기본 기술들을 습득하게 되자 도서관은 더 이상 소수 지식인들만을 위한 보존의 장소가 아닌 대중교육에 필요한 지적 양분을 제공하는 장소로 변화하기 시작했다. 많은 사람들이 도서관을 이용하게 되었고 이러한 이용자들을 위해 도서관은 도서관이 무엇을 하는 곳이며 어떻게 이용할 것인지를 가르치는 교육 서비스를 개발하기 시작했는데 이는 19세기 말, 정보조사제공이 발생하게 된 배경이 되었다. 여기에 대학 교육의 성장은 연구자의 수를 증가시켰을 뿐 아니라 학문분야의 전문화와 세분화를 가져왔고 대학도서관의 자료에 대한 요구를 높이는 계기가 되었다. 이러한 학계의 변화는 자연스럽게 도서관에 대한 관심을 고조시켰으며 그동안 수서와 목록이 주요업무였던 대학도서관에 참고업무를 도입하도록 하였다. 대학원 교육과 연구가 일반화되면서 도서관의 장서 규모도 19세기 후반에 이르러 급격히 성장하게 되었고 이로 인해 자료 이용이 점차 어려워지게 되었다. 이는 장서를 조직하기 위한 새로운 분류와 목록 방법의 개발을 가져왔을 뿐 아니라 이용자의 자료 이용을 돕기 위한 서비스의 이론적 토대를 마련하게 했다(Galvin, 1977, 211).

한편, 정보조사제공의 학문적 배경의 시초는 'Reference'의 개념을 공식적으로 처음 언급한 Worcester Free Public Library의 사서, Samuel Swett Green의 논문에서 비롯된 것으로 보고 있다. 1876년에 발표된 "Personal Relations Between Librarians and Readers(Green, 1876)"는 사서와 이용자 간의 인적 상호작용을 다룬 최초의 논문으로서 필요한 자료의 선정에 어려움을 느끼는 이용자에게 단지 목록을 제공해 주는 것만으로는 불충분하므로 사서의 인적 도움이 반드시 제공되어야 한다고 주장하였다. Green은 또한, 도서관의 이용자를 돕는 사서의 역할과 함께 사서의 기능으로서 이용자 교육, 이용자 질문에 대한 응답, 이용자의 자료 선택 안내, 그리고 도서관 홍보를 논의하였다. 'Reference'라는 용어가 학술적인 용어로 정착하기까지는 그 후로 수 십여 년이 걸렸지만 Green의 논문은 'Reference Service'라는 개념을 학문적으로 일반화시키는데 도움을 주었으며, 1888년에는 Columbia 대학교 도서관 학교에 처음으로 '참고봉사(Reference Service)'가 교과목으로 채택되는 결과의 동인이 되었다.

1890년대에는 이용자에게 사서가 제공하는 인적 도움이 도서관의 중요한 봉사 기능으로 자리 잡게 되었고 '참고업무(Reference Work)'라는 명확한 명칭과 함께 참고실은 독립부서로서의 위치를 차지하게 되었다. 1891년에는 'Reference'

라는 용어가 문헌에 처음 등장하게 되는데 William Child의 논문인 "Reference Work at the Columbia College Library"가 *Library Journal*에 게재되면서 최초로 'Reference'라는 용어가 색인되었던 것이다(Janes, 2003, 10).

초기의 참고업무(Reference Work)는 주로 공공도서관과 정부기관의 특수도서관을 중심으로 발생했으며 대학도서관에서의 발전은 더딘 편이었다(Bunge, 1983, 3). 그 부분적인 이유로는 대학의 교직원과 학생들이 필요한 자료를 스스로 잘 찾아 이용할 수 있을 것이라는 기대와 대학도서관의 발전 정책이 주로 목록을 이용한 주제 접근과 장서개발에 치중해 있었던 점들을 들 수 있다.

20세기 초, 공공도서관에서는 참고봉사 영역이 주제별로 부서화되어 보다 전문적이고 적극적인 봉사를 제공하기 시작했고, 20세기 중엽에는 새로운 정보검색 기술의 도입과 함께 더 많은 이용자와 더 다양해진 정보질문을 처리해야 하는 참고봉사의 발전을 가져왔다. 그리고 이러한 정보환경의 변화는 그동안 참고업무 혹은 참고봉사라 불리던 학문명이 보다 적극적이고 세련된 수단을 통해 정보를 제공한다는 의미가 강조된 새로운 학문명으로 발전하는 계기가 되었다.

1.2 정보조사제공학의 발전과정

1.2.1 영미(英美) 학문명의 발전과정

1887년 미국 콜롬비아 대학교에서 School of Library Economy를 창립한 Melvil Dewey는 핵심 교과과정 중의 하나로 '독자를 위한 지원(Aids to Readers)'이라는 강좌를 개설하였는데 이 강좌가 '참고업무(Reference Work)'라는 과목의 시초가 되었다(Rothstein, 1953). 그 후 20여 년 동안 참고업무 과목은 '고급 참고업무', '주제별 참고업무' 즉, 법학 또는 입법 참고업무 등의 교과목으로 발전하였다(White, 1976). 그리고 1923년에 발표된 Williamson의 보고서를 보면, 미국 도서관 교육에 참고업무가 핵심 교과목으로 자리 잡았으며 그 내용은 특정 참고도서의 내용을 전수하는 것임을 밝히고 있다.

한편, 참고업무 분야의 고전적인 교과서를 저술한 Wyer는 "참고업무란 사전, 백과사전, 연감 등 참고자료의 내용을 이해하는 것이다... 참고업무는 도서관의 책들을 체계적으로 완벽하게 통제할 수 없기에 이용자에게 인적 도움을 제공해 주기 위해 존재하는 것이다."라는 언급을 통해 참고업무의 정의와 내용을 명시하였다(Wyer, 1930, 5).

1940년대 후반기와 1950년대 초기는 미국 도서관 교육의 변혁기로서 그동안 학부과정에서 실시되던 문헌정보학 교육이 대학원 석사과정에서 제공되는 교육제도로 바뀌었다. 이 과정에서 학생과 교수의 수가 증가하게 되었고 참고업무 과목은 전문화 추세를 보여 주제와 내용의 심화를 이루는 계기가 되었다(Rothstein, 1983, 378). 그리고 이즈음 봉사의 의미가 강조되어 '참고봉사(Reference Services)'라고 부르는 경향이 높아지게 되었다.

1960년대에 접어들면서 참고봉사라는 과목 명칭은 내용과 방법론에 있어 그 깊이를 더하게 되었다. 이러한 추세와 함께 Galvin은 참고봉사의 교육내용이 전통적인 자료중심(Title-centered)의 교육방법으로부터 과감하게 벗어나 정보문제중심(Problem-oriented Approach)의 교육으로 전환해야 한다고 역설하였다. 이에 대하여 Bonk는 참고봉사는 어디까지나 자료중심이어야 한다는 반론을 제기하면서 참고자료에 대한 사서의 철저한 지식을 강조하였다. Galvin은 자료의 중요성을 부인하지는 않으나 문헌정보학을 전공하는 이들에게는 이러한 지식을 자기 스스로 얻을 수 있는 교육방법이 필요하며, 참고봉사란 이용자와 사서의 만남으로 이루어지는 것이기 때문에 정보문제를 중심으로 한 사례를 주요 교육내용으로 하여야 한다고 주장하였다(Galvin, 1965). 이러한 논쟁은 변화하는 사회 환경에서 참고봉사의 내용과 학문적 기능 또한 변화할 수밖에 없음을 보여주는 예라 할 수 있다.

1960년대 말, 미국 내 문헌정보학 대학원의 요람을 조사한 결과에 의하면, 당시 37개 대학원에서 참고봉사 영역의 과목 명칭을 29개의 서로 다른 이름으로 사용했던 것으로 나타나 있다. 그리고 그 교과목들의 내용은 대다수 도서관의 기본적인 기능에 관한 것으로서 참고봉사의 성격과 유형, 참고자료 유형에 따른 자료 분석, 참고조사 전략과 참고면담을 강조한 커뮤니케이션 기법에 대한 연구, 참고자료의 선정과 평가에 관한 연구 등으로 이루어져 있다(Oller, 1967, 65).

그러나 19세기말부터 미국의 공공도서관과 대학도서관에 정규적으로 쓰여 왔던 참고업무 혹은 참고봉사라는 학문명은 1967년 ALA가 간행한 "The Present Status & Future Prospects of Reference and Information Services"에서 처음으로 '참고·정보봉사(Reference and Information Services)'라는 용어로 대체되기 시작하였다. Childers는 이러한 변화에 대하여 "과거의 참고업무와 참고봉사 영역에서 벗어나 더 넓고 깊이 있는 학문 영역의 전개와 학문적 위상을 위하여 참고·정보봉사라는 용어를 사용하게 된 것이다."라고 설명하였다(Childers, 1972, 212~217).

이 합성어는 그 이후 점차 변화하는 정보환경과 사회의 변화에 부응하여 '정보업무(Information Work)'와 '정보조사제공(Information Services)'이라는 용어로 대체되었다. Galvin은 '참고(Reference)'라는 용어의 사용을 이제 기꺼이 포기해야 하며 결국 도서관은 정보 이용자에게 참고하도록 해주는(Referred) 것이 아니라 정보를 주는(Informed) 정보조사제공(Information Services)을 수행해야 한다고 역설하였다(Galvin, 1975, 730). 이러한 예는 공식적인 간행물들을 통해서도 확인할 수 있다. ALA에서 출판한 "A Commitment to Information Services: Developmental Guidelines 1979"에서는 그 개념과 용어의 사용을 의도적으로 정보조사제공(Information Services)으로 하고 있으며, *The ALA Glossary of Library and Information Science* 1983년판에서는 주제명 'Reference Services'에 'Information Services를 보라'는 참조사항을 기술하고 있다(Young, 1983, 180). 이러한 맥락은 LISA(Library & Information Science Abstracts)와 같은 2차 정보원에서도 명확히 예증되고 있는데 1971년판 이후부터 주제명 표목으로서 'Reference Services'라는 용어 대신에 'Information Services'가 등장하기 시작하였다.

1980년대와 1990년대에 이르러 위에서 언급한 용어의 변화는 정착 단계에 접어들었으며 그 결정적인 자료로는 ALA에서 1990년에 발행한 *The Librarian's Thesaurus*를 들 수 있다(Soper, 1990). 이 시소러스에는 'Services'라는 큰 항목 아래에 'Information Services', 'Instruction in Use of Resources', 'Guidance to Library Resources', 그리고 'Stimulation Use of Materials'라는 4개의 주제어가 제시되어 있다. 이용자 봉사 업무의 주요 항목들이 나열되어 있는 곳에 'Reference Services'라는 용어는 더 이상 쓰이지 않고 있음을 알 수 있다. 그리고 'Information Services'는 이용자들이 스스로 이용할 수 있도록 정보자료를 조직하고 이용자들의 정보요구에 대한 신속한 응답, 주제서지의 작성과 배포, 전통적 정보자료나 온라인 데이터베이스를 이용한 구체적이고 전문화된 조사의 수행, 특정 주제의 이용자 요구를 해결해 주기 위한 정보자료의 수집, 초록 작성, 문헌 요약 그리고 정보센터나 참고센터의 구축을 통해 정보조사제공을 하는 개념으로 정의되어 있다(Soper, 1990, 77~79). 1997년에 발간된 *International Encyclopedia of Information and Library Science*에서도 'Reference Services'라는 항목을 찾아볼 수 없으며 연관용어인 'Referral Services'라는 용어에는 'See also Information Services'라고 명기되어 있을 뿐이다.

이러한 변화는 1980년대의 교과목 명칭에도 반영되어 있다. 미국 문헌정보학 대학원에 개설되어 있는 교과목들을 조사한 결과를 보면, 과거의 'Reference'보다는 'Information'이라는 용어가 더 많이 사용되고 있었으며, 34개의 상이한 교과명 중 26개의 교과명에는 'Information'이라는 용어가 포함되어 있는 반면에 'Reference'라는 교과명은 11건에 불과한 것으로 나타났다(Broadway and Smith, 1989, 431~438).

또한, 미국 프렛연구소(Pratt Institute)가 미국 내 문헌정보학을 개설하고 있는 58개 대학의 교과과정을 분석한 결과에서도 Information Access, Information Environment and User, Information Management Tools, Information Needs and Research, Information Resources, Information Source Science and Technology, Information Source and Services, Production to Information source and Information Services, Profession de l'Information 등 'Reference Services'라는 과목명을 채택하고 있는 대학은 없으며 'Information Services'라는 과목이 개설된 학교가 32개교, 'Reference and Information Services'라는 과목을 개설하고 있는 학교가 14개교에 이른 것으로 나타났다. 학문명으로서 'Reference'라는 용어의 단독사용으로는 변화와 발전을 거듭하고 있는 학문 영역의 개념들을 더 이상 담아낼 수 없음을 보여준 결과라 할 수 있다. 현재 도서관 현장이나 학계에서 사용되고 있는 참고(Reference)의 개념은 참고정보원(Reference Source)이나 그 이용에 관한 이용자의 질문(Reference Question) 등 제한적인 의미만을 담고 있다.

정보조사제공(Information Services)이라는 학문명이 시대의 변천에 따라 독자 지원(Aids to Readers), 참고업무(Reference Work), 참고봉사(Reference Services), 참고·정보봉사(Reference and Information Services)에 이어 그 영역과 내용을 달리하면서 발전되어 온 과정을 요약해 보면 <표 1-1>과 같다.

표 1-1 영미(英美)의 정보조사제공 학문명의 발전과정

시대구분	학문명
18세기말 ~ 19세기 중반	독자지원(Aids to Readers)
19세기말 ~ 1960년대	참고업무(Reference Work) 참고봉사(Reference Services)
1960년대 말 ~ 1970년대	참고·정보봉사(Reference and Information Services)
1970년대 말 ~ 현재	정보조사제공(Information Services)

1.2.2 국내 학문명의 발전과정

우리나라 최초의 문헌정보학 교육은 1946년에 개설된 국립조선도서관학교에서 시작되었다고 할 수 있으나 대학에서 근대적인 문헌정보학 교육이 시작된 것은 1957년 연세대학교에 문헌정보학과가 개설되면서부터이다. 그 당시 참고업무 과목은 초빙교수였던 Swiger에 의해 'Introduction to Reference and Bibliography'라는 영문 명칭으로 대학원 과정과 고급 사서과정에서 강의되었다(연세대학교 강의과목일람표, 1957, 11). 그리고 1960년 1학기에는 리재철에 의해 우리나라에서 최초로 우리말로 된 '참고업무'란 과목이 설강되었다. 우리나라와 일본은 거의 비슷한 시기인 1950년대에 미국의 문헌정보학 대학원의 핵심 교과목이었던 'Reference Work' 또는 'Reference Services'라는 과목을 받아들였는데 두 나라 모두 그 번역어가 '참고봉사(參考奉仕)' 혹은 '참고업무(參考業務)'였다. 우리나라에서 참고업무라는 명칭으로 교과목을 개설했던 것은 일본의 경우를 참작하여 'Reference'라는 단어를 직역한데서 비롯된 것으로 여겨진다. 그 이후 연세대학교는 1965년에 과목 명칭을 '참고봉사'로 변경하였다가 1970년대에 들어서면서 참고봉사 과목을 '참고봉사'와 '참고봉사 Ⅱ'로 나누어 개설하였다. 이는 그동안 교재로 사용했던 Shores의 *Basic Reference Sources: Introduction to Material and Methods*에서 Katz의 *Introduction to Reference Work*로 바꾸면서 나타난 변화라 할 수 있다. 1970년대에 이르러 미국이 이 분야의 교과 내용을 참고봉사의 이론과 참고자료의 이해 그리고 그 활용법을 중심으로 개편하기 시작했고 이를 잘 반영한 것이 참고자료론(Vol. I)과 참고봉사론(Vol. Ⅱ)으로 구성된 Katz의 저서였기 때문이다. 1977년 연세대학교는 '참고봉사'를 '참고업무'란 명칭으로 환원하고 그 연계 과목인 '참고봉사 Ⅱ'는 '참고·정보자료'란 교과목으로 바꾸었다. 한편, 1959년에

문헌정보학과를 개설한 이화여자대학교는 처음에 '참고도서'로 강의했던 과목명을 1964년에 '참고자료 및 참고사무'로, 1971년부터는 '참고봉사', 1978년에는 '참고 및 정보업무'로 그리고 1983년에는 다시 '참고봉사'로 변경하였다(한명원, 1991, 52).

기존의 문헌정보학과들이 참고업무의 교과명이나 내용에 있어서 완만한 변화를 시도했던 것과는 달리 1980년대 초에 신설된 몇몇 대학들은 이 분야의 교과내용이나 명칭에 있어서 과감한 변화를 시도하였다. 그 대표적인 예로 전남대학교에서는 1982년 '참고·정보업무', '참고·정보자료론'을 개설하였고, 1984년에는 '정보서비스론'과 '정보자료론'으로 각각 변경하였다(전남대학교 문헌정보학과 교과과정표, 1984).

1990년대에 들어서 이 분야의 과목 명칭은 연세대학교에서 새로운 전기를 마련하게 되었다. '참고업무'와 '참고·정보자료'란 두 과목을 한 과목으로 통합하는 과정에서 이 교과목의 목표와 내용을 가장 잘 표현할 수 있고 참고업무의 본 고장인 미국과 영국에서 이미 'Information Services'로 변경된 영문 교과명의 취지를 적절하게 반영할 수 있는 학문명으로서 '정보조사제공학'이 가장 적합하다는 합의에 도달하게 된 것이다. 그 결과 이 교과목은 1991년부터 학부과정의 '정보조사제공론'을 비롯하여 1994년부터는 석·박사과정의 '인문사회과학 정보조사제공특강', '과학기술 정보조사제공특강'이라는 교과명으로 개설되고 있다.

<표 1-2>는 국내 대학교에 개설되어 있는 문헌정보학과의 학부 교과과정을 대상으로 정보조사제공 분야의 교과목 명칭을 분석한 결과이다. 1999년과 2005년의 조사 결과를 통해 교과목 명칭 변화의 양상을 살펴볼 수 있는데, 1999년에는 26개 학과 중 2개 학과가 영문명으로 'Reference Services'에 해당하는 '참고봉사론'을, 8개 학과는 'Reference and Information Services'에 해당하는 '참고·정보봉사론'을 그리고 14개 학과에서 'Information Services'에 해당하는 '정보조사제공론'을 개설하고 있음을 확인할 수 있다. 2005년의 조사 결과에서 가장 주목할 만한 변화는 '참고자료'와 '참고업무'의 교과명으로 사용되던 '참고(Reference)'라는 용어가 거의 사라졌고, '참고·정보봉사론'이라는 교과명의 비율(23.3%)이 1999년에 비해 감소한데 반해 '정보조사제공론'의 비율(73.3%)은 대폭 증가했다는 점이다. 우리나라에서도 '참고봉사(Reference Services)'라는 용어 대신에 '정보조사제공(Information Services)'이라는 명칭을 일반적인 학문명으로 사용하고 있음을 확인할 수 있다.

표 1-2 정보조사제공 분야의 교과목 명칭 현황(2005년 12월 현재)

교과목 명칭	1999년		2005년	
	학과수	(%)	학과수	(%)
참고자료조사법	1	3.8	0	0
참고조사업무	1	3.8	0	0
참고봉사론	2	7.7	1	3.3
참고정보서비스론	3	30.8	3	23.3
참고 및 정보업무	1		0	
참고정보봉사론	3		4	
참고정보론	1		0	
정보봉사론	11	53.8	11	73.3
정보서비스론	1		7	
정보조사제공론	2		4	
합 계	26	100.0	30	100.0

한편, 'Information Services'란 영문 명칭은 '정보봉사론', '정보서비스론', '정보조사제공론' 등 다양하게 불리고 있으나 'Information Services'가 이용자에게 정보를 신속, 정확하게 조사하여 제공한다는 적극적인 개념을 내포한 학문명이라는 점을 고려해 볼 때 조사되고 제공되는 정보의 속성을 가장 적절하게 반영할 수 있는 '정보조사제공학'이라는 학문명이 가장 적합하다고 할 수 있을 것이다. 이는 또한 모든 계층의 이용자들에게 적절한 정보를 효과적으로 제공하는 것을 목표로 하는 문헌정보학의 학문적 특성을 가장 잘 표상하는 용어라고도 할 수 있다(한상완, 1993).

1.3 정보조사제공학의 연구영역

정보조사제공학은 학문명의 변경과 더불어 그 내용면에서도 변화와 발전의 과정을 지속해 왔다. 사회, 문화와 경제적 환경의 변화는 대학의 학문내용과 전반적인 교육방향에 영향을 미쳐 왔는데 정보조사제공의 연구영역 역시 예외는 아니었다.

정보조사제공의 연구영역이 사회 환경과 기술의 변화에 따라 확장되어왔다는 논리는 역사적으로 이 분야의 연구주제가 초창기의 자료이해 중심에서 점차 봉사 과정과 이용자 중심의 연구 방향으로 발전해 온 과정을 통해 확인해 볼 수 있다.

정보조사제공학 분야의 최초의 기념비적 교재라 할 수 있는 Wyer의 *Reference Work*(1930)를 보면, 크게 자료론과 방법론, 그리고 운영론으로 구성되어 있는데 여기에는 참고자료의 수집과 유형, 조직, 상호대차 협력의 역할, 자료의 탐색과정, 관종별 참고업무, 사서의 자격, 그리고 열람실과 가구 배치에 대한 내용 이외에 참고질문과 참고면담에 대한 내용들이 포함되어 있다. 교재의 상당 부분이 정보원과 자료들에 대한 설명 그리고 자료의 조직과 검색에 할애되어 있어 이 시기의 정보조사제공의 교육내용이 도서관과 자료 중심이었음을 알 수 있다. 1944년에 출판된 또 다른 대표적인 교재라 할 수 있는 Hutchins의 *Introduction to Reference Work*은 그 구성과 내용에서 Wyer의 저서와는 본질적으로 다른 면을 보인다. 참고업무의 개념 정립에 이어 참고질문과 관련된 면담기법이 논의되어 있고, 특정 유형의 이용자 질문에 대한 구체적인 응답 기법과 방법론을 다루고 있다. 또한 자료의 선택과 구성 이외에 그동안 일반적으로 언급되지 않았던 독자자문 서비스나 도서관과 자료의 이용교육, 홍보와 같은 사서의 역할과 기능 그리고 참고업무의 평가 문제를 다루고 있어 이용자에 관한 언급이 거의 없었던 Wyer의 교재와는 달리 이용자 중심의 관점에서 정보조사제공의 문제들을 논의했다는 특징을 보이고 있다.

그 이후 정보조사제공 분야에는 1970년대 후반과 1980년대의 주요 관심사였던 온라인 탐색과 이용자의 정보이용행태를 분석하기 위한 행동과학적 접근 방법의 시도, 그리고 그 효율성을 분석하기 위한 평가 연구들이 나타나게 되었고 지역사회 정보봉사와 컴퓨터를 응용한 정보조사제공 등이 새로운 연구영역으로 등장하게 되었다. Katz(1982)의 *Introduction to Reference Work* I과 II에서는 이러한 사회발전의 변화를 반영하여 기본적인 참고정보원에 대한 이론과 지역사회 정보봉사, 참고면담, 온라인 탐색, 네트워크와 상호대차, 정보봉사의 평가 등을 주요 내용으로 다루고 있다.

1990년대 중반, 컴퓨터와 네트워크 기술 혁명에 기인한 정보기술의 발전은 전자출판의 대중화, 원문의 디지털화, 인터넷 정보유통의 보편화, 전자저널의 제공 등 도서관/정보센터의 서비스 내용과 방식 그리고 이용자들의 정보요구행태를 변화시켰고 새로운 디지털 정보환경에 적합한 정보조사제공을 요구하게 되었다. 디지털 환경에서의 정보조사제공이란 온라인 목록, CD-ROM 데이터베이스, 온라인 데이터베이스, 인터넷 자원 등 다양한 형태의 전자정보원을 정보조사제공에 활용하는 것에 그치지 않고 나아가 이용자들이 도서관/정보센터를 직접 방문하지 않고도 컴퓨터 네트워크와 같은 정보기술에 의해 각종 정보와 서비스를 원격지에서 이용할 수 있음을 의미한다. Rettig는 21세기 정보조사제공의 특징으로 정보의 접근과 이용의 '즉시성(Immediacy)', 이용자와 정보사서간의 실시간 '상호작용(Interactivity)', 자신만의 정보패키지를 이용할 수 있는 '개인화(Personalization)', 그리고 유비쿼터스 컴퓨팅(Ubiquitous Computing)이 일반화된 '이동성(Mobility)'을 지적한 바 있다(Rettig, 2003, 19).

이러한 요구는 '전자 정보조사제공(Electronic Reference Services)', '원격 정보조사제공(Remote Reference Services)', '디지털 정보조사제공(Digital Reference Services)' 또는 '웹 기반 정보조사제공(Web-based Reference)'이라 불리는 새로운 정보조사제공 영역을 등장시켰으며(Lankes, 1999; Sloan, 1999; Sloan, 1998), 이미 전자적 정보면담과 커뮤니케이션 기법, 전자 원문제공서비스, 웹 기반 정보이용교육, 협력형 질문응답서비스, 원격 이용자 연구 등 다양한 분야의 연구들을 통해 전통적 정보조사제공학의 연구영역을 확장시켜 나가고 있다. 그리고 앞으로도 언제 어디서나 컴퓨터를 이용할 수 있는 인간과 사물 그리고 정보 간의 최적의 컴퓨팅 환경이 구현된 유비쿼터스 사회가 요구하는 또 다른 정보조사제공 영역들이 계속 발전하게 될 것이다.

그러나 정보조사제공학은 문헌정보학의 핵심 교과과정 중의 하나로서 기본적으로 다루어야 할 본질적인 문제들과 역사적, 사회적, 기술적 변화에 기인한 주요 연구 영역들을 조화롭게 연구하고 교육해야 한다는 명제를 간과해서는 안 될 것이다. 정보조사제공이라는 용어 앞에 어떠한 접두어가 붙게 되더라도 정보원과 이용자 그리고 정보사서라는 세 요소들 간의 상호작용은 계속될 것이며 이 요소들의 효율적인 상호작용을 극대화 한다는 정보조사제공학의 학문적 이념 또한 변함없이 추구될 것이다. 그 요소들의 존재 형태와 상호작용 방식에 미친 기술의 영향력을 어떻게 해석하고 활용하느냐에 따라 연구영역의 범주가 달라질 뿐이다.

실제로 오늘날 정보조사제공학이 다루고 있는 주요 연구영역들을 보면, 1961년 Rothstein이 제시했던 정보제공(Information), 자료이용교육(Instruction), 그리고 이용자의 자료선택을 위한 상담지도(Guidance)라는 세 가지의 연구영역과 크게 다르지 않다(Rothstein, 1961, 12~13).

Bopp과 Smith(2001)의 *Reference and Information Services: An Introduction*에서는 Rothstein이 제시한 이 세 영역을 정보조사제공의 기초 영역으로 구분한 뒤 각 영역에 해당하는 현대의 요소들을 보다 세분화시켜 기술하고 있다. 정보제공 영역에는 질문에 대한 응답, 서지정보의 확인, 상호대차 및 원문제공, 최신정보주지서비스, 데이터베이스 탐색, 정보중개 항목들이 포함되어 있으며, 교육 영역에서는 개별교육과 단체교육을, 그리고 상담지도 영역에는 독자상담지도, 독서요법, 논문 상담지도, 연구자문 및 조언에 관한 내용들로 구성되어 있다. 그리고 여기에 온라인 데이터베이스, CD-ROM 데이터베이스, 인터넷 정보원을 활용하는 디지털 정보조사제공 영역이 확장되어 있다.

한편, Katz(2002)의 *Introduction to Reference Work*에서는 인터넷 정보조사제공의 영역으로 인터넷의 발전과 영향, 인터넷 정보원의 특성과 구성, 정보사서의 역할, 네트워크의 기능을 다루고 있으며, 정보면담과 탐색 기술, 정보이용교육, 정보조사제공 정책과 평가의 문제들이 여전히 주요 정보조사제공 영역에 포함되어 있다.

이상의 여러 연구자들이 제시한 전통적인 정보조사제공의 기본영역과 새로운 디지털 환경에서 확장되고 있는 영역들을 종합적으로 검토해 보면 공통적으로 언급되고 있는 정보조사제공의 영역들을 다음과 같이 구분해 볼 수 있다.

(1) 주제별 정보원의 영역
(2) 이용자의 정보요구와 이용행태 영역
(3) 정보사서의 역할과 기능 영역
(4) 질문응답서비스 영역
(5) 정보이용교육 영역
(6) 네트워크를 이용한 상호대차와 원문제공 영역
(7) 효율성 평가 영역

<그림 1-1>은 정보조사제공의 기본 요소인 정보원과 이용자 그리고 정보사서에 관한 연구영역과 그 요소들의 상호작용으로 발생하는 주요 정보조사제공 영역들의 관계를 그림으로 나타낸 것이다.

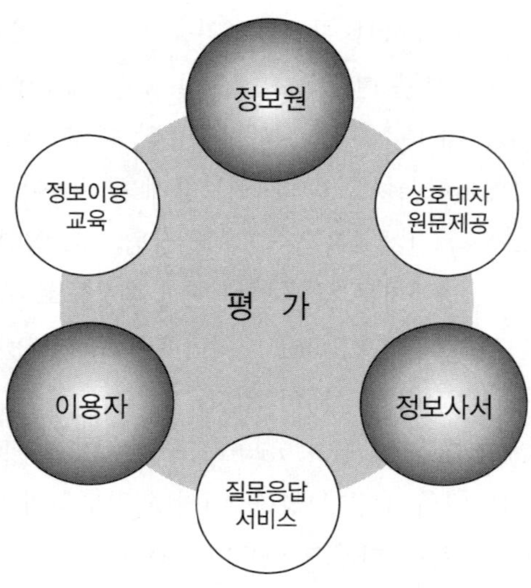

그림 1-1 ■ 정보조사제공학의 연구영역

정보조사제공은 그 양적 증가와 함께 매체의 유형이 더욱 다양해지고 있는 정보원과 언제 어디에서나 필요로 하는 정보를 편리하고 신속한 방법으로 이용할 수 있기를 원하는 이용자 그리고 정보원과 이용자의 최적의 만남을 위해 인적 도움을 제공하는 정보사서 간의 상호작용으로 이루어진다. 정보조사제공학의 연구 주제는 이러한 상호작용 속에서 이용자의 정보질문을 만족스럽게 해결해 주고, 정보원의 평가와 이용능력을 강화시켜 줄 효과적인 교육을 제공하며, 물리적 접근이 어려운 정보원의 이용을 도울 수 있는 서비스의 개발과 적용의 문제들을 풀어나가는데 주력하게 될 것이다. 그리고 이 요소들과 상호작용의 효율성을 개선하고 향상시키기 위한 평가는 정보조사제공학의 궁극적인 연구주제가 될 것이다.

1.4 결론

정보조사제공은 19세기 후반, 대중교육의 성장과 대학 교육의 전문화 그리고 공공도서관의 출현이라는 사회적 변화 요인들로 인해 도서관의 장서량이 급증하게 되자 그 자료의 이용 문제를 해결하기 위해 발생하게 된 도서관의 한 기능이다. 그리고 정보조사제공학은 1887년 미국의 대학 교육과정에 처음 도입된 이후 지난 120여 년 동안 학문명과 연구영역에 많은 변화를 겪으며 문헌정보학의 핵심 교과목으로 발전해 왔다.

우리나라의 경우, 1957년 최초로 대학의 정규 교과과정으로 문헌정보학이 도입되면서 참고업무 혹은 참고봉사라는 교과명으로 개설되었던 정보조사제공은 1980년대에 참고·정보봉사로 사용되어 오다 1991년부터는 이용자가 필요로 하는 정보를 가장 적절하고 신속하게 조사 제공한다는 적극적인 개념을 함축한 지금의 정보조사제공학(Information Services)이라는 학문명으로 정착되어 가고 있다.

학문명의 변경은 그 과목 혹은 주제내용의 변화와 영역의 발전을 의미하는 것이며 사회, 문화, 경제, 기술적 변화가 주요 동인이 된다. 현재 우리가 직면해 있는 디지털 지식정보사회는 정보조사제공이 발생한 이후 가장 큰 위기와 기회를 가져다 준 변화 요인이라 할 수 있다. 컴퓨터 혁명, 네트워크 혁명, 커뮤니케이션 혁명으로 특징지어지는 정보기술의 발전은 학술정보의 생산과 전달의 흐름을 다 변화시켰을 뿐 아니라 학술정보원의 게이트웨이로서 정보조사제공이 지니고 있는 기능과 가치를 재해석할 수 있는 기회를 가져다주었다.

따라서 앞으로 도서관의 역할과 기능이 정보자원의 게이트웨이 또는 정보 네트워크상의 하나의 노드로 정립된다면 디지털 환경에서 보다 능동적이고 적극적인 봉사를 수행할 수 있는 정보조사제공의 역할은 더욱 중요해 질 것이다. 언제 어디에서나 원하는 정보를 쉽게 이용할 수 있게 된 새로운 정보환경의 이용자들은 디지털 사회에서의 도서관의 역할과 정보사서의 기능에 회의적인 시각을 보이기도 한다. 그러나 기술의 변화가 정보이용의 발전을 주도해 오지는 않았다. 새로운 기술이 정보환경을 변화시키고 있지만 정보조사제공의 진화는 기술의 발전에서 비롯된 것이 아니라 그 기술을 이용하는 이용자에 의해 진행되어 왔기 때문이다.

디지털 환경의 정보조사제공은 새로운 기술의 발전을 수용하는 동시에 근본적인 정보조사제공의 개념과 가치 그리고 이용자의 요구와 기대의 변화를 분석하고 논의할 수 있는 연구영역의 확장을 통해 발전해 나가야 할 것이다.

인 용 문 헌

- 연세대학교 요람. 1965, 1977, 1998~2000. 서울: 연세대학교.
- 연세대학교 대학원요람. 1994, 1998. 서울: 연세대학교.
- 연세대학교 강의과목 일람표. 1957, 1960, 1961. 서울: 연세대학교.
- 한명원. 1991. "대학도서관의 참고/정보봉사 발전과정에 관한 연구." 석사학위논문. 이화여자대학교 대학원.
- 한상완. 1993. "정보조사제공의 학문명과 영역의 발전적 전개." 인문과학(연세대학교 인문과학연구소) 69/70: 467~486.
- ALA. *ALA Glossary of Library and Information Science.* 1983. Chicago: ALA.
- Bopp, Richard E. and Linda C. Smith. 2001. *Reference & Information Services: An Introduction*, 3rd ed. Englewood: Libraries Unlimited Inc.
- Broadway, Marsha D. and N. M. Smith. 1989. "Basic Reference Courses in ALA-Accredited Library School." In *Rothstein on Reference...with Some Help from Friends*, edited by William A. Katz and C. A. Bunge. New York: Howorth Press.
- Bunge, Charles A. 1983. "The Personal Touch: A Brief Overview of the Development of Reference Services in American Libraries." In *Reference Services: A Perspective*, edited by Sul Lee. Ann Arbor, Mich.: Pierian Press.
- Childers, Thomas. 1972. "Managing the Quality of Reference/Information Service." *Library Quarterly* 42: 21~217.
- Galvin, Thomas J. 1977. "Reference Services and Libraries." *In Encyclopedia of Library and Information Science.* Vol. 25. New York: Marcel Dekker.
- Galvin, Thomas J. 1975. "The Education of the New Reference Librarian." *Library Journal* 100: 727~730.
- Galvin, Thomas J. 1965. *Problems in Reference Service: Case Studies in Method and Policy.* New York: Bowker.
- Green, Samuel S. 1876. "Personal Relations between Librarians and Readers." *Library Journal* 1(2/3): 74~81.
- Hutchins, Margaret. 1944. *Introduction to Reference Work.* Chicago: ALA.
- Feather, John. 1997. *International Encyclopedia of Information and Library Science.* London: Routledge.

- Janes, Joseph. 2003. *Introduction to Reference Work in the Digital Age*. New York: Neal-Schuman Publishers, Inc.
- Katz, William A. 2002. *Introduction to Reference Work*. 8th ed. 2 vols. New York: McGraw-Hill.
- Katz, William A. 1982. *Introduction to Reference Work*. 4th ed. 2 vols. New York: McGraw-Hill.
- Lankes, R. David. 1999. "Redefining Reference Services: Transitioning at One Public Library." *Reference & User Services Quarterly* 38(1): 73~75.
- Oller, Kathryn. 1967. "Guide to Library Education, Part I: Curriculum; Reference." *Drexel Library Quarterly* 3: 65~66.
- Rettig, James. 2003. "Technology, Cluelessness, Anthropology, and the Memex: the Future of Academic Reference Service." *Reference Services Review* 31(1): 17~21.
- Rothstein. Samuel. 1983. "The Making of a Reference Librarian." *Library Trends* 31: 375~399.
- Rothstein, Samuel. 1961. "Reference Services: The New Dimension in Librarianship." *College & Research Libraries* 22(1): 11~18.
- Rothstein, Samuel. 1953. "The Development of the Concept of Reference in American Libraries, 1850-1900." *Library Quarterly* 23: 1~15.
- Sloan, Bernie. 1999. "Electronic Reference Services: Some Suggested Guidelines." *Reference & User Services Quarterly* 38(1): 77~81.
- Sloan, Bernie. 1998. "Service Perspectives for the Digital Library: Remote Reference Services." *Library Trends* 47(1): 117~143.
- Soper, M. E. 1990. *The Librarians Thesaurus*. Chicago: ALA.
- Thompson, E. H. 1943. *A.L.A Glossary of Library Terms*. Chicago: ALA.
- White, Carl M. 1976. *A Historical Introduction to Library Education: Problems and Progress to 1951*. Metuchen, N. J.: Scarecrow Press.
- Wyer, James. I. 1930. *Reference Work: A Textbook for Students of Library Work and Librarians*. Chicago: ALA.
- Young, Hearstill. ed. 1983. *The ALA Glossary of Library and Information Science*. Chicago: ALA.

02

디지털 정보조사제공의 요소와 과정

도서관/정보센터의 핵심 기능 중 하나는 정보조사제공의 효율성을 극대화하는 것이다. 정보조사제공은 정보원과 정보를 필요로 하는 이용자 그리고 이용자 요구에 부합하는 정보원이나 서비스를 제공하는 정보사서간의 역동적인 상호작용이 이루어지는 복합적인 활동이다. 또한, 정보를 필요로 하는 사람에게 적시에 정보가 전달될 수 있도록 정보의 원활한 흐름을 촉진시키는 전문적인 업무이기도 하다.

이용자는 자신의 정보문제를 스스로 해결할 수 없을 때 정보조사제공을 요청한다. 이용자의 질문 제기와 함께 정보사서는 이용자의 정보요구와 이를 만족시켜 줄 수 있는 정보원 사이에서 중개 역할을 수행하게 되고 이용자는 그 결과로 제공된 정보나 서비스에 대하여 만족도를 평가하게 된다. 즉, 정보조사제공은 정보사서가 이용자로부터 질문을 받는 단계에서 시작하여 이용자에게 해답을 제공하는 단계로 종결된다고 할 수 있다. 그리고 이 과정에서 정보원, 이용자 그리고 정보사서라는 각 요소의 고유한 특성과 그 요소들 간의 상호작용으로 발생하는 다양한 변수들이 정보조사제공의 효율성에 영향을 미치게 된다. 정보조사제공 과정의 어느 한 요소라도 제대로 분석되고 이해되지 못했을 때에는 최종 결과에 직접적인 영향을 미칠 뿐만 아니라 전체 정보의 흐름에 간접적인 영향을 미쳐 결국 이용자 만족도를 저하시키게 된다.

최근 디지털 도서관의 발전은 정보조사제공을 구성하는 각 요소의 형태와 역할 그리고 상호작용 방식에 많은 변화를 가져오고 있다. 정보조사제공의 효율성을 총체적으로 이해하고 평가하기 위해서는 디지털 정보조사제공 환경에 나타난 이러한 변인들의 영향력이 재해석될 필요가 있을 것이다.

이 장에서는 전통적인 정보조사제공에 변화를 가져 온 디지털 도서관의 특성을 살펴보고, 다양한 정보조사제공 모형을 통해 정보조사제공을 구성하는 요소와 과정 그리고 그 과정을 통해 정보조사제공의 효율성에 영향을 미치는 요인들을 분석함으로써 디지털 정보조사제공 전반에 대한 이론적 토대를 제공하고자 하였다.

2.1 디지털 도서관과 정보조사제공

2.1.1 디지털 도서관의 특성

정보의 생산과 이용에 적용되는 정보기술과 통신기술의 발달은 디지털 도서관의 발전을 가져왔다. 디지털 도서관은 전자적인 형태로 수집, 저장, 관리된 정보를 네트워크를 통해 원하는 시간과 장소에서 원하는 형태로 접근, 이용할 수 있는 정보환경을 제공해 주었으며 영구적인 소장보다는 다양한 접근능력과 일시적 이용 가능성을 강조하고 있다. 디지털 도서관의 발전은 정보의 접근과 이용을 돕는 정보조사제공 영역에도 많은 영향을 미치고 있다. 정보조사제공의 내용과 방식에 변화를 가져온 전통적 도서관과 디지털 도서관의 특성을 비교하면 다음과 같다.

(1) 시설 중심에서 서비스 중심으로

한정된 장서를 중심으로 정해진 시간과 장소에서 정보조사제공이 이루어지던 전통적 도서관에서는 도서관이라는 건물의 공간 개념이 우선시되었다. 디지털 도서관의 가장 큰 특징은 정보와 서비스를 제공하는 정보사서나 정보를 이용하는 이용자 모두에게 시공간의 제약이 없는 공개적이고 논리적인 가상의 공간을 제공해 주었다는 점이다. 네트워크 기술의 발전은 시설과 장서 중심의 정보조사제공에서 외부의 다양한 정보자원과 서비스의 원격 접근이 가능한 서비스 중심 그리고 이용자 중심의 정보조사제공으로 변화하도록 하였다. 인터넷에 연결된 이용자라면 직접 도서관을 방문하지 않아도 언제 어디에서든 다양한 접근 방식을 통해 정보조사제공을 요청할 수 있게 되었다.

(2) 인쇄매체 중심에서 전자매체 중심으로

디지털 도서관에서 입수 또는 선정하여 가공하고 축적한 정보원의 유형은 점차 인쇄매체 중심에서 디지털 형태의 원문정보 위주로 변화하고 있다. 정보조사제공에 활용되는 참고정보원의 유형에서도 이러한 변화를 확인해 볼 수 있다. 1991년의 경우, 인쇄매체의 사전과 색인, 백과사전, 명감류의 이용률이 높았으나 2001년의 조사 결과에서는 온라인 데이터베이스와 웹, 전자 색인의 이용률이 높은 것으로 나타났다(Cardina and Wicks, 2004, 139). 전통적인 도서관에서 신문기사 자료나 팸플릿, 홍보 자료 등을 파일로 수집하여 비치해 놓았던 것처럼 언제 어디에서나 정보조사제공에 활용될 수 있는 주제별, 유형별 전자 참고정보원들의 자원화가 활발하게 이루어지고 있다.

(3) 정보의 소재 파악에서 원문의 직접 접근으로

전통적 도서관에서 이용자의 정보 접근은 주제별 서지 데이터베이스를 검색하여 원하는 정보자료의 소재를 확인하는데 그쳤지만 서지정보에 부가하여 원문의 전문(Full-text)을 데이터베이스화하고 이를 인터넷의 웹을 통해 제공하는 디지털 도서관 환경에서는 이용자의 문헌 탐색에서 원문의 입수 절차가 한 번에 처리될 수 있게 되었다.

(4) 정보의 소유 개념에서 정보의 접근 개념으로

전자정보원의 출현으로 장서의 개념은 극적으로 변화하고 있다. 정보 네트워크를 이용하여 국내외 정보망이나 대학도서관, 연구기관 등의 온라인 정보원을 공유할 수 있게 되면서부터 이용자들에게 도서관내의 소장 자료와 원격 접근이 가능한 외부 정보원의 구분은 무의미해졌다. 이러한 소장과 접근에 대한 패러다임의 변화는 장서의 불완전함을 해소시켜 주었을 뿐 아니라 정보의 소장보다는 정보의 접근점으로서 도서관의 기능을 강화시키고 있다. 물리적 형태로 제한시킨 장서의 개념은 전자정보원에 대한 게이트웨이 측면에서 재정립할 필요가 있으나 장서는 도서관을 형성하는 기본 요소로서 디지털 도서관 이용에 여전히 중요한 역할을 수행하고 있다.

(5) 도서관의 공유화에서 도서관의 개인화로

전통적인 도서관에서 이용자들은 도서관 또는 정보사서가 조직하고 제공하는 방식에 따라 도서관의 정보원과 서비스를 공유해 왔다. 디지털 도서관의 또 다른 특징 중 하나는 도서관의 서비스가 이용자 개개인의 요구를 반영하여 제공되는 맞춤서비스 또는 개인화에 대한 기능을 점차 강화하고 있다는 점이다. 이는 개인을 중시하는 개인화, 대가족에서 핵가족으로의 변화 그리고 개성을 중시하는 문화의 변화가 가져온 결과로서 정보와 지식의 이용에 대한 개인화 역시 당연한 변화라 할 수 있다(남궁황, 2003). 여기에 정보기술의 발전은 도서관 시스템이 이용자의 이름이나 선호하는 데이터베이스, 온라인 목록, 온라인 참고정보원 등에 관한 정보를 인식하고 이를 바탕으로 개인화 정보서비스를 더 쉽게 제공할 수 있도록 해주는 동인이 되었다(Keating and Hafner, 2002). 전자우편과 푸시 기술 그리고 웹 에이전트 등 웹 기반의 비용 효과적인 도구와 기술의 활용으로 이용자 개개인의 정보요구와 행태의 변화에 적절하게 대응할 수 있는 서비스가 다양하게 구현되고 있다.

2.1.2 디지털 정보조사제공

디지털 도서관은 기존의 도서관을 대신하는 새로운 개념이 아니라 전통적인 도서관 기능의 확장과 다양화를 의미한다. 도서관/정보센터가 추구하는 기본적인 목표에는 변함이 없지만 이를 수행하는 방식과 절차에 변화가 요구되고 있으며 정보조사제공 분야 역시 디지털 정보조사제공이라는 영역의 확장을 가져왔다.

디지털 정보조사제공이란 정보를 요구하는 사람들에게 언제 어디에서든 직접적이고 전문적인 도움을 제공하기 위해 디지털 기술과 자료를 이용하는 것이다. 디지털 도서관의 특성들은 정보조사제공에 활용되는 수단과 도구, 서비스의 유형과 방식에 많은 변화를 가져왔으며 이용자들은 기존 형식에 전자적 형식이 더해지면서 그리고 상이한 정보서비스들이 통합되면서 생성된 다양한 정보의 부가가치와 서비스를 누리고 있다.

표 2-1 전통적 정보조사제공과 디지털 정보조사제공

전통적 도서관	정보조사제공 유형과 방식	디지털 도서관
면대면, 전화	이용자－정보사서 상호작용	전자우편, 전자게시판, 채팅, 화상방식
인쇄매체, 시청각 자료	정보원의 유형	전자저널, 전자책, 웹 참고정보원, 멀티미디어 데이터베이스
서지정보, 목차서비스, 상호대차	정보제공	서지+전문 정보, 맞춤형/개인화 정보조사제공, 주문형서비스, 전자원문제공
강의실 정규교육, 안내자료	이용교육	웹 기반 정보이용교육

<표 2-1>은 정보조사제공의 유형과 방식에 있어서 전통적 도서관과 디지털 도서관의 차이를 비교한 것이다. 온라인 데이터베이스, CD-ROM, DVD, PDA 등 전자 정보매체의 발전은 전통적인 도서관의 인쇄매체나 시청각 자료 이외에 전자책, 전자저널을 비롯하여 전자적 접근이 가능한 각종 참고정보원과 웹 정보원 등 이용자가 제공받는 정보원의 유형을 다양화시켰다. 또한, 물리적 공간에서의 직접적인 면담이 아닌 가상공간에서의 다양한 채널을 통한 이용자-정보사서간의 보다 편리하고 신속한 커뮤니케이션이 가능해 졌으며, 도서관이 제공하는 장서 중심이 아니라 이용자 자신이 도서관의 장서와 서비스에 대한 정보를 조직할 수 있는 이용자 중심(Customizable)의 인터페이스 제공이 보편화되었다. 그리고 네트워크 기술을 이용한 상호대차와 원문제공은 필요한 문헌의 전문을 읽을 수 있고 전문 형태로 전송받을 수 있는 전자 원문제공서비스의 발전을 가져왔으며, 주제별, 이용자 수준별 웹 기반의 교육 프로그램의 개발로 이용자의 교육 참여도와 효과를 높이는 정보이용교육이 활성화되고 있다(Morgan, 2000). 이용자와 서비스 중심의 디지털 정보조사제공은 정보원으로서의 도서관과 매개자로서의 정보사서의 가치를 한층 더 높이는 결과를 가져왔다고 할 수 있다.

2.2 정보조사제공의 구성요소

이용자의 정보요구를 충족시켜 주기 위한 정보조사제공의 기능은 이용자와 정보원 그리고 정보사서의 상호작용을 통해 수행된다. 정보환경의 변화는 정보조사제공의 유형과 방식뿐 아니라 이러한 기본 요소들의 특성에도 영향을 미치고 있다.

2.2.1 정보원

정보란 특수한 상황에서 문제를 해결하기 위해 알고자 하는 것이며, 커뮤니케이션을 통해 송신자로부터 수신자에게 전달되는 메시지이자 어떤 목적을 달성하기 위해 평가 후 사용되는 데이터 또는 이용자의 지식구조에 영향을 미쳐 새로운 정보요구를 발생시키는 인간의 정신활동의 모든 소산물이라 할 수 있다.

정보원의 범주에는 이용자의 정보요구를 해결하는데 사용되는 모든 유형의 정보원과 그 정보원의 접근과 이용을 돕는 각종 정보시스템이 포함되며, 도서관의 인적자원인 정보사서 또한 하나의 정보원이 될 수 있다. 특정 정보원을 이용하여 해결할 수 없는 이용자의 정보질문에 직면했을 때 유능한 정보사서의 총체적 경험과 축적된 지식은 주요한 정보원이 된다(Grogan, 1987, 64).

정보원의 형태, 언어, 최신성, 접근의 용이성, 권위, 색인의 수준, 소급범위, 기술적 형태 등 정보원의 여러 특성들은 정보조사제공의 전반적인 효율성에 영향을 미치는 주요 요인이다. 정보의 소장에서 접근의 패러다임으로 변화하면서 정보원의 유형은 더욱 다양해지고 있으며 양적 규모는 더욱 방대해져 가고 있다. 각종 탐색 엔진과 이용자 지향적인 온라인 데이터베이스 시스템의 출현으로 정보전문가의 중개 없이 최종이용자가 직접 정보를 탐색하고 이용할 수 있는 정보이용 환경이 마련되었지만 적합 정보의 접근과 양질의 정보를 평가하여 선택해야 하는 문제점들은 해결되지 못하고 있다.

2.2.2 이용자

이용자는 지식 정보나 그와 관련된 서비스를 이용하는 사람으로서 정보조사제공의 시작과 결과에 대한 평가 역할을 담당하는 정보조사제공 과정의 중요한 요소이다. 또한, 이용자는 정보관리와 정보자원화 정책을 수립하는 근거이며 정책의 본질적인 변화를 가져오는 주체이다.

이용자의 입장에서 정보나 서비스의 이용은 독서, 자료대출, 상담이나 정보의 의뢰 형식을 통해 이루어지는데 도서관과 정보조사제공의 역사적 발전과정에서 이용자에 대한 지칭은 상황과 목적에 따라 다양했다. 도서관의 기능이 열람과 대출을 중심으로 했을 때 이용자는 독자(Reader)나 대출자(Borrower)라고 불렸으며, 서비스의 유형이 다양해지고 도서관의 주된 기능이 정보조사제공에 치중하게 되면서부터 이용자는 서비스를 의뢰하고 이용하는 의뢰인(Client), 손님(Patron) 또는 고객(Customer)의 개념으로 발전해 왔다. 이용자(User)는 정보를 이용하는 사람으로서 이 모든 개념을 포괄하는 용어라고 할 수 있다.

최근 정보기술의 발달로 인해 이용자 개개인의 정보획득 능력이 향상되면서 이용자는 도서관 정보조사제공에 있어서 수동적이고 수혜적인 위치에서 벗어나 능동적이고 일부 정보사서의 역할까지 감당할 수 있는 수준에 이르게 되었다. 정보조사제공의 정책 또한 이용자가 원하는 이용자 중심의 서비스를 제공하는 방향으로 바뀌어가고 있다.

한편, 이용자의 정보요구는 주제 분야나 필요한 정보원의 유형에 따라 더욱 전문화, 다양화되는 추세이며 도서관 이용경험, 교육수준, 신분, 자신의 정보문제를 표현하는 능력에 따라 정보이용행태에도 다양한 특성과 수준의 차이를 보이고 있다. 정보조사제공을 이용하는 이용자는 물론 이용하지 않는 비이용자와 더불어 도서관 외부에서 정보와 서비스를 접근하는 원격이용자에 대한 연구는 디지털 정보조사제공의 또 다른 관심사가 되고 있다.

2.2.3 정보사서

정보사서는 이용자의 정보질문과 정보원을 연계시키는 매개자 또는 중개자로서 이용자의 질문을 해석하고 그에 적합한 정보원을 식별하며 탐색 결과에 대한 이용자의 적합성 판단을 도와주는 정보조사제공 과정의 핵심요소이다.

정보사서는 정보를 통제하는 정보전문가로서 주제지식, 정보원과 문헌정보학적 지식, 경력, 정보원의 활용도, 커뮤니케이션 기술, 문제이해 능력, 이용자와 이용자 요구에 대한 관심, 정보원의 선정과 접근방법의 결정을 좌우하는 판단력과 융통성 등 정보조사제공 과정에 영향을 미치는 다양한 인지적, 정서적, 기술적 특성을 지니고 있다.

정보원과 이용자를 연계해 주는 정보조사제공 기능이 각종 탐색 엔진이나 유·무료의 상업적인 정보서비스에 의해 수행되고 있는 최근의 디지털 정보환경은 정보사서의 중개 기능에 대한 회의적인 시각을 갖게 하는 한편, 양질의 웹 정보원을 평가하고 자원화 함으로써 정보사서의 보이지 않는 기능이 최대한 구현될 수 있는 새로운 장으로 인식되기도 한다.

2.3 정보조사제공 모형

정보이용 또는 정보탐색 과정이라고도 불리는 정보조사제공 과정(Information Process)은 이용자의 특정요구를 충족시킬 수 있는 정보원을 이용자에게 안내하는 과정이라고 정의할 수 있다(Neill, 1987, 7). 즉, 정보조사제공 과정이란 정보사서가 이용자의 정보질문을 해결하기 위해 밟게 되는 모든 절차나 단계들이라 할 수 있다.

정보조사제공 과정을 구성하는 단계나 요소들은 명확히 구분되거나 독자적으로 존재하는 것이 아니어서 이 과정의 운영을 설명하는 결정적 모형을 제시하는 것 또한 불가능하다. 동일한 정보사서와 이용자가 참여한 정보조사제공이라 할지라도 정보요구에 따라 그 진행과정이 달라질 수 있으며, 동일한 정보질문에도 이용자나 정보사서의 특성에 따라 답의 내용이 달라질 수 있기 때문이다. 이용자의 질문이나 정보원에 대한 정보사서의 지식이 변화하기도 하며 정보의 접근 가능성, 정보질문의 유형, 정보사서의 주관적 경험 등은 정보조사제공 과정의 단계들을 부분적으로 통합시키거나 생략시키기도 한다(Katz, 1992, 73).

그러나 정보조사제공의 효율성은 정보조사제공 과정을 구성하는 요소들과 그 요소들 간의 상호작용에 대한 결과이므로 효율성을 저해하는 요인과 상황을 이해하기 위해서는 정보조사제공 과정을 분석하는 일이 필수적이다. 정보조사제공 과정과 정보의 흐름을 이해하는 것은 왜 정보조사제공이 수행되어야 하며 그 효율성은 어떻게 평가되어야 하는지에 대한 이론적 토대를 제공해 주기도 한다.

그동안 정보조사제공의 전 과정을 도식화하려는 시도와 함께 여러 모형들이 제시되어 왔다. 정보사서와 이용자 사이의 질문 협상 이전 단계에서부터 정보사서가 이용자의 질문내용을 분석하는 과정과 정보질문을 시스템 언어로 전환하는 과정을 중점적으로 다루고 있는 Rees와 Saracevic(1963)의 모형, 정확성과 적합성의 개념을 처음 도입하여 정보탐색 결과와 이용자 요구 사이의 환류과정을 설명한 Shera(1964)의 모형 그리고 이 두 모형의 요소들을 종합하여 더 단순하면서도 환류과정의 역동성을 표현한 Crum(1969)과 Bunge(1970)의 모형 등은 정보조사제공 과정의 각 단계를 구성하는 요소들과 상호관계를 구체적으로 설명하는데 실질적인 기여를 했으며, 정보조사제공 과정을 흐름도(Flowchart)로 표현한 Jahoda와 Olson(1972)의 모형과 Alafiatayo와 Blunden-Ellis(1996)의 정보조사제공 모형 설계에 근본적인 영향을 미쳤다. <그림 2-1>은 정보조사제공 과정을 가장 단순한 형태로 절충해 놓은 Bunge의 모형이다.

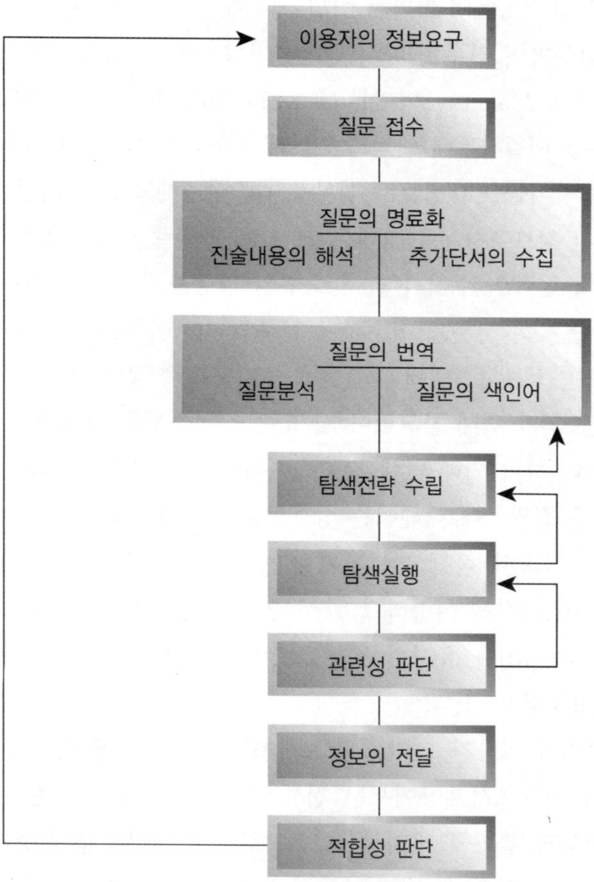

자료 : Charles A. Bunge. 1970. "Reference Service in the Information Network." *Paper for the Interlibrary Communication and Information Networks Conference*. Chicago: ALA, 8.

그림 2-1 ■ Bunge의 정보조사제공 모형

Bunge의 모형은 이용자의 정보요구 발생에서부터 제공된 정보의 적합성 판단에 이르기까지 정보조사제공 과정을 아홉 단계로 설명하고 있다. 초기의 단계들은 이용자의 정보요구를 이해하기 위해 정보사서가 진술내용을 확인하고 추가 단서들을 수집하는 과정으로 구성되어 있다. 그리고 그 다음 단계에서 이용자의 질문은 도서관의 정보시스템 언어로 번역되는 절차를 거쳐 정보질문으로 변환된다. 정보사서는 이용자의 질문을 이해한 후 적합한 정보나 시스템을 이용할 수 있도록 탐색 전략을 수립하고 탐색 수행 결과를 이용자에게 전달하여 적합성을 평가하도록 한다. 이용자가 제공된 정보에 만족스러운 평가를 내리면 모든 과정이 종료되지만 만족스러운 결과가 아닌 경우에는 정보조사제공 과정의 단계들이 재검토된다. 이용자의 질문을 다시 정의하거나 탐색 전략을 재수립할 수도 있다.

<그림 2-2>의 Alafiatayo와 Blunden-Ellis(1996)의 정보조사제공 모형은 이용자의 정보요구를 해결하는데 인적도움을 제공하는 정보사서의 역할을 구체적으로 파악하기 위해 사서들을 대상으로 설문조사를 수행하고 그 결과를 반영한 것이다.

이 모형에서 정보조사제공 과정은 크게 세 단계로 구성되어 있는데 다른 모형과는 달리 탐색 전략의 수립과 탐색 수행의 과정을 강조하고 있다. 첫 단계에서 정보사서는 이용자의 질문을 접수받아 질문의 내용을 구체적으로 규명하고 이용자의 정보요구를 정보시스템에 적합한 정보질문으로 정립한다. 두 번째 단계에서는 질문의 답을 찾기 위해 참고해야 할 또는 적합정보를 탐색할 적절한 정보원이나 시스템을 선택하기 위해 탐색 전략을 수립하며 마지막 단계로 탐색을 수행한다. 그리고 최종 결과물에 대해서는 정보질문에 대한 결과의 관련성과 정의된 정보요구에 대한 결과의 적합성을 평가하게 된다.

정보조사제공 과정을 설명하고 있는 앞의 모형들을 살펴보면, 모형의 구성요소들이 서로 일치하거나 유사한 부분들도 있고 정보환경의 변화와 함께 새롭게 고려해야 할 요소들도 있다.

특히, 정보원과 이용자 그리고 정보사서간의 상호작용이 가상공간에서 이루어지는 디지털 정보조사제공에서는 전통적인 정보조사제공 환경에서와는 다른 절차와 상호작용의 결과를 보일 수 있으므로 정보조사제공 과정의 분석을 통해 기술적 환경요인의 영향에 따른 다양성을 검토할 필요가 있다.

전통적인 도서관 환경에서 이용자는 도서관을 직접 방문하거나 전화문의를 통해 자신의 정보문제를 해결해 왔다. 도서관을 방문한 이용자는 원하는 정보를 찾기 위한 수단으로 목록이나 색인을 탐색한 후 특정 자료의 위치를 확인하고

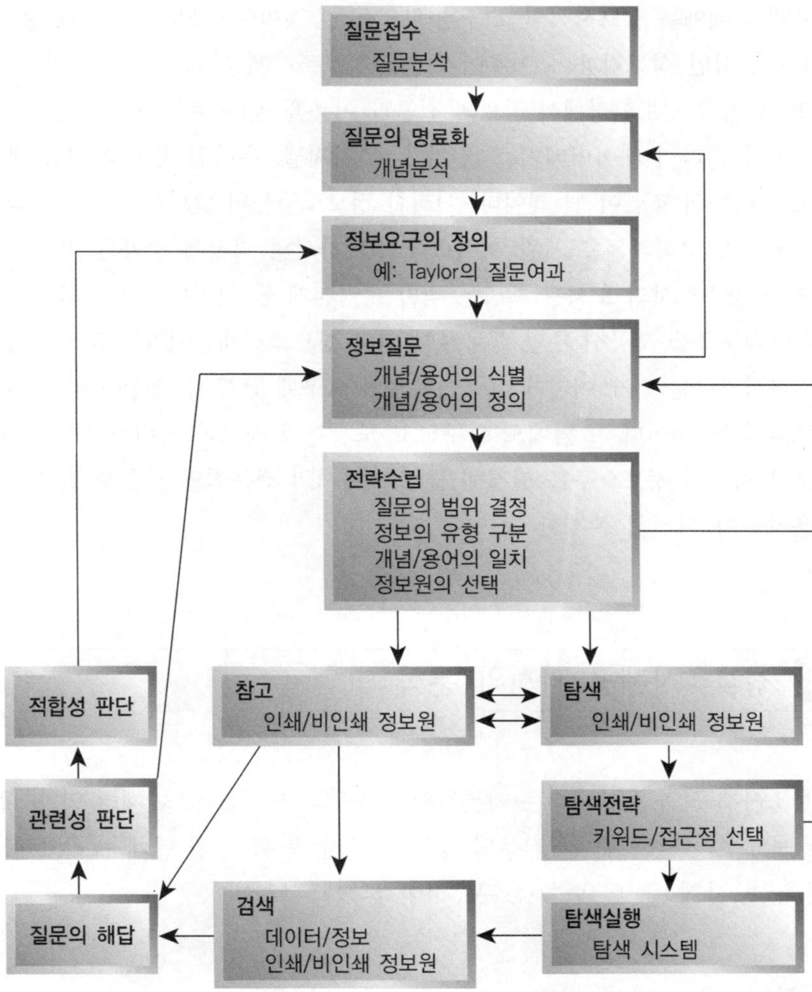

자료 : B. O. Alafiatayo and John C. P. Blunden-Ellis. 1996. "Reference Transaction and the Nature of the Process for General Reference Assistance." *Library & Information Science Research* 18(2): 373.

그림 2-2 ■ Alafiatayo와 Blunden-Ellis의 정보조사제공 모형

해당 자료의 적합성을 판단하여 이용 여부를 결정한다. 만약 이용자에게 자신이 원하는 정보를 식별하고 입수할 수 있다는 확신이 있다면 이용자는 정보사서의 도움 없이 모든 정보이용 과정을 독립적으로 수행할 것이다. 그러나 이용자가 정

보를 탐색하기 전 또는 탐색 과정에서 어려움을 느낀다거나 적합한 정보를 찾아내지 못했을 때에는 정보사서의 도움을 필요로 할 것이다. 이때 이용자와 정보사서간의 직접적인 상호작용이 이루어지면서 정보조사제공 과정이 시작된다.

한편, 디지털 정보환경에서 정보의 접근과 이용을 돕는 주요 도구들이란 온라인 목록이나 온라인 데이터베이스, 전자책, 전자저널, 온라인 참고정보원, 웹 정보원 또는 이들의 조합이 될 것이다. 이러한 정보도구들의 변화는 정보이용 과정에서 이용자가 인식하는 도서관 서비스와 정보사서의 역할에 영향을 미치게 된다. 물리적 장소로서의 도서관 개념은 점차 사라지게 될 것이며 이용자와 정보원 사이의 인적도움을 제공해 주던 정보사서 역시 정보조사제공이라는 도서관 조직의 요소로서보다는 언제 어디에서든 이용자의 요구에 답할 수 있는 하나의 온라인 정보원이 될 것이다. 그럼에도 불구하고 도서관의 정보와 서비스를 요구하거나 정보와 자신의 정보요구를 연결해 줄 정보사서의 전문적인 도움을 필요로 하는 이용자들이 여전히 존재할 것이다.

2.4 정보조사제공 과정의 분석

정보조사제공 과정을 이루는 기본적인 단계들의 특성과 각 단계별 영향 요인들은 정보요구의 발생 단계, 질문의 명료화 단계, 탐색 수행 단계 그리고 탐색 결과의 평가 단계 등 네 단계로 구분하여 분석될 수 있다.

2.4.1 정보요구의 발생 단계

이용자들은 내적 호기심이나 숙제, 보고서 작성과 같은 외적 동기에 의해 정보의 필요성을 인지하게 되고 그 문제를 해결하기 위한 정보탐색 활동을 시도한다. 모든 정보조사제공 과정은 이용자의 질문 제기에서 시작된다고 할 수 있으나 이용자의 질문은 정보요구의 발생에서 비롯된 것이므로 정보조사제공의 과정에 대한 접근은 이용자의 정보요구가 왜 그리고 어떻게 발생하게 되었는지를 이해하는 측면에서 이루어져야 할 것이다.

Belkin의 ASK(Anomalous States of Knowledge, 불완전한 지식상태) 가설

에 의하면 정보요구는 어떤 논제 또는 상황과 관련하여 이용자의 불완전한 지식 상태에서 발생한다(Belkin and Brooks, 1982, 62). 정보요구는 이용자의 지적 상태에 불확실성(Uncertainty)이 존재함을 인지하는 것이며 정보는 그 불확실성을 감소시키기 위한 자극이 된다(Rouse, 1984, 178). 현재의 이용자 인지구조로 당면한 문제를 적절히 대처할 수 없을 때 이용자는 자신의 지식상태에 문제가 있음을 인식하게 되고 ASK 상태의 이용자는 그 불완전성(Insufficient)을 해결하기 위해 정보를 요구하거나 찾아 나서게 되는 것이다. 이용자는 이러한 불완전한 지식상태를 해결하기 위해 공식적, 비공식적 정보 커뮤니케이션 수단을 활용하게 되는데 도서관/정보센터나 정보사서는 그 수단들 중 하나가 된다.

Taylor는 이용자가 정보요구를 인식하고 표현하는 과정에서 경험하게 되는 이용자의 의식 상태를 다음과 같이 네 단계로 구분하고 있다(Taylor, 1968, 182).

① **내면의 요구 단계**(Visceral Need) : 의식적, 무의식적으로 정보의 필요성을 느끼나 실제로 표현하지 못하는 단계
② **의식된 요구 단계**(Conscious Need) : 확실하지 않지만 의식적으로 정보요구를 표현하는 단계
③ **공식화된 요구 단계**(Formalized Need) : 모호하지만 공식적으로 정보요구를 표현하는 단계로서 다른 사람과의 대화를 통해 자신의 정보문제를 보다 잘 이해하게 되며 간결하고 논리적으로 정보질문을 형성하는 단계
④ **협상된 요구 단계**(Compromised Need) : 이용자 스스로 내용을 수정하거나 탐색을 수행할 수 있도록 협상된 요구 단계

이용자가 자신의 정보요구를 구체적으로 정의하고 정보사서에게 정보질문을 제기하는 단계는 공식화된 요구 단계에 해당한다. 정보사서에게 제기된 이용자의 정보질문을 제대로 이해하기 위해서는 이용자의 내면의 요구와 의식된 요구가 어떻게 정보질문으로 표현되었는지 그리고 그 정보질문이 진정한 이용자의 정보요구를 반영하고 있는지를 확인할 수 있어야 한다.

이용자가 정보사서의 중개를 거치지 않고 자신의 정보요구를 스스로 해결하는 경우에는 이용자의 정보요구가 바로 정보원이나 정보시스템에 공식화되는 것이다. 그러나 이용자의 실제 정보요구와 공식적으로 표현된 정보질문 사이에는 늘 차이가 있으며, 이용자의 정보질문을 시스템이 이해할 수 있는 탐색질문으로

적절히 표현하기 위해서는 정보시스템과 탐색 알고리즘에 대한 이용자의 지식과 기술이 필수적이다.

인터넷 탐색 엔진을 포함한 일반적인 정보검색 시스템들은 이용자가 시스템에 표현한 정보요구의 내용이 완벽하다는 것을 전제로 한 정보 커뮤니케이션 도구이다. 그러나 정보시스템에 표현된 이용자의 정보요구가 불완전하고 부정확한 것이라면 그 결과의 적합성 역시 만족스럽지 못할 것이다. 이용자와 정보시스템 간의 직접적인 상호작용에서 발생할 수 있는 이러한 문제점들은 이용자의 불명확한 정보요구를 탐색 과정에서 수정 또는 보완할 수 있도록 지원해 주는 시스템이나 탐색 기법들의 개발을 통해 해결될 수 있지만 이러한 시스템들의 기능은 아직 개발 중이거나 문제를 보완하는 수준에 그치고 있다. 복합적인 이용자의 정보요구를 정확하게 해석하고 정보시스템의 언어로 표현해 주기 위해서는 질문의 명료화 과정이 필요하다.

2.4.2 질문의 명료화 단계

이용자가 정보사서에게 정보질문을 제기하면 그 해답을 찾기 위한 첫 번째 과정으로서 이용자 질문의 명료화(Question Clarification)가 수행된다. 정보사서와 이용자 간의 정보면담을 통해 이용자의 진정한 정보질문이 무엇인지를 구체적으로 밝혀내는 이 과정은 이용자의 정보요구와 정보사서간의 이해의 차이를 좁히는 결과를 가져온다는 측면에서 질문협상(Question Negotiation) 과정이라고도 한다.

이 과정의 효율성을 좌우하는 가장 큰 변인은 정보면담의 두 주체가 되는 이용자와 정보사서이다. 그리고 이용자가 자신의 정보요구를 표현하는 방식과 그 질문을 해석하는 정보사서의 능력은 정보조사제공 결과에 결정적인 영향을 미치게 된다. 일찍이 Collison(1965, 83)은 이용자가 무엇을 요구하는지를 정확하게 파악할 수 있다면 그 정보조사제공은 이미 절반은 성공한 것이라고 하였으며, Katz(1969, 44)는 정보사서가 이용자의 질문을 효율적으로 해결해 주지 못하는 이유가 정보사서의 능력 부족에 있다기보다는 질문의 내용을 정확하게 파악하지 못한데 있음을 지적한 바 있다. 정보사서가 정보를 제공해 주는 결과론적인 행위보다는 이용자의 정확한 정보요구를 파악하기 위해 질문의 명료화 과정에 역점을 두어야 하는 이유가 여기에 있다.

이용자가 실제로 추구하는 정보요구와 공식적으로 표현된 정보질문의 일치 여부는 정보요구에 대한 이용자의 이해 정도와 정보사서에게 전달할 수 있는 표현 능력에 의해 좌우된다. 자신의 정보문제를 해결하기 위해 정보사서와 상호작용을 시도하는 대다수의 이용자들은 자신의 정보문제에 대한 단서를 가지고 있지만 어떻게 정보질문을 형성해야 하는지를 잘 모를 뿐 아니라 개인의 지식상태나 정보문제와 관련된 환경적 요인, 대인관계와 관련된 심리적 요소들의 영향도 받게 된다. 따라서 정보질문과 관련된 이용자의 지식상태나 목적, 의도를 정확히 파악해 내기 위한 정보사서의 인간적 중재 역할 특히, 이용자가 자신의 정보요구를 보다 개방적이고 솔직하게 표현할 수 있도록 심리적 안정감과 자신감을 제공해 줄 수 있는 다양한 커뮤니케이션 능력이 강조되고 있다.

이용자의 질문을 명료화하기 위한 이용자-정보사서의 상호작용이 반복되면서 이용자는 비로소 자신의 정보요구를 보다 명확하게 이해하게 되며 정보사서는 정보질문의 유형을 비롯하여 탐색 전략을 수립하는데 필요한 단서들을 파악하게 된다.

정보질문은 이용자가 무엇을 원하는지 정보의 내용과 형태를 담고 있으며 이는 탐색 형태와 범위를 결정하는 근거가 된다. 정보질문의 유형은 질문을 해결하는데 소요되는 시간이나 참고하는 정보원의 수, 정보사서가 제공한 도움의 정도, 정확한 답을 확인할 수 있는 질문과 답의 범주가 불명확한 질문 등 연구목적이나 학자에 따라 다양하게 구분되고 있다(Grogan, 1991, 37-41; Mann, 1998).

가장 일반적으로 적용되고 있는 정보질문의 유형에는 지시형 질문(Directional Question), 즉답형 질문(Ready Reference Question), 조사형 질문(Specific Search Question) 그리고 연구형 질문(Research Type Question)이 있다(Katz, 2002, 10~15).

① **지시형 질문 :** 이용자에게 직접 답을 제공해 주는 것이 아니라 답을 찾을 수 있는 정보원을 지시해 주는 질문유형이다. 특정정보의 소장여부나 소장위치의 확인을 요구하는 수준의 질문이다(예 : 전자저널의 구독여부나 참고정보원의 소재 위치에 관한 질문).

② **즉답형 질문 :** 정보사서가 한두 가지의 참고정보원만을 조사하여 간단히 해답을 제공해줄 수 있는 질문유형이다. 제공되는 정보의 내용이 대부분 사실과 관련된 것들이어서 사실형 질문이라고도 한다(예 : 환율시세나 전국 문헌정보학과 통계에 관한 질문).

③ **조사형 질문 :** 특정 문제해결을 위해 두 가지 이상의 정보원을 이용해야 하는 질문유형이다. 정보원을 조사해 주거나 접근 방법을 가르쳐 줌으로써 이용자의 문제해결을 돕는다(예 : 채권법의 종류와 변천사, 투자금융 회사의 목적과 운영에 관한 질문).

④ **연구형 질문 :** 이용자나 정보사서 모두 그 문제에 대한 선험지식이 전혀 없어 다양한 정보원을 활용해야 하는 질문유형이다. 폭넓은 정보조사가 수행되며 문헌조사를 실시한 결과는 서지나 초록 정보형태로 제공되기도 하며 탐색 결과에 대한 보고서나 평가가 제공되는 경우도 있다(예 : '한국인의 문화적 특성에 관하여', '매스컴의 역기능에 관하여'와 같은 연구문제).

정보사서에게 제기되는 이용자의 질문은 절대적인 것이 아니라 수정이나 변형이 가능하고 변화에 유동적이며 협상이 가능한 것이다. 경험이 많은 정보사서들은 이용자가 처음 제기하는 질문이 핵심적인 내용을 담고 있는 경우가 드물다는 것을 알고 있다. 대부분의 이용자들은 처음에 자신의 정보문제를 단순한 지시형 질문으로 표현하지만 질문의 명료화 과정을 통해 분석된 진정한 정보요구는 조사형 질문이나 연구형 질문에 대한 탐색 전략을 필요로 하는 경우가 많다.

다양한 탐색 도구들을 이용하여 이용자 스스로 정보문제를 해결할 수 있는 디지털 도서관이 발전하면서 정보사서에게 제기되는 정보질문의 수가 꾸준히 감소하고 있는 것으로 보고되고 있다. 그러나 정보매체의 종류와 정보원의 양이 방대해 지면서 정보사서의 인적도움을 필요로 하는 정보질문의 양적 규모는 감소하였지만 질적수준은 더욱 어렵고 복합적인 것으로 나타났다(Albanese, 2004, 10).

이용자의 질문을 명확하게 이해하고 탐색 전략을 수립하기까지의 기본적인 과정들을 요약하면 다음과 같다(Katz, 1992, 79).

첫째, 질문에 대한 이용자의 이해 정도와 추구하고 있는 정보요구의 차이를 파악한다. 특정 정보를 원하는 이용자의 동기와 목적이 밝혀지면 해답의 우선순위와 깊이를 결정하는데 도움이 된다.

둘째, 도서관과 정보시스템에 대한 이용자의 지식상태를 확인한다. 이용자의 개인적 특성, 도서관에 대한 인식, 필요로 하는 정보와 관련하여 이미 알고 있거나 탐색을 수행한 정도들은 앞으로 진행될 정보면담의 수준과 어떤 정보원을 어떤 순서로 탐색해 나갈 것인지 정보의 탐색 경로를 결정하는데 영향을 미치는 요인들이 된다.

셋째, 이용자의 정보요구를 정보시스템에 적합한 질의로 변환하는데 필요한 주제 분야를 결정한다. 정보사서가 그 주제 분야에 관한 지식이 부족하다면 알고 있는 것에서 모르는 것으로 그리고 일반적인 주제에서 특정 주제 분야로 전개해 나간다.

넷째, 이용자의 외국어 능력을 고려한다. 이용자가 이해하지 못하는 외국어의 정보원이나 정보탐색 도구는 이용자에게 별 도움이 되지 않는다.

다섯째, 이용자의 선호도를 반영하여 정보이용의 편이성과 접근가능성을 검토한다. 다양한 정보매체와 정보접근 방식에 대한 이용자의 가치 척도는 결국 최종 정보조사제공 결과에 대한 이용자의 만족도 평가에도 기여하게 된다. 이용자의 메시지를 정확히 이해한다면 이용자가 기대하는 봉사의 수준을 가늠할 수 있다.

2.4.3 탐색 수행 단계

이용자의 정보질문에 대한 명확한 이해가 이루어지면 그 다음 단계로 질문의 해답을 얻을 가능성이 가장 높은 정보원 또는 정보시스템을 탐색하게 된다. 정보탐색은 이용자의 질문과 정보원을 연결짓는 과정으로서 정보의 접근과 이용에 직접적인 영향을 미치는 단계이다. 따라서 이 과정이 제대로 수행되지 않고서는 정보조사제공의 만족스러운 결과를 기대할 수 없다.

질문의 명료화 과정에서 획득한 단서들을 근거로 다양한 탐색 변수와 탐색 방법 등에 대한 고려가 이루어지는 이 단계는 크게 탐색 전략의 수립과 탐색 두 부분으로 구성된다.

(1) 탐색 전략의 수립

탐색 전략이란 정보원에 대한 지식과 탐색 기술을 바탕으로 문제의 해답을 찾아가는 과정 즉, 탐색 도구와 탐색 경로의 선정 과정을 구상하는 것이다. 탐색 전략은 주로 정보질문의 유형과 성격에 따라 좌우된다. 즉답형 질문의 경우 이미 정의된 탐색 전략에 따라 온라인 참고정보원이나 탐색 엔진을 이용하여 해당 정보 또는 관련 정보원들을 제공해 준다. 그러나 조사형이나 연구형 질문의 경우에는 보다 심층적인 탐색 전략을 필요로 한다. 익숙하지 않은 주제 분야의 정보를 접근하는데 고려할 수 있는 가장 기본적인 탐색 경로는 색인, 서지, 목록의 탐색 등 2차 정보원의 탐색을 시도하는 것이라 할 수 있다. 이 외에 정보사서의 판단에 의거하여 인명, 날짜, 장소, 형태에 의한 부차적인 접근방식도 고려할 수 있다. 이 과정에서 이용자의 질문에 가장 적합한 정보원 또는 정보시스템을 선택하기 위해 주제 분야별 탐색 도구의 식별과 접근을 도와 줄 다양한 지침서들을 활용할 수 있어야 한다.

탐색 전략을 수립할 때에는 탐색 결과에 따라 언제라도 탐색 전략의 변경이 가능하다는 점을 이용자와 사서 모두 주지할 필요가 있다. 즉각적인 피드백을 확인하면서 탐색 전략의 수립과 탐색 수행이 반복되는 면대면이나 실시간 전자정보 면담에서는 정보사서의 적절한 비판력과 순간적인 상황 판단력이 요구된다.

(2) 탐색 수행

탐색 경로와 탐색 도구의 선정이 이루어지면 이용자의 자연언어로 표현된 정보질문을 선정된 정보시스템의 언어로 변환시키는 작업과 함께 탐색이 수행된다. 탐색 전략에 따라 실제로 정보원을 조사하는 이 과정은 기본적으로 이용자의 특정 지식상태를 확장시켜 주기 위해 정보를 찾는 활동이라 할 수 있다. 저자나 서명이 언급되어 있는 구체적인 정보질문은 별개의 탐색어 변환 절차를 요구하지 않으나 특정 주제 분야의 조사형 또는 연구형 질문인 경우에는 해당 주제 분야의 전문용어에 대한 이해와 서지도구의 활용, 탐색 기술에 대한 정보사서의 복합적인 능력이 강조되는 단계이다.

탐색 수행 과정에서 정보사서가 고려해야 할 일반적인 사항들을 정리하면 다음과 같다.

① 특정 주제 분야에 관한 지식이 부족하다면 이미 알고 있는 일반적인 정보원에서 특정주제 분야의 전문적인 정보원으로 탐색을 시도한다.

② 시간이 제한된 경우에는 접근 가능성이 가장 높은 정보원부터 탐색한다. 탐색 과정에서 원하는 정보를 찾아낼 수 있는 정보시스템도 중요하지만 그 정보를 탐색하는데 소요되는 시간도 중요한 요소가 된다.

③ 최신 정보원에서 오래된 정보원으로 소급 탐색을 시도한다.

④ 전문적이고 구체적인 정보탐색을 수행할 때 일반 백과사전이나 인명사전과 같은 참고정보원의 가치를 간과해서는 안 된다. 해당 주제 분야의 연구기관이나 전문가 집단이 제공하는 디렉터리 서비스를 비롯하여 메타정보원도 고려해 볼 필요가 있다.

⑤ 다양한 형태의 정보원을 원하는 경우에는 해당 주제 분야의 교재나 개론서, 학위논문에 수록되어 있는 인용문헌을 참고한다.

⑥ 직접 해결할 수 없는 문제는 동료의 조언이나 메일링 리스트와 같은 전문사서들의 커뮤니티를 활용한다. 유능한 정보사서의 총체적 경험과 축적된 지식은 어떤 상황에서든 주요 정보원이 되며 당연히 활용되어야 한다.

⑦ 필요하다고 판단된 경우에서 탐색 진행 과정에서 중간 탐색 결과를 이용자에게 제공해주고 그 반응을 다음 탐색에 반영한다.

탐색을 수행하는 과정에서 자주 직면하게 되는 또 다른 문제는 탐색을 어느 시점에서 중단해야 하는가이다. 가장 바람직한 것은 만족스러운 탐색 결과를 확인할 때까지 탐색을 수행하는 것이다. 그러나 정보사서가 해결해야 할 정보질문의 수와 각 질문에 할애할 수 있는 시간 그리고 이용자가 정보를 필요로 하는 시간은 제한적인 것이어서 늘 만족스러운 탐색 결과를 기대할 수는 없다. 따라서 탐색 결과의 만족도, 해당기관이나 서비스의 목적, 정보사서의 업무시간 등을 고려한 적절한 탐색 소요시간에 대한 기준이 마련될 필요가 있다.

2.4.4 탐색 결과의 평가

탐색 결과를 이용자에게 제공하고 나면 이용자의 정보질문 제기로부터 시작된 정보조사제공의 모든 과정은 완료된다. 그런데 정보조사제공은 이용자의 질문에 답을 제공하는 것으로 끝나지 않는다. 그 답이 이용자를 만족시켰는지의 여부도 평가해야 한다. 따라서 정보조사제공 과정은 문제를 해결하는 것 이상의 활동이라고 할 수 있다.

이용자는 정보사서가 제공한 탐색 결과가 자신이 원래 의도했던 요구에 적합한 것인지를 판단하고 그 결과에 따라 탐색 진행 여부와 탐색 결과의 추출 여부를 결정한다. 정보사서의 입장에서는 이용자의 질문 내용에 일치하는 정보라고 판단하지만 이용자는 자신의 정보문제를 해결하는데 만족스럽지 못하다는 평가를 내릴 수 있다. 탐색 결과에 대한 이용자의 만족도는 일반적으로 정보탐색의 효율성 평가에 적용되고 있는 적합성이나 연관성을 비롯하여 접근성, 적시성, 최신성, 정보의 수준, 권위, 형태, 경제성 측면에서 평가되고 있다.

이용자 만족도는 정보이용의 주체인 이용자가 판단하지만 이용자에게 만족도를 평가하는 요소들을 설명하고 이해시키는 일은 정보사서의 역할이다. 정보사서는 이용자와 함께 탐색 결과의 적합성 여부를 결정하는 사람으로서 정보의 형태나 양적, 질적인 측면에서 이용자의 만족도 평가가 이루어질 수 있도록 도와주어야 한다. 또한, 제공된 정보의 가치를 이용자가 최대한 활용할 수 있도록 체계적이고 논리적인 지도와 안내를 제공해 주어야 한다(Katz, 2002, 10).

이용자가 제공된 정보에 대하여 긍정적인 평가를 내리게 되면 모든 정보조사제공 과정이 종료되지만 이용자가 만족하지 못한 경우에는 정보사서와 이용자가 함께 탐색의 실패 요인을 분석하고 질문의 명료화 과정이나 탐색 수행 과정을 재시도 하게 된다.

2.5 결론

정보조사제공은 정보질문을 제기한 이용자의 인지적, 심리적 상태, 이용자의 언어와 정보시스템의 언어를 일치시키기 위한 정보사서의 지식과 기술 그리고 다양한 정보원의 특성 등이 한데 어우러진 매우 복합적이며 역동적인 상호작용으로 구성되어 있다. 디지털 도서관의 발전은 이러한 정보조사제공의 유형과 방식에 많은 변화를 가져와 전통적인 정보조사제공의 범위와 깊이를 확장시키고 있다.

정보의 조직과 배포를 돕는 각종 매체와 수단의 발전으로 네트워크상에서 접근할 수 있는 정보원의 종류와 양은 더욱 다양해지고 방대해졌으며, 인터넷은 전자화 된 전 세계의 정보 접근을 가능하게 만들었고 이용자는 도서관을 직접 방문하지 않아도 언제 어디에서든 원하는 정보와 서비스를 이용할 수 있게 되었다. 그리고 정보사서는 이용자와의 원격 상호작용을 통해 도서관/정보센터에 소장된 정보원뿐만 아니라 국내외 각종 웹 정보원의 이용을 돕고 이용자의 정보질문을 해결해 주며 정보이용교육을 제공해 줄 수 있게 되었다.

기술의 발전은 정보사서의 개입 없이도 최종이용자가 신속하고 편리하게 정보를 식별하고 이용할 수 있는 정보환경을 지향하고 있지만 양질의 정보를 적시에 이용하고자 하는 이용자의 정보요구가 존재하는 한 정보원과 이용자 그리고 정보사서 간의 커뮤니케이션은 지속될 것이며, 효율적인 정보조사제공 모형을 개발하고 개선하려는 노력 또한 계속될 것이다.

정보조사제공 과정에 미치는 인적 요인이나 기술적, 환경적 요인들의 영향력은 상대적인 것이어서 모든 정보조사제공에 적용될 수 있는 이상적인 모형의 일반화는 어렵다. 이용자의 정보요구를 충족시켜 주기 위한 이 과정에는 이용자와 정보사서간의 커뮤니케이션, 정보원의 접근과 이용을 돕는 교육과 안내, 결과의 효율성을 평가하는 방법과 기술의 문제 등 복합적이고 다면적인 활동들이 포함되어 있기 때문이다. 정보조사제공의 과정을 이해한다는 것은 정보조사제공이 왜 수행되어야 하며 그 효율성은 어떻게 평가되어야 하는지를 이해하는 것이다. 현재의 정보조사제공 수준을 개선하기 위해서 뿐만 아니라 이용자의 요구를 예측하고 대응할 수 있는 더 큰 정보시스템의 일부분으로서 정보조사제공 과정에 대한 접근이 시도되어야 할 것이다.

인 용 문 헌

- 남궁황. 2003. "학습시스템에 기반한 개인화 정보서비스에 관한 연구." 정보관리학회지 20(4): 114~134.
- 노옥순. 1994. 참고봉사와 참고정보원. 서울: 이화여자대학교 출판부.
- Alafiatayo, Benjamin O. and John C. P. Blunden-Ellis. 1996. "Reference Transaction and the Nature of the Process for General Reference Assistance." *Library & Information Science Research* 18(2): 357~384.
- Albanese, A. R. 2004. "The Reference Evolution." *Library Journal* 129(19): 10~12.
- Belkin, N. J. 1984. "Cognitive Models and Information Transfer." *Social Science Information Studies* 4(2/3): 111~129.
- Belkin, N. J. and H. Brooks. 1982. "ASK for Information Retrieval." *Journal of Documentation* 38(2): 61~71.
- Bunge, Charles A. 1970. "Reference Service in the Information Network". In *Paper for the Interlibrary Communication and Information Networks Conference*. Chicago: ALA.
- Cardina, Christen and D. Wicks. 2004. "The Changing Roles of Academic Reference Librarians over A Ten Year Period." *Reference & User Services Quarterly* 44(2): 133~142.
- Collison, R. L. 1965. *Library Assistance to Readers*, 5th ed. London: Crosby Lockwood.
- Crum, Norman J. 1969. "The Librarian-Customer Relationship: Dynamics of Filling Requests for Information." *Special Libraries* 60: 269~277.
- Grogan, Denis. 1991. *Practical Reference Work*. London: LA Publishing.
- Grogan, Denis. 1987. *Enquiries and the Reference Process*. London: Clive Bingley.
- Jahoda, Gerald and P. E. Olson. 1972. "Analyzing the Reference Process." *RQ* 12(2): 148~156.
- Katz, William A. 2002. *Introduction to Reference Work Vol. I: Basic Information Sources,* 8th ed. New York: McGraw-Hill.
- Katz, William A. 1992. *Introduction to Reference Work Vol. I: Basic Information Sources, 6*th ed. New York: McGraw-Hill.

- Katz, William A. 1969. *Introduction to Reference Work Vol. Ⅱ: Reference Service.* New York: McGraw-Hill.
- Keating, John J. and Arthur W. Hafner. 2002. "Supporting Individual Library Patrons with Information Technologies: Emerging One-to-One Library Services on the College or University Campus." *Journal of Academic Librarianship* 28(6): 426~429.
- Mann, T. 1998. "Reference Service, Human Nature Copyright, and Offsite Service-in "A Digital Age"?" *Reference & User Services Quarterly* 38(1): 55~61.
- Morgan, Eric Lease. 2000. "Guest Editorial: The Challenges of User-centered, Customizable Interfaces to Library Resources." *Information Technology and Libraries* 19(4): 166~168.
- Neill, S. D. 1987. "Can There Be a Theory of Reference?" *The Reference Librarian* 18: 7~20.
- Rees, Allan, M. and Tefko Saracevic. 1963. "Conceptual Analysis of Questions in Information Retrieval Systems." *Annual Meeting of the American Documentation Institute 1963* Part Ⅱ, pp. 175~177.
- Rouse, W. B. and S. H. Rouse. 1984. "Human Information Seeking and Design of Information System." *Information Processing Management* 20(1/2): 129~138.
- Shera, Jesse. 1964. "Automation and the Reference Librarian." *RQ* 3(1): 3~7.
- Taylor, Robert S. 1968. "Question-Negotiation and Information Seeking in Libraries." *College & Research Libraries* 29(3): 178~194.

03

정보매체와 정보원의 유형

역사적으로 도서관의 주요 기능 중 하나는 장서를 통해 이용자의 지적 욕구를 충족시켜 주는 것이었으며 정보사서는 이 기능을 수행하기 위해 장서의 수집과 평가의 역할을 담당해 왔다. 현대의 정보조사제공 기능 또한 이용자의 정보요구에 적합한 정보원의 접근과 이용을 돕는 것이며 정보원은 정보조사제공을 구성하는 3대 기본요소 중 하나로 인식되고 있다.

디지털 도서관의 발전은 도서관 장서의 구성과 개발에 많은 변화를 가져오고 있다. 도서관의 장서로서 기존의 인쇄매체의 문자정보 이외에 디지털 형태의 멀티미디어정보의 비중이 점차 커져가고 있으며 결과적으로 정보사서가 이용자의 요구를 예측하고 개발해 나가야 할 정보원의 범주와 유형은 더욱 방대해지고 있다.

인쇄정보원과 CD-ROM 또는 온라인 데이터베이스를 비롯하여 무한한 인터넷 정보원이 공존하는 디지털 정보환경에서 이용자가 필요로 하는 것은 자신의 정보문제를 해결해 줄 정보나 지식이다. 그러나 실제로 그 정보나 지식의 이용을 가능하게 하는 것은 정보의 식별과 평가 그리고 접근을 도와주는 도서관이나 정보사서의 지식과 기술이라 할 수 있다. 따라서 디지털 정보이용 환경에서 이용자가 필요로 하는 것 즉, 도서관 서비스와 정보사서에게 요구되는 것은 갈수록 다양해지고 복잡해져가는 정보원과 정보시스템을 제대로 활용할 수 있는 전문지식과 기술이라 할 수 있다.

이 장에서는 정보의 접근과 이용에 영향을 미치는 정보원의 표현 방식과 매체의 특성 그리고 효율적인 정보조사제공을 수행하는데 활용할 수 있는 모든 유형의 정보원을 구분하고, 각 정보원의 특성과 정보 커뮤니케이션에 미치는 영향을 살펴볼 것이다.

3.1 정보매체의 유형

정보매체는 정보를 기록하여 담는 그릇이며 정보의 전달을 가능하게 하는 수단이다. 정보매체는 정보가 표현된 방식과 특성에 따라 형태와 기능을 발전시켜 왔는데 정보는 그 표현 방식에 따라 문자정보, 음성정보, 그림과 이미지정보 그리고 멀티미디어정보로 구분할 수 있다.

① **문자정보**

문자는 정보를 표현하는 가장 기본적인 수단이며 가장 일반적인 의사소통의 수단이다. 지난 수 천 년의 인류 역사가 거의 문자로 보존되고 있는 만큼 정보원 중 가장 큰 비중을 차지하고 있다.

② **음성정보**

녹음 방식이 완성되기 전까지는 구전 형태로 정보가 보존되어 왔으나 최근에는 아날로그 혹은 디지털 형태로 음성정보의 저장이 가능해졌다.

③ **그림과 이미지정보**

인간의 커뮤니케이션에서 정보를 정확히 전달하는데 긴 문장의 표현보다 한 장의 그림이 더 유용한 경우가 있다. 그러나 디지털정보의 전달 측면에서 보면 이미지 정보가 문자정보보다 훨씬 많은 정보량을 필요로 하기 때문에 정보의 전달 비용이 많이 들 수 있다.

④ **멀티미디어정보**

멀티미디어정보는 문자, 음성, 동화상 정보가 모두 포함되어 있는 총체적 정보이다. 멀티미디어정보는 복수의 미디어를 통해 정보를 전달한다는 조건 이외에 상호대화식이어야 하며 데이터가 디지털 형태로 생성, 저장, 처리, 표현될 수 있어야 한다. 효율적인 검색을 하기 위해서는 그 속성상 텍스트 형식의 정보 위주로 개발된 검색엔진과는 다른 정보접근 방식과 검색도구를 필요로 한다.

전자매체에 기록된 정보를 네트워크를 통해 물리적 제한 없이 전달할 수 있게 된 디지털 정보환경은 기존의 문자정보 위주에서 벗어나 멀티미디어정보의 생산과 수요를 증대시키고 있다. 정보기술의 발전은 정보를 기록하고 저장하여 전달하는 다양한 정보매체의 발전을 주도해 왔으며 정보매체의 발전은 인쇄매체와 수작업 방식에 의존한 종이 도서관(Paper Library)에서 인쇄매체 중심의 자료를 컴퓨터 방식으로 자동화한 자동화 도서관(Automated Library) 그리고 전자매체와 컴퓨터 방식의 디지털 도서관(Digital Library)에 이르기까지 도서관의 발전 과정에 직접적인 영향을 미쳐 왔다.

정보의 저장과 이용방법에서 차이를 가져오는 각 정보매체별 특성을 살펴보면 다음과 같다.

3.1.1 종이

정보의 저장과 전달의 근간을 이루며 발전해 온 종이는 우리에게 가장 익숙한 정보매체이다. 이용하는데 별도의 도구가 필요 없는 편리함과 촉감이나 형태가 주는 감각적 안정성 때문에 전자매체가 발달하고 있는 현대사회에서도 꾸준히 이용되고 있다. 다른 매체와 비교하여 해상도가 높고 가독 범위 또한 넓다. 그러나 훼손이나 변질이 쉬워 보존 측면에서 취약하고 부피와 무게에 따른 이동과 보관상의 문제가 있으며 한번 갱신하는데 많은 시간과 비용이 요구되어 최신성이 떨어지고 정보를 검색하는데 비효율적이라는 단점이 있다. 책이나 연속간행물, 신문, 편지, 그림이나 도식, 사진과 같은 정적인 정보를 전달하는데 주로 사용되고 있다.

3.1.2 마이크로자료(Microform)

마이크로자료는 부피가 크고 무거운 종이매체를 대체하는 수단으로 사용되었다. 마이크로필름(Microfilm)과 마이크로피시(Microfiche) 형태로 이용되고 있는 마이크로자료는 종이매체에 수록된 원문정보를 사진기술로 미세하게 축소 촬

영한 후 재생산하거나 처음부터 문자정보나 화상정보를 마이크로자료에 수록하기도 한다. 마이크로자료는 정보의 수요가 적거나 예측하기 어려운 자료, 희귀본, 절판본 또는 이전에 출판된 적이 없는 문서나 필사본을 출판하는데 활용되기도 한다. 종이매체보다 저장성이 좋고 반영구적인 보존성을 지니며 부피가 작아 보관에 편리하지만 검색을 위해 별도의 장비가 필요하고 검색할 때 일일이 수작업으로 찾아야 한다는 단점을 지니고 있다. 마이크로자료는 점점 자기(Magnetic) 매체나 광학(Optical) 매체로 대체되어 가고 있다.

3.1.3 하드디스크(Hard Disk)

하드디스크는 자기 기록방법인 컴퓨터 환경에서 가장 기본적인 저장 매체이다. 읽기나 쓰기의 속도가 주변 저장장치로는 가장 빠른 매체이며, 용량도 점점 대형화되어 300GB 정도 수준에 이르고 있지만 저장 매체로는 용량이 작은 편에 속한다. 3~5년 정도의 내구성을 지니는 소모품 장치이므로 반영구적인 전자장치나 다른 주변 저장장치보다 안정성이 떨어진다는 점을 고려해야 한다. 주로 데이터베이스 저장매체로 활용되고 있다.

3.1.4 CD-ROM(Compact Disk-Read Only Memory)

CD-ROM은 자기 기록방법이 아닌 빛을 이용하여 정보를 기록하고 재생하는 광학매체로서 정보의 저장과 이용에 새로운 차원의 가능성을 열어 준 정보매체이다. 대량생산과 내구성, 임의적 접근 성능이 뛰어나고 정보원을 반영구적으로 보존할 수 있으며, 네트워크 구축을 통해 다수의 이용자가 원거리에서 동일한 데이터베이스를 동시에 이용할 수 있는 장점을 지니고 있다. 저장용량은 700MB로서 중간규모의 수준이지만 저장 장치로 사용할 때는 주크박스와 같은 어레이(Array)형태로 사용함으로써 대용량 규모를 구현한다. 디스크의 크기는 3.5인치, 5.25인치, 12인치, 14인치 등이 사용되고 있으며 드라이브 기술의 지속적인 발전으로 CD-ROM 보급이 확산되고 있다. 용량이 크고 검색의 망라성이 요구되는 각종 서지 데이터베이스와 사전이나 백과사전 등 방대한 기억용량을 필요로 하는 전문정보를 저장하는데 사용된다. CD-ROM과 유사하나 데이터를 추가 기록할 수 있다는 장점을 지닌 WORM(Write Once Read Many)과 전통적인 자기 디스크 기술과 광기술을 혼합하여 디스크에 직접 정보를 기록하거나 재생할 수 있고 불필요한 정보를 삭제할 수도 있는 E-DRAW(Erasable Medea-Direct Read After Write)가 있다.

3.1.5 DVD(Digital Versatile Disk)

DVD는 고화질, 고음질, 상호작용 기능을 갖춘 앞으로 CD-ROM을 대체할 고밀도 멀티미디어 정보매체이다. 영상, 음성, 문자 및 데이터 정보 등을 송수신할 수 있다는 특징을 지니고 있다. 용량은 한 면이 4.7GB이고 양면을 다 쓰면 8.4GB에 이르며 데이터 전송 속도는 1.4MB로서 계속 향상될 것으로 보인다. 최근 DVD는 일반 CD-ROM보다 7배 이상의 저장 용량을 지니면서 고화질의 동영상 정보를 저장할 수 있는 차세대 저장매체로 각광받고 있다. 아직 CD-ROM 처럼 일반화 되지 않아 교육용 타이틀이나 학술정보보다는 영화나 음악, 비디오 게임 등 주로 영상산업에 많이 활용되고 있다.

3.1.6 플래시 메모리(Flash Memory)

플래시 메모리는 디램과 달리 전원이 끊기더라도 저장된 정보를 그대로 보존할 수 있는 비휘발성 메모리의 특성을 지니고 있으며 휴대하기에 가장 편리한 최소형, 최경량의 정보매체이다. USB 포트를 사용하는 데이터의 전송속도는 480MB로서 다른 어떤 매체보다 가장 빠르며 종류는 크게 저장용량이 큰 데이터 저장형과 처리속도가 빠른 코드 저장형 두 가지로 구분된다. 데이터 저장형은 고집적이 가능하고 핸드디스크를 대체할 수 있어 고집적 음성이나 화상정보의 저장용으로 많이 쓰인다. 저장과 삭제가 쉽고 자유로워 디지털 텔레비전, 디지털 캠코더, 휴대전화, 디지털 카메라, 개인휴대단말기(PDA) 등에 널리 이용되고 있다.

3.2 정보원의 유형

정보원은 인간의 창조적 활동에서 생산된 새로운 지식이나 사실을 전달하는 커뮤니케이션 수단이며 그 결과물이다.

전통적으로 정보조사제공에 활용되는 정보원의 범주는 도서관 내의 소장 자료로 한정되어 있었지만 네트워크 정보원의 이용이 활발해지면서 장서의 의미는 접근의 개념으로 변화하였고 물리적 장소에 따른 정보원의 구분은 사라지게 되었다. 정보조사제공에 활용되는 정보원의 유형 또한 사전이나 백과사전, 연감, 명감, 편람, 서지, 목록, 색인, 초록 등 특정 정보를 찾는데 편리하도록 체계적으로 배열해 놓은 참고정보원(Reference Sources)의 개념에서 이용자의 정보요구를 해결하는데 활용할 수 있는 모든 유형의 정보원(Information Resources)을 포함하는 광의의 개념으로 확대되고 있다.

정보원의 유형은 일반적으로 시간의 경과와 가공의 정도에 따라 1차, 2차, 3차 정보원으로 구분할 수 있으며, 정보 커뮤니케이션의 방식에 따라 공식 정보원과 비공식 정보원 그리고 정보매체의 특성에 따라 인쇄정보원과 전자정보원으로 나누어 볼 수 있다. 이 장에서는 정보원의 범주를 학술정보를 생산하고 이용하는 연구자들 간의 학술 커뮤니케이션의 결과물로 한정하고, 1차, 2차, 3차 정보원, 공식 정보원과 비공식 정보원 그리고 발행처의 특성이 강한 정부간행물과 기관정보원의 특성을 살펴보았다. 인쇄정보원에 대한 전자정보원의 특성은 다음 장에서 구체적으로 다루게 될 것이다.

<그림 3-1>은 시간의 흐름에 따라 개개인의 생각에서 생성된 하나의 개념이 지식의 본체에 이르는 과정을 나타낸 것이다. 이 과정을 통해 특정 주제 분야의 정보원이 생산되어 다양한 형태의 정보원으로 전달되는 정보의 흐름(Information Chain)을 이해할 수 있다(Doyle and Grimes, 1976, 3~10). Doyle과 Grimes은 정보원의 구성을 세 단계로 구분하였는데 제1단계는 개인이나 조직 내부에 잠재되어 있는 생각이나 관찰, 유추에 해당하는 인간정보원과 기관정보원을, 제2단계에는 순수한 인지적 정보의 형태에서 좀 더 공식화 된 정보의 형태로 변화한 진행 중인 연구, 학위논문과 같은 미출판 정보원, 정기간행물, 심사과정을 거쳐 출판된 보고서와 단행본, 리뷰, 현황보고서, 교과서, 백과사전류 등을 포함시키고 있다. 그리고 제3단계로 원 정보를 담고 있기보다는 정보의 식별과 소재파악을 돕는 대용물들을 구분하였다. 여기에는 색인, 초록, 서지, 안내서, 리뷰, 현황보고서류가 포함된다. 리뷰와 현황보고서는 특정 주제 분야의 최근 연구보고서나 연구논문들의 서지정보를 제공해 주기도 하지만 주요 성과나 문제, 경향을 종합적으로 개관하고 있다는 점에서 2단계와 3단계의 공통적인 정보원임을 나타내고 있다.

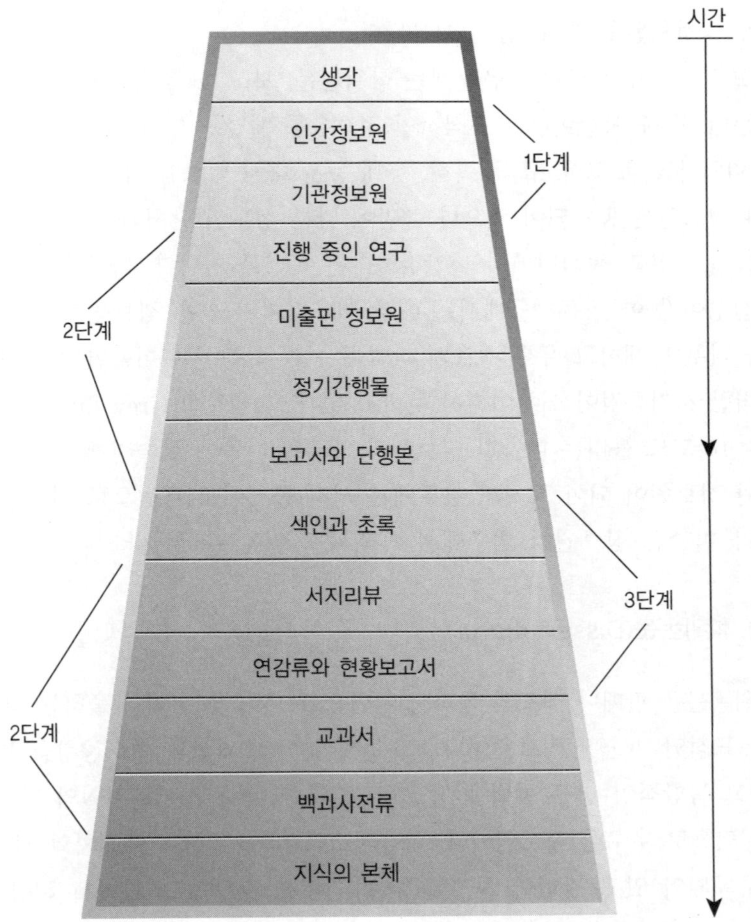

자료: J. M. Doyle and G. H. Grimes. 1976. *Reference Resources: A Systematic Approach.* Metuchen, N. J.: Scarecrow Press, 6.

그림 3-1 ■ 기본 정보원의 구성

이러한 정보원의 구분은 인쇄매체의 정보원을 대상으로 한 것이지만 정보원의 유형을 1, 2, 3차 정보원으로 구분하는 근거가 되었다.

3.2.1 1차 정보원(Primary Sources)

1차 정보원은 독자적인 연구 성과를 기록한 새로운 정보로서 해석이나 요약 또는 평가 등 원문 내용에 대한 가공 과정을 전혀 거치지 않은 원 자료이다. 따라서 1차 정보원은 가장 최신성이 높은 자료라 할 수 있으며 색인이나 서지, 초록과 같은 2차 정보원을 통해 접근 이용된다.

대표적인 1차 정보원의 유형에는 학위논문, 보고서, 특허, 학술지, 단행본 등이 있는데 이 중 출판이라는 공식적인 정보유통 채널을 통해 배포되지 않는 학위논문, 회의자료, 보고서, 규격, 특허, 통계 등은 다시 미출판 정보원으로 구분된다. 미출판 정보원은 공개되어 있으나 출판에 따른 정보의 출처와 소재 정보를 갖고 있지 않아 내용과 형식면에서 불안정하다는 특성을 지닌다. 다른 어떤 자료보다도 최신성이 높아 이용자들에게는 매우 이용가치가 높은 정보원이지만 그 양적 규모가 너무 방대하고 유통 경로의 파악이 어려워 생산된 미출판 정보원의 입수와 완벽한 서지통정이 이루어지지 못하고 있다. 회색문헌(Grey Literature) 또는 미간본이라고도 불리는 미출판 정보원의 일부는 나중에 학술지에 발표되면서 공식 출판 정보원이 되며 특허의 경우에는 서지 통정이 체계적으로 이루어지고 있어 점차 미출판 정보원의 범주에서 제외되고 있는 추세이다.

(1) 학위논문(Dissertation)

학위논문은 판매나 배포의 목적이 아닌 학위 청구를 위해 제출하는 학술 논문이며 대표적인 미출판 정보원이다. 각 주제 분야의 최신의 연구동향을 보여주며 참신하고 독창적인 연구 방법을 담고 있을 뿐만 아니라 심사위원의 평가과정을 거친 질적으로 우수한 정보원이다. 학술지보다 더 상세한 연구절차와 과정, 데이터가 수록되어 있고 광범한 참고문헌 및 각주를 포함하고 있어서 해당 분야의 2차 정보원의 기능을 수행하기도 한다.

(2) 회의자료(Proceedings)

회의자료란 학술회의나 세미나에서 생산되는 정보원이다. 회의자료의 유형으로는 특정 주제에 관한 발표나 토론을 위해 회의 참가자들에게 논문의 전문을 간이 인쇄하여 배포하는 출판전 배포기사(Preprint)와 학술지에 발표한 후 수록 논문에 대한 개별 인쇄본으로 생산되는 별쇄본(Reprint), 발표논문의 초록이나 회의 일정, 저자 약력 정보 등을 제공하는 회의편람, 그리고 회의에서 발표된 논문들을 묶은 학술 회의록 등을 들 수 있다. 해당 주제 분야의 최신 정보를 제공하는 정보원이지만 접근이 어려워 정보원의 가치만큼 이용률이 높지 않다.

(3) 보고서(Reports)

보고서는 연구소나 대학, 학회, 협회 또는 개인 연구자가 연구주제를 신청하거나 용역을 받아 연구를 수행한 후, 연구결과나 진행과정을 논리적으로 서술하여 연구를 주관했던 기관 또는 개인이 연구비 지원 기관에 제출하는 정보원이다. 학술지가 거쳐야 하는 심사, 편집, 인쇄, 배포과정을 거치지 않아 학술지보다 더 신속한 정보를 전달해 주며 과학기술, 교육, 경제, 국방 등 주제영역도 광범위하여 정보의 신속성과 구체성을 모두 갖추고 있다. 보고서의 분량이 너무 방대하여 생산된 보고서를 모두 입수하는 것 자체가 어려운 작업이며 입수된 자료라 해도 대부분 서지사항을 완벽하게 갖추고 있지 않아 색인이나 초록서비스가 체계적으로 제공되지 못하는 단점을 지니고 있다.

(4) 규격(Standards)

규격이란 제품과 봉사의 질적 수준과 성능에 대한 최소 수준과 최적의 조건들을 규정한 것이다. 단체, 지역, 국가, 국제적 공인기관이 지정한 양, 질, 형태, 단위 등에 대한 표준화 정보를 담고 있으며 과학기술, 산업, 보건 등의 분야에 주요 정보원으로 이용되고 있다. 정확성과 신뢰성을 보장하며 강제성을 지니는 정보원으로서 국가적, 국제적 산업 분쟁을 중재하고 해결할 수 있는 근거가 되기도 한다. 규격 정보는 유효기간을 지니고 있어서 만료된 규격은 발행기관에 의해 대체되거나 폐지되므로 규격 정보의 신규제정이나 개정 또는 폐지에 대한 변동사항에 유의해야 한다.

(5) 특허(Patents)

특허는 개인의 발명이나 발견의 결과를 사회가 일정기간 동안 보상해 주는 특허제도에서 발생한 정보원이다. 다른 정보원과는 달리 특허는 연구결과를 보고하는데 그치지 않고 생산자에 대한 법적 보호 수단으로서의 역할을 지니고 있으며 특허명세서, 실용신안, 의장, 상표로 구성되어 있다. 산업체나 연구기관에서 새로운 연구를 착수하기 이전에 기본적으로 탐색하게 되는 특허는 새로운 기술 동향을 파악하는데 신규성과 유용성이 높을 뿐 아니라 질적 수준과 신뢰성도 높이 평가받고 있다. 일반 과학기술 정보원과 비교해 수명이 길다는 특징도 지니고 있다.

(6) 통계(Statistics)

통계란 복잡한 어떤 상황을 이해하고 특징짓는데 이용되는 하나의 방법론으로서 통계정보는 복잡한 현상의 결과를 양적으로 기술한 과학적이고 객관적인 데이터를 제공한다. 특히 경제, 사회, 무역 등 사회과학 연구에 기초적인 정보원이며 즉답형 정보질문을 해결하는데 유용한 정보원으로 많이 활용된다. 통계정보의 조사와 작성은 주로 정부기관에서 수행하고 있으며 통계 업무를 담당하는 전담기구를 통해 이용이 이루어진다.

(7) 학술지(Journals)

학술지는 동일한 표제아래 권, 호로 표시되어 정기적으로 간행되는 정기간행물의 일종이다. 정기간행물은 내용의 성격에 따라 대중적인 읽을거리를 제공하는 교양지(Magazine)와 특정 주제 분야의 학술 정보를 제공하는 학술지(Journal)로 구분된다. 학술지는 해당 주제 분야의 권위 있는 심사위원들의 평가를 거쳐 출판되는 공신력 있는 정보원으로서 연구자들의 핵심 정보원이며 도서관의 핵심 장서이다. 또한, 학술지 논문은 연구자들의 업적을 평가하는 주요 지표가 되어 사회적 기능을 수행하기도 한다. 심사과정은 학술지의 질적 수준을 유지시키는 근거가 되기도 하지만 다른 한편으로는 정보의 최신성을 저해하는 요인으로 여겨지기도 한다. 전자저널의 출현은 논문의 제출과 편집, 심사, 평가, 검색 등 학술지의 생산과 유통, 이용의 절차에 많은 변화를 가져오고 있다.

(8) 단행본(Monographs)

도서 중 비정기적이며 단독으로 간행되는 도서를 단행본이라 한다. 유네스코의 정의에 의하면 49페이지 이상의 비정기 간행물은 도서로 그리고 49페이지 미만은 소책자(Pamphlet)로 구분하고 있다.

(9) 지도(Maps)

지도정보원은 통계와 학술적인 해설을 겸하고 있어서 역사학이나 지리학 분야는 물론 사회과학 전 분야의 연구에 필수적인 정보원이다. 여러 개의 낱장 지도를 함께 제본하여 책의 형태로 만든 것은 지도첩(Atlases)으로 구분한다. 지형이나 위치에 관한 일반지도 뿐 아니라 군사지도, 지질도, 지적도, 인구분포도, 산업지도, 교통지도, 문화지도, 여행안내 지도 등 다양한 주제별 지도정보원이 생산되고 있다.

(10) 기타

이밖에 출판되지 않은 초고, 서한, 타자본, 스케치 등의 필사본, 그림, 사진, 유물, 악보 등이 1차 정보원에 포함된다.

3.2.2 2차 정보원(Secondary Sources)

2차 정보원은 어떤 목적을 위해 1차 정보원의 내용을 가공하거나 재편성한 정보원이다. 2차 정보원은 다양하고 방대한 1차 정보원에서 적합한 정보를 확인하고 선택하는데 도움을 주는 접근 도구로 이용되기도 하며 해답 그 자체를 제공해 주는 즉답형 참고정보원이 되기도 한다.

2차 정보원의 유형에는 이용자에게 다양한 접근점을 제공하는 색인, 초록, 목록, 서지와 같은 대용물(Surrogation)과 사전, 편람, 연감, 교과서 등을 포함한 편집물(Repackaging), 비평서나 안내서와 같이 해당 주제 분야의 문헌들에 대한 분석과 논평을 해주는 요약물(Compaction)들이 있다(한상완, 2001, 280~285). 전통적으로 2차 정보원은 1차 정보원의 생산 이후에 별개의 과정을 거쳐 생산되므로 정보의 최신성이 떨어진다는 지적이 있었으나 정보기술의 발전으로 1, 2차 정보원의 출판과정이 통합되어 1차 정보원의 편집 과정에서 색인어가 부여되고 바로 2차 정보원이 생산되고 있다.

(1) 색인(Index)

색인은 1차 정보원의 소재를 알려주는 체계적인 목록이다. 문헌 전체에 대한 정보를 제공해 주기보다는 학술지나 논문집에 실린 개별 기사나 논문에 대한 서지사항과 위치정보를 알려준다.

(2) 초록(Abstract)

초록은 보다 발전된 형태의 색인으로서 문헌의 내용을 요약한 것이다. 색인이 주는 서지정보와 위치정보 뿐 아니라 문헌 내용에 대한 요약 정보를 제공해 주어 자료의 적합성 여부를 결정하는데 유용한 정보원이다.

(3) 목록(Catalogs)

목록은 어떤 도서관이나 기관이 실제 소장하고 있는 장서에 관한 기록이다. 목록의 기본 정보는 1차 정보원에 관한 서지사항들이며 둘 이상의 도서관이 소장한 장서 목록인 경우에는 종합목록이라고 한다.

(4) 서지(Bibliography)

서지는 특정 기관의 소장 여부와는 무관하게 어떤 문헌에 관한 서지정보를 체계적으로 정리하여 편집해 놓은 리스트이다. 한 국가에서 출판된 모든 자료에 대한 정보를 수록하고 있는 국가서지에서부터 출판사나 서점이 도서판매를 위해 발행하는 상업적인 서지 그리고 단행본이나 학술지 논문, 백과사전의 말미에 실린 참고문헌 또는 인용문헌에 이르기까지 그 종류와 규모가 다양하다.

(5) 명감(Directory)

명감은 인명이나 기관에 관한 정보를 제공하는 정보원을 말하는데 각종 명부와 인명정보원, 주소록 등이 여기에 포함된다. 개인이나 기관의 주소, 활동범위, 특성, 업적을 담고 있으며 명감 자료 중 매년 출판되는 자료는 연감정보원으로 구분된다.

(6) 연감(Yearbook)

연표(Almanac)와 연보(Annuals) 자료를 통칭하는 연감 정보원은 매년 발행된다는 발행주기의 특성을 지니고 있다. 주제의 시사성이 높고 신속한 정보의 참조를 돕는 사실 정보원이다. 특정 분야의 한 해 동안의 연구나 활동의 진보상황, 현황과 추이 파악에 유용한 정보원으로서 백과사전식 연감이나 통계연감, 주제별 연감 등이 있다.

(7) 편람(Handbook)

매뉴얼, 지침서, 요람, 총람, 대관, 대요의 특성을 공유하고 있는 편람은 풍부한 정보가 압축되어 있는 정보원이다. 사실정보를 제공해 주는 간단한 사전식 편람에서부터 구체적인 일을 해결하는데 참고할 수 있도록 기술적인 방법을 제시해 놓은 편람, 하나 또는 그 이상의 주제 분야에 대한 연구 방향이나 추세 그리고 관련 참고문헌 등을 수록해 놓아 타 주제 분야 이용자들이 그 주제의 개요를 이해하는데 실제적인 정보를 제공해 주는 편람에 이르기까지 그 수록내용이 다양해서 실무자나 연구자들에게 유용한 대표적인 참고정보원이다. 원래 취급하기 간편한(handy) 책이라는 특징을 지니고 있었으나 점차 부피가 대형화되어가고 있다.

(8) 교과서(Textbook)

특정 주제 분야의 전문가가 그 분야의 연구결과들을 통합하여 일반화시킨 지식을 학습용 교재로 편성한 정보원이다. 어떤 주제를 처음 공부하는 사람들에게 사실적인 정보를 제공해 주는 교육정보원이지만 원 정보에서 교과서의 발행까지 소요되는 정보의 시차가 크다.

(9) 사전(Dictionary)

사전(辭典)은 언어에 관한 모든 정보를 제공하는 정보원이다. 사전은 특정 언어의 의미나 발음 등을 다루고 있는 언어사전과 언어나 사물의 특정한 측면을 다루는 특수사전으로 구분된다. 언어사전은 한 언어의 낱말을 자모순으로 열거하고 발음, 철자법, 음절, 품사명, 의미, 유래, 용법 등 단어에 대한 기본적인 지식을 제공해 준다. 특수사전에는 발음사전, 동의어 사전, 반의어 사전, 속어사전, 숙어사전, 어원사전, 용례사전, 인명사전, 지명사전, 문장사전, 인용사전이 있으며 문화나 동물, 신화와 같은 특정 주제를 다룬 주제사전도 있다. 특수 분야에서 사용하는 전문적, 기술적인 용어를 해설해 놓은 용어집(Glossary)과 시소러스(Thesaurus)도 여기에 포함된다.

(10) 백과사전(Encyclopedia)

백과사전(百科事典)은 모든 주제 분야에 걸쳐 기본적인 원리와 정의, 역사적 배경, 현황 등 개관을 다루고 있는 정보원으로서 특정 주제에 관한 깊은 지식이 없을 때 일차적으로 이용할 수 있는 최초의 정보접근 수단이다.

(11) 안내서(Guides)

안내서는 자료의 이용을 돕기 위한 문헌 안내 뿐 아니라 특정 주제 분야의 연구 계획을 세우는데 참고할 수 있는 정보원으로서 장서개발의 평가도구로도 활용된다. 독자를 위한 안내서(Reader's Guide)는 문헌들을 비평적으로 취급하여 독자에게 관련 주제 분야의 자료들을 제공하며 서지나 목록보다 융통성 있고 보다 자세한 정보를 제공한다. 연구안내서(Research Guide)의 경우에는 연구 조사의 도구로서 참고자료 뿐 아니라 학술지, 논문, 단행본의 해제, 줄거리와 이용방법, 분야별 연구방법론, 최근 연구 동향에 관한 정보를 담고 있다.

(12) 비평서(Critical Materials)

비평서는 원 저작물을 분석하고 논평한 정보원으로서 단행본 형태나 학술지의 논문기사 또는 문학비평의 형태로 출판된다. 비평서는 성격상 1차 정보원에 근거한 것이므로 2차 정보원의 특성을 지니고 있으나 문학작품을 비평한 문헌인 경우, 비평가의 독창적 문학 성향이 돋보이면 그 비평가의 창작 저술로 판단하여 1차 정보원으로 구분하기도 한다.

3.2.3 3차 정보원(Tertiary Sources)

3차 정보원은 1차 정보원의 양이 방대해지자 그 서지통정의 필요성에 의해 생겨난 2차 정보원을 다시 가공하고 재편성한 정보원이다. 여기에는 서지의 서지, 편람의 편람, 문헌안내서 등이 포함된다. 문헌 안내서는 참고정보원의 안내서로서 주요 2차 정보원에 대한 서지 정보와 서평, 용도, 역사, 편집 방침, 관련 학술지나 전문 단체에 대한 안내를 해주며 용어 해설을 제공해 준다.

<그림 3-2>는 정보생산자와 정보이용자간의 커뮤니케이션 과정에서 1, 2, 3차 정보원의 구성과 이용을 설명하고 있다.

정보 커뮤니케이션 과정에서 정보요구가 발생한 이용자는 먼저 3차 정보원에

접근하여 자신의 정보문제를 해결하는데 적합한 2차 정보원을 탐색한다. 이용자의 정보요구가 검색된 2차 정보원의 이용으로 해결된 경우, 더 이상 탐색을 진행할 필요가 없지만 색인이나 초록과 같은 2차 정보원의 서지정보를 탐색하는 경우에는 다시 1차 정보원의 소재를 확인하고 원 정보를 입수하게 된다. 실제 정보이용 환경에서 이러한 정보 커뮤니케이션 과정이 반드시 순차적으로 이루어지는 것은 아니다. 정보요구의 발생과 함께 바로 1차 정보원에 접근할 수도 있으며, 3차 정보원의 탐색 절차 없이 2차 정보원의 탐색 과정을 거쳐 1차 정보원에 접근하는 경우도 있다. 단계별 정보원의 이용은 정보질문의 성격, 정보원의 구성과 이용자의 탐색에 대한 지식, 탐색 도구의 이용 경험, 정보사서의 개입 여부에 따라 다른 양상을 보이게 된다.

이와 같이 정보원들을 단계별로 가공하고 편성하는 것은 이용자의 정보 접근을 용이하게 한다는 목적도 있지만 3차 정보원은 2차 정보원을 그리고 2차 정보원은 1차 정보원을 대상으로 서지통정이 이루어질 때 각 정보원에 대한 질적 여과 기능도 함께 수행된다는 효과가 있다. 정보기술이 발전하면서 정보원의 유형별 구분이 무의미한 것으로 여겨질 수 있으나 단지 정보의 전달 방식이나 경로의 변화가 있을 뿐 기본적인 정보 커뮤니케이션의 흐름과 구분에는 변화가 없다고 할 수 있다. 디지털 정보환경에서는 2차 정보원의 데이터베이스들이 대부분 원문을 제공하는 경우가 많아 2차 정보원을 이용한 1차 정보원의 접근이 훨씬 편리하고 신속하게 이루어지고 있지만 이로 인해 2차 정보원이 지니는 고유한 기능과 접근과정이 변화한 것은 아니다.

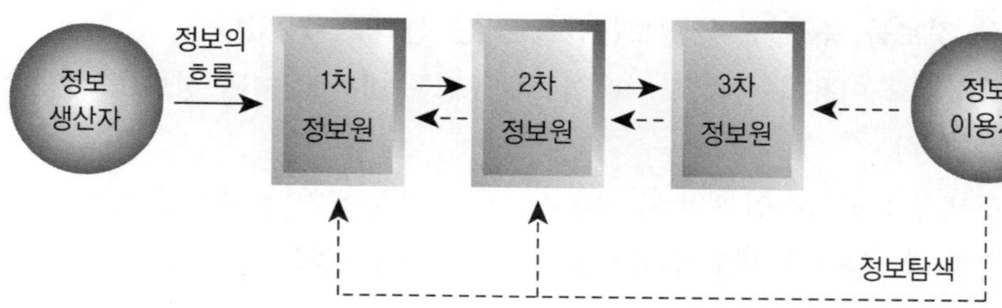

그림 3-2 ■ 정보 커뮤니케이션의 과정

3.2.4 공식 정보원과 비공식 정보원

정보원의 유형은 학술 커뮤니케이션의 방식에 따라 공식 정보원과 비공식 정보원으로 나눌 수 있다. 학술 커뮤니케이션이란 연구자들이 공식적, 비공식적 수단을 통해 연구결과를 공유하고 평가하며 발견 또는 관찰하는 과정을 말한다. 연구자가 정보를 입수하는 방법은 다양하여 단행본이나 학술지 또는 도서관과 같은 공식적인 정보원을 이용하여 원하는 정보를 획득하는 방법도 있지만 다른 사람과의 직접적인 커뮤니케이션을 통해 특정지식이나 경험을 획득하는 경우도 있다.

공식 정보원은 엄격한 심사와 편집 과정을 거쳐 학술지 등에 연구결과를 게재하고 유통시키는 공식 커뮤니케이션의 결과물이다. 비공식 정보원은 공식 정보원의 생산과 유통에서 발생하는 시간의 지체 문제를 보완하기 위해 발전된 비공식 커뮤니케이션의 산물이다. 비공식 커뮤니케이션은 연구진행 과정 중 동료와의 개인적 토론이나 서신 교환 또는 서로 인지도가 높은 연구자들 사이에서 정보를 직접 교환하는 방식으로 개인과 개인 간의 상호작용 속에서 이루어지며 이러한 커뮤니케이션에 참여하는 연구자들을 비공식 연구 집단(Invisible College)이라고 부른다(Crawford, 1971, 301).

공식 정보원과 비교하여 비공식 정보원은 신뢰성과 객관성이 입증되지 않았다는 단점을 지니고 있지만 이용자들이 비공식 정보원을 선호하는 이유는 다음과 같은 장점 때문이다(Subramanyam, 1981, 14~15).

① **속보성** : 출판과정을 거치지 않아 정보의 속보성이 높다.
② **선별성** : 연구자들 간의 대화를 통해 연구주제와 방법 및 연구 단계에 관한 정보들 중 필요한 정보들만을 직접 선택할 수 있다.
③ **유용성** : 이용자가 바로 사용할 수 있도록 미리 정제된 정보를 제공받을 수 있다.
④ **구체성** : 공식적인 채널로 유통시키기에 민감하거나 사적인 의견들을 교환할 수 있어서 세부적이고 구체적인 정보를 얻을 수 있다.

정보기술의 발달로 비공식 커뮤니케이션의 채널은 더욱 다양해지고 있으며 전자우편이나 전자게시판을 이용한 메일링 리스트, 전자회의(E-conference), 리스트서브 등 분야별 비공식 커뮤니케이션의 장들이 증가하고 있다. 연구자들이 이러한 인터넷 기반의 비공식 커뮤니케이션 채널을 선호하는 이유는 첫째, 풍부한 비공식 정보원에 접근할 수 있고 둘째, 자신과 유사한 주제 분야의 동료나 아이디어에 신속하게 연결할 수 있으며 셋째, 단시간에 전 세계의 사람들과 하나의 생각을 공유할 수 있고 넷째, 다른 분야의 동일한 관심사를 지닌 사람이 누구인지를 확인할 수 있다는 점들 때문이다(Okerson, 1991).

문헌정보학 분야와 도서관계의 비공식 커뮤니케이션 채널의 경우, 국제적으로 약 300여개가 넘는 비공식 커뮤니티가 형성되어 있으며 이 분야의 연구자들과 정보사서들의 정보추구와 공유 방식에 큰 변화를 가져다주고 있다(Kovacs, Robinson and Dixon, 1995). 국내에서는 동의대 도서관 메일링 리스트, KERIS의 사서커뮤니티와 같은 비공식 커뮤니케이션 채널을 통해 학술적이며 실무적인 정보의 공유가 활발하게 이루어지고 있다.

무형의 형태로 이루어지는 이러한 정보교환 방식은 앞으로 계속 발전하게 될 것이다. 도서관을 포함한 공식 정보원들이 제 기능을 수행하지 못한다면 비공식 정보원에 대한 이용자의 의존도는 더 높아지게 될 것이다. 실제 인터넷상의 블로그(Blog)나 위키(Wiki) 등 비공식적이며 비전통적인 새로운 정보원의 생산이 활발한 것으로 조사되고 있다(Strouse, 2004). 인터넷의 출현은 비공식 정보원의 수집과 제공 측면에서 전통적인 정보이용 환경에서보다 훨씬 더 용이한 수단과 환경을 제공해 주었다고 할 수 있다. 주제별 비공식 정보원 뿐 아니라 비공식 커뮤니케이션의 채널 역시 정보사서가 식별하고 자원화해야 할 주요 정보원으로 인식되어야 할 것이다.

3.2.5 정부간행물

정부문서(Government Documents), 공문서(Public Documents) 또는 문서(Documents)로 불리는 정부간행물은 정부기관이나 그와 관련이 있는 정부산하기관에서 정부의 예산으로 출판되는 모든 정보원을 의미한다. 여기에는 국내 뿐 아니라 국제연합과 같은 국제기구에서 발간한 출판물들도 포함된다. 정부의 역할과 기능이 확대되면서 정부는 단일기관으로서 가장 많은 자료를 생산하고 배포하는 기관이 되었다. 양적으로 방대할 뿐만 아니라 경제, 법률, 사회복지, 교육, 언어, 인문과학 등 전 주제 분야의 객관적인 정보를 제공해 주고 있어 가장 포괄적인 학술정보원이라 할 수 있다.

(1) 기능

정부간행물은 국가가 직접 생산, 배포하는 공식출판물로서 정부의 활동과 국정에 대한 홍보의 기능, 국민의 알 권리를 충족시켜 주는 기능 그리고 정부와 국민 사이의 의사소통 수단으로서의 기능을 수행한다.

(2) 종류

정부간행물의 종류와 형태는 매우 다양하다. 백서, 법률 및 법령, 청문회 기록, 논문, 연설문, 총서나 단행본, 연속간행물 성격의 통계자료나 연감을 비롯하여 목록, 편람, 서지, 명감과 같은 2차 정보원들도 생산된다. 정보원의 형태도 인쇄매체 뿐 아니라 필름, 지도 또는 디스켓이나 CD-ROM과 같은 전자매체의 형태를 지니기도 한다.

(3) 특징

① **발행** : 정부간행물은 상업출판사에서 출판되지 않는다. 일반 출판사에서 간행되는 경우도 있지만 그 내용의 책임은 정부부처나 관련기관에 있다. 일반출판물은 저자와 출판사, 판매자가 서로 다르지만 정부간행물의 경우 이 모두가 동일하다.

② **정보** : 정부간행물은 정부기관의 신뢰성과 보편성을 반영하고 있어 권위 있는 정보원으로 인정받고 있다. 사회생활의 여러 현상과 변화를 파악할 수 있는 척도가 되며 학문 전 분야의 학술적인 정보뿐만 아니라 실생활과 관련된 실용성이 많은 정보를 담고 있어 잠재적 이용 가능성이 높다.

③ **관리** : 정부조직의 확대 및 통폐합 등 발행기관의 명칭변경으로 서지사항의 변화가 빈번하며 발행과 유통체계가 분산되어 있어 일반 상업적 간행물과는 달리 입수와 관리의 어려움이 많다(배영활, 1994, 24). 도서관/정보센터에서 정부간행물은 저자와 내용, 발행의 특수성 때문에 일반정보원과 분리되어 정부간행물실에 따로 관리되는 경우가 많으며 보통 발행기관명을 접근점으로 한다.

④ **배포와 이용** : 정부간행물은 대부분 비매품이지만 일부에 한하여 서점에서 유상으로 구입할 수 있다. 무상배포의 경우 각 발행기관이 발행 부수

내에서 배포 대상자를 결정하게 되는데 배포처의 선정에 기준이 없어 적재적소에 배포되지 못하고 필요로 하는 이용자의 접근이 불가능해지는 경우도 있다. 무상배포를 유상판매로 전환하면 구입이 용이해질 수 있겠지만 국민의 세금으로 간행되는 정부간행물을 이용하기 위해 다시 구입비를 지불해야 하는 불합리한 문제가 발생한다(이연희, 2001, 38~41).

3.2.6 기관정보원

정보의 생산과 이용 과정에 관여하는 다양한 유형의 기관이나 조직 역시 정보조사제공을 위한 주요 정보원이 된다. 대표적인 기관정보원의 유형에는 특정 주제 분야의 연구와 정보의 생산 기능을 수행하는 학회나 협회, 영리/비영리기구를 비롯하여 정보원들을 조직하고 관리하며 제공하는 도서관이나 정보서비스 기구 그리고 전반적인 정보의 조직과 유통을 담당하고 있는 출판기구들이 있다. 여기에서는 정보의 생산과 이용과정에 영향을 미치고 있는 국내외 주요 기관들을 대상으로 정보원으로서의 특성을 살펴보았다.

(1) 국가도서관

① **국립중앙도서관**(The National Library of Korea(http://www.nl.go.kr))
1945년 국립도서관으로 개관하였던 국립중앙도서관은 우리나라의 납본도서관 중 하나로서 국내에서 생산되는 문헌에 대한 서지정보의 구축과 제공, 표준적인 정리 기법의 개발, 사서직 전문교육과 훈련 그리고 우리나라의 문헌번호센터로서 국제표준자료번호(ISBN, ISSN)를 부여하는 기능 등을 수행하고 있다. 국가전자도서관(http://www.dlibrary.go.kr) 웹 사이트를 통해 1950년 이전에 발행된 신문 귀중본, 고서귀중본, 희귀서류, 관보를 비롯하여 한국관련 외국자료, 석·박사 학위논문, 학술지논문, 학술지, 특허, 사전, 판례와 법령 등 국립중앙도서관이 소장하고 있는 주요 자료를 선정하여 디지털화한 원문정보데이터베이스의 접근이 가능하다.

② **국회도서관**(National Assembly Library(http://www.nanet.go.kr))
국회도서관은 국회의 입법 활동과 국정 심의에 필요한 각종 정보를 수집,

정리, 제공하는 의회도서관으로서 1952년 국회도서실로 개관하였다. 각종 국가서지 작성과 배포, 해외소재 한국관련 자료의 수집, 시소러스 구축사업, 국회의원의 입법 및 정책심의 활동과 관련된 입법지식 데이터베이스를 구축하는 임무를 수행하고 있다. 전자도서관 검색서비스를 통해 국회회의록 전문, 한국 석·박사 학위논문, 단행본, 국내외학술지기사, 국내외학술지, 신문, 세미나 자료, 비도서자료, 정부간행물, 해외소재 한국관련 자료에 대한 목록정보와 원문정보 검색이 가능하다. 특수주제관으로 국제기구 및 통일자료실과 독도자료실을 운영하고 있다.

③ **영국국립도서관**(The British Library(http://www.bl.uk))
1973년에 개관한 영국국립도서관은 영국과 아일랜드에서 출판된 모든 자료의 납본도서관이며 1억 5천만건의 장서를 보유하고 있다. 세계 최대의 데이터베이스를 구축하고 있는 정보 네트워크의 중핵으로서 정보원과 정보전문가 활동의 게이트웨이 역할을 수행하고 있다. 영국국립도서관 홈페이지를 통해 단행본, 연속간행물, 지도, 마이크로자료, 신문, 필사본, 악보 등 정보원의 유형별 데이터베이스 검색이 가능하고 영국국립도서관의 고유한 정보원들이라 할 수 있는 둔황의 필사본, 중국과 일본, 인도 등 아시아의 고문서와 지도, 신문 등에 관한 주제별 데이터베이스 검색도 가능하며 모든 정보검색 결과는 세계최대 규모의 원문제공시스템인 BLDSC(The British Library Document Supply Centre)를 통해 원문을 제공받을 수 있다.

(2) 정부기구와 국제기구

① **대한민국특허청**(The Korean Intellectual Property Office (http://www.kipo.go.kr))
특허청은 산업재산권을 적시에 보호함으로써 산업기술 개발의 촉진을 지원하기 위해 1946년에 설립된 정부기관으로서 연구개발의 중복 투자를 방지하고 선행 기술정보의 제공을 목적으로 각종 심사지침서와 기준자료들을 비롯하여 특허공보, 실용신안공보, 의장공보, 상표공보 등을 발간하고 있다. 한국특허정보원(Korea Institute of Patent Information)이 운영하는 특허전자도서관을 이용하여 국내외 출원 및 등록된 특허, 실용신안, 디

자인, 상표의 검색 및 조회가 가능하며 유럽, 미국, 일본 등 해외 특허 검색도 가능하다. 그 외 각종 지적재산권 관련 제도에 대한 해설과 안내, 통계정보 등을 확인할 수 있다.

② **통계청**(Korea National Statistical Office(http://www.nso.go.kr))
통계청은 1948년에 발족한 우리나라 중앙통계기관이며 국가 통계활동의 전반적인 기획과 조정, 통계기준의 선정, 각종 사회통계의 작성과 분석, 통계정보의 처리와 관리, 그리고 다양한 통계정보 서비스의 제공을 주요 목적으로 한다. 통계청의 대표적인 통계정보시스템인 KOSIS는 국내 주요 통계와 UN, IMF, OECD 등 국제 비교 통계 정보를 이용할 수 있는 서비스이며, STAT-KOREA는 국내 통계 작성 기관의 통계 데이터베이스와 통계 소재정보를 인터넷을 통해 서비스하는 통계정보 포털 사이트이다. 우리나라의 각 지역별 통계 분포도를 지도를 통해 보다 자세하고 쉽게 파악할 수 있도록 구성해 놓은 통계지리정보시스템도 제공되고 있다.

③ **미국립인쇄국**(Government Printing Office(http://www.gpo.gov))
미국립인쇄국(GPO)는 1813년 미국의회가 정부 각 부처의 업무와 관련된 정보를 국민들에게 알릴 필요성을 인식하면서 설립된 기관이다. 처음에는 법령이나 간행물을 편찬함으로써 의회를 보조하기 위한 업무를 주로 수행하였으나 현재는 연방정부가 출판한 모든 유형의 정부간행물들을 수집하고 조직하여 생산하며 배포, 관리하는 기능을 전담하고 있는 연방정부의 핵심정보기구가 되었다. 미국 정부기관이 생산한 다양한 출판물들은 GPO Access를 통해 전자적 원문 접근이 가능하며 특별한 제한사항이 없는 한 무료로 자유롭게 이용할 수 있다.

④ **국제표준화기구**(International Organization for Standardization (http://www.iso.org))
국제표준화기구(ISO)는 국가 간 무역의 기술적 장벽을 해소하고 품질상호인정을 위해 세계 공통의 국제규격을 개발하여 발행하며 회원 단체들 간의 정보교환과 다른 국제기관과의 협력을 도모하고자 1947년에 설립된 국제기구이다. 2006년 말 현재, 156개 기관이 회원으로 가입되어 있으며 15,000여개의 표준을 보유하고 있다. ISO의 표준 정보는 웹상의 접근이 가능한 ISO Standards를 통해 발행된 표준과 개발 중인 표준의 서지정보

를 검색할 수 있다. 표준개발 업무는 기술위원회(Technical Committee)에서 진행되는데 현재 192개의 TC가 활동 중이며 이 중 정보관리와 출판에 관련된 사항들의 표준화를 담당하고 있는 TC46은 도서관 분야와 밀접한 연관성을 지니고 있다.

⑤ **국제연합**(United Nations(http://www.un.org))
국제연합은 기존의 국제연맹의 사상과 제도를 기반으로 1945년에 설립된 범세계적 국제기구로서 안전보장이사회, 경제사회이사회, 신탁통치이사회, 국제사법 재판소, 사무국, 2개의 독립기구와 16개의 전문기구 그리고 37개의 관련기구들로 구성되어 있다. 회의록이나 결의문, 권고안, 단행본, 보고서, 연속간행물, 연구논문, 통계, 연감 등 다양한 형태로 생산되고 있는 국제연합 정보원들은 판매용 출판물목록을 통해 구입할 수 있으며, 판매되지 않는 문서자료들은 각 기구의 도서관 또는 지역별, 국가별 기탁도서관을 통해 이용할 수 있다. 2005년 말 현재, 146개국의 405개 기관이 기탁도서관으로 지정되어 있으며 우리나라의 경우, 9개 기관이 국제연합 기탁도서관으로 지정되어 있다. 국제연합의 출판물과 문서자료들은 국제연합 본부도서관과 각 국제기구의 도서관 장서에 대한 서지정보를 웹상으로 제공하고 있는 정보검색 데이터베이스(UNBISnet(http://unbisnet.un.org)) 또는 종합목록 데이터베이스(UNCAPS(http://uncaps.unsystem.org))를 통해 접근할 수 있다.

(3) 협회와 단체

① **한국도서관협회**(Korean Library Association(http://www.korla.or.kr))
한국도서관협회는 1945년 조선도서관협회로 창립되었으며, 국민의 독서환경을 조성하기 위한 교육과 조사연구, 도서관과 사서직의 권익 사업, 도서관 관련 국제교류 및 협력 사업 등을 수행하고 있다. 2005년 말 현재, 987개 기관의 2,531명의 회원이 가입되어 있다. 전국도서관대회, 도서관주간, 독서의 달 행사를 주관하고 있으며 도서관 관련 표준 규칙을 제정하고 도서관 정책에 관한 기초자료들을 발간하여 보급하는 임무를 수행하고 있다. 한국십진분류법(KDC), 한국목록규칙(KCR), 한국도서관기준, 한

국도서관연감, 한국도서관통계, 문헌정보학용어사전, 정보관리편람, 도서관백서, 한국도서관법령집을 비롯하여 기관지인 도서관문화와 각종 문헌정보학 관련 교재를 발간하고 있다.

② **국제도서관협회연맹**(International Federation of Library Association and Institutions(http://www.ifla.org))
1927년 전 세계의 도서관 협회와 기구들의 연맹으로 창설된 국제도서관협회연맹(IFLA)은 현재 150개국 1700여 회원기관이 소속되어 있다. 도서관의 문화적, 교육적, 사회적 기능을 증진시키고, 도서관 전문직의 향상을 주목적으로 하며, 도서관 관종별 각종 위원회를 구성하여 저작권법, 서지표준개발, 보존업무 등에 관한 중, 장기 정책을 계획하고 실행한다. 매년 IFLA 총회를 개최하고 있는데 2006년 제72차 세계도서관정보대회가 우리나라에서 열린 바 있다. 수행되었거나 수행 중인 사업결과는 IFLA 출판물을 통해 보급되고 있으며 IFLA 홈페이지를 통해 IFLA 총회 자료, 보고서, IFLA Glossary, IFLA Journal 등과 문헌정보학, 디지털도서관, 정부간행물, 인터넷 네트워크 관련 전자정보원의 원문 접근이 가능하다.

(4) 정보서비스 기구

① **한국과학기술정보연구원**(Korea Institute of Science and Technology Information(http://www.kisti.re.kr))
산업기술정보연구원(KINITI)과 연구개발정보센터(KORDIC)가 통합하여 2001년에 설립된 한국과학기술정보연구원(KISTI)은 국가과학기술 지식정보인프라 구축의 중추기관으로서 과학기술 분야와 관련 산업정보를 수집, 분석, 관리하며, 정보의 조직과 유통에 관한 정책 표준화 등을 조사, 연구하고 정보기술지원, 정보컨설팅, 정보요구의 분석과 조사의 기능을 수행하고 있다. KISTI의 과학기술정보 종합검색포털서비스인 yesKISTI (http://www.yeskisti.net)를 통해 과학기술문헌 데이터베이스, 연구보고서 데이터베이스, 과학기술 웹 디렉터리 정보를 제공하고 있다. 과학기술 분야의 국내학술지, 국내학술회의, 해외학술지, 해외학술회의, 국내학위논문을 비롯하여 국내특허와 실용신안, 미국, 일본, 유럽 특허청의 국제특허,

국내외 연구보고서, 국내 과학기술 인력정보 등의 데이터베이스 검색과 원문이용이 가능하다.

② **한국교육학술정보원**(Korea Education & Research Information Service (http://www.keris.or.kr))
한국교육학술정보원(KERIS)은 교육과 학술연구에 필요한 정보를 조사, 수집, 제작하고 효과적으로 유통시킬 수 있는 학술정보망을 구축하기 위해 1999년에 설립된 정부출연기관이다. 국가지식정보 활성화의 일환으로 국내 대학도서관이 소장하고 있는 목록정보를 통합하여 국내 학술정보공동이용 체계를 구축하고 학술연구정보서비스(RISS(http://www.riss4u.net))를 통해 학술지, 학위논문, 단행본, 학술지논문의 검색과 400여개 참여 협정기관간의 상호대차서비스를 제공하고 있다. 연구지원정보로 제공되고 있는 학회와 협회 행사정보, 대학, 강의계획서, 세미나 자료, 국제기구정보에 대한 검색과 이용도 가능하다.

③ **미국과학기술정보서비스**(National Technical Information Service (http://www.ntis.gov))
미국과학기술정보서비스(NTIS)는 미국 상무성 산하의 기관으로서 미 연방 정부기관과 전 세계의 과학, 기술, 엔지니어링, 경영 분야의 연구개발과 기술보고서에 대한 세계 최대 정보서비스를 제공하고 있다. 미국 정부의 후원으로 수행된 약 350여개 연구기관의 2백 만 건에 이르는 각종 연구보고서와 기술보고서 그리고 해외 주요 기술보고서들을 NTIS Database를 통해 검색할 수 있다. NTIS의 보고서들은 상업적인 온라인 서비스 이외에 Gov.Research_Center(grc.ntis.gov)나 NASA, DOD, DOE, ERIC 등의 각종 연구개발 보고서를 인터넷상에서 이용할 수 있는 회색문헌 포털서비스 OSTI(Office of Scientific and Technical Information)의 Gralit Network(http://www.osti.gov/gralit)를 통해서도 접근이 가능하다.

(5) 출판기구

① **ISI**(Institute for Scientific Information(http://www.isinet.com))
ISI는 1958년 Eugene Garfield에 의해 설립되었으며 인용색인(Citation

Index) 데이터베이스를 전문적으로 생산하는 출판사이다. 대표적인 인용 색인 데이터베이스로 SCI(Science Citation Index), SSCI(Social Science Citation Index), A&HCI(Art & Humanities Citation Index)와 세계 최초의 학술지 목차 데이터베이스인 Current Contents가 있으며 Web of Science를 통해 웹상의 이용이 가능하다.

② **H. W. Wilson**(http://www.hwwilson.com)
1898년에 창립된 H. W. Wilson사는 주제 분야별 색인과 초록 정보원을 생산하는 출판사로서 Applied Science & Technology, Library Literature & Information Science, Humanities, Education, Social Science, Wilson Biographies 등 16종의 전문(Full-test) 데이터베이스와 Biography Reference Bank, Biography Index를 포함한 7종의 전기(傳記) 데이터베이스 그리고 18종의 색인·초록 데이터베이스 이외에 다양한 참고도서들을 생산하고 있다.

③ **UMI**(http://proquest.com)
UMI의 전신인 University Microfilms는 1938년에 설립되어 박사학위논문들을 대상으로 색인과 마이크로자료 작업을 수행해 왔다. 55억 페이지에 달하는 세계 최대의 UMI 마이크로 장서는 현재 ProQuest Company를 통해 제공되고 있으며 필름 정보원을 보다 효율적으로 배포하기 위해 디지털 작업(ProQuest Digital)이 진행되고 있다. 신문이나 학술지의 전문 데이터베이스와 학위논문 데이터베이스들을 웹상에서 이용할 수 있게 되었지만 연구보고서, 학위논문, 전화번호부, 색인, 절판된 도서 등 상당수의 자료들은 여전히 마이크로형태와 인쇄물로 생산되고 있다.

3.3 정보원의 평가

효과적인 정보조사제공을 수행하기 위해서는 이용자의 요구와 기대에 부합하는 정보원의 개발과 구성이 필수적이다. 체계적이고 일관성 있는 장서개발에 무엇보다 중요한 것은 각 정보원의 효용성을 정확히 평가할 수 있는 원칙과 기준을 마련하는 것이다. 정보원의 유형별 구분 없이 전통적인 도서관의 장서개발에 고려되어 왔던 기본적인 평가요소들을 살펴보면 아래와 같다. 이 평가요소들은 해당 기관의 목적이나 주제의 특성 또는 이용자의 정보이용행태나 정보매체의 특성에 따라 축소되거나 확장될 수 있으며 전자정보원의 평가기준에도 적용될 수 있다.

(1) 정확성(Accuracy)

정보원의 목적이 명확하게 제시되어 있으며 정보원의 내용이 그 목적에 부합하는지를 평가한다. 철자의 오류 유무는 정보원의 내용에 대한 공신력에 영향을 미친다.

(2) 권위(Authority)

정보원의 권위는 저자나 출판사의 권위와 직결되므로 정보원의 권위를 확인하기 위해서는 저자의 자격과 저작물에 인용된 자료의 질적 수준, 출판사의 명성을 고려해야 한다. 권위 있는 서평지에 언급된 정보원인 경우 내용의 신뢰도와 객관성에도 긍정적인 영향을 미치게 된다.

(3) 범위(Scope)

정보원의 주제와 수준이 해당 기관의 장서의 범주에 적합한지를 평가한다. 다른 정보원과 차별화 할 수 있는 내용을 다루고 있는지 그리고 수록 정보의 최신성이나 항목들의 일관성 여부를 확인한다.

(4) 객관성(Objectivity)

정보원의 내용에 편견이 없어야 하며 이용자의 견해에 어떤 영향을 미칠 것인지를 검토한다.

(5) 물리적 형태(Format)

정보원을 구성하는 항목의 배열과 디자인의 적합성. 사진, 표, 다이어그램, 인쇄의 질적 수준 등을 평가한다.

(6) 최신성(Currency)

정보원의 최신성은 이용자가 정보 이용 여부를 결정하는데 직접적인 영향을 미치는 요소이다. 정보원의 출판과 발행일, 갱신 기간 등을 확인한다.

(7) 비용(Cost)

비용은 장서개발에 가장 기본적인 조건이다. 이용자의 요구를 분석하고 해당 기관의 특성과 예산에 맞는 정보원들을 선정, 구입해야 한다.

3.4 결론

지식정보의 생산 활동에 근간이 되는 것은 효율적인 정보의 이용이다. 적합한 정보원이 적시에 이용될 수 있을 때에만 비로소 활발한 지식의 생산을 기대할 수 있기 때문이다. 정보기술의 발전으로 인해 끊임없이 새로운 정보매체와 정보 검색 도구가 개발되고 있지만 특정 정보원의 식별과 접근의 문제는 여전히 정보 커뮤니케이션의 효율성을 좌우하는 주요인이 되고 있다. 양질의 적합 정보원을 개발하고 자원화 할 수 있는 능력이 없다면 이용자가 최종적으로 선택하게 되는 정보의 접근점으로서 정보조사제공과 정보사서가 지녔던 가치 또한 상실하게 되고 말 것이다

효율적인 학술 커뮤니케이션을 지원하기 위해 강화시켜야 할 능력 중 하나는 이용자의 정보요구를 만족시켜 줄 정보원을 식별하고 그 이용가능성을 높이는 것이다. 여기에는 무엇보다 정보원의 유형과 역할 그리고 관련 주제 분야의 주요 정보원들을 식별할 수 있는 탐색 도구나 수단에 대한 포괄적인 지식이 요구된다. 각 정보원의 기능이나 관리 그리고 유통 측면에서의 특성을 제대로 파악하고 이해하는 것은 정보의 최신성과 적합성 그리고 적시성을 향상시키는 근간이 된다.

양질의 정보원을 선택하고 자원화 할 수 있는 능력 또한 정보량의 급증에 따른 정보이용의 문제를 해결하는데 중요한 능력이라 할 수 있다. 발생 가능한 이용자의 요구를 미리 예측하고 그에 대한 도서관 내외의 정보자원을 개발한다는 것은 이용자의 정보요구와 정보원의 관계뿐 아니라 해당 주제 분야의 정보의 생산

과 유통의 흐름을 제대로 파악하고 이해할 수 있음을 의미한다. 비공식 정보원에 대한 이용자의 요구가 증가하고 있다면 비공식 정보원의 생산과 관리 그리고 유통 상의 특성을 이해하고 그 정보원을 생산하거나 관리하는 기관과 정보시스템들을 식별하여 핵심 정보원에 대한 접근 능력을 강화시킬 수 있어야 한다.

정보원의 식별과 접근 그리고 자원화 능력을 향상시키는데 공통적으로 요구되는 또 다른 능력은 정보의 생산과 배포에 영향을 미치고 있는 정보기술과 관련된 것이다. 정보매체나 검색도구, 이용자와의 커뮤니케이션 방식에 적용되고 있는 새로운 정보기술의 성능이나 제한점을 파악하고 이 기술을 정보의 접근과 자원화에 활용하는 것은 디지털 정보환경에서 도서관 서비스의 가치를 높이는 필수 요건이라 할 수 있다.

마지막으로, 새로운 정보매체의 발전은 곧 학술 커뮤니케이션과 정보시스템의 변화를 의미한다. 동일한 내용의 정보가 인쇄자료나 온라인, CD-ROM, 웹 데이터베이스 등 다양한 매체를 통해 이용되면서 어떤 정보원을 어느 매체에 저장하고 관리하며 제공하는 것이 가장 효율적인가는 장서개발의 가장 어려운 문제로 지적되고 있다. 이용자의 자유로운 정보접근을 보장하는 한편 한정된 예산을 고려해야 하는 현실에서 매체별 정보원의 중복성에 따른 문제는 앞으로 도서관 서비스와 정보사서가 대응해 나가야 할 또 다른 과제가 될 것이다.

인 용 문 헌

- 국립중앙도서관. <http://www.nl.go.kr>.
- 국제도서관협회연맹. <http://www.ifla.org>.
- 국제표준화기구. <http://www.iso.org>.
- 국제연합. <http://www.un.org>.
- 국회도서관. <http://www.nanet.go.kr>.
- 대한민국특허청. <http://kipo.go.kr>.
- 미국과학기술정보서비스. <http://www.ntis.gov>.
- 미국립인쇄국. <http://www.gpo.gov>.
- 배영활. 1994. “한국 정부간행물의 발간 실태분석과 이에 따른 문제점 및 개선방안.” 도서관 49(1): 22~44.
- 영국국립도서관. <http://www.bl.uk>.
- 이연희. 2001. “정부간행물의 효율적인 장서개발을 위한 인용분석.” 국립대학도서관보 제19집: 31~54.
- 통계청. <http://www.nso.go.kr>.
- 한국교육학술정보원. <http://www.keris.or.kr>.
- 한국과학기술정보연구원. <http://www.kisti.re.kr>.
- 한국도서관협회. <http://www.korla.or.kr>.
- 한상완. 2001. 지식정보사회와 지식정보의 활용. 서울: 구미무역.
- Budd, John M. and Karen A. Williams. 1993. “CD-ROMs in Academic Libraries: A Survey.” *College & Research Libraries* 54(6): 529~535.
- Crawford, S. 1971. “Informal Communication Among Scientists in Sleep Research.” *JASIS* 22(5): 301~310.
- Doyle, J. M. and G. H. Grimes. 1976. *Reference Resources: A Systematic Approach.* Metuchen, N. J.: Scarecrow Press.
- H. W. Wilson. <http://www.hwwilson.com>.
- ISI. <http://www.isinet.com>.

- Kovacs, D. K., K. L. Robinson and J. Dixon. 1995. "Scholarly E-Conference on the Academic Networks: How Library and Information Science Professionals Use them." *JASIS* 46(4): 244~253.
- Strouse, Roger. 2004. "The Changing Face of Content Users." *Online* 28(5): 27~31.
- Subramanyan, Krishna. 1981. *Scientific and Technical Information Resources.* New York: Marcel Dekker.
- Okerson, A. 1991. "The Electronic Journal: What, Whence, and When?" *The Public-Access Computer systems Review* 2(1). <http://info.lib.uh.edu/pr/v2/n1/okerson.2n1>.
- UMI. <http://proquest.com>.

04

전자정보원의 유형과 평가

전자정보원의 도입은 장서의 기본적인 개념을 새롭게 정립시키는 요인이 되었을 뿐 아니라 정보조사제공을 위해 개발해야 할 정보원의 범주와 구성 방식에도 큰 변화를 가져왔다. 인터넷 정보기술을 기반으로 한 전자출판의 발전은 정보의 생산자와 이용자의 구분을 사라지게 하고 있으며, 인터넷 정보원은 이용자의 정보추구에 일차적으로 시도되는 기본적인 정보원 또는 정보접근의 수단으로 여겨지고 있다. 우리나라의 경우, 1999년 이후 초고속 인터넷이 확산되면서 인터넷 인구가 폭발적으로 증가하였고 2005년 현재, 초고속 인터넷 가입자 부분에서 세계 최고의 보급률을 자랑하고 있다(한국인터넷진흥원, 2005).

이와 같은 활발한 인터넷 정보의 생산과 이용은 이용자의 정보이용 환경이 그만큼 다양해지고 풍요로워졌음을 나타내지만 이것이 곧 효율적인 전자정보원의 이용을 의미하지는 않는다. 인터넷 정보의 이용이 일반화되면서 도서관이나 정보조사제공의 이용률이 점차 감소하는 추세를 보이고 있으나 정보사서에게 제기되는 이용자의 요구 내용과 수준은 오히려 전통적인 도서관에서보다 더 복합적이며 전문적인 것으로 나타났다. 이용자들은 또한, 인쇄정보원보다 전자정보원을 더 선호하고 있지만 인쇄정보원의 이용을 포기할 의사도 없는 것으로 보고되고 있다(Brown, 1999). 결과적으로, 인쇄정보원과 전자정보원이 공존하고 있는 현 정보이용 환경에서의 장서개발은 전통적인 도서관 환경에서보다 더 어려워졌다고 할 수 있다. 이용자 중심의 정보자원화를 위해 전자정보원의 접근과 이용에 따른 이용자의 요구와 기대는 무엇이며, 정보조사제공에 활용될 수 있는 전자정보원의 장서개발은 어떻게 구체화될 수 있는지 그리고 인터넷 정보원의 질적 수준을 통제할 도구와 방법에 대한 논의들이 이루어져야 할 것이다.

이 장에서는 정보조사제공을 위해 개발되고 관리되어야 할 각종 전자정보원의 특성과 유형 그리고 전자정보원의 자원화 과정에서 주요 관심사가 되고 있는 인터넷 정보의 평가방법과 평가기준들을 살펴볼 것이다.

4.1 전자정보원의 특성

전자정보원이란 전자적인 형태로 네트워크를 통해 전달되는 정보원이라고 정의할 수 있다. 이 정의는 처음부터 전자적으로 출판된 정보원뿐만 아니라 인쇄정보원이 전자화된 정보원에도 적용된다. 이러한 전자정보원의 정의는 전통적인 장서의 개념을 변화시켰다. 장서란 도서관이라는 물리적 공간에 소장되어 있는 정보원의 총집합을 말한다. 그러나 네트워크의 연결로 접근과 이용이 가능한 전자정보원은 특정 공간의 소장 여부보다는 접근의 개념이 강조되는 장서이다.

신속하고 편리한 정보의 접근능력으로 이용자의 정보이용 환경에서 중요한 역할을 차지하고 있는 전자정보원은 정보조사제공 업무에서도 그 활용도가 높은 편이다. 대학도서관 이용자들의 정보질문을 처리하기 위해 정보사서가 활용한 정보원의 유형을 조사해 본 결과, 학술 데이터베이스와 도서관 목록을 포함한 온라인 정보원의 이용률이 58.54%로 가장 높았고, 인쇄매체의 참고정보원의 이용이 9.38%였으며 외부기관의 홈페이지와 인터넷 탐색 엔진이 각각 3.73%와 1.95%인 것으로 분석되었다(Bradford, Costello and Lenholt, 2005).

이용자들이 전자정보원을 선호하는 이유들은 다음과 같다(Montgomery and King, 2002).

① 전자정보원은 네트워크를 통해 언제 어디에서나 여러 사람이 동시에 이용할 수 있다. 원하는 자료가 서가에 없다거나 도서관 이용시간의 제한 등으로 정보원의 식별과 이용에 방해받지 않는다.

② 인쇄정보원보다 쉽게 문헌의 내용을 개정, 삭제, 추가할 수 있으며 외형적 모양의 변환이 쉽고, 무제한 복제가 가능하다.

③ 장서보관을 위한 물리적 공간의 확보 문제나 훼손, 분실의 우려가 없으며 폐기, 수선, 제본이 필요하지 않아 장서의 유지와 관리가 상대적으로 쉽다.

④ 전통적인 정보이용 환경에서는 기대할 수 없었던 다양한 이용통계를 편리하게 수집할 수 있다. 이용통계 결과는 이용자의 정보요구와 이용행태를 파악하는 기초자료로 활용될 수 있다.

그러나 전자정보원의 이용에는 네트워크 장비가 갖추어진 장소에서만 접근이 가능하므로 인쇄정보원보다 휴대성이 떨어지며, 정보원의 보존 측면에서 영구성과 안정성이 우려되고 매체의 특성상 인간적 친화력이 약하다는 단점들이 지적되고 있다.

4.2 전자정보원의 유형

정보조사제공에 활용될 수 있는 전자정보원의 유형은 정보원의 특성에 따라 1차 정보원에 해당하는 전자책과 전자저널, 2차 정보원과 3차 정보원의 기능을 수행하는 각종 학술 데이터베이스와 웹 기반 참고정보원 그리고 양질의 인터넷 정보원의 접근을 돕는 인터넷 메타 정보원 등으로 구분해 볼 수 있다.

4.2.1 전자책(Electronic Book)

(1) 전자책의 특성

전자책이란 광의의 의미로 디스켓이나 광디스크 또는 웹상에서 정보를 생산하는 전자매체의 출판물 전체를 가리키며, 협의의 의미로는 종이책 대신 콘텐츠를 인터넷을 통해 내려 받아 개인용 컴퓨터나 노트북 컴퓨터, 개인휴대단말기(PDA), 전자책 가독기 등으로 볼 수 있는 책을 뜻한다(Rao, 2003, 85). 즉, 전자책은 텍스트의 내용이 컴퓨터 화면상에 보이도록 하는 디지털 형태의 책이라고 정의할 수 있다. 웹과 전자출판의 발전으로 주문형 출판이나 온라인 구독서비스를 가능하게 하는 전자책의 발전 가능성은 높아지고 있지만 전자출판물에 대한 이용자들의 인식과 이용률은 아직 낮은 편이다.

종이책과 비교한 전자책의 상대적 장단점은 전자정보원이 지니고 있는 일반적인 특성들을 공유하고 있다. 도서관의 전자정보원으로서 전자책의 입수와 관리, 이용 상의 특징들을 요약하면 다음과 같다(Rao, 2003; 오경묵, 2003; Snowhill, 2001).

① 전자책은 즉각적인 전달과 접근이 용이하다. 전자책은 오프라인 유통을 거치지 않고 일단 전자텍스트가 생성되면 즉각 인터넷을 통해 전 세계에 배포할 수 있기 때문에 언제 어디에서든 가상공간의 접근이 가능하며, 24시간 관외서비스를 통해 도서관 서비스의 능력을 개선시킬 수 있다.

② 전자책은 뛰어난 편집 능력을 지니고 있다. 전자책의 내용은 이용자 요구에 따라 확장, 추가, 갱신시킬 수 있어 맞춤 서비스가 가능하다.

③ 전자책은 다양한 기능을 지원한다. 책의 본문을 검색할 수 있으며 전자책간의 링크기능은 목차나 색인, 메인메뉴의 이동을 가능하게 하고 MP3, 동영상, 플래시 등 다양한 멀티미디어 기능을 제공한다. 전자우편 첨부나 다운로드가 가능하여 자신만의 가상도서관을 이용할 수 있는 편리함도 지니고 있다.

④ 전자책을 이용하기 위해서는 전용 가독기가 필요하다. 그런데 전자책의 파일 형식이 회사마다 표준화 되어 있지 않고 다른 기종과의 호환이 어려워 전자책을 열람하거나 다운로드 하기 위해서는 각 회사의 가독기 프로그램을 설치해야 한다는 이용 상의 번거로움이 있다.

⑤ 전자책의 종수가 다양하지 못해 선택의 폭이 좁다. 전자책은 대부분 기존의 종이책을 전자화 한 것들로서 그 주제가 매우 제한적이다. 전자책의 주제별 내용을 분석한 결과에 의하면, 문학이 약 34%를 차지하고 있으며 무협, 오락 분야가 18.4%, 만화가 11.7%이고, 인문사회과학 분야는 5.5%, 경제경영 분야가 5.9%로 나타나 전반적으로 문학 분야에 치중되어 있음을 확인할 수 있다(성대훈, 2002, 136).

⑥ 전자책은 완벽한 서지 데이터를 가지고 있지 않아 도서관의 서지통정에 문제가 있다. 전자책 서비스 메뉴를 이용하는 것보다 도서관의 목록시스템을 통한 전자책의 접근과 이용률이 더 높다는 점을 고려한다면, 도서관의 목록시스템에 추가할 수 있는 전자책의 서지 데이터 지원이 필수적이라 할 수 있다.

⑦ 이용자와 출판사간의 저작권 관리의 문제는 전자책의 이용을 저해하는 또 다른 문제로 남아있다.

(2) 전자책의 이용과 발전

국내의 전자책 시장 규모는 2002년 말, 약 100억 원 수준으로 1조 2천억 원 규모의 단행본 시장에 비해 약 1/100에 해당하는 것으로 집계되었다. 2004년에는 약 250억 원의 규모를 기록했으며, 2005년에는 약 550억 원 규모로 두 배 이상의 성장률을 보였는데, 앞으로 전자책 시장은 2006년 말 1400억 원대로 성장하여 학습지와 만화를 제외한 단행본 시장의 약 15% 이상을 차지할 것으로 전망되고 있다(한국전자책컨소시엄, 2006). 이러한 전자책 시장의 확장은 유비쿼터스 전자책(U-Book) 서비스의 상용화로 인해 PC 중심의 전자책 서비스 영역이 PDA나 휴대폰 등 모바일 영역으로 확대되면서 전자책의 대중화가 이루어지는 토대가 마련되었기 때문인 것으로 분석되고 있다.

주요 전자정보원으로서 전자책의 발전 가능성은 전자책을 제작하는 도구의 표준화와 다양한 분야의 콘텐츠 개발 그리고 저작권 관리의 문제를 해결하는 방식에 따라 좌우될 것으로 보인다. 그러나 전자정보원의 장서개발 측면에서 전자책의 의미는 종이책의 대체가 아니라 보완이라는 관점에서 해석되고 이해될 필요가 있다. 기존 종이책의 단점을 극복하고 지식전달 매체로서 다양한 부가가치를 획득할 수 있는 이용성이 강조되어야 한다(장선화, 한상완, 2004). 정보원의 유형에 따라 전자책의 형태가 바람직한 콘텐츠가 있을 것이며 종이책의 출판이 더 바람직한 경우도 있을 것이다. 어느 한 매체가 다른 매체보다 전적으로 우선할 수 없으며 독자의 주제 성향과 정보원의 특성에 따라 전자책은 종이책과 상호보완적으로 발전하게 될 것이다. 국내 전자책의 콘텐츠 현황을 살펴보면, 2004년에는 10만종, 2005년에는 20만종을 넘었으며, 2006년에는 34만종으로 증가하여 2007년에는 40만종에 이를 것으로 전망되고 있다(한국전자책컨소시엄, 2006). 일반 독자들은 가정생활, 취미/여행 등 실용적이거나 오락용 콘텐츠의 전자책을 선호하는 한편, 출판사들은 사전류를 그리고 도서관에서는 사전류나 전문 학술도서의 전자책을 선호하는 경향을 보이고 있다. 특히 의학, 과학, 법률 분야의 정보원들은 부피가 크고 값비싼 정보원들로서 전자책의 의미가 커지고 있으며 대학의 원격교육이 활성화 되면서 전자책의 활용도는 더 높아질 것으로 예측되고 있다(Lonsdale and Armstrong, 2001).

(3) 전자책 서비스

① **바로북**(http://www.barobook.com)

1999년 국내 최초 전자상거래 개념의 인터넷 전자책 서비스를 시작한 바로북은 약 3만 여종의 전자책을 서비스하고 있다.

② **북토피아**(http://www.booktopia.com)

북토피아는 700여개의 출판사와 제휴하여 국내 단행본 22,400종을 포함한 약 5만여 종의 콘텐츠를 제공하고 있는 국내 최대의 전자책 서비스업체이다. 플래시, MP3, 동영상 등을 통해 멀티미디어 전자책, 모바일 전자책을 제공하고 있다.

③ **한국학술정보**(KSI e-Book(http://ebook.kstudy.com))

한국학술정보(주)에서 제공하는 약 1,890여종의 국내 전자책 서비스를 시범운영하고 있다.

④ **OCLC NetLibrary**(http://www.netlibrary.com)

세계적인 330여개 대학 및 출판사에서 제공하는 인문사회, 과학기술, 의학분야 등 각 주제별 전공도서와 교양도서 73,000여종을 온라인상에 이용할 수 있도록 한 전자책 서비스이다.

⑤ **Questia**(http://www.questia.com)

Questia는 66,000여종의 전자책과 140만 건의 논문을 비롯하여 사전, 백과사전, 시소러스 등 다양한 참고정보원을 제공하고 있는 세계적인 전자책 출판사이다. 권위 있는 250여 출판사의 저작물에 대한 이용허가로 인터넷에서 접근 이용하기 어려운 양질의 온라인 콘텐츠를 제공하고 있으며 참고정보원들이 링크되어 있어 전자책을 이용할 때 편리하게 접근할 수 있다.

⑥ **Safari Books Online**(http://www.safaribooksonline.com)

기술 분야의 전문출판사인 O'Reilly Media사와 The Pearson Technology Group이 합병하여 설립된 Safari Books는 공학, 정보기술, 경제경영 분야의 교과서와 전문도서를 중심으로 약 2,000여종의 전자책 서비스를 제공하고 있다.

4.2.2 전자저널(Electronic Journal)

전자저널은 1970년대 처음 개발되었으나 널리 이용되기 시작한 것은 1990년대 초, 인터넷 기술과 다양한 웹 브라우저의 발전이 이루어지면서부터다. 네트워크 환경의 변화, 출판비용과 학술지 구독료의 상승, 학술지의 종수 증가, 서지 데이터베이스 이용의 보편화에 따른 즉각적인 원문정보의 요구 증가와 같은 요인들이 복합적으로 작용하여 전자저널의 이용을 활성화시키고 있다.

(1) 전자저널의 특성

전자저널이란 전자매체로 생산되고 전자매체를 통해 이용되는 저널이다. 엄격한 의미에서 전자저널은 논문의 투고에서 이용까지의 전 과정이 전자적으로 처리되는 경우에만 순수한 전자저널이라고 할 수 있으며, 원문의 전자적 접근이 가능하지만 인쇄매체의 저널이 공존하는 온라인 저널(Online Journal)과는 구분된다. 그러나 일반적으로 전자저널의 의미는 기존의 인쇄매체 학술지를 전자화한 출판물에도 구분 없이 사용되고 있다.

주요 학술 정보원으로서 학술지가 지니는 비중은 다음과 같은 전자저널의 장점을 통해 더욱 강조되고 있다(Chan, 1999; Lancaster, 1995).

① **시간과 접근의 무제한성** : 시공간의 제약 없이 다수의 이용자가 동시에 접근하여 이용할 수 있다.

② **최신성** : 즉각적인 출판과 배포로 인쇄매체의 저널보다 빨리 구독할 수 있다.

③ **검색기능** : 학술지명, 논문명, 주제 분야, 출판연월 등 다양한 접근점을 제공하며 참고문헌의 URL 등을 링크시켜 관련 논문의 원문을 바로 검색해 볼 수 있다.

④ **예산절감** : 보관이나 제본, 복본의 유지, 분실, 폐기에 필요한 장서관리의 예산을 절감할 수 있다.

⑤ **정보의 완전성** : 연속간행물의 특성상 발생할 수 있는 결호나 분실의 문제와 그에 따른 이용의 문제가 없다.

그러나 전자저널을 이용하기 위해서는 컴퓨터 하드웨어와 소프트웨어가 필요하고 네트워크 접근권이 요구되며, 쉽게 없어지거나 수정될 수 있어 지속성과 영속성을 보장할 수 없다는 문제점들을 감안해야 한다.

(2) 전자저널의 관리와 이용

전자저널의 특성상 정보원의 선정과 유지 측면에서 정보사서가 고려해야 할 문제들은 단순하지 않다.

첫째, 인쇄매체의 학술지와는 달리 동료의 평가 과정을 거치지 않고 생산되는 순수 전자저널의 경우, 그 수록내용의 가치가 낮게 평가되는 경향이 있다. 'E-prints', 'Electronic Magazines', 'Electronic' Newsletters' 등 다양한 명칭으로 불리는 순수 전자저널에 대해서는 정보의 질적 수준에 대한 검토가 요구된다(Kling and McKim, 1999).

둘째, 동일한 정보원이 인쇄매체의 저널과 전자저널 형태로 생산될 때 정보사서는 중복 구독에 따른 예산낭비를 최소화할 수 있는 구독 정책을 결정해야 한다. 전자저널의 도입으로 인쇄매체 저널의 구독 중단률이 증가하고 있으며, 총 장서구입 예산 대비 전자정보원의 구입비 또한 증가하고 있는 추세이다. 국내의 38개 대학도서관을 대상으로 전자저널의 구독 비율을 조사한 결과를 보면, 73.7%의 도서관이 2,000종 이상의 전자저널을 구독하고 있었으며 전체 구독 학술지 중 전자저널의 비율은 60% 이상이었고, 그 중 10개 기관은 전자저널의 비율이 80% 이상을 차지하고 있는 것으로 나타났다(황신혜, 2002). 그러나 가장 효율적인 장서개발은 주제별 전자저널의 이용률이나 이용자의 매체별 선호도 그리고 정보이용행태에 나타난 특징 등 이용자의 요구를 제대로 분석하고 반영한 것이라 할 수 있다. 대학도서관 이용자의 70% 이상은 주제별 핵심저널의 이용에 인쇄매체와 전자매체가 모두 제공되기를 기대하고 있으며, 비 핵심저널의 경우에는 전자저널을 선호한다는 결과(Dillon and Hahn, 2002)나 80/20 법칙이 전자저널의 이용에도 적용된다는 연구결과들을 고려할 필요가 있다(Davis, 2002; Day, 2001).

셋째, 전자저널은 이용만 할 뿐 파일의 보유가 불가능해 영구이용을 위한 보존 작업이 이루어져야 한다. 전자저널의 파일은 출판사가 소유하게 되며 기간호(Back Issue)의 접속이 불가능해지거나 구독을 중단하는 경우, 기간호 전체의 접근이 불가능해진다. 전자저널의 보존문제를 해결하기 위한 노력들은 주로 국가적인 차원에서 시도되고 있다(Brodie, 1998). OCLC의 FirstSearch를 통해 접근 가능한 Electronic Collections Online은 5,000종의 전자저널에 대한 서지정보와 원문정보를 제공하고 있는데, 연간 구독이 아닌 영구소장 방식이어서 구독 저널의 기간호를 언제든지 이용할 수 있고 구독 취소 후에도 지속적인 접속이 가능하다(Keyhani, 1999). 최신호의 저널 이용이 아니라 저널의 보존용 복본을 생산하려는 목적으로 수행되고 있는 JSTOR(Journal Storage Project) 프로젝트는 저작권자의 동의아래 핵심저널의 기간호를 창간호부터 전자화하여 온라인으로 제공하면서 이용자에게는 영구적인 이용의 기회를 제공하고 도서관에게는 중도에 구독을 취소할 경우 보존용 CD-ROM을 제공하여 보존의 문제를 해결하고 있다(Schonfeld, 2003). 국내의 경우, (주)누리미디어와 (주)교보문고가 공동으로 제공하고 있는 DBPIA의 학술지 기간호에 대한 보존용 CD-ROM이 제공되고 있으며, 한국학술정보(Korea Information Science Society; KISS)에서도 저작권 계약을 맺은 국내 900여 학회의 논문을 수록한 기간호에 대한 보존용 CD-ROM을 제공하고 있다.

넷째, 전자저널을 효율적으로 탐색하기 위해서는 다양한 데이터베이스의 검색 인터페이스에 익숙해야 한다. 각 데이터베이스의 탐색과 디스플레이 상의 특징들이 자주 변화하므로 정보사서는 늘 이 변화를 주시하고 새로운 지식을 갱신하여 이용자에게 설명해 줄 수 있어야 한다.

(3) 전자저널 서비스

인쇄매체의 학술지를 출판해 왔던 많은 출판사들이 학술지의 원문을 전자화하면서 전자저널의 시장을 주도하고 있다. 대규모의 출판사인 경우에는 인터넷을 통해 직접 자사의 전자저널을 제공하기도 하지만 규모가 크지 않은 출판사들의 경우, 전자저널의 배포를 대행하는 중개기관의 단일 인터페이스를 통해 전자저널을 제공하기도 한다. 전자저널의 이용은 개별적인 전자저널 출판사와 계약하거나 특정 도서관이 이미 구독하고 있는 인쇄매체의 저널이나 전자저널 이외에 방대한 주제 정보원들의 서지정보와 원문정보를 제공하는 전문데이터베이스(Full Text) Database의 구독을 통해서도 이루어진다. 국내외 주요 전자저널 서비스들을 살펴보면 다음과 같다.

① **DBPIA**(http://www.dbpia.co.kr)
DBPIA는 (주)누리미디어의 학술 데이터베이스로서 전 주제 분야를 대상으로 국내 학회, 협회, 출판사에서 발행하는 약 760여 종의 정기간행물에 대한 원문을 제공하고 있다.

② **한국학술정보**(http://kiss.kstudy.com)
한국학술정보(KISS)에서는 국내 1,200여개 학회와 연구소에서 발행하는 연속간행물과 40여개 대학교의 석·박사 학위논문의 원문을 제공하고 있다.

③ **Blackwell Synergy**(http;//www.blackwell-synergy.com)
Blackwell Science 출판사에서 제공하는 전자저널 서비스 Blackwell Synergy에서는 과학기술을 포함한 전 주제 분야의 845종의 학술지 원문을 이용할 수 있다.

④ **EBSCO-HOST**(http://www.epnet.com)
EBSCO Publishing에서 제공하는 EBSCO-HOST에서는 Academic Search Premier와 Business Search Elite에서 출판하는 학술지의 원문을 이용할 수 있다.

⑤ **Ingenta**(http://www.ingenta.com)
가장 포괄적인 학술지 정보원을 제공하는 Ingenta에서는 30,000여종의 학술지에 대한 서지정보 검색이 가능하며 원문은 유료로 제공된다.

⑥ **Oxford Journals**(http://www.oxfordjournals.org)
Oxford Journals는 학술저널의 국제적인 출판사인 Oxford University Press에서 출판한 생명과학, 수학, 화학, 의학, 사회과학, 인문과학 그리고 법학 분야의 180여종의 전자저널을 제공한다.

⑦ **Project Muse**(http;//muse.jhu.edu)
Johns Hopkins 대학에서 운영하는 Project Muse에서는 Johns Hopkins을 포함하여 미국 유명 대학 출판사들이 제공하는 인문과학과 예술 분야의 전자저널 150여종에 대한 색인, 초록, 원문을 제공하고 있다.

⑧ **Science Direct Elsevier**(http://www.sciencedirect.com)
Elsevier 출판사에서 제공하는 세계 최대의 전자저널 서비스인 Science Direct Elsevier는 전 세계의 과학, 기술, 의학 분야(STM)에서 생산되는 2,000여종 이상의 전자저널 원문을 제공하고 있다. 13종의 색인·초록 데이터베이스 검색을 통해 55억 건에 이르는 STM 분야의 논문기사에 대한 서지정보도 확인할 수 있다.

4.2.3 학술 데이터베이스

학술 데이터베이스는 주로 색인이나 초록 정보를 제공해 주는 2차 정보원의 기능을 수행한다. CD-ROM이나 온라인 데이터베이스 형태로 제공되던 각종 학술 데이터베이스들이 현재는 웹상에서 이용 가능한 데이터베이스들로 전환되고 있으며 최근에는 수록정보의 형태가 서지정보 뿐 아니라 해당 원문정보를 바로 이용할 수 있는 전문데이터베이스들이 일반화되고 있다. 학술 데이터베이스를 효율적으로 이용하기 위해서는 각 데이터베이스가 제공하는 수록정보의 유형, 주제 분야, 갱신빈도, 수록 대상 정보원의 유형, 수록연도 등에 대한 지식이 필요하며 시소러스를 비롯한 다양한 탐색 기법을 활용할 수 있는 기술이 요구된다.

(1) 전 주제 분야

① **국가전자도서관 :** 국립중앙도서관, 국회도서관, 법원도서관, 한국과학기술원 전자도서관, 한국과학기술정보연구원, 한국교육학술정보원, 농촌진흥청 농업과학도서관, 국가지식포털 등 현재 8개 참여기관이 제공하는 70종의 다양한 데이터베이스를 통합검색 할 수 있다.

② **Academic Search Premier :** 전 주제 분야를 망라한 4,650종의 연속간행물에 대한 원문을 제공하는 세계 최대의 학술 데이터베이스이다.

③ **Books in Print :** 미국 내 출판물이나 출판 예정 문헌들에 대한 서지정보를 제공한다. 과학기술과 의학 분야의 전문 학술도서 뿐 아니라 아동도서, 대중작품에 이르기까지 출판사나 서평 등 포괄적인 문헌정보를 확인할 수 있어서 도서관 수서업무의 주요 도구가 된다.

④ **Current Contents :** 7,600여종의 학술지와 2,000종이 넘는 단행본 그리고 회의자료의 최신 목차와 서지정보를 제공하는 세계적인 목차 데이터베이스이다. 전 주제 분야의 3,500여개에 이르는 학술적인 웹사이트에 대한 정보검색도 가능하다. 맞춤정보서비스(Alerting Service)를 이용하여 이용자의 연구 분야에 필수적인 최신 정보를 자동으로 제공해 주며 검색결과를 별도로 관리할 수 있어 기관의 특성화와 연구실의 전문정보 구축을 유도할 수 있다.

⑤ **PQDT**(ProQuest Dissertations and Theses)**, DDOD**(Digital Dissertations on Demand) **:** *PQDT*는 북미, 유럽 지역 주요 1,440여개 대학과 각종 학술 연구기관에서 수여한 석·박사 학위논문의 서지와 초록 정보를 제공하며 자료의 수록범위는 1861년부터 현재까지이다. *DDOD*는1997년 이후에 생산된 각 학문 분야별 박사 학위논문의 원문을 제공하고 있다.

⑥ **InterDok :** 회의나 세미나의 개최 정보와 회의록의 서명, 출판사, 가격정보 등을 수록하고 있는 명감 정보원이다. MInd: The Meetings Index를 이용하여 회의 개최정보를 확인할 수 있으며 4만여 건의 회의자료에 대한 서지정보도 검색할 수 있다.

⑦ **OCLC First Search :** 회의자료의 서지정보를 제공하는 Paper First, 학술회의 정보를 제공하는 Proceeding First, 약 12,000 종의 학술지 목차 정보와 논문의 색인 정보를 제공하는 Article First, 전 세계에서 출판되는 도서와 웹 정보원의 목록 정보를 제공하는 World Cat 등 2종의 원문데이터베이스와 14종의 서지데이터베이스를 제공하고 있다.

⑧ **SCOPUS :** 전 세계 4,000여개의 출판사에서 출판되고 있는 과학기술, 의학, 생명공학, 사회과학 분야 15,000여 종의 학술저널의 논문과 2억 5천만 개의 웹페이지를 동시에 탐색할 수 있는 세계 최대의 초록, 인용 데이터베이스이다. 초록 검색은 1966년 자료까지 소급되며 참고자료는 1996년 이후 출판 자료부터 이용가능하다.

⑨ **Ulrich's Periodicals Directory :** 전 세계에서 출판되는 29만여 종의 정기, 비정기 간행물에 대한 명감 정보원이다. 연감과 학위논문에 대한 서지정보 검색도 가능하다.

(2) 인문과학 분야

① **Arts & Humanities Search :** 인문과학 분야의 대표적인 색인 데이터베이스로서 예술, 고전, 무용, 사진, 역사, 인문과학, 언어학, 문학, 음악, 철학, 연극, 라디오, 텔레비전 분야의 주요 학술지에 대한 색인초록 정보를 제공한다.

② **Humanities Abstracts :** 고고학, 고전, 예술, 철학, 역사, 음악, 언어학, 문학, 종교 등 인문예술 전반에 걸친 350여 종의 정기간행물에 대한 색인, 초록를 제공한다.

③ **MLA International Bibliography :** 미국현대언어학회(Modern Language Association)에서 제공하는 데이터베이스로서 정보원의 수록년도는 1920년대까지 소급되며 온라인 접근은 1963년 이후 자료부터 가능하다. 문학, 언어학, 민속학 분야에서 생산되는 4,400여종 이상의 학술지와 회의자료, 학위논문 그리고 1,000여종의 단행본에 대한 서지정보 검색이 가능하다.

④ **Philosopher's Index :** 철학과 관련 분야의 270여종의 정기간행물을 중심으로 색인과 초록 정보를 제공한다. 미학, 윤리학, 논리학, 형이상학 이외에도 교육, 역사, 법류, 종교, 과학과 같은 광범위한 학문분야의 정보원들을 수록하고 있다.

⑤ **PsycARTICLES :** 미국심리학회(American Psychological Association; APA)에서 제작한 전문데이터베이스이다. 심리학을 비롯하여 정신의학, 사회학 분야에서 생산된 57종의 학술지 논문 중 1985년 이후에 출판된 45,000건의 논문 이용이 가능하다.

⑥ **Religion Index :** 세계 주요 500여종의 정기간행물에 수록된 논문의 색인과 초록정보를 제공하는 데이터베이스다. 불교, 기독교, 유교, 힌두교, 이슬람교, 유대교 등의 종교와 종파가 포함되어 있다.

(3) 사회과학 분야

① **ABI/INFORM :** 가장 방대하고 오래된 경영정보원이다. 경영, 경제, 비즈니스 분야 학술저널 2,500여종의 원문이 제공되며, 기업정보를 비롯하여 시장조건, 전략, 인사관리, 보상정책, 국제무역 그리고 경제전망에 관한 주제별 정보를 검색할 수 있다.

② **ERIC :** 미국 교육자원정보센터(Education Resources Information Center)에서 제작한 교육정보원 데이터베이스이다. 교육학 관련 1,000여종의 학술지, 회의자료, 보고서, 수업자료 등에 대한 서지정보(1966~현재)와 원문정보(1993~현재)를 제공하다.

③ **Library Information Science Abstracts(LISA) :** 문헌정보학 분야의 주요 정보원들을 담고 있으며 온라인 정보탐색, 전자출판, 정보저장 및 처리, 고문서, 비도서자료, 교육학 등 광범위한 주제 분야의 정보검색이 가능하다. 수록범위는 1963년부터 현재까지이다.

④ **Social Science Citation Index(SSCI) :** 사회과학 분야의 주요 학술지 1,700여종과 3,300여종의 과학기술 분야 저널의 서지사항과 초록정보를 제공한다.

⑤ **Social SciSearch :** 사회과학을 대표하는 1,900여종의 정기간행물의 논문을 수록한 데이터베이스이다.

⑥ **WestLaw :** 세계에서 가장 권위 있는 법률, 비즈니스 정보원으로서 21,000여종의 데이터베이스를 제공한다. 18C 이후의 미국, 유럽, 홍콩 등의 국제법 판례와 법률 관련 전문데이터베이스 13,000여종과 법률뉴스 및 비즈니스 정보를 검색할 수 있는 8,700여종의 데이터베이스로 구성되어 있다.

(4) 과학기술 분야

① **AGRICOLA :** 미국 국립 농학도서관에 소장된 자료를 대상으로 제작된 데이터베이스로서 전 세계 농학 및 화학, 토양학, 임학, 식물학 등의 관련 주제 분야의 정기간행물과 단행본들에 관한 서지정보를 제공한다.

② **BIOSIS :** 생물학, 의학 분야의 주요 정기간행물과 단행본, 회의자료, 서평, 정부보고서 그리고 특허정보가 수록되어 있다.

③ **Chemical Abstracts :** 화학과 그 응용분야의 정기간행물 기사, 단행본, 특허자료의 색인초록 정보를 수록한 데이터베이스이다.

④ **Conference Papers Index :** 세계 각국에서 개최되는 과학기술 분야의 학술회의 자료에 대한 서지정보를 제공한다.

⑤ **EMBASE :** 의학, 약학 분야의 대표적인 서지 데이터베이스이다. 특히 의약품 관련 정보의 포괄성이 높은 정보원이다.

⑥ **IEEE Xplore :** 전기·전자공학 분야의 최고의 권위를 지닌 미국전기전자학회(IEEE)와 영국전기전자공학회(IEE)에서 출판한 전기·전자, 항공우주, 컴퓨터 공학 관련 학술지, 회의자료 그리고 규격자료에 대한 원문을 제공한다.

⑦ **MEDLINE :** 미국립의학도서관(National Library of Medicine)에서 제작한 의학 관련 분야 세계 최대의 데이터베이스이다. 의학, 간호학, 치의학, 수의학, 약학 분야의 4,800여종의 자료에 대한 색인과 초록 정보를 제공한다. Index to Medicus, Index to Dental Literature 그리고 International Nursing Index로 구성되어 있다.

⑧ **Science Citation Index :** 과학기술 분야의 주요 6,000여종의 저널의 서지사항과 초록 정보를 제공한다.

⑨ **Derwent World Patents Index(DWPI) :** 특허를 공인하는 전 세계 40개의 특허기관에서 발행되는 특허 정보를 제공한다. IPC 분류번호와 Derwent 주제 분류 번호 접근이 가능하다.

4.2.4 웹 기반 참고정보원

디지털 정보조사제공의 특성 중 하나는 도서관 소장이나 구독 여부와 상관없이 기관이나 이용자의 요구를 반영한 인터넷 정보원을 자원화하여 장서의 범위를 확장시킬 수 있다는 점이다. 양질의 웹 정보원을 선정, 평가해 놓은 웹 기반 참고정보원은 이용자의 편리한 탐색수단이 될 뿐만 아니라 이용자의 질문을 처리하기 위해 정보사서가 활용할 수 있는 유용한 도구가 된다. 온라인 참고정보원, 인터넷 참고정보원, 가상서가 등으로 불리는 웹 기반 참고정보원은 각 도서관의 특성에 따라 사전, 명감, 편람, 연감을 비롯하여 우편번호, 탐색 엔진, 신문, 통계, 법령 등 정보원의 구성과 기술의 수준면에서 다양하게 구축되고 있다(<그림 4-1>, <그림 4-2>,<그림 4-3>).

그림 4-1 ■ 전남대학교 도서관의 온라인 참고정보원

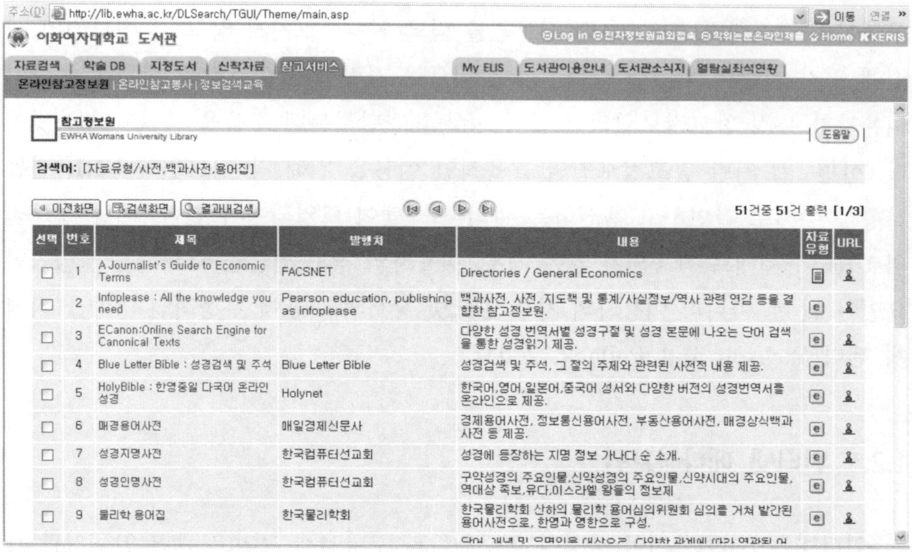

그림 4-2 ■ 이화여자대학교 도서관의 온라인 참고정보원

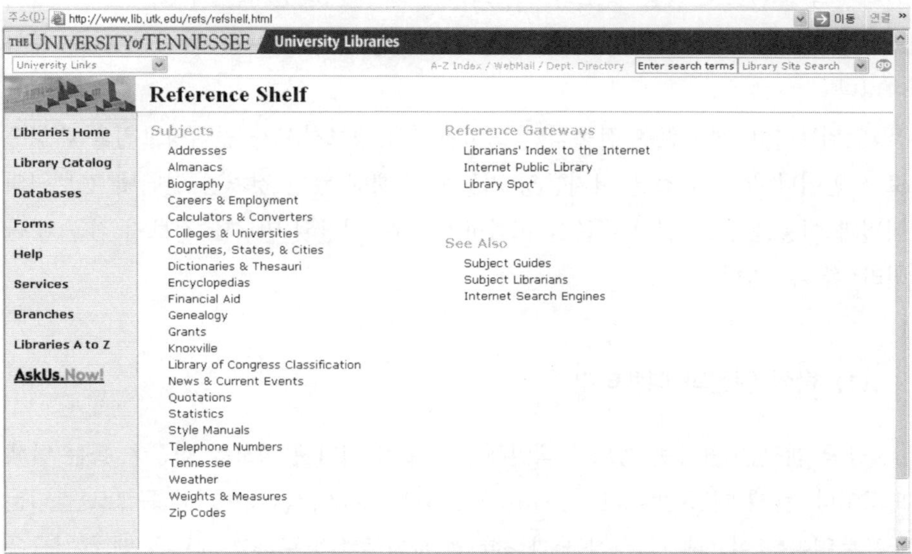

그림 4-3 ■ Tennessee University 도서관의 참고서가

참고정보원의 배열은 이용자의 접근이 용이하도록 주제별 또는 자료 유형별 구분이 바람직하며, 단순히 웹 정보원을 링크하는데 그치지 않고 각 정보원의 선정에 평가 기준이 되었던 항목들을 중심으로 간략한 기술사항을 제공해 준다면 이용자가 특정 참고정보원의 적합성 여부를 판단하는데 도움을 줄 수 있을 것이다. 한편, 웹 기반 참고정보원의 효율적인 이용을 위해 각 정보원의 URL 변동사항을 수시로 확인하고 갱신하는 관리 시스템이 도입되어야 한다. 해당 정보원의 URL이 제대로 작동되지 않는 경우, 이용자의 정보 접근을 저해하는 결정적인 요인이 될 뿐 아니라 이용자의 차후 인터넷 장서의 이용에 부정적인 영향을 미치게 된다(Jackson and Pellack, 2004).

4.2.5 인터넷 메타정보원

인터넷은 1969년 미국 국방성 연구원들과 군납업체 그리고 관련 연구기관 간의 정보공유를 위해 하부기반의 통신망을 구축하는 과정에서 등장하게 된 세계 최대의 정보 네트워크이다. 1989년 인터넷의 멀티미디어 서비스라고 할 수 있는 웹(World Wide Web)의 발전으로 인터넷 정보의 이용은 급속도로 확산되었다. 인터넷의 출현으로 각종 정보의 수집과 이용이 편리해졌지만 약 60억 개의 사이트로 추정되는 정보의 바다에서 양질의 신뢰성 있는 정보를 찾기란 쉬운 일이 아니다.

인터넷 메타정보원은 전통적인 도서관에서 정보사서가 인쇄정보원을 대상으로 색인이나 분류와 같은 서지통정 기능을 수행해 왔던 것처럼 인터넷 정보원의 식별과 이용을 돕고 질적 수준을 여과하기 위해 개발된 인터넷 정보의 접근 수단이라 할 수 있다.

(1) 탐색 엔진과 디렉터리

탐색 엔진은 인터넷 정보를 색인해 줌으로써 인터넷 정보의 접근을 돕는 탐색도구이다. 탐색 엔진은 'spider', 'crawler', 'web robot', 'web agent' 등으로 불리는 소프트웨어를 이용해 모든 접근 가능한 웹 사이트를 방문하고 새로운 웹 문서들을 수집하여 색인한 후 그에 대한 기술사항을 자동으로 생산한다. 그 결과를 근거로 탐색 키워드의 출현빈도나 출현위치에 따라 적합성 가중치를 산출하여 인터넷 검색 결과를 순위화하기도 한다. 그러나 개개의 웹페이지들을 대상으로 한 이러한 색인 방식은 어떤 페이지가 어떤 자원을 구성하는 요소인지를 인식할 수 없으며, 탐색어에 대한 의미 검색이 아닌 단어 검색이 수행됨으로써 부적합한 검색 결과를 가져오는 주요 원인이 된다. 탐색 엔진의 이러한 문제점을 보완하기 위해 각 탐색 엔진 서비스에서는 디렉터리 서비스를 제공하고 있다. 디렉터리는 인간이 각 웹 정보원에 대해 요약문을 작성하여 디렉터리 서비스에 제출하면 그 요약문을 대상으로 색인을 작성함으로써 인터넷 탐색 결과의 적합성을 높이려는 서비스이다. 탐색 엔진의 성능은 끊임없이 변화하고 있기 때문에 어떤 탐색 엔진이 가장 효율적인 것이라고 단언할 수 없지만 각 탐색 엔진의 성능이나 발전사항을 파악하기 위한 주요 도구로서 Search Engine Watch(http://searchenginewatch.com)나 Search Engine Showdown(http://www.searchengineshowdown.com)을 활용할 수 있다.

국내외 주요 탐색 엔진과 디렉터리 서비스들의 종류를 살펴보면 아래와 같다.

① 네이버(http://www.naver.com)
② 엠파스(http://www.empas.com)
③ 천리안(http://www.chol.com)
④ AltaVista(http://www.altavista.com)
⑤ AOL Search(http://search.aol.com)
⑥ Ask Jeeves(http://www.askjeeves.com)
⑦ Google(http://www.google.com)
⑧ HotBot(http://www.hotbot.com)
⑨ Lycos(http://www.lycos.com)
⑩ Yahoo(http://www.yahoo.com)

(2) 가상도서관

인터넷 정보에 대한 탐색 엔진과 디렉터리 서비스가 제공되고 있지만 인터넷 상의 정보를 완벽하게 파악하는 것 자체가 불가능하며 탐색 엔진이 수집하는 정보는 그중 1/4에 못 미치는 것으로 알려져 있다. 인터넷 정보가 효율적으로 이용되기 위해서는 양적으로 방대한 인터넷 정보를 체계적으로 정리하고 질적으로 여과할 수 있는 기능이 요구된다. 특히 인터넷 정보원의 불안정성은 정보원의 인용행태에도 영향을 미치는 것으로 분석되었다(Zhang, 2001, 639~640). 연구자들은 최신의 정보를 적시에 식별할 수 있다는 점과 관련 정보가 링크되어 있다는 편리함 때문에 인터넷 정보원을 선호하고 있지만 언제라도 사라져 버릴 수 있다는 정보의 불안정성 때문에 인터넷 정보원의 인용을 주저하는 것으로 나타났다.

가상도서관은 인터넷 정보의 질적 수준과 안전성을 보장하기 위해 정보원의 선정, 평가, 자원화 등 전통적인 도서관의 장서개발 기능을 인터넷 정보원에 적용시킨 인터넷상의 도서관이다. 공공도서관이나 대학도서관의 이용자들을 대상으로 하는 가상도서관은 주로 정보사서나 문헌정보학을 전공하는 자원봉사자들에 의해 운영되고 있으며, 다양한 주제와 유형의 학술정보원들을 제공해 주는 유용한 인터넷 가이드의 역할을 수행하고 있다. 대표적인 가상도서관의 예를 들면 아래와 같다.

① WWW Virtual Library(http://vlib.org)
② The Internet Public Library(http://www.ipl.org)
③ Infomine(http://infomine.ucr.edu)
④ Librarians' Internet Index(http://lii.org)
⑤ Library Spot(http://libraryspot.com)

(3) 주제별 정보게이트웨이

주제별 정보게이트웨이는 특정 주제 분야의 웹 정보원을 주제전문가와 정보전문가가 직접 평가하여 선정한 후 각 자원에 대한 구체적인 기술사항을 작성해 줌으로써 인터넷 정보의 질적 수준을 완벽하게 통제하고자 개발된 서비스이다. 대규모 탐색 엔진과 비교하여 그 양적 규모는 작지만 주제 분야별 양질의 엄선된 자원들을 식별할 수 있다. 특정 주제 분야의 자원들로 구성되어 있다는 특징을 기반으로 해당 주제 분야의 인터넷 정보이용안내에서부터 구인, 구직 정보를 교환하는 장에 이르기까지 다양한 부가서비스를 제공하고 있다(이숙희, 2001). 현재 개발되어 운영되고 있는 주요 주제별 정보게이트웨이들을 살펴보면 <표 4-1>과 같다.

표 4-1 주제별 정보게이트웨이

게이트웨이명	주제 분야	URL
ADAM	미술, 디자인, 건축, 미디어	http://www.adam.ac.uk
AHDS	고고학, 역사, 문학, 언어, 공연, 시각예술	http://ahds.ac.uk
AERADE	우주 항공, 방위	http://aerade.cranfield.ac.uk
AGRIGATE	농학, 임학, 원예, 환경공학, 식품공학	http://www.agrigate.edu.au
AVEL	기술공학	http://www.avel.edu.au
Biz/ed	경영학, 경제학	http://www.bized.ac.uk
ChemDex	화학	http://www.chemdex.org/
DEVICE	방위, 군사학	http://www.dcmt.cranfield.ac.uk
EdNA Online	교육학	http://www.edna.edu.au
EdWeb	교육 개혁, 정보 기술	http://edweb.gsn.org/
EELS	컴퓨터 공학, 기술공학, 물리학, 수학	http://eels.lub.lu.se/
EEVL	항공우주, 전기전자, 생명공학, 공학일반	http://www.eevl.ac.uk
GEM	교육 자료	http://www.thegateway.org/
Geo-Information Gateway	지리학, 지질학, 환경공학	http://www.geog.le.ac.uk/
GeoGuide	지리학, 지구과학, 지질학	http://www.geo-guide.de/
History	역사학	http://ihr.sas.ac.uk
Human Languages Page	언어학, 언어 학습	http:/www.hardlink.com/~chambers
HUMBUL	인문과학	http://users.ox.ac.uk/ ~ humbul/
InfoLaw	법률학	http://www.infolaw.co.uk
NOVAGate	임학, 식품공학, 농학	http://novagate.nova-university.org
OMNI	의학	http://omni.ac.uk
PICK	문헌정보학	http://www.aber.ac.uk
Port	해양학	http://www.port.nmm.ac.uk
Portal to Legal Resources in the UK and Ireland	법학	http://www.venables.co.uk
SciCentral	의학, 기술 공학	http://www.scicentral.com/
SOSIG	경영학, 법학, 사회과학 일반	http://www.ac.uk
TIPTOP	물리학	http://physicsweb.org/tiotop/

4.3 인터넷 정보의 평가

인터넷은 이용자의 정보요구가 발생했을 때 가장 먼저 시도되는 정보탐색의 첫 관문으로 인식되고 있다. 대학도서관 이용자들이 평가하는 정보원의 우선순위에 있어서도 인터넷 탐색은 다른 어떤 정보원보다 의존율이 높은 것으로 나타나고 있다(Young and Seggern, 2001). 그러나 인터넷 정보의 탐색 결과가 늘 만족스러운 것은 아니다. 인터넷 탐색 엔진을 이용하여 60건의 정보질문을 대상으로 탐색을 수행한 결과, 적합한 정보의 검색비율은 27%인 반면, 틀린 답이거나 답과 무관한 정보의 검색 결과는 73%에 이른 것으로 나타났다(Connell and Tipple, 1999). 인터넷 정보에 대한 연구자들의 만족도 평가에서도 그 결과는 크게 다르지 않았다. 인터넷 정보가 학술정보원 또는 학술정보의 접근 도구로 널리 인식되고 있지만 내용의 정확성과 신뢰성의 결여는 학술 커뮤니케이션 규범에 부적합하다는 의견이 지배적이다(Herring, 2001). 이러한 결과들은 전통적인 장서개발의 확장 개념에서 인터넷 정보에 대한 체계적인 평가의 중요성을 강조한다.

4.3.1 평가의 필요성

정보원의 평가는 기존의 인쇄정보원과 새로운 인터넷 정보원을 효율적으로 통합하여 장서를 구축해야 하는 디지털 도서관의 장서개발에 있어서 가장 중요한 요소라 할 수 있다. 효과적인 장서개발을 하기 위해서는 무엇보다 인터넷 정보가 지닌 가치를 최대화하면서 제한점들을 극복할 수 있는 자원화 전략이 필수적이다. 그러나 인터넷 정보의 특성상 양질의 정보원을 가려내는 일은 가장 어려운 일이 되고 있다.

인터넷 정보의 가장 큰 특징은 누구나 손쉽게 정보의 생산자가 될 수 있으며 그 정보에 접근할 수 있다는 것이다. 다양한 분야의 전문가들이 쉽게 접촉할 수 있는 커뮤니케이션의 장은 연구자들 간의 정보 교환을 더욱 활발하게 해주었고, 방대한 커뮤니케이션의 결과물에 쉽게 접근할 수 있는 인터넷의 능력은 그동안 접근이 어려웠던 미출판 정보원의 식별과 수집을 용이하게 해주는 긍정적인 결과를 낳았다. 그러나 인터넷 정보는 생산과정에서 편집이나 심사와 같은 질적 통제나 여과의 과정을 거치지 않는 경우가 많기 때문에 내용의 신뢰성을 확신할 수 없다는 문제점을 지니고 있다. 또한, 다른 전자정보원과 비교했을 때 인터넷 정보원은 상대적으로 정보의 오류가 많고, 주석이나 각주가 기술되어 있지 않아 저작권 침해에 따른 문제도 더 심각한 편이다.

평가가 요구되는 인터넷 정보원의 또 다른 특징은 평균 생명주기가 6~9주 정도로 짧고 고정적이지 못해 언제라도 사라지거나 변동될 수 있는 역동성을 지니고 있다는 점이다(Koehler, 2002). 일정한 형식 없이 작성된 웹 문서들 역시 서지통정의 적용이 어렵고 결과적으로 인터넷 정보의 보존이나 정보의 질적 수준을 보장받는데 장애요인이 되고 있다.

4.3.2 평가방법

인터넷 정보의 평가는 특정 웹 정보원을 도서관의 홈페이지에 링크할 것인가의 여부를 결정하거나 특정 인터넷 탐색 결과가 이용자의 정보요구를 충족시키는데 질적으로 적합한 것인가를 판단하는데 적용된다. 따라서 인터넷 정보의 평가는 정보원의 접근이 가능하도록 연결시켜 준다는 의미에서 선정의 개념으로 해석되기도 한다.

인터넷 정보를 평가하는데 사용되는 방법에는 자동화된 평가방법과 평가기준 요소의 선정을 통한 평가방법이 있다. 전자는 양적 평가가 가능하고 후자는 질적 평가가 가능한 방법이지만 인터넷 정보원을 최종적으로 선정할 때에는 정보의 내용이나 적합성에 대한 질적인 평가방법과 객관적인 이용 데이터가 함께 반영되는 것이 바람직할 것이다.

(1) 소프트웨어를 이용한 자동화된 평가방법

이 평가방법은 소프트웨어를 이용하여 웹 사이트의 특징과 그 정보원을 방문한 이용자들의 이용 데이터를 수집하여 분석하는 방법이다. 여기에 해당하는 대표적인 평가방법으로 로그파일(Log-file Transactions) 분석이 있는데 누가, 언제, 어디에 위치한 인터넷 사이트의 접속이 이루어졌는지 중요한 특징들을 파악해 낼 수 있다(Trochim, 1996). 이 방법은 객관적인 이용 데이터를 얻을 수 있다는 장점이 있으나 인터넷 정보원을 평가할 때마다 인터넷 사이트의 서버에 로그 분석기를 설치해야 하며 인간의 지적 판단 없이 소프트웨어에 의존한 데이터만으로 인터넷 정보원의 질적 수준을 평가한다는 단점을 지니고 있다. 그러나 평가의 신속성, 구조의 정밀성, 풍부한 데이터 측면에서 객관적인 평가 결과를 기대할 수 있는 평가 방법이라고 할 수 있다(Bauer and Scharl, 2000).

(2) 평가기준 요소의 선정을 통한 평가방법

이 평가방법은 양질의 인터넷 정보원을 선정하는 항목들로 구성된 평가표(Checklist)를 적용하여 평가자가 직접 인터넷 정보를 평가하는 것이다. 그러나 이 방법은 평가기준의 작성자와 평가자의 주관을 배제하기 어렵다는 점과 선정된 평가기준의 타당성과 신뢰성을 어떻게 입증할 수 있는가의 문제점을 지니고 있다. 또한, 다양한 분야의 웹 사이트들을 평가할 경우에 두루 적용될 수 있는 적합한 평가기준의 선정이 어렵다는 단점도 지적된다(황혜경, 1999). 이러한 문제점들을 해결하기 위해서는 기준의 객관성을 고려한 구체적인 평가표의 개발이 이루어져야 한다.

4.3.3 평가기준

질적으로 우수한 인터넷 정보원을 선정하기 위해서는 객관적인 평가기준이 필요하다. 각종 인터넷 정보원의 평가 사이트나 주제별 정보게이트웨이 프로젝트를 통해 다양한 인터넷 정보의 평가기준들이 개발되고 있지만 인터넷 정보의 특성상 평가항목의 요소들이 광범위하고 그 우선순위도 달라 단일의 평가기준을 제시하는 것은 불가능하다.

인터넷 정보를 평가하는데 적용할 수 있는 기본적인 요소들은 전통적인 인쇄정보원의 평가기준에서 찾아볼 수 있다. 그러나 인터넷 정보에는 권위를 파악할 수 있는 저자나 책임자에 대한 기술사항이 상당수 생략되어 있을 뿐만 아니라 정보의 범위 또한 잘 정의되어 있지 않고 정보의 안정성이 결여되어 있어 다른 어떤 평가요소보다 권위의 비중이 높게 평가된다. 어떤 경우에는, 인쇄정보원의 평가기준에 없는 사용의 편이성이나 표현형식의 적절성 또는 매체의 특성 등이 주요 평가요소가 되기도 한다. 정보원의 권위와 최신성 또는 정확성과 밀접한 연관을 지닌 기준으로서 보존성(Kovacs, 2000, 236)이 강조되기도 하며, 기능성이나 유용성, 신빙성 등이 인터넷 정보의 평가요소로 논의되기도 한다(Bauer and

Scharl, 2000).

The Argus Clearinghouse를 포함한 주요 인터넷 평가 사이트가 제시하고 있는 평가기준들을 살펴보면, 인쇄정보원의 주요 평가 요소인 내용과 권위도 중요하지만 그래픽과 디자인의 평가항목이 높게 평가되고 있으며, 브라우징 기능과 조직, 최신성, 이용대상자, 실행성, 접속가능성 항목 역시 주된 평가요소로 고려되고 있다(Smith, 2002, 261~281).

특히, 웹 기반 참고정보원의 선정기준으로는 정보원의 유용성, 최신성, 고유성, 저자의 권위 등 인쇄본 참고정보원에도 적용될 수 있는 요소들과 함께 무료접근성, 이용의 편이성 그리고 이용자 지원 서비스 항목들이 강조되고 있다. 인터넷 정보원의 대중성(Popularity)과 가시성(Visibility) 또는 사이트명의 인지도 역시 주요 평가요소로 제시되고 있다. 사이트명이 인쇄정보원의 서명에 상응하는 것이거나 방송사나 특정 출판사명이라면 인터넷 정보원의 가시성은 정보의 질적 수준을 반영한다고 볼 수 있기 때문이다(Sowards, 2005, 162~163).

이와 같이 인터넷 정보를 평가할 수 있는 절대적 기준은 없으며 각 정보원의 가치는 이용자나 정보요구의 주제 분야에 따라 다양해질 수밖에 없다. 지금까지 살펴 본 평가기준들을 토대로 일반적인 인터넷 정보원의 평가에 적용될 수 있는 요소들을 내용과 기능 그리고 디자인과 비용 측면에서 정리하면 다음과 같다(Ackermann and Hartman, 2004; Tillman, 2003; 김석영, 2002; Diaz, 1999).

(1) 내용

인터넷 정보원의 내용에 관한 평가기준들은 인쇄정보원의 평가기준과 동일한 요소들이다.

① **권위**(Authority)

권위는 정보 내용의 신뢰도에 영향을 미치는 요인이다. 누구나 저자가 될 수 있는 인터넷 정보원은 해당 주제 분야와 관련된 저자의 자질이나 전문성, 발행처 또는 제작기관의 명성을 통해 정보원의 가치를 평가할 수 있다. 저자의 교육적 배경, 소속기관, 지위를 확인하고 저자가 기관인 경우 그 기관의 목적과 역사를 확인할 필요가 있다. 보통 인터넷 정보원의 저작권을 확인하는 일은 쉽지 않으며, 저자의 이름은 확인되나 자격이나 활동 내용이 언급되어 있지 않는 경우가 많다. 메인화면의 기관명과 로고, 기관의 연락정보의 확인이 가능해야 하고, 연락정보는 주소, 전화번호, 웹마스터 이메일 주소가 있어야 한다. URL은 저자나 기관명이 제시되어 있지 않았을 때 그 정보원의 권위를 확인할 수 있는 단서가 된다. URL을 참고하여 ~가 있는 것은 개인의 홈페이지이며 gov. org. ac. edu. 등은 발행 또는 제작기관이 정부기관, 연구소, 대학, 학술연구기관과 같은 공신력 있는 공공기관임을 짐작할 수 있다. 권위를 판단할 수 있는 또 다른 단서로서 어떤 기관이 그 웹페이지를 후원하고 있는지 또는 주요 인터넷 가이드나 디렉터리 서비스에 링크되어 있는지를 고려한다.

② **목적과 이용자 대상**(Purpose and Audience)

정보원의 목적과 이용자 대상층이 명확하게 제시되어 있는지 그리고 그 목적이 정보원의 내용에 충분히 반영되어 있는지를 평가한다. 정보원의 목적이 개인적인 주장인지, 정보제공을 위한 것인지 아니면 홍보나 판매를 위한 것인지 그리고 이용 대상자와 그 수준을 확인하여 어떤 정보를 누구에게 어느 수준으로 제공할 것인지를 결정하는데 반영해야 한다.

③ **범위**(Scope)

정보원이 다루고 있는 내용의 범위를 확인하여 주제의 포괄성이나 시대성, 정보원의 유형과 제공 수준 등을 평가한다. 정보원의 수록범위가 명시되어 있는지 그리고 그 범위대로 다루어져 있는지, 다른 정보원에서는 발견할 수 없는 정보인지 등을 확인하여 선정하고자 하는 정보원의 주제 분야와의 적합성 여부를 판단한다. 인쇄정보원이 포함되어 있는지, 관련 정보원을 다루는 수준이 링크만 제공하는지 아니면 원 정보를 제공하는 것인지, 링크된 정보원에 대한 설명이나 분석적 요약이 있는지 등도 확인한다.

④ **정확성**(Accuracy)

정보원의 내용과 표현 형식의 정확성을 평가한다. 내용의 정확성을 평가할 수 있는 근거로는 사실정보나 통계정보의 출처가 확실하게 제공되고 있고 다른 정보원을 통해서도 확인이 가능한지 그리고 참고문헌이나 서지정보가 명확하게 제시되어 있는지를 통해 확인할 수 있다. 표현 형식의 정확성은 문법적인 오류, 철자의 오류, 그림이나 도표의 누락에 따른 인쇄상의 오류 등을 대상으로 검토할 수 있다. 이러한 오류는 정보원의 질적 결함을 의미한다. 정보 내용의 정확성을 검토하는 편집자나 담당자가 있는지도 중요한 평가 요소가 된다. 정보원의 정확성 평가는 다른 정보원과의 대조나 평가자가 이미 알고 있는 지식을 근거로 판단할 수도 있다.

⑤ **객관성**(Objectivity)

객관성은 정보의 내용이 저자의 주장이나 견해, 편견으로 인해 주관적이지 않음을 평가하는 요소이다. 사실과 견해의 차이를 구별하고 있는지, 특정 이념이나 목적에 의존하는 편향성을 보이고 있는지 그리고 광고의 성격이 적합한지를 평가한다. 적절한 광고는 기관을 홍보하는 효과를 줄 수 있지만 정보원의 원래 목적이나 내용에 상관없이 너무 상업적이거나 자극적이며 호기심을 유발하는 광고는 정보의 가치를 저하시킬 수 있다.

⑥ **최신성**(Currency)

정보원이 정기적으로 갱신되어 최신성을 유지하고 있는지를 평가한다. 정보원의 제작일자와 최종 갱신일자, 갱신 주기에 관한 안내 정보가 제공되고 있는지를 확인한다. 웹 정보원에 날짜가 있어도 그것이 처음 제작된 날짜인지 개정된 날짜인지를 구별하기 어렵다. 링크된 정보원이 연결되지 않는 경우는 정기적으로 갱신되지 않는 정보원임을 알게 해준다.

(2) 기능

기능은 정보원을 얼마나 편리하고 효과적으로 이용할 수 있는지를 평가하는 인터넷 정보원의 고유한 평가기준이다.

① **항해기능**(Navigability)

정보원을 이용할 때 이용자의 현재 위치와 항해의 거리를 파악할 수 있는 정보가 어느 정도 잘 제공되고 있는지를 평가한다. 이용자가 인터넷 항해 도중 방향을 상실하지 않도록 방향지시, 현 위치 표시, 현재 페이지까지 거쳐 온 이동경로 등을 보여줄 수 있는 항해 도구가 제공되고 있는지, 전체 정보원의 내용을 효과적으로 파악할 수 있게 해주는 사이트 맵이 제공되고 있는지 그리고 외부 정보원을 연결해 주는 링크의 기능이 제대로 작동되고 있는지를 확인한다. 링크는 단일의 정보원에 접속한 이용자가 다양한 관련정보를 확인하고 이용할 수 있도록 해주는 인터넷 정보원의 중요한 기능이다.

② **탐색 기능**(Search)

이용자 수준을 고려한 탐색 방식을 제공하며 탐색 결과의 정렬을 용이하게 하는지를 평가한다.

③ **접근기능**(Accessibility)

접근기능은 이용자가 정보원을 이용하는데 얼마나 쉽고 편리하게 접근할 수 있는지를 평가하는 요소이다. 이용자의 편의를 위해 별도의 등록이나 접속절차 또는 접근시간의 제한을 두고 있지 않는 것이 바람직하다. URL이 변경된 경우에는 변경에 대한 안내정보와 함께 변경된 URL로 바로 연결될 수 있어야 하며 이용자의 인터넷 정보원 이용환경을 고려하여 컴퓨터 환경조건에 대한 정보와 이미지 뷰어 및 리더기 설치에 관한 안내 정보가 제시되어 있어야 한다.

④ **실행기능**(Workability)

이용자가 효과적으로 정보를 식별하고 항해하며 이용할 수 있도록 지원하는 도움말 정보의 실용성, 특정 정보를 찾기 위해 이용자가 거치게 되는 단계의 적합성 등을 평가한다.

⑤ **이용자 지원기능**(Support)

이용자에게 제공되는 정보원의 이용 안내와 교육, 도움기능에 대한 설명, 목차와 색인, 온라인 학습, 온라인 피드백, FAQ 등을 평가한다.

(3) 디자인과 비용

디자인과 비용은 인쇄정보원의 평가에도 적용되어 온 요소들이지만 인터넷 정보원에서 그 중요성이 더 강조되는 평가기준들이다.

① **디자인**(Graphic and Multimedia Design)

정보원의 이용에 디자인이 얼마나 효과적인지를 평가한다. 정보원의 내용보다 디자인에 중점을 두어서는 안 되지만 시각적 효과가 큰 인터넷 정보원인 경우 디자인은 고유한 평가요소가 된다. 그래픽과 멀티미디어 디자인이 정보원의 목적에 적합한 것인지, 메인 화면의 색상과 텍스트 색상의 조화, 메뉴 바와 아이콘 및 텍스트 크기의 적절성, 정보원의 구조는 지나치게 계층적이지 않으면서 논리적으로 배열되어 있는지, 페이지마다 일관성 있는 레이아웃이 전개되고 있는지 등을 검토한다.

② **비용**(Cost)

인터넷 정보원의 비용은 정보원의 접속료와 정보원의 이용료로 구분될 수 있다. 대다수의 이용자들은 인터넷 정보가 무료라고 인식하고 있지만 실제로 이용자는 자신이 인식하지 못하는 사이에 이용요금을 지불하고 있다. 그동안 무료로 인터넷 정보원을 제공해 오던 개인이나 기관이 지적 재산권을 이유로 보호받기를 원한다면 앞으로 인터넷 정보의 비용 문제는 더 중요해질 것이다. 정보원의 이용이 유료인지, 무료인지 그리고 유료로 제공된다면 이용료는 어떻게 산정되는지를 평가한다. 저작권과 관련하여 저작권 소유기관과 소유자, 복사나 인용의 허용범위에 대한 안내정보가 제공되고 있는지를 평가한다.

이상의 평가기준들은 인터넷 사이트의 개발이나 인터넷 정보원의 장서개발을 위해 참고할 수 있는 일반적인 평가요소들이라 할 수 있다. 인터넷 정보원의 평가는 정보원의 주제나 성격에 따라 더 구체적인 평가항목이 요구될 수도 있으며 어떤 항목들은 중요하지 않을 수도 있다. 내용보다 심미적 요소가 더 중요한 정보원이 있는가하면 의료, 보건 분야의 정보원처럼 디자인보다는 내용의 정확성과 객관성이 우선적으로 평가되어야 하는 정보원도 있다. 정부기관의 인터넷 정보원은 정보의 권위와 신뢰에 대한 평가 이외의 요소들이 중요하지만 비즈니스 홍보용 웹페이지인 경우에는 후원기관의 정통성을 확인할 수 있는 요소들이 무엇보다 중요한 평가요소가 된다. 한편, 뉴스 정보원인 경우는 후원 신문사, 저작권 소유자에 대한 정보, 해당 기관의 목적과 정통성뿐만 아니라 개별 기사의 작성자와 그 자격이 명시되어 있는지, 사실 정보원에 대한 근거가 명확하게 제시되어 있는지, 내용을 모니터하는 편집진들에 대한 사항이 제공되어 있는지 등 훨씬 더 구체적인 평가요소들이 적용되어야 할 것이다.

4.3.4 평가 사이트

인터넷 평가 사이트란 양질의 인터넷 정보원을 식별할 수 있도록 자체의 평가 기준을 마련하고 그에 따라 인터넷 정보원들을 평가해 줌으로써 인터넷 정보원에 대한 서평 기능을 수행하는 평가시스템이다. 인터넷상에는 각종 인터넷 정보원들을 비교분석하여 일정한 우선 원칙에 따라 순위화(Ranking)하거나 특정 평가기준을 근거로 인터넷 정보원의 점수나 순위를 매기는(Rating) 방식의 평가시스템들이 다양하게 운영되고 있다. 각 평가시스템마다 자체적으로 개발한 평가양식과 평가기준을 제시하고 있는데 평가를 원하는 인터넷 사이트는 해당 평가 사이트의 평가양식을 작성하여 평가 사이트에 제출하면 된다. 평가 사이트는 그 양식의 내용을 근거로 평가기준에 따라 평가를 하게 된다. 평가시스템에 따라 단순히 인터넷 정보원의 URL만을 링크해 놓은 경우도 있지만 인터넷 정보원에 대한 구체적인 기술사항과 함께 주제별 가이드를 제공하는 평가 사이트도 있다. 주요 평가 사이트들을 살펴보면 다음과 같다.

① **The Argus Clearinghouse**(http://www.clearinghouse.net)
Michigan 대학교의 ClearingHouse 프로젝트의 일환으로 시작되었던 이 평가 사이트는 2002년 이후 더 이상 운영되지 않고 있지만 인터넷 정보원의 질적 평가 모형을 제시한 최고의 평가 사이트로 인정받고 있다. 자원의 기술사항 수준, 자원 평가 수준, 디자인, 구조 형식, 메타 정보의 수준 측면에서 인터넷 정보의 평가가 이루어진다.

② **CyberHound**(http://www.cyberhound.com)
이 사이트는 주제 분야별 웹상의 최고의 사이트를 검색하는데 유용한 가이드이다.

③ **CyberStacks**(http://www.public.iastate.edu/~CYBERSTACKS)
CyberStacks는 주요 인터넷 정보원을 평가하여 LC 분류에 따라 조직해 놓은 평가 사이트이다. 정보원의 유형은 대부분 단행본, 연속간행물, 파일, 데이터베이스 등이며 각 인터넷 정보원마다 정보원의 주제와 관련 출판물에 대한 기술사항이 제공되어 있다. 평가는 인쇄매체의 정보원을 평가할

때 적용하는 권위, 정확성, 최신성, 내용의 고유성, 이용자 대상 등 일반적인 기준을 채택하고 있다.

④ **Bschool.com, Inc.**(http://Bschool.com)
Bschool.com, Inc은 비즈니스 학교의 웹 사이트들을 대상으로 하는 평가 사이트이다. 평가 항목별로 각 사이트의 평가결과를 보여주어 어떤 사이트가 어떤 평가 항목을 충족시키는지를 확인할 수 있다.

4.4 결론

전통적인 인쇄정보원 이외에 전자책과 전자저널 그리고 각종 인터넷 정보원 등 정보조사제공에 활용되는 전자정보원의 범주가 확장되면서 효율적인 장서개발은 그만큼 더 어려워졌다고 할 수 있다. 특히, 이용자의 정보접근 수단으로서 인터넷 정보원의 비중이 커지면서 정보원을 관리하고 유지하는 정보사서의 자원화 능력이 더욱 중요해지고 있다. 이용자들은 인터넷 정보의 안정성, 전문성, 정확성, 포괄성 등을 고려하기에 앞서 신속하고 편리한 인터넷 이용을 선호하지만 방대한 양의 부적합한 탐색 결과는 분류나 색인과 같은 전통적인 정보의 질적 통제 기능을 요구하고 있다.

평가는 인터넷 정보원을 개발하고 자원화 하는 과정에서 가장 중요한 요소이며 정보자원화의 핵심은 이용자의 정보요구에 적합한 인터넷 정보를 식별하는데 있다. 성공적인 인터넷 장서를 구축하기 위해서는 이용자와 이용자 요구 그리고 인터넷 정보원의 이용과 관련된 문제들이 정확히 파악되고 반영될 수 있는 이용자 중심의 장서개발이 이루어져야 할 것이다.

인터넷 상에서 전문가에 의해 정보원의 질적 수준이 통제된다는 것은 이용자에게는 양질의 정보를 제공하는 한편, 정보사서에게는 인터넷상의 중요한 역할을 수행할 수 있는 기회가 부여되는 것이다. 정보사서는 인터넷의 혼란 속에서 질서를 생성해 내는 전문가로서 적합한 정보원의 식별과 평가 그리고 선정된 인터넷 정보원 이용을 증진시키는데 요구되는 정보자원화의 지식과 능력을 발전시켜 나가야 할 것이다.

인 용 문 헌

- 김석영 2002. "과학기술 분야 웹 정보원 평가 및 비교연구." 한국도서관정보학회지 33(3): 133~151.
- 성대훈. 2002. "전자책(e-Book)을 활용한 전자도서관 구축방안에 관한 연구." 도서관 57(3): 125~148.
- 오경묵, 2003. "인터넷 가상도서관에서의 전자책 활용에 관한 연구." 한국도서관정보학회지 34(4): 83~103.
- 이숙희. 2001. "인터넷상의 주제별 정보 게이트웨이에 관한 연구." 한국문헌정보학회지 35(1): 27~45.
- 장선화, 한상완. 2004. "전자책 활용에 영향을 미치는 요인 연구." 정보관리학회지 21(3): 269~287.
- 한국인터넷진흥원. 2005. 한국인터넷통계집. <http://isis.nida.or.kr>.
- 한국전자책컨소시엄. 2006. "2006년 전자책 시장전망." EBK 소식(2월 17일). <http://www.ebk.or.kr>.
- 황신혜. 2002. "대학도서관에서의 전자저널 관리와 서비스 방안에 관한 연구." 석사학위논문. 동덕여자대학교 대학원.
- 황혜경. 1999. "정보자원으로서 웹 사이트 평가에 관한 연구." 석사학위논문. 연세대학교 대학원.
- Ackermann, E. and Karen Hartman. 2004. Searching and Researching on the Internet and the World Wide Web. 4th ed. Wilsonville OR: Franklin, Beedle and Associates, Inc.
- Bauer, Christian and Armo Scharl. 2000. "Quantitative Evaluation of Web Site Content and Structure." *Library Computing* 19(3/4): 134~136.
- Bradford, J. T., B. Costello and R. Lenholt. 2005. "Reference Service in the Digital Age: An Analysis of Sources Used to Answer Reference Questions." *Journal of Academic Librarianship* 31(3): 263~272.
- Brodie, Nancy. 1998. "Building a National Electronic Collection for Long-Term Access." *Serials Librarian* 4(12): 113~123.
- Brown, Cecelia M. 1999. "Information-Seeking Behavior of Scientists in the Electronic Information Age: Astronomers, Chemists, Mathematicians, and Physicists." *JASIS* 50(10): 929~943.

- Chan, Liza. 1999. "Electronic Journals and Academic Libraries." *Library Hi Tech* 17(1): 10~16.
- Connell, Tschera H. and Jennifer E. Tipple. 1999. "Testing the Accuracy of Information on the World Wide Web Using the AltaVista Search Engine." *Reference & User Services Quarterly* 38(4): 360~367.
- Davis, P. M. 2002. "Patterns in Electronic Journal Usage; Challenging the Composition of Geographic Consortia." *College & Research Libraries* 63(6): 484~497.
- Day, M. P. 2001. "Electronic Journal Usage and Policy at UNIST." *Information Services & Usage* 21(3/4): 135~137.
- Diaz, Karen R. 1999. "The Best of the Best: Ranking and Rating Digital Reference Resources." *Reference & User Services Quarterly* 39(1): 17~21.
- Dillon, Irma F. and K. L. Hahn. 2002. "Are Researchers Ready for the Electronic-Only Journal Collection?: Results of a Survey at the University of Maryland." *portal: Libraries and the Academy* 2(3): 375~390.
- Herring, Susan D. 2001. "Using the World Wide Web for Research: Are Faculty Satisfied?" *Journal of Academic Librarianship* 27(3): 213~219.
- Jackson, Rebecca and Lorraine J. Pellack. 2004. "Internet Subject Guides in Academic Libraries: An Analysis of Contents, Practices, and Opinions." *Reference & User Services Quarterly* 43(4): 327~335.
- Keyhani, Andrea. 1999. "Creating an Electronic Archive: Who Should Be It and Why?" *Serials Librarian* 34(1-2): 213~223.
- Kling, Rob and G. McKim. 1999. "Scholarly Communication and the Continuum of Electronic Publishing." *JASIS* 50(10): 890~906.
- Koehler, Wallace. 2002. "Web Page Change and Persistence-A Four-Year Longitudinal Study." *JASIST* 53(2): 162~171.
- Kovacs, D. K. 2000. "Building a Core Internet Reference Collection." *Reference & User Services Quarterly* 39(3): 233~239.
- Lancaster, F. W. 1995. "The Evolution of Electronic Publishing." *Library Trends* 43(4): 518~527.
- Lonsdale, R and C. Armstrong. 2001. "Electronic Books: Challenges for Academic Libraries." *Library Hi Tech* 19(4): 332~339.
- Montgomery, C. H. and D. W. King. 2002. "Comparing Library and User Related Costs of Print and Electronic Journal Collections." *D-Lib Magazine* 8(10). <http://www.dlib.org/dlib/october02/montgomery/10montgomery.html>.

- Rao, Sirigindi S. 2003. "Electronic Books: A Review and Evaluation." *Library Hi Tech* 21(1): 85~93.
- Schonfeld, Roger C. 2003. *JSTOR: A History*. Princeton, N.J.: Princeton University Press.
- Smith, Alstair. G. 2002. "Evaluation of Digital Collections." In *The Digital Factor in Information and Library Services: International Yearbook of Library and Information Management 2002-2003*. edited by G. E. Gorman. London: Facet.
- Snowhill, Lucia. 2001. "E-Books and Their Future in Academic Libraries: An Overview." *D-Lib Magazine* 7(7/8). <http://www.dlib.org/dlib/july01/snowhill/07snowhill.html>.
- Sowards, Steven W. 2005. "Visibility as a Factor in Library Selection of Ready Reference Web Resources." *Reference Service Review* 33(2): 161~172.
- Tillman, Hope N. 2003. "Evaluating Quality on the Net." <http://www.hopetillman.com/findqual.html>.
- Trochim, William M. K. 1996. "Evaluating Websites." <http://trochim.human.cornell.edu/webeval/webintro/webintro.htm>.
- Young, Nancy J. and Marilyn Von Seggern. 2001. "General Information Seeking in Changing Times." *Reference & User Service Quarterly* 41(2): 159~169.
- Zhang, Yin. 2001. "Scholarly Use of Internet-Based Electronic Resources." *JASIST* 52(8): 628~654.

05

이용자의 정보요구와 이용행태

이용자는 모든 도서관 서비스의 정책을 수립하고 평가하는 근간이며 도서관과 정보사서가 존재하는 이유가 된다. 정보조사제공을 수행하는 업무의 주체는 정보사서이지만 그 활동의 목적은 이용자의 정보요구를 충족시키는데 있다. 따라서 이용자가 무엇을 원하고, 왜 원하며 또 그것을 어떻게 이용하는지를 규명하고자 하는 이용자 연구는 정보조사제공 분야의 주요 관심사가 되어 왔다.

인종, 언어, 연령 등 이용자가 지니는 고유한 특성에서부터 사회, 문화, 경제, 기술 분야의 환경적 변화에 이르기까지 이용자의 정보요구와 이용행태에 영향을 미칠 수 있는 요인들은 매우 다양한 것으로 분석되고 있다. 학문영역의 세분화와 학제간 연구의 증가는 이용자의 정보요구를 갈수록 전문화시키고 있으며, 네트워크와 정보기술의 발전은 정보의 식별과 평가 그리고 접근과 이용 방식을 다양화시키고 있다. 특히, 디지털 정보이용환경은 물리적 공간의 도서관 이용보다 인터넷 접속을, 인쇄정보원보다는 전자정보원을 그리고 대중을 위한 정형화된 서비스보다는 개인화 서비스를 선호하는 정보이용행태의 변화를 가져왔다.

성공적인 정보조사제공을 수행하기 위한 첫 단계는 이러한 이용자의 정보요구와 행태의 변화를 주목하고 체계적으로 접근하는 것이 될 것이다. 정보매체와 정보원의 이용, 정보의 접근 방식, 비공식 커뮤니케이션의 활용, 정보원의 평가와 해석에 나타난 이용자의 복합적인 정보추구행태가 분석되어야 하며, 이용자 연구의 결과들은 새로운 연구방법과 방향을 제시해 주고, 정보이용행태의 모형이나 패러다임의 개발뿐 아니라 더 나아가 정보사서가 앞으로 수행해 나가야 할 역할의 재구성에도 기여할 수 있어야 한다.

이 장에서는 이용자 연구를 통해 정보요구와 정보이용의 본질이 어떻게 분석되고 이해되어 왔는지를 개관하였으며, 정보이용행태를 설명하기 위해 시도된 다양한 이론적 모형들과 지금까지 수행된 이용자 연구의 결과들을 토대로 주제 분야별 정보요구와 이용행태의 특성을 비교분석하였다.

5.1 이용자 연구의 동향

효율적인 정보조사제공이란 실제 제공되는 봉사의 수준과 이용자의 기대수준을 일치시키는 것이다. 그러나 현실적으로 두 수준 사이에 언제나 차이가 있음을 발견하게 된다. 이용자 연구의 목적은 이용자의 정보요구와 정보이용행태에 나타난 특성들을 분석함으로써 이러한 차이를 최소화하거나 해결할 수 있는 정보시스템과 서비스의 개선책을 모색하는데 있다.

5.1.1 용어의 정의

이용자 연구의 두 축이 되는 정보요구와 정보이용의 의미를 살펴보면, 정보요구(Information Needs)란 새로운 환경과 문제에 직면하여 이용자의 지식상태에 이상(Anomaly)이 있음을 인식할 때 발생하게 되는 것이라고 정의할 수 있다(Belkin and Robertson, 1976). 또는 정서적으로 내부의 감각이 고갈되었을 때 외부로부터 정보를 받아들여 그 문제를 해결하고 인지구조를 변화시키려는 요구의 발생으로 정의되기도 한다. 정보요구는 어떤 주제나 상황에 관하여 정확히 무엇이 요구되는지 구체화 되는 경우도 있지만 일반적으로 이용자는 지식의 이상상태를 해결하기 위해 무엇을 요구하는지조차 정확히 구체화하지 못한다(Belkin, Oddy and Brooks, 1982).

정보이용(Information Use)은 이용자가 자신의 정보요구를 해결하기 위해 참여하는 활동을 의미하며, 정보이용행태(Information Behavior)란 정보이용이라는 행위적 결과에 이르는 과정에 나타나는 모든 행태적 특성이라고 정의할 수 있다. 여기에는 이용자의 목표와 의도, 목적을 성취하는데 요구되는 정보요구의 표현, 전문가 찾기, 탐색 행위, 도움 요청, 정보전달 등과 관련된 인지적, 사회적 활동이 포함되어 있다. 정보이용은 정보요구라는 동기를 가지고 행위로 옮긴다는 개념 측면에서 정보요구와 구분되지만 연구방법상 정보요구는 정보이용과 연계되어 유사한 개념으로 다루어지고 있다. 한편, 정보추구(Information Seeking)는 이용자가 정보요구를 인식하고 그에 대한 반응으로 정보를 입수하려는 의식적인 노력을 의미한다. 이용자는 정보요구의 동기나 수준 또는 시간적 압박감과 같은 요인들의 영향을 받아 적극적인 또는 소극적인 정보추구의 행태를 보이게 된다(Case, 2002, 5).

5.1.2 이용자 연구의 발전

정보이용에 관한 최초의 연구는 Charles Eliot(1902)이 도서관 장서의 이용과 비이용에 관한 논문을 발표했던 1902년으로 소급되기도 하며 1916년 Cleveland 공공도서관을 대상으로 한 Ayres와 McKinnie의 연구를 이용자 연구의 효시로 보기도 한다(Wilson, 1994, 15~51). 20세기 초반에 수행된 이 연구들은 모두 이용자나 이용자의 정보탐색보다는 정보자료의 이용에 관한 것이었으며, 2차 대전 이후 기초과학과 응용과학 분야의 관심이 고조되자 정보유통에 관한 연구들이 활발하게 수행되기 시작했다.

(1) 초기의 이용자 연구(1948~1969)

1948년, 영국학술원의 과학정보학술회의를 통해 영국 내 8개 기관의 과학자들의 학술지 이용 목적과 동기 등을 분석한 연구결과가 발표되면서 과학기술 분야의 정보이용행태에 대한 확고한 연구 기반을 갖게 되었다. 초기의 이용형태 연구는 수량화가 가능한 부분 즉, 도서관을 방문한 횟수, 구독 학술지의 종수를 조사하는 수준에서 이루어져 이론적 연구가 미흡한 편이었으나 1960년대 초반부터는 과학기술 분야 이용자들의 정보요구와 이용에 관한 경험적 연구들이 누적되면서 1960년대 말에는 본격적인 이용자 연구가 시도되었다. 이용자 연구 문제를 독립적으로 다루기 시작한 미국정보학회의 *ARIST*(Annual Review of Information Science and Technology)는 이후 주기적으로 정보요구와 이용행태에 관한 연구결과들의 서평을 포괄적으로 게재해 오고 있다(Pettigrew, Fidel and Bruce, 2001; Hewins, 1990; Dervin and Nilan, 1986; Crawford, 1978; Martyn, 1974; Lipetz, 1970; Paisley, 1968; Menzel, 1966).

(2) 전성기(1970년대)

1970년대의 이용자 연구는 과학기술 분야 뿐 아니라 INFROSS(Information Requirement of Social Scientists) 프로젝트 등 영국에서 수행된 사회과학 분야의 이용자 연구들이 학계의 주목을 받게 되면서 문헌정보학 분야의 주요 연구 분야로 정착하게 되었다(Bath University Library, 1980; Streatfield and Wilson, 1980; Skelton, 1973; Line, 1971). 또한, 이 시기에는 이용자 연구방법이 다양화되면서 질적인 평가방법이 적용되기 시작하였고 정보이용모형과 이론 형성에 기여하는 다양한 연구 결과로 이용자 연구의 전성기를 이루었다.

(3) 전환기(1980년대)

1970년대 말부터는 정보요구와 정보이용에 대한 기본 개념들을 다루고 이론화하는 작업이 수행되었다. 이 시기는 연구의 대상을 확립한 시기로서 그동안 시스템 중심의 연구에서 이용자 중심의 연구로 패러다임의 전환이 이루어졌다. 이용자가 정보시스템에 적응하는 것이 아니라 이용자에게 의미 있는 시스템의 개발과 정보사서가 수행하는 정보조사제공의 본질을 근본적으로 이해하는데 유용한 연구 결과들이 보고되었다. 1980년대 중반에는 정보가 사회 발전의 가장 중요한 자원으로 부상하게 되면서 수동적으로 정보를 처리하는 이용자보다는 능동적으로 정보를 구축해 가는 주체로서 이용자를 강조하는 연구들이 집중적으로 이루어졌는데 이용자 인식론에 기초한 Dervin의 의미형성(Sense-making) 이론이 그 대표적인 연구결과라 할 수 있다(Dervin, 1983). 1980년대 후반에는 인간과 컴퓨터의 상호작용에 영향을 주는 주요 요인으로 인간의 인지적 구조를 다루는 연구들이 수행되었다. 특정 정보시스템의 기능이나 서비스의 이용보다는 시스템 디자인에 이용자의 인지적 구조를 어떻게 반영시킬 것인가를 인지과학 측면에서 해석하고 접근하는 연구들이 시도되었다. 그 대부분이 전문가 시스템이나 인공지능 시스템, 시소러스 참조기능, 키워드 브라우징 기능 등을 적용하여 이용자의 불명료한 정보요구를 탐색 과정에서 수정하고 보완할 수 있도록 지원해 주는 시스템의 개발에 주력한 연구들이었다(Hewins, 1990).

(4) 1990년대

1990년대에 들어와 시대별 정보이용의 환경 변화에 따른 이용자 요구와 이용행태의 변화를 장기적으로 분석하여 비교하는 연구들이 수행되었다. 1984~1989년 그리고 1995~1998년 사이에 수행된 이용자 연구들의 특성을 비교한 종단적 분석(Longitudinal Analysis) 결과를 보면 사회과학, 컴퓨터공학, 자연과학, 경영/경제학, 의학 분야, 인문과학 분야와의 학제간 연구의 경향이 두드러졌으며, 연구방법론에 있어서 인용문헌 분석기법의 적용은 감소한 반면 다양한 연구방법 중 두 가지 이상의 방법들을 적용한 이용자 연구들이 증가한 것으로 나타났다(Julien and Duggan, 2000). 또한, 이 시기에는 그동안 과학기술과 사회과학 분야에 치중되어 왔던 이용자 연구가 인문과학과 예술 분야에서도 점차 활력을 보이기 시작하였다. 인터넷을 포함한 전자정보원이 본격적으로 도입되기 시작한 1990년 중반 이후부터는 전자정보원 이용의 본질뿐 아니라 인터넷의 영향으로 이용자의 행태가 변화하는 방식을 설명해 주는 연구들이 수행되기 시작했다(Savolainen, 1998).

(5) 2000년대

2000년대의 이용자 연구는 1990년대 후반부터 수행되기 시작했던 전자정보원의 이용에 관한 연구들이 주류를 이루고 있다(Waldman, 2003; Zhang, 2001). 전자정보원의 이용에 영향을 미치는 요인들을 분석하고, 인쇄정보원과 전자정보원 이용에 대한 이용자의 수용과 행태적 특성들을 비교하는 연구들이 다양한 이용자 계층과 주제 분야, 그리고 정보매체 유형별로 수행되고 있다(Tenopir, 2003). Outsell, Inc(http://www.outsellinc.com)과 같은 상업적인 조사기관에서 3,000여명이 넘는 대규모 이용자 집단을 대상으로 인터넷 정보의 이용행태, 주제 분야별 전자정보원의 수용도, 인터넷과 도서관의 인식 변화 등을 설문하는 이용자 연구가 수행된 점 또한 주목할 만하다.

국내의 이용자 연구를 살펴보면, 1970년대 중반부터 ARIST의 이용자 연구 동향을 소개하고 논의하는 논문을 포함하여 각종 정보원의 이용과 이용자 교육, 도서관의 이용과 비이용의 실태, 데이터베이스의 이용 등에 관한 연구들이 꾸준히 수행되어 왔다. 연구주제 면에서는, 물리학이나 사회학 등 특정 주제 분야의 이용자를 대상으로 주요 정보원의 이용과 정보접근 방식을 분석한 연구들이 가장 큰 비중을 차지하고 있다(한복희, 1992; 권은경, 1984). 최근에 수행된 이용자 연구의 분석 내용을 보면, 국내 문헌정보학 분야에서 발표된 총 연구논문 중 이용자 연구에 관한 논문의 비율은 약 5.4%인 것으로 보고되고 있으며, 각종 정보원의 이용과 이용자 교육에 관한 연구들이 여전히 강세를 보이지만 정보이용행태에 대한 이론적 접근과 온라인 목록이나 인터넷 이용에 관한 연구 등 새로운 주제들이 등장하고 있는 것으로 나타났다(한복희, 2003).

5.1.3 이용자 연구의 방법

이용자 연구는 개인과 조직의 속성 그리고 시대와 상황에 따라 이용자의 정보요구가 달라진다는 점을 고려하여 다양한 연구 방법들을 도입해 왔다(Wang, 1999). 이용자 연구에 적용되어 온 주요 연구방법들을 중심으로 각 연구방법의 특성을 살펴보면 다음과 같다.

(1) 설문(Survey)

설문조사는 일반적으로 준비와 실행, 결과의 해석에 시간과 비용이 많이 드는 연구 방법으로서 문항의 구성과 응답률은 성공적인 설문의 관건이 된다(Covey, 2002).

데이터의 표준화가 가능하고 일정한 간격으로 후속연구가 수행되는 경우, 구체적인 비교분석 결과 뿐 아니라 전반적인 추이를 파악할 수 있게 하며, 드러나기 싫어하는 이용자들의 의사 표현을 격려할 수 있다는 잠재력을 지니고 있다. 그러나 다른 한편으로는, 설문 응답자들에게 작성과 반송에 대한 동기 부여가 어렵고, 설문조사의 응답자들은 실제의 의견을 답하는 것이 아니라 그들이 바람직하다고 생각 하는 것 또는 연구자들이 듣고 싶어 한다고 생각하는 것을 답하는 경우가 있음을 고려하여 결과를 해석해야 한다는 제한점을 지니고 있다.

우편을 이용한 설문조사가 일반적이었지만 최근에는 빠르고 경제적인 웹 기반 설문조사가 많이 수행되고 있다(Dilevko and Gottlieb, 2002). 특히 불특정 다수의 대규모 표본인 경우, 웹과 전자우편을 이용한 설문조사가 효율적이라 할 수 있는데 웹과 인터넷 이용에 관한 전반적인 추이를 파악하기 위해 1994년부터 매 6개월마다 수행되고 있는 Graphics, Visualization and Usability Center(GVU)

가 대표적인 예이다(http://www.gvu.gatech.edu/user_surveys/survey). 그러나 인터넷 설문은 응답자의 범위가 컴퓨터 이용에 익숙한 사람들로 제한된다는 문제점이 있다(Zhang, 2000).

(2) 면담(Interview)

면담은 면대면, 전화 또는 컴퓨터를 이용하여 수행되며 필요에 따라 면담시간의 조절이 가능한 융통성 있는 연구방법이다. 응답 내용에 제한을 두지 않기 때문에 응답자의 의견이 그대로 수집되어 분석되는 대표적인 정성적 연구방법이다. 면담을 성공적으로 이끌어 가기 위해서는 숙련된 진행자(Moderator)가 필요하며 개방형의 응답 내용에서 도출된 데이터의 수집과 해석은 신중함과 일관성을 요구하는 어려운 작업으로 알려져 있다(Covey, 2002). 면담의 대상자는 무작위로 선택되는 것이 아니라 관련 의견을 제시할 수 있다고 판단되는 이용자에게 요청되므로 면담의 결과로 분석된 이용자의 선호도나 행태가 전체 이용자 집단을 대변하는 것이라고는 볼 수 없다.

전문가 집단(Focus Group) 조사방법은 특정 집단의 요구나 의견을 확인하기 위해 그 집단을 대표하는 6~9명 정도의 전문가들을 대상으로 실시되는 면담의 한 유형이다. 주로 대규모의 설문조사를 설계하기 전에 사전 정보가 필요할 때 시도되는 방법인데 때로는 그 자체가 주된 연구방법이 되기도 한다.

(3) 로그파일 분석(Log-file Analysis)

로그파일 분석은 대규모 표본에서 인위적 개입 없이 객관적으로 데이터를 수집할 수 있는 방법이다(Peters, 1993). 주로 온라인 목록이나 웹 이용자의 행태를 분석하고 시스템의 성능을 개선시키는데 사용되어 왔다(Rozic-Hristovski, Hristovski and Todorovski, 2002; Thelwall, 2001) 그러나 적합한 이용 통계의 수집과 해석이 까다롭고 의미 있는 방식으로 데이터를 표현하는 것이 어렵다.

(4) 인용분석(Citation Analysis)

인용분석은 주제의 관련성을 다루는 하나의 연구 분야이다. 한 문헌이 이전에 생산된 다른 문헌을 인용했을 때 인용한 문헌과 인용된 문헌은 서로 유사한 주제를 다루고 있음을 전제로 하여 그들 간의 상관관계를 밝히는 연구방법이다. 단, 서지사항의 기술이 완벽하고 정확할 것이라는 점을 전제로 한다.

인용분석을 통해 특정 분야의 주제 분산도를 밝힐 수 있고 학술적 커뮤니케이션 모형을 파악할 수 있으며, 정보원의 수명이나 인용된 정보원의 유형을 분석하여 이용자의 특성과 수요를 예측하고 장서개발 정책의 수립에 객관적인 자료로 활용할 수도 있다. 이용자 집단과 직접적인 접촉 없이 이용자의 정보이용과 인용의 실태를 파악할 수 있으며, 주관성이 개입되지 않은 결과의 신뢰성과 객관성을 기대할 수 있는 유용한 기법으로 인식되고 있다. 그러나 인용되어야 할 문헌이 누락되어 있을 수 있고, 관련 없는 논문이 인용되어 있는 경우도 있으며, 충분한 인용가치가 있어서 인용되기보다는 입수가 용이해서 또는 자신의 문헌을 인용하려는 의도적인 행위 등 인용행태 상에 나타나는 문제점들도 지적되고 있다.

(5) 메타 분석(Meta-analytic Study)

메타 분석은 특정 주제를 대상으로 수행된 다수의 실험이나 설문조사를 평가하는데 가장 널리 사용되는 연구방법이다. 여러 연구결과들을 모아 놓고 동시에 종합적으로 분석하고 해석하기 위한 연구 절차로서 효과적인 분석이 이루어지도록 연구 표본의 범위나 규모를 확장할 수 있다. 비교 가능한 데이터를 통합하여 재분석하면서 발견내용들을 객관적으로 일반화할 수 있다는 장점을 지니고 있지만 개별적으로 수행된 소규모 표본의 연구결과들을 대상으로 수행되는 메타 분석은 편견이 개입될 수 있다는 제한점을 지니고 있다(Haug, 1997).

이 이외에 이용자 연구에 적용될 수 있는 연구 방법으로는 관찰, 실험, 문헌연구 등이 있다.

5.2 정보요구와 이용행태의 모형

5.2.1 정보요구 모형

이용자의 정보추구와 이용행태를 분석하기 위해서는 먼저 다양한 상황에서 이용자가 어떻게 정보요구를 인식하게 되며 시스템에 표현하게 되는지를 이해해야 한다.

이용자의 정보요구는 주로 인간의 생리적, 정서적, 인지적 요구와 대인관계 그리고 환경과의 관계를 이해하는 측면에서 연구되어 왔다. 인간의 생리적 요구는 삶을 유지하기 위한 기본적인 욕구를 말하며 정서적 요구는 개인의 인성이 기본 동기가 되는 것이다. 인지적 요구는 직무역할에 따른 특정 업무 수행을 위해 발생하는 것으로서 정보요구는 인지적 요구에 해당된다고 할 수 있다(Wilson, 1981). 업무를 수행하는 과정에서 수많은 의사결정이 이루어지게 되는데 이때 정보의 탐색이나 추구의 필요성이 전혀 발생하지 않을 수도 있고, 정보요구를 인식하지만 실제 탐색을 실행하기까지 상당한 시간이 지체되기도 한다.

<그림 5-1>은 정보요구의 발생이 정보이용행태에 이르는 과정을 설명한 Wilson의 정보요구 모형이다. Wilson은 특히, 이용자가 정보를 탐색하는 과정에서 직면하게 되는 여러 장애요인들 중 심리적·인지적·정서적 요인의 중요성을 강조하고 있다(Wilson, 1981).

정보를 탐색하는 과정에서 이용자는 정보요구를 충족시키고자 하는 욕구의 정도, 정보원의 유용 가능성, 정보이용의 경제성 등 장애요인들의 영향을 받게 되는데 상황과 조건에 따라 정보요구를 포기해 버릴 수도 있다. 이용자의 정보요

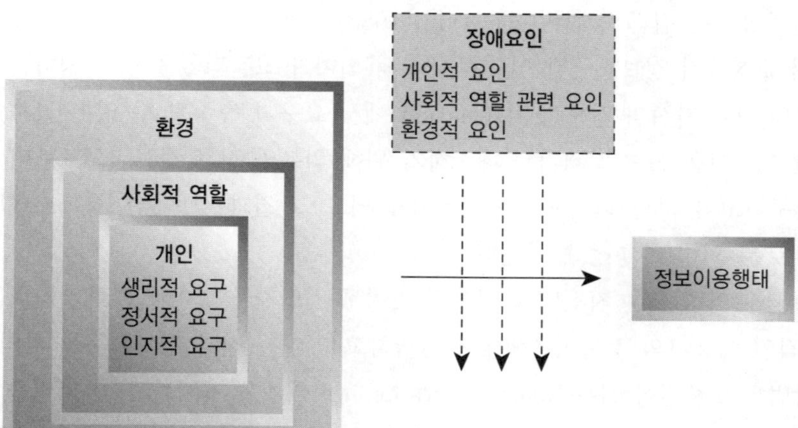

자료 : T. D. Wilson. 1981. "On User Studies and Information Needs." *Journal of Documentation* 37(1): 8.

그림 5-1 ■ Wilson의 정보요구 모형

구는 또한 개개인의 지식과 경험 그리고 개인을 둘러싼 광범위한 정보 환경의 영향을 받게 된다. 이는 실제 정보요구와 공식적으로 표출된 정보질문이 서로 일치하지 않는 이유가 되기도 한다. 따라서 표출된 정보요구의 생성에 영향을 미치는 이용자의 개인적, 업무적, 환경적, 사회문화적 요인들은 이용자 연구의 주요 관심사가 되어 왔다. 그 결과 이용자에 관한 인구학적 특성, 내적 동기, 관심분야, 활동영역, 소속 집단의 특성을 이해함으로써 이용자의 정보요구를 제대로 파악하고 이해하려는 시도가 이루어지고 있다.

5.2.2 정보이용행태 모형

정보를 이용하는 행위의 원인과 결과 그리고 정보이용행태를 구성하는 각 단계들 간의 관계를 설명하기 위한 여러 이론과 모형들이 제시되어 왔다(Wilson, 1981, 1999; Kuhlthau, 1993; Ellis, 1989, 1993; Dervin, 1983, 1986).

(1) Dervin의 의미형성 이론

의미형성 이론이란 끊임없이 변화하는 환경 속에서 사람들이 의미를 형성해 가는 과정 즉, 정보요구를 해결해 가는 과정을 Situation - Gap - Use의 모형을 통해 설명하는 접근 방법이다(Dervin, 1983).

이 모형에서 정보요구란 이용자 내부의 의미가 고갈되었을 때 발생하는 것으로 정의된다. 자신의 정보환경(situation)에서 요구가 충족될 수 없는 격차(gap)를 인식한 이용자는 그 격차를 해소하기 위해 외부의 전문 정보원으로부터 정보를 추구하고자 의식적인 노력을 기울이게 되고 그 결과 정보를 이용(use)함으로써 새로운 의미를 형성해 나간다.

Dervin의 이론은 자신에게 결여된 것이 무엇인지를 알아내고 해결하려 하는 적극적인 이용자의 정보이용행태를 설명하고 있다는 점과 정보요구를 파악하는 한 방법으로 중립형 질문(Neutral Questioning) 기법을 제시하고 이 기법을 실제로 정보사서의 훈련 프로그램에 적용하여 정보면담의 효율성을 개선시켰다는 점에서 그 의의를 찾아 볼 수 있다(Dervin, 1986). 폐쇄형 질문을 이용하는 경우에는 이용자의 정보요구에 대한 표현을 예, 또는 아니오로 한정시킴으로써 진정한 정보요구의 파악이 어렵다. 한편, 개방형 질문은 이용자가 자신의 정보요구를 완벽하게 표현하도록 격려해 줄 수 있지만 적합 정보와 부적합 정보가 모두 포함되어 있다는 제한점을 지니고 있다. 그러나 중립형 질문은 정보사서가 이용자의 질문에 대한 성급한 판단을 자제하도록 해주며 면담 초기 단계에서 개방형 질문에 대한 이용자의 답을 통제하는데 적합한 질문 기법으로 평가받고 있다.

(2) Ellis의 모형

Ellis의 정보추구 모형은 물리학자들의 주요 정보추구행태(familiarisation, chasing, source prioritisation, maintaining awareness, locating)와 화학자들의 정보추구행태(starting, chaining, browsing, differentiating, monitoring, extracting, verifying, ending)에 대한 분석 결과를 표준화한 8가지의 범주들로 구성되어 있다. 이 범주들은 정보의 수집과 접근 과정에서 나타날 수 있는 핵심적인 행위들을 열거한 것으로서 순차적인 단계라기보다는 개별적인 행위의 국면들로 설명되고 있다(Ellis, 1989).

① **시작**(Starting) : 새로운 주제에 관한 정보탐색을 시작한다. 친구나 동료에게 비공식적인 접촉을 시도하거나 선행 연구결과들을 참고하면서 관련 주제에 관한 개요를 파악하는 행위이다.

② **연결**(Chaining) : 문헌간의 인용관계를 이용하여 이미 알고 있는 자료의 서지사항이나 각주의 문헌들을 소급 탐색한다.

③ **브라우징**(Browsing) : 최근에 발표된 학술지의 목차나 초록, 웹 정보원을 일람하는 준 지시적 또는 준 조직적 탐색 행위이다.

④ **차별화**(Differentiating) : 정보의 본질, 질적 수준, 적합성, 유용성에 따라 획득한 정보원을 평가하고 여과한다.

⑤ **주지**(Monitoring) : 관련 주제 분야의 연구발전 상황을 파악하고 최신성을 유지한다. 메일링 리스트에 가입하거나 학술회의에 참여하는 활동을 통해서 또는 신문기사, 서평, 출판사목록, 웹 정보원 등의 최신주지정보서비스를 이용할 수 있다.

⑥ **추출**(Extracting) : 정보원 중에 적합한 자료를 선택하기 위해 집중적으로 분석한다.

⑦ **검증**(Verifying) : 정보의 적합성 검토하기 위해 데이터의 신뢰성, 정확성, 편견을 확인한다.

⑧ **탐색 종료**(Ending) : 탐색 행위를 최종적으로 마무리한다.

<그림 5-2>에 표현된 이 국면들의 관계는 특정 주제 분야나 상황의 정보이용 행태를 설명하는데 적용될 수 있는데 행위들 간의 상호연관성이나 순서는 해당 정보이용행태를 해석할 때에만 의미를 지니게 된다. 이 모형을 토대로 과학기술 연구자들과 사회과학 연구자들의 정보이용행태를 비교분석한 결과, 탐색의 시작과 종료는 모든 탐색 활동에 공통적으로 적용되는 행위로 나타났으며, 추출은 일반적으로 브라우징이나 연결과 같은 특정 탐색 활동 뒤에 따르는 행위인 것으로 나타나 탐색 행위의 국면들이 주제 분야의 고유한 상황에 따라 서로 다른 연계성을 보인다는 결과를 확인하였다(Ellis, Cox and Hall, 1993).

Ellis의 모형은 그 이후에도 주제 분야별 정보추구행태를 실험하는데 적용된 바 있는데 사회과학 분야의 연구자들을 대상으로 한 정보이용과정의 분석을 통해 정보를 접근하는 행위(Accessing), 관련 주제의 기관이나 연구자들과의 광범위한 커뮤니케이션이 이루어지는 네트워크(Networking), 그리고 연구과정에서 수집했거나 이용한 정보원들을 저장하고 미래의 이용을 위해 조직하는 정보관리(Information Managing) 행위와 같은 새로운 국면들이 포함될 수 있다는 연구 결과가 제시되기도 하였다(Meho and Tibbo, 2003).

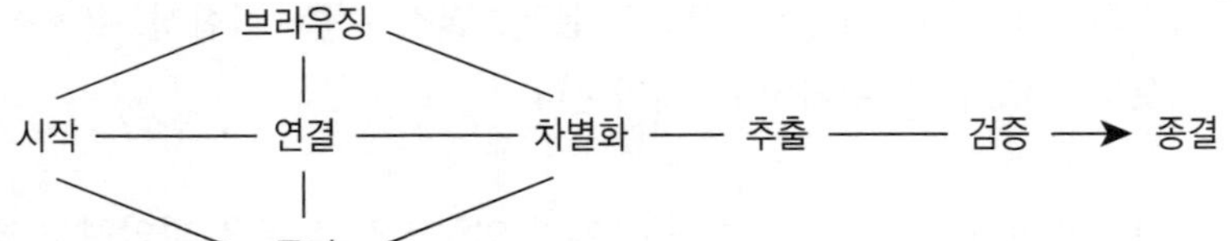

자료 : D. Ellis. 1989. "A Behavioral Approach to Information Retrieval Design." *Journal of Documentation* 45(3): 171.

그림 5-2 ■ Ellis의 정보탐색 모형

(3) Kuhlthau의 모형

Kuhlthau는 정보의 탐색 과정을 단순히 소극적인 정보의 수용이 아니라 적극적인 지적 재구성의 과정으로 표현하고자 하였다. Kuhlthau는 이용자의 지식 상태가 불확실한 단계에서 이해의 단계로 변화하는 과정에서 경험하는 혼란과 불안감의 수준을 여섯 단계로 구분하였다(Kuhlthau, 1993).

① **시작**(Initiation) : 모호한 생각과 불확실한 감정이 결합되어 있는 단계로서 정보의 필요성을 인식하는 시점이다.

② **선택**(Selection) : 이용 가능한 정보원을 확인하면서 불확실한 감정은 곧 사라지고 가능성 높은 주제에 집중하게 된다.

③ **탐험**(exploration) : 선정된 주제와 관련된 일반적인 정보들을 발견하면서 불확실성과 혼란이 증가한다. 어떤 정보를 원하는지 명확히 표현할 수 없는 단계로서 정보시스템과의 상호작용이 이루어진다.

④ **형성**(Formulation) : 이용자가 자신의 역할을 파악해 가는 단계이며 정보탐색 과정에서 가장 중요한 전환점이 되는 과정이다.

⑤ **수집**(Collection) : 적합한 정보를 수집하면서 생각은 명료해지고 불확실성은 자신감으로 바뀐다.

⑥ **제시**(Presentation) : 탐색을 완료하면서 안정감을 느낀다.

Kuhlthau의 모형은 특히 정보의 추구와 복잡한 학습 과정에 가장 적용 가능성이 높은 모형으로 알려지고 있다.

(4) Wilson의 모형

Wilson은 정보추구의 복잡한 상황을 설명하기 위해 의사결정, 심리학, 인지과학, 커뮤니케이션 등 문헌정보학 이외의 다양한 주제 분야의 이론들을 적용하고 있다.

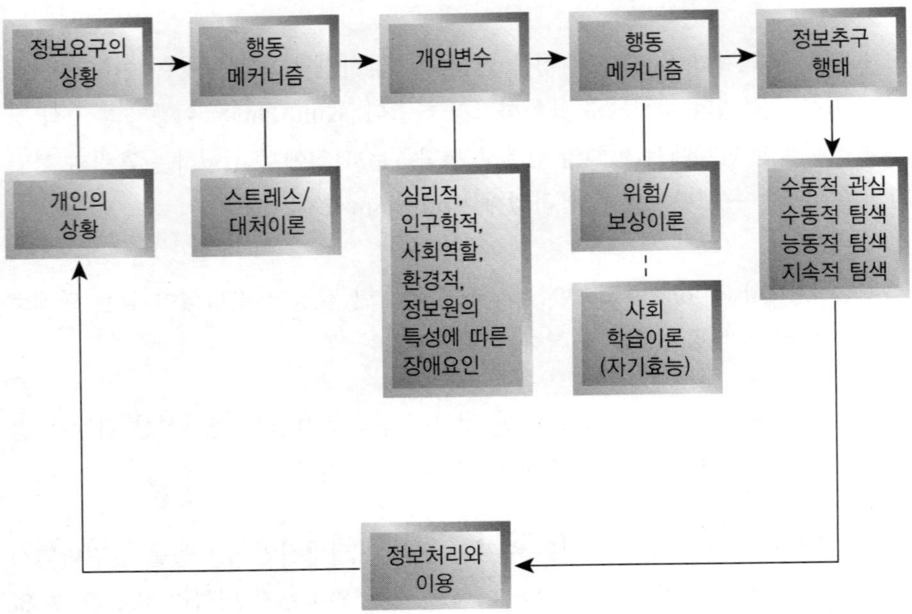

자료 : T. D. Wilson. 1999. "Models in Information Behaviour Research." *Journal of Documentation* 55(3): 257.

그림 5-3 ■ Wilson의 정보이용행태 모형

Wilson은 정보요구의 발생과 정보추구의 과정을 도식화한 이 모형을 통해 왜 어떤 요구는 다른 요구보다 더 강한 정보추구를 유발하게 되며(스트레스/대처이론), 왜 어떤 정보원은 다른 정보원보다 더 자주 이용되는지(위험/보상이론) 그리고 왜 어떤 목표는 성취하지만 그렇지 못하는 경우도 발생하게 되는지(사회학습이론)를 설명하고자 하였다. 행동 메커니즘은 정보요구와 정보이용의 동기요인으로서 여러 개입변수들의 영향을 받게 되는데 개입변수는 정보요구가 정보이용행태로 진행되는 과정에서 영향을 미칠 수 있는 긍정적, 부정적 요인들을 나타낸다. 정보이용행태에는 수동적 관심, 수동적 탐색, 능동적 탐색, 탐색 진행 등 서로 다른 유형의 탐색행태들이 존재할 수 있으며 정보처리와 이용은 정보요구가 충족되지 않을 경우, 처음부터 다시 전 과정을 반복할 수 있는 피드백을 의미하고 있다.

5.3 학문영역별 정보이용행태

이용자의 주제 분야는 정보요구와 이용행태에 가장 뚜렷한 차이를 가져오는 요인으로 알려져 있다. 이용자의 주제 분야에 따라 디지털 도서관과 정보사서의 의존도, 정보원의 이용 목적, 전자정보원과 인쇄정보원의 선호도가 다르다는 수많은 연구 결과들은 이용자의 정보이용행태와 학문영역 간의 밀접한 연관성을 보여주고 있다(Siebenberg, Galbraith and Brady, 2004; Dilevko and Gottlieb, 2002; Guthrie, 2002; Covi, 1999).

이 절에서는 학문의 영역을 인문과학과 과학기술 그리고 사회과학 영역으로 구분하고 각 영역의 학문적 특성, 정보원의 유형과 구조, 그리고 주제 분야별 이용자의 정보이용행태에 나타난 특징들을 비교분석하였다.

5.3.1 인문과학 분야의 정보이용

5.3.1.1 학문적 특성

인문과학의 영역에 포함되는 주제 분야는 시대와 학자에 따라 견해를 달리하고 있으나 일반적으로 철학, 종교, 예술, 언어, 문학 분야를 인문과학 영역으로 구분하고 있다(한상완, 노영희, 2004, 9~10). 역사학과 지리학은 철학, 심리학, 인류학, 경제학, 사회학, 정치학, 교육학, 군사학 등 사회과학 분야와의 학제간 연구가 활발하게 이루어지면서 인문과학과의 학문적 경계가 명료하지 않은 주제 분야로 남아 있다.

인간과 인간 환경에 대한 주관적 인식, 통찰, 예술적 창작을 주요 연구대상으로 하는 인문과학은 동일주제에 대한 다양한 관점의 접근이 가능하며 과학기술 분야와는 달리 연구의 성과가 가시적이지 않다는 학문적 특성을 지니고 있다. 따라서 기존 지식의 수정이나 대체의 의미가 없으며 지식의 구조 또한 계층적이지 않다(노옥순, 1989).

학문의 발전은 주로 기존의 이론과 문헌을 근거로 해당 주제와 관련된 새로운 용어나 정의 또는 사고의 방식을 개발하는 것으로 이루어지는데 새로운 문헌을 기존의 키워드에 연결시키기보다는 기존의 오래 된 문헌을 새롭게 부상하는 키워드에 연결시키는 연구방법을 적용한다. 따라서 시소러스나 어휘집의 색인어는 인문과학 분야의 이론적 개념과 프레임에 관한 정보를 탐색하는데 도움이 되지 않으며, 디스크립터 검색보다는 종(seed)문헌의 인용문헌을 추적해 가는 탐색 방법을 더 선호한다(Talja, 2002, 154).

인문과학은 또한, 다른 학문영역과는 달리 연구의 특수성이 강하며 주제 지향적이다. 특정 연구 주제의 전문화에 대한 관심이 높은 만큼 범위보다는 깊이를 강조하는 경향이 있고 연구자는 자신의 특수 주제와 관련된 문헌들을 매우 잘 인식하고 있는 편이다. 연구의 전문화가 심화될수록 인문과학자가 필요로 하는 정보요구는 과거로부터 누적된 모든 기본적인 자료들을 필요로 하므로 정보원의 범주는 더 한층 광범위해지고 포괄적인 성향을 띄게 된다. 인문학자들은 자신이 이미 알고 있는 자료 이외의 적합문헌을 탐색하기 위해 서지도구를 이용하는 측면에서도 다른 주제 분야의 연구자들과는 상이한 정보이용행태를 보인다.

인문과학 분야의 연구자들은 공동연구를 수행하는 경우가 드물다. 연구문제를 하위 주제로 세분화할 수 있고 각 부분별 연구 결과를 재통합할 수 있는 학문영역에서는 공동연구와 공저가 가능하지만, 문학자들에게 있어서 리어왕이라는 작품의 장면들을 몇 개의 부분으로 나누고 각 연구자가 해석한 극을 재편성하는 연구는 불가능하다. 한 작품에 대한 문학적 해석은 매우 개인적인 것이어서 단 두 사람 간의 해석이라 할지라도 특정 작가의 작품에 대한 상대 연구자의 분석에 동의하기가 어렵기 때문이다.

정보원의 기능 측면에서 과학기술 분야에서는 학술지가 연구자의 연구결과를 발표하는 수단이 되지만 인문과학 분야에서는 단행본이나 학술지가 연구의 결과물로 인식된다. 즉, 과학기술 분야에서는 실험실에서 어떤 연구결과가 나왔는지에 중점을 두지만, 인문과학 분야에서는 연구의 결과물이 최종적으로 출판된 문헌에 포함되어 있기 때문에 인문과학자들에게 저작물은 단순한 연구의 부산물이 아니라 연구의 가장 본질적인 부분으로 여겨지고 있다.

5.3.1.2 정보원의 특성

문학이나 예술 분야의 학문적 특성상 인문과학 정보원에는 학술적 문헌과 대중적 문헌의 범주가 뚜렷이 구분된다는 특징을 지니고 있으며, 정보원의 범주와 유형의 구분에 있어서도 다른 주제 분야와는 상당한 차이를 보인다.

문학, 종교, 철학 분야의 원작 또는 원본, 음악 분야의 원 악보, 그림, 조각, 시화 같은 1차 정보원이 인문과학 정보원의 핵심을 이루고 있으며, 원본에 대한 의존도가 큰 만큼 접근하는데 많은 시간과 노력을 필요로 한다. 편집자가 임의로 편집한 편집물 역시 인문과학의 주요 정보원으로 이용되고 있는데 원본의 접근이 어려운 경우가 많은 인문과학 분야에서는 원본보다 더 자주 이용되는 정보원이다 (Immroth, 1975, 75). 편집물들은 서론, 주석 또는 해설을 달리하여 출판되기 때문에 원문의 전달과정에서 편집자의 방침에 따라 내용상의 변화를 가져오기도 한다. 음악 분야에서도 연주자의 편의를 위해 또는 편곡자의 의사에 따라 악보상에 연주와 관련된 지시나 해석을 추가할 수 있다. 따라서 1차 정보원을 대상으로 연구하는 연구자는 편집자에 의해 변경된 내용을 식별하고 원문과의 차이점을 알아내어 이를 비교 연구할 수 있는 능력을 필요로 한다.

인문과학 분야의 해설집이나 평론과 같은 비평문헌은 1차 정보원과 2차 정보원 사이의 구분이 명확하지 못한 편이다. 평론이 비평가의 독창적인 문학적 특성을 나타내고 있다면 그 평론 자체가 비평 문학 분야의 1차적 창작품으로 인정될 수 있지만 그 정보원을 연구하는 다른 연구자에 의해 인용되는 경우에는 2차 정보원이 될 수 있다.

한편, 인문과학 분야의 서지 구조는 복잡한 편이다. 단행본, 학술지, 악보, 슬라이드, 서한, 문서, 레코드, 필름 등 정보원의 범주가 다양하고 이들은 다시 지역, 주제, 시대, 언어별로 구분되어 총체적 자원을 구성하고 있기 때문이다. 또한, 인문과학 정보원의 표제에서 발췌되는 어휘들은 대부분 개개인의 저자에 따라 다의적으로 해석될 수 있는 자연언어들로 구성되어 있으며, 잘 알려진 미술품이나 문학작품 등에 대해 각주 없이 행해지는 자유로운 인용관습이나 특정 작품의 비평문헌을 인용할 경우 이중의 서지구조를 형성하게 되어 발생하는 문제점들은 색인의 작성이나 탐색의 효율성을 저하시키고 결국 인문과학 분야의 서지 도구들이 다양하게 구비되지 못하는 주요 요인이 되고 있다.

5.3.1.3 정보이용행태

인문과학 분야의 정보이용행태가 본격적으로 분석되기 시작한 것은 1980년대에 이르러서이다. Getty Information Institute에서 수행한 인문과학자들의 온라인 탐색행태에 관한 일련의 연구들을 통해 탐색 어휘의 특성을 분석하고 목록시스템과 색인어의 문제점을 분석한 연구가 수행된 바 있으며(Bates, 1996; Bates, 1996; Bates, Wilde and Siegfried, 1995; Bates, 1994; Siegfried, Bates and Wilde, 1993) 인문과학 연구자의 주요 정보원과 접근방법, 정보원의 수명과 유형, 동료연구자와의 개인적인 접촉 등 과학기술 분야나 사회과학 분야와 비교되는 특징들이 분석되어 왔다. 그리고 최근에는 인터넷과 전자정보원의 도입에 따른 정보이용행태의 변화에 초점을 둔 다양한 연구결과들이 보고되고 있다(Wiberley Jr. and Jones, 1989, 1994, 2000; Stone, 1982, 300). 인문과학자들의 주목할 만한 정보이용행태를 살펴보면 다음과 같다.

첫째, 인문과학자들의 주요 정보원으로는 필사본, 신문, 정부간행물, 학술지 등이 이용되고 있지만 정보매체의 유형과 무관하게 가장 많이 이용되는 정보원은 단행본이다(Dilevko and Gottlieb, 2002). 특히 외국문헌의 이용률이 높고 창작문학 분야에서는 단행본 이용률이 더욱 두드러져 70%의 높은 비율을 보인다(Stera, 1983, 204). 일차적인 정보탐색 활동이 단행본 위주로 이루어진다는 점은 인문과학자들의 정보이용행태에 대한 연구가 상대적으로 부진한 이유가 된다. 그러나 주제의 특성에 따라 학술지와 단행본의 이용률에 차이가 없는 분야도 있다. 정보원의 최신성이 중요하게 작용하는 역사학 분야에서는 학술지 논문의 이용이 점점 증가하는 추세이며 단행본의 이용행태가 한권 전체를 이용하기보다는 각 장을 부분적으로 이용하는 비율이 높아지는 방향으로 변화하고 있다(Dalton and Charnigo, 2004).

둘째, 인문과학자들은 정보의 접근을 위해 직접적인 데이터베이스의 탐색보다는 브라우징이나 연결(Channing)기법을 이용한 탐색 방법을 선호한다(Bates, Wilde and Siegfried, 1995). 인문과학자들에게 인터넷 홈페이지나 주제별 디렉터리, 인쇄매체의 단행본과 학술지를 브라우징 하거나 이미 알고 있는 문헌의 인용문헌들을 소급 추적하는 연결 기법은 서지데이터베이스에 수록되어 있지 않은 적합 문헌을 확인하는데 도움이 될 뿐 아니라 일반 서지도구보다 더 적합한 수준의 정보접근을 제공하는 것으로 알려져 있다(Green, 2000). 동료의 추천이나 개인이 소장하고 있는 장서 또는 도서관 장서를 중심으로 최신의 서평이나 문헌에 실려 있는 각주와 인용문헌을 소급 탐색하는 과정에서 인터넷 서점은 종문헌에서 출발하여 관련 문헌들을 연결해 가는 인문과학자의 탐색 기법을 적용하는데 유용한 정보 수단이 되고 있다. 정보기술의 도입과 적용이 저조한 인문과학 분야에서도 연구행태를 강화시켜 줄 수 있고 연구과정에 적합한 것이라면 새로운 기술의 적용이 적극적으로 고려될 수 있음을 확인시켜 주는 행태라 할 수 있다(Talja and Maula, 2003). 또한, 문헌을 분석하고 비판하고 해석하는 문학자들의 연구 수행과정에서 동료나 다른 인적 정보원간의 비공식 커뮤니케이션은 매우 중요한 역할을 담당하고 있는 것으로 나타나 인문과학 분야에서도 비공식 커뮤니케이션이 지니는 기능에 관한 연구의 필요성이 제기되고 있다(Chu, 1999).

셋째, 인문과학 분야에 광범위한 주제의 온라인 데이터베이스 서비스가 성장하고 있지만 서비스 제공자들이 생각하는 만큼 높은 이용률을 보이지 않고 있다. 인문과학자들의 제한적인 서지도구의 이용행태는 데이터베이스의 수록 범위의 한계로 탐색의 유용성이 없거나 브라우징이나 연결에 의한 탐색 결과보다 더 나은 적합 문헌의 검색 결과를 기대할 수 없고, 원문보다는 서지정보만을 제공하는 데이터베이스들이 인문과학자들의 요구를 충족시켜주지 못한데서 비롯된 것으로 분석되고 있다(Watson-Boone, 1994, 213). 종문헌에 인용된 적합문헌들이 공식적인 서지 데이터베이스를 통해서는 검색되지 않는 이유는 한권의 책에 여러 논문들이 게재되어 있는 경우 이용자에게는 전체 한권에 대한 적합성이 낮게 평가될 수 있으며, 90%에 해당하는 대다수의 인용문헌들이 논문기사 한편이나 단행본의 한 장(Chapter)에 해당되는 것들로서 이런 자료들이 서지도구에서는 책 한권 또는 학술지 논문 한편 단위로 검색되기 때문인 것으로 보고 있다(Green, 2000, 207~208).

넷째, 문헌을 읽고 이해하는 것이 연구를 수행하는 행위 자체가 되는 인문과학 분야에서는 정보탐색을 연구의 한 과정으로 여기기 때문에 연구와 정보탐색 활동을 모두 스스로 수행하고 정보사서에게 정보탐색을 의뢰하지 않는 경향을 보인다. 기존의 정립된 이론들을 새로운 주제에 적용시켜 나가는 인문과학자들에게 적합한 정보라는 것은 반드시 연구자가 수행하고 있는 연구의 주제와 일치될 필요는 없다. 해당 주제의 접근 방법이나 사고방식을 제공해 주는 정보 또한 중요한 의미를 지닌다(Talja, 2002). 정보원과 연구자간의 복잡하고도 미묘한 상호작용을 통해 개인적이고 독자적인 가치판단을 하게 되는 인문과학자들은 2차 정보원의 탐색조차도 본인이 직접 수행하면서 자신의 요구에 적절한가를 확인한다(노옥순, 1989, 118). 한편, 인문과학 연구자들의 정보이용행태와는 달리 최근 인문과학 학부생들은 색인을 이용해 학술지 논문을 찾고 정보사서의 도움을 요구하는 비율이 더 높아지고 있다는 연구결과도 보고되고 있다(Whitmire, 2002).

다섯째, 원본을 참조해야 하는 연구의 특성상, 인문과학 정보원의 수명은 길다. 발표된 지 오래된 문헌일지라도 이용률에 있어서는 최근에 출판된 문헌과 거의 동일한 가치를 지니게 되므로 과학기술이나 사회과학 분야와는 달리 인용문헌 분석 결과에 큰 의미를 부여할 수 없다. 한 인용문헌 분석 결과에 의하면, 30년 이상 된 자료들이 가장 많이 이용되었고(76.3%) 그 중 30.9%는 1900년 이전의 출판물들로 나타났다(Broadus, 1987, 119).

여섯째, 주제 분야에 따라 다소 차이가 있지만 인문과학자들의 전자정보원의 이용률은 전반적으로 낮은 편이다. 새로운 정보기술의 적용에 대한 부정적인 반응은 온라인 목록 이용에서도 확인된 바 있다(Shreeves, 1992, 590). 이러한 이용행태의 특징은 인문과학이 언어를 분석하고 창작을 추구하는 학문적 특성을 지니고 있고 정보원으로서 단행본의 의존도가 높기 때문에 컴퓨터나 전자정보원에 대한 태도가 긍정적이지 못한 것으로 해석된다. 연구방법 또한 신중한 판단과 주의를 요구하는 사고과정으로 이루어져 있어 논리적이고 수량적인 분석 방법을 적용하는 과학기술 분야와는 달리 컴퓨터와 데이터베이스의 2진법에 의한 구조가 쉽게 적용되지 못한다는 지적도 있다(Saule, 1992, 598). 인문과학자들의 핵심적인 연구 활동은 문헌을 탐독하는 것이지만 이러한 연구 활동에 정보의 전자화는 이점이 되지 않는다. 스크린 상의 정보를 확인하는 것보다 종이책을 읽는 것이 더 편안하며 매우 제한된 수의 문헌들만이 전자화되어 있는 점 등은 전자정보원의 이용률에 부정적인 영향을 미칠 수밖에 없다(Wiberley Jr and Jones, 2000). 특히 단행본의 경우, 인쇄매체는 인문학 연구의 가장 일반적인 매체이다. 전자정보원의 이용률이 높아지고 있는 역사학 분야에서도 수록범위의 포괄성이나 부적합한 색인어의 문제들은 여전히 온라인 서지도구의 이용을 제한하는 요인으로 지적되고 있다(Dalton and Charnigo, 2004; Bates, Wilde and Siegfried, 1993).

5.3.2 사회과학 분야의 정보이용

5.3.2.1 학문적 특성

인문과학이나 자연과학보다 훨씬 늦은 19세기에 들어와 하나의 학문영역으로 발전하게 된 사회과학은 인간의 행위를 사회적, 문화적 측면에서 다루며 인간사회에서 발생하는 모든 사회현상을 과학적으로 연구하는 학문 분야이다. 사회과학 영역에 해당하는 주제 분야로는 정치학, 경제학, 사회학, 심리학, 지리학, 문헌정보학이 있다.

인간의 행위를 연구하기 위해 일반적인 법칙과 관찰에 근거한 실험연구를 적용하고 있지만 사회과학의 연구대상이 전적으로 과학적 조사와 규명을 전제로 하는 것은 아니다. 사회과학 연구에는 두 가지 극단적인 방법론이 존재하고 있다. 하나는 자연과학 분야에 적용되는 실험적이며 실증적인 것이며, 다른 하나는 규범적, 역사적, 철학적 방법으로서 목적, 개념, 형식 등을 다루는 것이다. 그러나 이 양극단은 상호 배타적이지 않으며 대다수 사회과학 연구자들은 두 가지 연구 방법을 혼용하고 있다.

또한, 인문과학이나 과학기술 분야와의 학문간 제휴현상이 두드러지는 사회과학의 학문적 특성은 사회과학 정보가 다른 학문 분야에 유익한 정보원으로 활용되는 결과를 낳고 있다.

5.3.2.2 정보원의 특성

사회과학 분야의 주요 1차 정보원으로는 보고서와 학술지, 단행본 그리고 정부간행물을 들 수 있다. 사회과학 분야의 정보원 중 일반적인 의견이나 사상이 정제되지 않은 상태에서 유통되는 미출판 정보원 역시 정보원의 최신성이 강조되면서 그 중요성이 날로 높아지고 있다.

단행본이나 학술지는 사회과학 연구자들의 기초 정보원으로서 뿐 아니라 단행본이나 학술지에 실려 있는 인용문헌(Hidden Bibliography)을 통해 초록, 색인, 목록 등과 함께 2차 정보원의 역할도 수행한다. 정부의 활동과 국정에 관한 홍보를 위해 정부나 정부기관 그리고 관련 정부산하기관에서 출판한 정부간행물은 사회과학 분야에서 이용률이 높은 대표적인 정보원이다. 정부간행물은 경제, 법률, 사회복지, 교육 등 사회과학 분야의 전 주제들을 다루고 있으며, 정보원의 유형도 법률이나 법령, 연속간행물, 보고서, 통계, 단행본을 비롯하여 목록, 백서, 편람, 연감, 명감, 서지 등 다양한 2차 정보원들로 구성되어 있어 사회과학 연구에 유용한 정보원으로 인식되고 있다.

5.3.2.3 정보이용행태

타 학문영역과 비교하여 사회과학 분야는 최근에 발생한 학문 분야로서 정보이용에 관한 연구가 다양하게 수행되지 못했지만 대표적인 연구로는 1970년대에

British Library research and Development Department의 지원으로 진행된 INFROSS(Information Requirement of Social Scientists)와 INISS(Streatfield & Wilson, 1980) 그리고 DISISS(Bath University Library, 1980)와 같은 연구들을 들 수 있다. 국내에서도 사회과학 연구자들을 대상으로 한 정보원의 유형과 정보유통 구조 분석에 대한 연구들이 수행된 바 있으며 이러한 연구결과들을 토대로 사회과학자들의 정보이용행태를 종합해 보면 다음과 같다(한상완, 1984; 김용성, 1988; 정진식, 1994).

첫째, 사회과학 연구자들의 가장 중요한 정보원은 학술지와 단행본이며 그 다음으로는 회의보고서나 연구보고서의 이용률이 높은 편이다. 과학기술 분야와는 달리 학술지보다 단행본의 인용 비율이 높다는 특징은 국내외의 인용문헌 분석을 통해서도 입증된 바 있다(김용성, 1988; Folster, 1995).

둘째, 정보원의 이용 양상이 점차 최신자료 중심으로 변화하고 있다. 전반적으로 사회과학 분야의 정보원의 수명은 긴 것으로 알려져 왔었다. 일반적인 사회과학 분야의 단행본의 반감기는 9년이며, 학술지의 경우 약 6년으로 분석되었으나(Line, 1971, 423) 정치학, 법학, 행정학, 사회복지학, 경영학 분야의 경우, 점차 최신자료를 선호하는 경향이 강해지는 것으로 나타났다. 국내 경제학 분야의 반감기 조사결과에 따르면, 1978년 단행본과 학술지의 평균 반감기는 9.1년으로 분석되었는데 1994년 경제학, 문헌정보학, 행정학 분야를 대상으로 한 인용문헌 분석 결과에서는 학술지 8.07년, 단행본 6.76년, 보고서 6.49년, 학위논문 3.45년인 것으로 분석되었다(정진식, 1994). 연구 방법에 있어서 관찰 실험이나 실증적인 과학 방법에 의한 원리가 응용되는 추세에 따라 최신 정보원에 대한 요구도가 높아진 것으로 해석되고 있다.

셋째, 사회과학 정보 이용자의 도서관 의존도는 인문과학자들보다 더 낮으며 정보사서의 도움을 받기보다는 인용문헌이나 동료의 추천, 초록이나 색인을 이용한 정보탐색이 더 일반적이다. 도서관을 이용하지 않고 인터넷을 통해 연구가 수행될 수 있다는 의견에 경제학자의 52%가 동의한 반면, 인문학자들은 22%만이 동의했으며, 연구과정에서 도서관을 정보의 접근의 출발점으로 여기는 경제학 교수들은 48%인데 반해 인문학자들의 비율은 80% 이상인 것으로 나타났다(Guthrie, 2002).

넷째, 사회과학 분야에는 집중적으로 이용되는 핵심자료 군이 존재한다. 인용비율이 높은 주요 논문들이 소수의 학술지에 집중 게재되며 이러한 핵심자료들은 이용자의 정보탐색에서 첫 조사 대상이 된다.

다섯째, 사회과학자들의 전자정보원의 이용율은 매우 높은 편이다. 그러나 이용자의 연령이 전자정보원의 이용 빈도에 미치는 영향은 다른 주제 분야보다 훨씬 두드러진 것으로 나타났다. 연령이 높은 사회과학 연구자들일수록 인터넷 이용률은 현저히 낮았다(Lazinger, Bar-Ilan and Peritz, 1997).

5.3.3 과학기술 분야의 정보이용

5.3.3.1 학문적 특성

과학기술이란 순수과학과 응용과학 그리고 공학 및 생산기술을 일괄하는 학문영역으로서 수학, 물리학, 화학, 지구과학, 천문학, 생물학, 의학, 약학, 생명과학, 해양학, 기계공학, 재료공학, 건축공학, 전기· 전자공학, 정보통신 공학, 환경공학, 에너지 자원 등 다양한 주제 분야를 포함하고 있다. 과학은 기술의 진보를 촉진하며, 기술이 제기하는 문제는 과학의 발전을 자극하는 상승효과를 지니고 있기 때문에 과학과 기술은 불가분의 관계에 있다고 할 수 있다.

과학기술 분야의 연구업적은 자연과 자연현상에 관한 객관적인 지식체로 대표된다고 할 수 있다. 그 지식은 경험적 관찰과 실험을 토대로 한 것이며 과학적 방법에 의거하여 타당성이 입증된 것을 말한다.

실증적이고 객관적인 연구 방법을 통해 법칙을 발견하고 사물과 현상을 일반화하며 가설의 검증 결과 도출된 이론 즉, 새로운 지식이 가시적인 매체에 기록됨으로써 과학 발전의 한 흐름을 형성하게 된다. 이러한 과학적 지식은 누적된 기존 지식을 보충하거나 개정하며 때로는 그 지식의 기반을 이루는 이론적 토대를 전면 부정하기도 한다. 또한 인문과학이나 사회과학 영역과는 달리 문화적 배경이나 시, 공간적 제한 없이 지식의 내용이 배포되고 수용되는 보편성을 지니고 있다.

출판과 함께 발견이나 사상에 대한 저작권이 인정되기 때문에 과학적 지식의 발표는 매우 엄격한 심사과정을 거치게 된다는 점 또한 타 학문분야와 비교되는 학문적 특성이라 할 수 있다(Subramanyam, 1981, 2~4).

5.3.3.2 정보원의 특성

과학기술 분야의 정보원은 인문과학이나 사회과학 분야의 정보원보다 수명이 짧고 최신성을 강조하는 특성을 반영하고 있다. 공식적인 정보원으로서 최신성이 가장 높은 학술지는 1665년 최초의 학술지가 발행된 이래 과학정보 유통의 가장 중요한 정보원이 되고 있다. 국가적인 정책 차원에서 과학기술 분야의 연구개발 활동이 증가하고 과학기술자의 수가 증가하면서 학술지의 양적규모도 급격히 증가하는 추세이다.

비공식 정보원으로서 회의자료나 특허 역시 과학기술 분야의 대표적인 정보원이라 할 수 있다. 지역, 국가 그리고 세계적인 규모의 각종 회의에서 발표되는 회의자료들은 회의라는 커뮤니케이션 장을 통해 동일한 목적을 추구하는 참석자들이 모여 질문이나 보충설명이 이루어지고 즉각적인 피드백을 주고받는 비공식 접촉의 결과물들이다.

과학기술자의 발명품에 대한 법적인 권리인정과 보호를 의미하는 특허 정보원과 연구개발의 과정과 결과를 담고 있는 연구/기술보고서 또한 과학기술 분야의 주요 정보원으로 활용되고 있다.

한편, 과학기술 분야에서는 주제 분야에 따라 정보원의 유형에 대한 규범이 다르게 적용되고 있다. 컴퓨터 공학자들의 경우, 회의자료의 논문을 중요한 출판물로 인정하는 반면에 자연과학자들은 학술지 논문기사를 기본적인 출판물의 형태로 인정하고 있다. 이러한 차이는 전자출판물에 대한 주제 분야별 연구자들의 정보추구에도 차이를 가져오는 요인이 되기도 한다.

과학기술 분야 정보원이 지니는 또다른 특성은 1차 정보원의 유형이 다양하고 방대한 만큼 주제 분야별 2차, 3차 정보원들이 다양하게 생산되고 있다는 점이다. 이러한 정보원들은 소급 탐색과 최신주지정보서비스에 유용한 도구가 되고 있다.

5.3.3.3 정보이용행태

과학기술 분야의 연구자들은 연구를 수행하는 시간 중 약 1/3을 정보탐색에 소요하며 그 탐색 비용은 연구비 예산의 1/5에 해당한다고 한다. 과학기술 분야에서 정보탐색이 차지하는 비중이 큰 만큼 과학자들의 정보 생산과 이용에 대한 관심은 1940년대부터 꾸준히 지속되어 왔다(Royal Society, 1948). 과학기술정보 이용자의 정보이용행태의 특징은 크게 정보원의 수명, 정보접근 방식, 비공식 커뮤니케이션, 전자정보원의 이용 측면에서 살펴볼 수 있다.

첫째, 과학기술 정보원의 수명은 사회과학이나 인문과학분야에서보다 훨씬 짧다. 최신 정보원의 의존도가 높아 단행본의 경우에도 5년 이상 경과하면 직접 인용되는 비율이 낮아지게 되는데 이는 그 내용이 이미 그 분야의 공동의 인식으로 흡수되어 버렸기 때문인 것으로 해석된다. 기계, 건축, 전기, 전자 분야의 공학자들을 대상으로 한 국내의 인용 분석 결과를 보면, 출판된 지 2년 이내의 자료들이 가장 높은 인용률을 보였으며 각 분야의 인용문헌의 반감기는 기계분야 6.5년, 건축분야 5.45년, 화학분야 9.65년, 전기전자분야 5.60년으로 나타나 주제에 따라 정보원의 최신성에 차이가 있음을 보여주었다(조현선, 2005). 의학 분야의 경우, 연구자들이 이용하는 정보원의 87% 이상이 14개월 이내의 자료들인 것으로 분석되었고, 94%는 출판된 지 2년 이내의 것들이었으며, 천문학의 경우에도 2/3 이상의 자료가 1년 이내의 출판물들인 것으로 분석되었다(Tenopir and King, 2002). 그러나 수학 분야처럼 최신의 학술지를 이용하는 만큼 오래된 자료의 인용률도 높게 나타나는 주제 분야도 있다(Garfield, 1983, 484~492).

둘째, 실험이나 연구결과를 주로 짧은 보고서나 논문 기사 형식으로 발표하는 과학기술자들에게 가장 중요한 커뮤니케이션 매체는 학술지이다. 그러나 과학기술 분야의 학술지가 양적으로 급격히 증가하면서 심사제도에 문제를 가져오기도 하였다. 심사위원이 평가할 논문의 수가 급증하게 되자 평가대상 논문을 연구 활동이 활발한 소수의 연구자의 논문으로 한정하거나 세부적인 평가 절차가 제대로 수행되지 못했기 때문이다. 한편, 활발한 비공식 커뮤니케이션의 영향으로 학술지는 더 이상 최신의 과학 정보를 전달하는 유일한 매체라 할 수 없게 되었다. 건축 분야의 인용분석 결과에서는 학술지의 인용률이 상대적으로 낮고 연구보고서나 학위논문의 인용이 높게 분석되었으며, 특히 전기전자 분야에서는 속보성이 강한 회의자료의 인용률이 상대적으로 높은 것으로 나타났다(조현선, 2005).

셋째, 과학기술 분야의 정보이용행태에서 주목할 만한 가장 큰 특징은 비공식 커뮤니케이션의 의존도가 높다는 점이다. 과학자와 기술자의 정보이용행태는 대부분 유사한 양상을 보이지만 비공식 커뮤니케이션의 경우 과학자들보다는 일반 산업체나 연구소에서 개발업무에 종사하는 기술자들에게서 더 두드러진다. 기술자들은 주로 공학의 지식기반에 기여하기보다는 특정 상품이나 서비스를 개발하려는 업무지향적인 조직체에 고용되어 조직이 추구하는 문제를 연구하고 그 결과가 경쟁조직에 유출되지 않도록 외부와의 비공식 커뮤니케이션을 금지하고 있다. 따라서 외부의 정보를 입수하기 위한 다양한 커뮤니케이션 채널에 의존하게 되는데 공식적인 기술정보원보다는 자신의 지식이나 동료 또는 고객을 가장 접근하기 쉽고 친숙하며 적합한 정보를 입수할 수 있는 정보원으로 인식하고 있다(Hertzum and Pejtersen, 2000; Holland and Powell, 1995). 비공식 커뮤니케이션의 활성화에는 무엇보다 네트워크와 정보기술의 발전이 결정적인 영향을 미쳤다고 할 수 있다. 1990년대의 정보환경의 변화로 학술정보의 생산자와 이용자의 간극이 사라지고 있으며 백색과 회색문헌의 경계도 와해되고 있다. 과학, 기술, 의학(Scientific, Technical, Medical; STM) 분야의 비공식 커뮤니케이션의 유형 또한 그동안 실험실에서의 개인적 접촉이나 강의, 세미나, 회의 참석이 주류를 형성하였으나 지금은 전자우편, 전자회의, 토론그룹에 크게 의존하는 양상으로 발전하고 있다. 대인간 정보 공유도가 높은 과학기술 분야 연구자들은 비공식 커뮤니케이션 채널의 발전으로 인해 고도의 네트워크를 형성하고 있다.

넷째, 과학기술정보 이용자들은 학술지의 브라우징이나 인쇄정보원을 이용하기 위해 도서관을 방문하는 경우가 드물며 다른 학문 영역보다 정보의 탐색과 이용에 서지정보와 원문을 제공하는 학술 데이터베이스의 활용도가 높다. 연구의 착수 단계에서 집중적으로 이루어지는 정보탐색은 연구가 진행되는 과정에서도 관련 주제 분야의 데이터베이스들을 중심으로 지속적으로 수행되며 연구의 종료 단계에 이르러서도 정보탐색 행위는 과학기술 분야의 연구 활동에 큰 비중을 차지하고 있다. 연구 분야에 따라 정보탐색 전략은 다양한데 예를 들어, 유기화학과 같은 분산도가 낮은 주제영역은 주제 범위가 제한적이고 명확하게 구분되어 있어서 관련 문헌들의 조직 또한 체계적이며 소수의 고도로 전문화된 학술지들을 주기적으로 브라우징하거나 탐색을 수행한다. 반면에, 임상에서 사회심리까지 학제간 연구가 활발한 간호학의 경우에는 주제의 분산도가 높아 적합문헌의 양적 규모가 방대하고 다수의 학술지에 논문들이 게재되므로 관련 주제 분야의 적합 문헌들을 모두 찾아 볼 수 있는 *Current Contents*와 같은 서지 데이터베이스가 유용한 최신주지정보원이 된다(Talja and Maula, 2003).

다섯째, 과학기술 분야의 연구자들은 최신 정보기술의 활용이나 인터넷, 전자저널, 온라인 데이터베이스 등 전자정보원의 의존도가 높다. 전자정보원의 이용에 있어서 과학기술 분야보다 사회과학 분야가 그리고 사회과학 분야보다 인문과학 분야의 컴퓨터나 인터넷 이용이 더 저조하다는 연구 결과들이 보고되고 있지만 이러한 차이를 해석하는데 유의할 필요가 있다는 지적이 있다(Adams and Bonk, 1995, 122~123). 과학기술 분야의 경우, 컴퓨터의 보유 여부와 같은 전자정보의 이용 환경이 사회과학이나 인문과학 분야보다 더 나은 편이며 이러한 환경의 차이가 정보이용행태에 영향을 미칠 수 있다고 보기 때문이다. 그러나 전자정보원의 이용에 영향을 미치는 요인들은 보다 다각적으로 분석될 필요가 있다. 한편, 전자저널이 도입된 이후 화학, 물리학, 기계재료공학 분야의 전자저널과 인쇄매체의 학술지의 이용률을 비교한 결과, 전자적 접근이 가능한 학술지의 이용률은 세배 이상 증가하였지만 인쇄매체의 학술지의 이용률을 저하시키는 결과를 가져오지는 않았으며 전반적으로 모든 학술지의 이용률을 상승시킨 것으로 분석되었다. 이용자는 정보원을 선택할 때 전자적 접근의 여부로 결정하는 것이 아니라 주제의 적합성에 따라 정보매체를 선택한다는 것을 알 수 있다(Siebenberg, Galbraith and Brady, 2004). 또한, 전자저널의 도입은 논문의 제목과 핵심저널의 목차정보를 브라우징 하는 탐색행태를 감소시킨 반면, 논문의 키워드 검색이 증가하는 정보이용행태상의 변화를 가져온 것으로 나타났다(Sathe, Grady and Giuse, 2002).

5.4 결론

지식정보사회에서 인간의 모습은 새로운 정보를 요구하고 이용하며 그 결과 또 다른 정보의 필요성을 인식하고 추구하게 되는 정보추구기(Information Seeking Machine)로 표현될 수 있다. 정보조사제공의 궁극적 목적은 끊임없이 정보를 추구하는 이용자의 정보접근과 이용을 효과적으로 지원해 주는 것이다.

인문과학자는 과학기술자나 사회과학정보 이용자와는 다른 유형의 정보원과 정보매체를 선호하며 학부생이 정보를 이용하는 동기와 목적은 대학원생이나 교수의 그것과 다르고, 최신정보를 입수하기 위해 학술지의 목차를 브라우징 하는 이용자가 있는가 하면 상업적인 데이터베이스의 최신주지정보서비스나 비공식 커뮤니케이션을 활용하는 이용자도 있다. 전통적인 도서관의 서비스는 자료의 수집과 보존을 중요하게 여기는 시스템 관리 중심이었으나 현대의 도서관은 이러한 이용자의 다양성에 초점을 둔 정보원의 개발과 제공에 중요성을 부여하고 있다. 특히 다양한 매체를 통해 질적으로 여과되지 않는 방대한 양의 정보가 확산되면서 이용자의 정보요구와 이용행태를 파악하는 이용자 연구는 정보조사제공의 질적 수준을 향상시키기 위한 기초적인 연구수단으로 발전하고 있다.

그러나 이용자의 정보요구와 이용행태에 대한 수많은 연구가 수행되어 왔음에도 불구하고 그 지식의 본체는 아직 완전하지 못하다고 할 수 있다. 이용자 연구는 인간의 내면과 인지적 특성, 그리고 행태가 복합적으로 작용하는 정보추구의 과정을 다루고 있기 때문이다. 정보추구의 과정은 특정 정보시스템이나 서비스에 대한 단순한 이용자의 선호도로 설명될 수 없고, 이용자의 지식구조와 인지체계에 내재되어 있는 정보요구의 동기와 상황에 따른 의미 분석을 통해서만이 완벽하게 이해될 수 있는 것이다.

정보환경의 변화는 이용자 연구의 발전에 영향을 미치는 또 다른 요인으로 작용하고 있다. 이용자의 정보이용행태는 주제 분야나 이용자 계층과 무관하게 사회와 기술의 환경변화에 따라 지속적인 변화를 보이고 있다. 주제 분야별 핵심 정보원의 유형이 변화하였고, 학술 커뮤니케이션 수단으로서 비공식 커뮤니케이션의 중요성은 인문과학 분야에서도 확인되고 있으며, 이용자의 연령은 더 이상 차세대 이용자의 전자정보원에 대한 인식과 이용률에 차이를 가져오는 주요 변인이 되지 못할 것이다.

이용자의 정보이용이 점차 가상공간으로 이동하게 되면서 가시적인 이용자의 수는 감소하고 있지만 디지털 도서관의 이용자 연구는 오히려 더 객관적이며 효율적인 접근방법을 적용할 수 있는 기회를 갖게 되었다고 할 수 있다. 질적인 연구방법의 개발에 관한 논의와 함께 이용자와 정보요구 그리고 정보이용행태에 관한 이해를 증진시킬 수 있는 지속적이며 다각적인 이론적 접근과 경험적 연구가 시도되어야 할 것이다.

인 용 문 헌

- 권은경. 1984. "User Study의 추이 및 문제점에 관한 관찰." 도서관학논집 11: 19~43.
- 김용성. 1988. "사회과학자들의 정보원에 관한 인용문헌 분석." 도서관 43(3): 23~36.
- 노옥순. 1989. "인문과학자의 연구진행 특성과 도서관: 정보요구와 정보관리의 제 현상에 관한 분석." 한국문화연구소논총: 109~143.
- 정진식. 1994. 사회과학문헌 인용분석 연구. 정보관리학회지 11(2): 31~48.
- 조현선. 2005. 공학분야 연구자 문헌인용행태 비교연구. 석사학위논문, 경기대학교 대학원.
- 한복희. 2003. "지식기반사회에서 이용자 연구의 최신동향." 한국문헌정보학회지 37(4): 295~310.
- 한복희. 1992. "이용자 연구에 관한 연구동향 분석." 도서관학 23: 107~125.
- 한상완, 노영희. 2004. 인문과학과 예술의 핵심 지식정보원. 서울: 연세대학교 출판부.
- Adams, J. A. and S. C. Bonk. 1995. "Electronic Information Technologies and Resources: Use by University Faculty and Faculty Preferences for Related Library Services." *College & Research Libraries* 56(2): 119~131.
- Bates. M. J. 1996. "The Getty End-User Online Searching Project in the Humanities: Report No. 6: Overview and Conclusions." *College & Research Libraries* 57(6): 514~523.
- Bates, M. J., D. N. Wilde and S. Siegfried. 1995. "Research Practices of Humanities Scholars in an Online Environment: The Getty Online Searching Project Report No.3." *Library and Information Science Research* 17(1): 5~40.
- Bates, M. J. 1994. "The Design of Databases and Other Information Resources forHumanities Scholars: The Getty Online Searching Project Report No.4." *Online and CD-ROM Review* 18(6): 331~340.
- Bates, M. J., D. N. Wilde and Susan Siegfried. 1993. "An Analysis of Search Terminology Used by Humanities Scholars: The Getty Online Searching Project Report Number 1." *Library Quarterly* 63(Jan): 1~39.
- Bath Univ. Library. 1980. *Towards the Improvement of Social Science Information Systems: Overview of Research Carried Out in 1970-1975.* Bath Univ. Library(DISISS Research Report A1).
- Belkin, N. J. and S. E. Robertson. 1976. "Information Science and the Phenomenon." *JASIS* 27(4): 197~264.

- Belkin, N. J., R. N. Oddy and H. M. Brooks. 1982. "ASK for Information Retrieval(Part1)." *Journal of Documentation* 33(2): 61~71.
- Broadus, R. N. 1987. "Information Needs of Humanities Scholars: A Study of Requests Made at the National Humanities Center." *Library and Information Science Resources* 9: 113~129.
- Case, Donald O. 2002. *Looking for Information: A Survey of Research on Information Seeking, Needs, and Behavior*. New York: Academic Press.
- Chu, Clara. 1999. "Literary Critics at Work and Their Information Needs: A Research Phases Model." *Library and Information Science Research* 21(2): 247~273.
- Covey, D. T. 2002. Usability and Usability Assessment: Library Practices and Concerns. Council on Library and Information Resources. <http://www.clir.org/pubs/reports/pub105/contents.html>
- Covi, L. M. 1999. "Material Mastery: Situating Digital Library Use in University Research Practices." *Information Processing and Management* 35: 293~316.
- Crawford, S. 1978. "Information Needs and Uses." *ARIST* 13: 61~81.
- Dalton, Margaret S. and L. Charnigo. 2004. "Historians and Their Information Sources." *College & Research Libraries* 65(5): 400~425.
- Dervin, B. 1983. Information as a User Construct: The Relevance of Perceived Information Needs to Synthesis and Interpretation. In S. A. Ward and L. J. Reed eds. *Knowledge Structure and Use: Implications for Synthesis and Interpretation*, pp. 153-184. Philadelphia: Temple University Press.
- Dervin, B. and M. Nilan. 1986. "Information Needs and Uses." *ARIST* 21: 3~33.
- Dilevko, Juris and Lisa Gottlieb. 2002. "Print Sources in the Electronic Age: A Vital Part of the Research Process for Undergraduate Students." *Journal of Academic Librarianship* 28(6): 381~392.
- Eliot, C. W. 1902. "The Divisions of a Library into Books in Use, and Books Not in Use." *Library Journal* 27(12): 51~56.
- Ellis, D. 1989. "A Behavioral Approach to Information Retrieval Design." *Journal of Documentation* 45: 171~212.
- Ellis, D., D. Cox and K. Hall. 1993. "A Comparison of the Information Seeking Patterns of Researchers in the Physical and Social Sciences." *Journal of Documentation* 49(4): 356~369.
- Folster, Mary B. 1995. "Information Seeking Patterns: Social Sciences." *The Reference Librarian* 49/50: 83~93.

- Garfield, E. 1983. "Pure and Applied Mathematics Journals: What They Cite and vice Versa." In *Essays of an Information Scientist.* Vol. 5, 1981~1982. Philadelphia: ISI Press.
- Green, R. 2000. "Locating Sources in Humanities Scholarship: The Efficacy of Following Bibliographic References." *Library Quarterly* 70(2): 201~229.
- Guthrie, Kevin M. 2002. "Lessons from JSTOR: User Behavior and Faculty Attitudes." *Journal of Library Administration* 36(3): 109~120.
- Haug, James D. 1997. "Physicians' Preferences for Information Sources: A Meta Analytic Study." *Bulletin of Medical Library Association* 85(3): 223~232.
- Hertzum, M. and A. M. Pejtersen. 2000. "The Information Seeking Practices of Engineers: Searching for Documents as well as People." *Information Processing & Management* 36: 761~778.
- Hewins, E. T. 1990. "Information Needs and Use Studies." *ARIST* 25: 145~172.
- Holland, M. P. and C. K. Powell. 1995. "A Longitudinal Survey of the Information Seeking and Use Habits of Some Engineers." *College & Research Libraries* 55(1): 7~15.
- Immroth, J. P. 1975. "Humanities and Its Literatures." *Encyclopedia of Library and Information Science* Vol. Ⅱ: 71~83.
- Julien, H. and L. J. Duggan. 2000. "A Longitudinal Analysis of the Information Needs and Uses Literature." *Library & Information Science Research* 22(3): 291~309.
- Kuhlthau, C. C. 1993. "A Principle of Uncertainty for Information Seeking." *Journal of Documentation* 49(4): 339~355.
- Lazinger, S. S., Judit Bar-Ilan and B. C. Peritz. 1997. "Internet Use by Faculty Members in Various Disciplines: A Comparative Case Study." *JASIS* 48(6): 508~518.
- Line, M. B. 1971. "The Information Uses and Needs of Social Scientists: An Overview of INFROSS." *Aslib Proceedings* 23: 412~434.
- Lipetz, B. 1970. "Information Needs and Uses." *ARIST* 5: 3~32.
- Martyn, J. 1974. "Information Needs and Uses." *ARIST* 9: 3~23.
- Meho, Lokman I, and H. R. Tibbo. 2003. "Modeling the Information-Seeking Behavior of Social Scientists: Ellis's Study Revisited." *JASIST* 54(6): 57~587.
- Menzel, H. 1966. "Information Needs and Uses in Science and Technology." *ARIST* 1: 41~69.

- Paisley, W. J. 1968. "Information Needs and Uses." *ARIST* 3: 1~30.
- Peters, T. A. 1993. "The History and Development of Transaction Log Analysis." *Library Hi Tech* 11(2): 41~58.
- Pettigrew, K., R. Fidel and H. Bruce. 2001. "2. Conceptual Frameworks in Information Behavior." *ARIST* 35; 43~78.
- Royal Society. 1948. *Report on the Royal Society Scientific Information Conference.* London: Royal Society.
- Rozic-Hristovski, A., D. Hristovski and L. Todorovski. 2002. "Users' Information-Seeking Behavior on a Medical Library Web Site." *Journal of the Medical Library Association* 90: 210~217.
- Sathe, N. A., Jenifer L. Grady and N. B. Giuse. 2002. "Print Versus Electronic Journals: A Preliminary Investigation into the Effect of Journal Format on Research Processes." *Journal of the Medical Library Association* 90(2): 235~243.
- Savolainen, Reijo. 1998. "Use Studies of Electronic Networks: A Review of Empirical Research Approaches and Challenges for Their Development." *Journal of Documentation* 54(3): 332~351.
- Saule, M. R. 1992. "User Instruction Issues for Databases in the Humanities." *Library Trends* 40: 596~613.
- Shreeves, E. 1992. "Between the Visionaries and the Luddites: Collection Development and Electronic Resources in Humanities." *Library Trends* 40(4): 579~595.
- Siebenberg, T. R., B. Galbraith and E. E. Brady. 2004. "Print versus Electronic Journal Use in Three Sci/Tech Disciplines: What's Going on Here?" *College & Research Libraries* 65(5): 427~438.
- Siegfried, Susan., M. J. Bates and D. N. Wilde. 1993. "A Profile of End-User Searching Behavior by Humanities Scholars: The Getty Online Searching Project Report No.2." *JASIS* 44(8): 273~291.
- Skelton, B. 1973. "Scientists and Social Scientists as Information Users: A Comparison of the Results of Science User Studies with the Investigation into Information Requirements of the Social Sciences." *Journal of Librarianship* 5: 138~156.
- Stera, M. 1983. "Characteristics of the Literature of Literacy Scholarship." *College & Research Libraries* 44: 199~209.
- Stone, S. 1982. "Progress in Documentation: Humanities Scholars, Information Needs and Uses." *Journal of Documentation* 38: 292~313.

- Streatfield, D. and T. Wilson. 1980. "Information Services in English Social Services Departments: Implications of Project INISS." *Behavioral and Social Sciences Librarian* 1: 189~199.
- Subramanyam, Krishna. 1981. *Scientific and Technical Information Resources.* New York: Marcel Dekker.
- Talja, S. and H. Maula. 2003. "Reasons for the Use and Non-use of Electronic Journals and Databases." *Journal of Documentation* 59(6): 673~691.
- Talja, S. 2002. "Information Sharing in Academic Communities: Types and Levels of Collaboration in Information Seeking and Use." *New Review of Information Behavior Research* 3: 143~160.
- Tenopir, C. 2003. *Use and Users of Electronic Library Resources: An Overview and Analysis of recent Research Studies.* Washington, D.C.: Council on Library and Information Resources.
- Tenopir, C. and D. W. King. 2002. "Reading Behaviour and Electronic Journals." *Learned Publishing* 15(4): 259~265.
- Thelwall, M. 2001. "Web Log File Analysis: Back Links and Queries." *Aslib Proceedings* 53(6): 217~223.
- Waldman, Micaela. 2003. "Freshmen's Use of Library Electronic Resources and Self-Efficacy." *Information Research* 8(2). (http://informationr.net/ir/8-2paper150.html).
- Wang, Peiling. 1999. "Methodologies and Methods for User Behavioral Research." *ARIST* 34: 53~99.
- Watson-Boone, Rebecca. 1994. "The Information Needs and Habits of Humanities Scholars." *RQ* 34(2): 203~216.
- Whitmire, E. 2002. "Disciplinary Differences and Undergraduates' Information-Seeking Behavior." *JASIST* 53(8): 631~638.
- Wiberley Jr. S. E. and William G. Jones. 2000. "Time and Technology: A Decade-Long Look at Humanists' Use of Electronic Information Technology." *College & Research Libraries* 61(5): 421~431.
- Wiberley Jr. S. E. and William G. Jones. 1994. "Humanists Revisited: A Longitudinal Look at the Adoption of Information Technology." *College & Research Libraries* 55(6): 499~509.
- Wiberley Jr. S. E. and William G. Jones. 1989. "Patterns of Information Seeking in the Humanities." *College & Research Libraries* 50(6): 638~645.

- Wilson, T. D. 1999. "Models in Information Behaviour Research." *Journal of Documentation* 55(3): 249~270.
- Wilson, T. D. 1994. "Information Needs and Uses: Fifty Years of Progress?" In *Fifty Years of Information Progress: A Journal of Documentation Review,* edited by B. C. Vickery. London: Aslib.
- Wilson, T. D. 1981. "On User Studies and Information Needs." *Journal of Documentation* 37(1): 3~15.
- Zhang, Yin. 2001. "Scholarly Use of Internet-Based Electronic Resources." *JASIST* 52(8): 628~654.
- Zhang, Yin. 2000. "Using the Internet for Survey Research: A Case Study." *JASIS* 51: 57~68.

06

정보사서의 역할과 교육

정보사서는 정보를 필요로 하는 이용자와 정보원을 매개해 주는 도서관의 인적자원이다. 역사적으로 도서관의 사회적 역할과 기능을 반영해 왔던 정보사서의 역할은 최근, 디지털 도서관의 등장으로 새로운 위기와 동시에 발전의 기회를 맞이하고 있다.

인터넷 정보원이나 상업적인 정보서비스의 발전은 정보사서의 수를 감소시키거나 그 존재를 사라지게 할 수 있다는 부정적인 결과를 가져올 수 있지만 다른 한편으로는, 전자정보원에 대한 적극적인 수집과 분석, 그리고 평가의 중요성이 강조됨에 따라 이전보다 한 차원 더 높은 정보전문가의 역할이 기대되는 긍정적 측면도 지니고 있다.

디지털 정보환경이 요구하는 정보사서의 역할 수행에는 다양한 정보매체와 네트워크 기술을 활용하여 무질서하고 불안정한 인터넷 정보원들을 효율적으로 개발할 수 있는 디지털 장서개발 능력뿐 아니라 전문화된 주제별 서비스나 웹 기반 정보이용교육 프로그램을 개발하고 운영할 수 있는 능력을 비롯하여 원격 이용자 서비스 운영에 관한 전문지식 등이 강조되고 있다. 즉, 단순히 정보의 보존자나 중개자로서 정보의 접근과 이용을 돕는 역할에 그치지 않고 급변하는 정보환경 속에서 이용자 요구의 변화를 능동적으로 수용하고 대처할 수 있는 정보사서의 역량과 자질을 요구하고 있는 것이다.

그러나 양적 규모와 질적 수준면에서 아직 많은 어려움을 안고 있는 국내의 정보사서직은 전문성의 결여나 낮은 직무만족도를 보이며 정보전문가로서의 정체성을 제대로 확립하지 못하고 있는 실정이다. 이러한 현실은 우리나라 정보사서의 자격과 자질의 본질 그리고 교육의 방향이 명확하게 인식되고 이해되지 못한데서 비롯된 것이라 할 수 있다.

이 장에서는 정보사서의 시대적 역할 변화에 나타난 특징과 함께 급변하는 정보환경에서 요구되는 정보사서의 자격과 자질을 분석함으로써 정보전문직의 잠재적 가치를 이해하고 그에 따른 전문성을 확립하기 위한 문헌정보학 교육제도의 개선 방안에 대해 살펴보고자 한다.

6.1 정보사서의 역할과 기능

6.1.1 시대별 역할의 변천과정

도서관과 정보사서의 역할은 사회의 발전에 따라 변화해왔다. 도서관의 업무는 크게 기술적인 업무(Technical Services)와 이용자 서비스(User Services) 업무로 구분할 수 있는데 기술적인 업무는 자료의 수집과 축적에 관한 것이고, 이용자 업무는 축적된 자료를 바탕으로 이용자에게 봉사하는 현대의 정보조사제공 업무에 해당하는 것이다. 그런데 기술적 업무는 이용자 업무의 효율성을 높이기 위한 수단이 되므로 역시 이용자 서비스를 위한 업무라 할 수 있다.

근세 초기, 도서관의 일반적 기능은 자료 중심의 수서와 정리, 열람, 도서관 운영으로 구분되어 있었고, 20세기 초반에 이르기까지 정보사서가 수행했던 역할은 자료의 선정과 수집 그리고 분류와 편목 등 기술적인 업무를 수행하는데 중점을 두었다.

19세기 말 정보조사제공 업무가 발생하기 전까지는 정보사서와 이용자 간의 상호작용이 어떻게 발생하고 처리되는지 그 과정에 대한 인식이 거의 없었으며, 정보사서는 적극적인 봉사행위를 취하기보다는 도서관이 소장하고 있는 자료를 안내해 주기 위해 독자를 기다렸다. 19세기 말에 이르러서도 정보사서의 기본 역할은 이용자에게 적합한 정보를 안내해 주고 도서관을 어떻게 이용할 것인지를 교육시키는 것이었으며 이용자에게 그 정보를 제공하는 업무를 수행하는 것은 아니었다. Green(1876)은 이 시기에 정보사서와 이용자 간의 인적 상호작용에 관한 최초의 논문을 발표함으로써 이용자 서비스의 이론적 토대를 마련했는데 정보사서의 역할에 대한 강조와 함께 정보사서의 기능을 이용자 교육, 이용자 질문의 해결, 이용자의 자료 선택 지원, 그리고 도서관 홍보 측면에서 논의한 바 있다.

20세기 초, Bishop(1915, 137)은 그의 논문 "The Theory of Reference Work"에서 정보사서는 도서관을 이용자에게 해석해 주는 사람이라고 정의하고, 정보사서의 요건을 "이용자의 첫 질문에서 실제 원하는 것을 파악해내는 능력, 민첩성, 기억력, 목록과 분류에 대한 지식... 그리고 풍부한 경험"이라고 지적하였다.

Fussler(1949, 201)는 정보사서가 각 주제 분야 서지활동의 책임자로서 그 분야의 일반적 학술활동에 대하여 잘 이해하고 있어야 하며, 도서의 가치, 유통체제 및 관련기관의 특징, 서지 비평의 식견 등을 갖추고 자료의 선정과 수집 기능을 누구보다 완벽하게 수행해 낼 수 있어야 한다고 주장하였다.

20세기 초, 이용자를 돕기 위한 안내나 지도 등 이용자 교육을 중심으로 하는 정보조사제공이 도서관의 주요 업무로 인식된 이후, 정보사서의 역할은 독서 자료의 선택을 위한 상담자 그리고 정보제공자로서의 역할로 점차 확대되었다. Haro(1969, 166~168)는 정보사서의 정보조사제공 기능을 이용자의 정보질문을 해결해 주는 질문응답서비스 기능과 도서관 이용교육 그리고 정보원과 이용자와의 연계 기능으로 구체화 하였다. 그리고 일반적으로 대학도서관의 장서가 50만권을 넘으면 고도의 기구화 즉 비인간화의 경향을 보이게 되는데 정보사서는 정보조사제공 기능을 통해 이러한 괴리를 효과적으로 해결할 수 있으며 이용자로부터 깊은 신뢰를 얻을 수 있다고 주장하였다.

20세기 중엽, 대규모 공공도서관과 대학도서관에서 주제별 정보조사제공을 수행하게 되면서부터 정보사서의 역할에는 또 다른 변화를 맞이하게 된다. 주제별 정보조사제공은 이용자 서비스를 보다 전문화시켜 도서관 서비스에 대한 이용자의 신뢰감을 형성하는데 크게 기여했을 뿐 아니라 다양한 이용자의 질문을 전문적으로 해결해 주기 위한 주제전문가로서의 정보사서의 역할을 강화시켰다. 대학도서관에서는 주제별 문헌조사를 도와주는 역할에 그치지 않고 주제 분야별 이용자와의 긴밀한 접촉을 통해 학문적 지원을 강화할 수 있는 한 방안으로 주제전문사서제도를 도입하였다. 주제전문사서제의 목적은 학과 중심의 교육 및 연구활동을 적극적으로 지원함과 동시에 점차 전문화되고 있는 이용자들의 요구와 정보조사제공 기능의 증대에 부응하여 도서관 서비스의 효율성을 적극적으로 극대화하는데 있다.

Smith(1972, 109)는 실제 대학도서관의 정보사서들을 대상으로 어떤 업무를 수행하고 있는지를 분석한 결과, ① 장서개발, ② 질문응답서비스, ③ 자료의 서지통정, ④ 분관운영, ⑤ 개인적 연구나 연구진의 일원으로 활동하는 연구 기능 등이 수행되고 있음을 확인하였다. 그리고 세분화 된 학문영역에서 특정 주제지식을 지니고 있는 정보사서의 전문적 기능으로 ① 특정 주제정보의 전문서비스 기능, ② 이용자를 위한 서지정보의 작성과 준비, ③ 교육의 기능, ④ 정보와 자료 문제에 대한 최종해결자로서의 기능을 지적하였다. 최종해결자로서 정보사서의 기능이란 이미 쓸모가 없다고 판단하여 서고 깊은 곳에 비치한 잘 이용되지 않는 특정 자료나 편목되어 있지 않은 자료 또는 도서관의 장서 이외에 특정인이 소장하고 있는 관련 자료의 소재까지도 확인하여 이용자가 원하는 자료의 이용을 도울 수 있는 고도로 세분화된 이용자 중심의 서비스를 말한다(Smith, 1972, 108~112).

또한, 대학도서관의 정보조사제공에서 정보사서가 수행하는 전문적인 업무를 분석한 Crossley(1974, 238~239)는 ① 이용자에 대한 조력, ② 서지이용과 정보조사제공 업무에 대한 강의, ③ 관련학과와 부서의 연계, ④ 정보조사, ⑤ 서지, 안내, 독서리스트 제공 등을 광의의 정보조사제공 기능으로 지적하였다.

이러한 여러 학자들의 이론을 종합하면 전통적인 정보사서의 기능은 다음과 같이 정리될 수 있다.

① **이용자 조력 기능** : 이용자의 정보질문 해결, 자료의 선택과 이용 상담, 도서관 건축 설계와 계획에 이용자의 편의성 반영

② **강의와 교육 기능** : 공식적, 비공식적 이용자 교육, 이용자교육 프로그램 개발, 이용교육과 강의 문제에 대한 교수진과의 협력

③ **연계 기능** : 주제 분야별 학과, 대학원과의 협력 관계 수립, 이용자와의 긴밀하고 우호적인 관계 유지, 교육과 연구의 필수기관으로서 도서관 홍보

④ **정보제공 기능** : 이용자요구에 따른 문헌조사, 신착자료의 서지나 목록 작성과 배포, 주제별 문헌에 대한 안내자료 작성과 배포, 이용교육 자료의 작성과 배포, 신착자료 안내와 목차서비스, 최신정보의 선택적 배포서비스

⑤ **연구 기능** : 특정 주제 분야의 학자로서 개인적 연구 수행, 연구진의 일원으로 정보조사와 분석 활동 참여

⑥ **관리 기능** : 도서관 혹은 주제열람실의 운영관리

전통적인 정보사서의 역할에 급격한 변화가 시작된 것은 정보기술이 발전되기 시작한 20세기 후반부터이다. 1980년대 정보화 사회가 본격화되면서 도서관 업무에 컴퓨터가 응용되기 시작했고 정보의 생산, 배포, 활용에 변화가 일어나게 되었으며 온라인 서지데이터베이스, SDI 서비스, 문헌탐색 서비스가 활발해졌다. 도서관 업무의 자동화는 자관의 모든 업무를 이해하고 수행하던 전통적인 정보사서의 기능이 기능별로 전문화되고 세분화되는 계기를 마련해 주었다. 또한, 상업적인 온라인 데이터베이스의 도입은 별도의 교육을 받지 않은 최종이용자가 직접 탐색하기에는 탐색 전략이 복잡하고 이용료의 부담이 컸기 때문에 정보사서에게 탐색을 의뢰하게 만들었고 그 결과 정보사서의 전문성에 대한 이용자의 인식도를 높였으며 온라인 탐색 업무는 정보사서의 고유한 정보조사제공 업무의 한 영역으로 남게 되었다(Katz, 1982, 226).

20세기 후반의 정보사서의 역할은 기존의 역할 이외에도 통합적이고 새로운 역할들이 제시되었다.

Moore(1996)는 정보사회에서 중심이 되어야 할 정보전문가의 역할에 관하여 정보와 서비스를 개발하고 생산하는 정보생산자(Creator), 이용자 요구를 충족시켜 줄 정보원을 구축하는 정보수집자(Collector), 이용자에게 정보를 제공하거나 정보를 찾을 수 있도록 도와주는 정보전달자(Communicator), 정보를 분석하고 종합하고 해석할 수 있는 정보통합자(Consolidator)가 되어야 한다고 주장하였다.

Pantry(1997, 170~172)는 어느 조직에서든 정보조사제공 업무를 담당하는 정보사서가 수행해야 할 주요 기능과 역할을 3가지로 설명하였다. 그 첫째는 이용자들이 효과적으로 도서관과 정보를 이용할 수 있도록 교육을 제공하는 기능이며, 둘째는 항상 새롭고 가치 있는 정보를 제공함으로써 정보전문가의 역할에 대한 조직 내의 편견을 극복해 나가는 문화 창출자로서의 역할, 그리고 셋째는 급변하는 현대 사회에서 정보전문가에게 요구되는 기술을 끊임없이 갱신하고 계속 교육과 훈련을 통해 전문가로서의 영역을 확장시키는 역할을 수행해야 한다는 것이었다.

박준식(2000)은 사회변화에 따른 정보사서의 역할에 대하여 ① 도서관자료의 이용방법 뿐만 아니라 전체 정보원을 대상으로 체계적이고 단계적인 교육프로그램을 구성하고 실천할 수 있는 교육전문가, ② 독서상담, 독서치료, 논문작성에 대한 협조, 연구자들의 연구협조와 자문 등의 역할을 인본주의적 관점에서 수행할 수 있는 상담전문가, ③ 전자적 탐색 기법에 능숙하고 정보탐색을 정확하고 신속하게 처리함으로써 개인이나 단체의 의사결정을 도울 수 있는 탐색전문가, ④ 해답을 탐색하고 정보를 수집할 뿐만 아니라 그 정보의 유용성을 평가하고 그 정보가 요구자에게 이익이 되도록 자문까지 해주는 정보중재자, ⑤ 분야별로 정보서비스를 전문화시키고 정보의 탐색과 정보중재를 효과적으로 수행할 수 있도록 하기 위한 주제전문가, ⑥ 도서관 이용과 재정지원을 촉진시키기 위해 각종 문화프로그램을 기획하고 추진할 수 있는 능력을 보유한 문화기획자의 역할을 지적하였다.

시대별 정보사서의 역할 변화를 살펴보면, 전통적으로 기술적인 업무를 수행해 왔던 정보사서의 역할이 점점 정보조사제공 기능을 강조하는 역할로 다양해졌음을 알 수 있다. 사회 환경의 변화나 정보기술의 발전은 도서관의 업무수행과 봉사방식을 이용자 서비스 위주의 체제로 바꾸어 놓았고, 정보사서는 현재는 물론 잠재적 이용자의 정보요구까지도 조사, 분석하여 서비스 할 수 있으며, 정보원의 체계적인 분석과 가공을 통해 정보의 효용가치와 부가가치를 창출할 수 있는 역할을 수행하도록 요청받고 있다.

현대의 정보사서의 역할과 19세기 말의 정보사서의 역할은 그 기능을 수행하는데 사용되는 방법과 기술의 극적인 변화가 있었을 뿐, 도서관 서비스의 기능을 극대화하기 위한 본질적인 역할들에 대해서는 큰 변함이 없다고 할 수 있다. 시대의 변화에도 불구하고 교육자, 정보상담자, 정보중개자로서의 역할은 여전히 중요한 역할로 남아 있으며, 이와 함께 이용자의 요구에 적합한 정보를 여과하고 선별해 내는 정보선택자, 주제전문가, 정보를 체계적으로 조직하여 구성할 수 있는 정보생성자, 탐색전문가, 그리고 지식공학자로서의 역할이 확대되고 있다. 이러한 역할 변화와 확장은 디지털 도서관 환경에서도 계속되고 있다.

6.1.2 디지털 도서관과 정보사서의 기능

1990년대에 들어와 통신기술의 발전과 컴퓨터 네트워크의 확산 그리고 인터넷의 대중화는 지식과 정보의 인식, 수집, 조직, 탐색, 제공방법에 있어서 과거와는 현저히 다른 속성을 보이며 도서관과 정보사서의 기능에도 큰 변화를 가져왔다.

도서관의 정보는 텍스트를 중심으로 하는 인쇄물 형태에서 다양한 유형의 전자매체를 이용한 디지털 정보로 그 범위가 광범위해졌고, 이 정보를 네트워크 환경을 통해 공유함으로써 시간과 공간을 초월한 도서관 서비스 이용이 가능한 디지털 정보이용환경을 구축하게 되었다.

이러한 정보환경의 변화는 웹상의 정보를 포함한 각종 전자정보원들을 효과적으로 활용하여 이용자의 요구를 신속·정확하게 처리할 수 있는 웹 사서(Webrarian), 가상사서(Cybrarian), 또는 유비쿼터스사서(Ubian)의 개념으로 전개되고 있다. 이는 정보사서직이 특정 분야에 국한된 활동만을 수행하기보다는 다양한 전문 영역을 확장시켜야 한다는 의미이기도 한다.

디지털 도서관의 발전으로 도서관 서비스의 내용과 방식이 변화하게 되자 정보사서의 새로운 역할 변화가 추구되는가 하면, 수작업 탐색 업무, 독서 자료의 선택과 수집을 위한 독서상담서비스, 정보파일이나 서지 작성 업무 등과 같은 사라지거나 약화되는 정보사서의 기능도 나타났다(박준식, 2003, 385).

1991년-2001년 사이의 정보사서의 역할 변화를 파악하기 위해 정보사서들이 업무에 소요하는 시간을 근거로 각 업무의 비중을 설문조사한 결과에 의하면, 1991년에 수행되었던 대표적인 업무 중 가장 비중이 큰 업무는 면대면 질문응답서비스, 인쇄정보원의 장서개발, 서지 교육, 회의 참석, 이용안내와 교육 자료의 준비 순이었으며, 2001년에는 면대면 질문응답서비스, 인쇄정보원의 장서개발, 서지 교육, 회의 참석, 그리고 온라인 탐색 순인 것으로 분석되었다. 1991년의 업무에는 포함되어 있지 않았으나 2001년에 새로이 등장한 업무로는 전자우편이나 메신저 기능을 이용한 질문응답서비스와 웹 페이지의 디자인 업무를 들 수 있다. 또한, 가장 큰 변화를 보인 업무로는 전자정보원의 개발과 전자우편을 이용한 질문응답서비스, 온라인 탐색, 웹 페이지 디자인 업무 등이었는데 이들 업무의 비중은 갈수록 증가하고 있는 것으로 나타났다. 한편, 온라인 탐색 중개와 서지 교육, 회의 참석, 면대면 질문응답서비스의 경우에는 그 비중이 줄어드는 경향을 보였다(Cardina and Wicks, 2004). 정보사서의 업무가 변화하고 있지만 면대면 질문응답서비스와 인쇄정보원의 장서개발, 서지 교육, 회의 참석 등은 꾸준히 수행되고 있는 주요 업무였으며, 서지 교육 업무는 그 비중이 10년 사이 15% 감소했지만 정보이용교육은 그와 같은 비율로 증가했다는 점도 주목할 만하다. 이는 디지털 도서관 환경에서 이용자 교육의 개념이 변화했고 최소한 대학에서는 서지 교육이라는 용어가 정보이용교육이라는 용어로 대체되었음을 확인시켜 주는 결과라 할 수 있다.

앞으로 디지털 정보환경에서 정보의 선택, 조직, 제공, 그리고 생산 업무를 중심으로 정보사서가 수행하게 될 정보조사제공 기능을 살펴보면 다음과 같이 요약할 수 있다. 이 기능들은 정보사서가 앞으로 생존하기 위해 개발해 나가야 할 경쟁력일 수도 있으며 정보사서가 생존할 수밖에 없는 이유라고도 할 수 있다.

① **콘텐츠의 강화 기능**

디지털 도서관의 콘텐츠란 기존의 도서관이 소장하고 있는 정보원을 포함하여 CD-ROM, 데이터베이스, 인터넷 정보 등 정보 네트워크를 통해 전자적 접근이 가능한 모든 내용물들을 의미한다. 하나의 정보 접근점으로서 도서관의 기능을 극대화하기 위해서는 전통적인 정보원뿐만 아니라 전자정보원을 그리고 소장하고 있는 정보와 지식뿐만 아니라 외부의 정보와 지식을 자원화하고 새로운 정보와 지식을 생산함으로써 콘텐츠를 강화시킬 수 있어야 한다. 이용자 요구를 분석하고 그에 적합한 정보원을 식별한 후 전문 데이터베이스 형태로 축적하거나 해당 웹페이지를 링크해 주며 각 정보원에 대한 기술 내용을 부가하여 정보의 활용가치를 높일 수 있어야 한다.

② **정보원의 평가 기능**

정보원의 평가는 정보의 내용과 의미를 분석하고 타당성과 정확성, 그리고 신뢰성을 검증하여 이용자의 요구와 적합한 정보원을 중개하기 위한 것이다. 인쇄정보원에서 전자정보원으로, 수동적인 탐색 방법에서 전자적인 접근방법으로, 그리고 단일 도서관에 제한되었던 정보원의 범위가 국제적인 정보 네트워크의 범위로 확장되면서 정보사서의 정보원의 평가와 지적인 중개 기능의 중요성은 더욱 강조될 것이다. 전자정보원의 평가는 정보원의 내용, 기능성, 형태, 접근 방법, 이용허가, 기술적 조건, 비용, 훈련 요건 등 전통적인 장서개발에서보다 더 복합적인 분석 능력을 요구하고 있으며 적절한 평가방법을 선택하고 적용할 수 있는 평가의 기술을 필요로 한다.

③ **교육 기능**

방대한 정보량, 다양한 정보매체와 정보의 입수 경로로 특징 지워지는 지식정보사회에서 적절한 정보를 선택하고 활용할 수 있는 이용자의 정보이용능력은 평생교육의 필수 조건이 되었다. 전통적인 정보조사제공의 주요 기능으로 수행되어 왔던 이용자 교육은 서지도구의 이용 교육에서 정보의 식별과 평가에 대한 비판적 사고 능력을 키워주는 정보이용교육으로 변화하고 있다. 정보사서는 다양한 정보매체와 정보기술을 활용하여 교육 내용이나 수준, 교육 대상자의 규모와 특성에 따라 적합한 교육 프로그램을 개발하고 수행할 수 있어야 하며 교육 결과의 효율성을 평가할 수 있는 정보이용교육의 전문가가 되어야 할 것이다.

④ **저작권 관리 기능**

디지털 정보는 정보의 저장이나 가공이 편리한 이점도 있지만 정보의 변형과 무한한 복제가 쉬워 저작권 관리의 문제가 심각하다. 디지털 도서관에서 공정한 이용이나 저작권 보호의 문제가 제대로 해결되지 못한다면 도서관에서의 디지털 정보의 전송과 이용의 범위가 축소되거나 제한될 수밖에 없으며, 디지털 도서관의 효율적인 운영 또한 기대할 수 없다. 정보사서에게는 이용자의 자유로운 정보이용을 보장하려는 의지와 함께 저작자의 권리를 침해하지 않는 정보접근과 이용의 문제를 해결하려는 적극적인 노력이 요구된다.

⑤ **서비스 홍보 기능**

홍보란 특정 구성원의 요구를 확인하고 그 요구를 만족시키기 위해 봉사나 생산물을 창조하여 구성원들에게 알리는 것이다. 정보사서는 도서관 서비스의 이용가치와 앞으로 시도하게 될 새로운 정보조사제공을 잠재적 이용자에게 알릴 수 있는 능력을 지녀야 한다(이우정, 박수희, 김태훈, 2005, 52~60). 이용자의 도움 요청을 기다리지 않고 먼저 찾아가는 정보사서(Roving Reference Librarian)의 서비스 유형이나 도서관 서비스를 홍보하는 수단으로서 도서관 홈페이지 또는 정보이용교육 프로그램을 활용하는 방안 등을 적극적으로 검토해야 할 것이다. 도서관의 홈페이지는 정보원의 구성을 전체적으로 파악할 수 있게 해줄 뿐 아니라 핵심정보원을 이용자에게 안내해 줄 중요한 수단으로서 도서관 서비스의 일부로 여겨져야 할 필요가 있다.

⑥ **연계 기능**

전통적으로 정보사서의 연계 기능은 이용자를 위해 개발한 도서관의 정책을 설명하기 위해 또는 효율적인 장서개발이나 교과과정의 특정 정보원과 정보탐색 도구의 개발에 협력하기 위해 'faculty team librarian', 'liaison librarian', 또는 'learning advisor'라는 명칭으로 강조되어 왔다. 원격교육이 활발하게 이루어지고 있는 현 교육환경에서는 강의를 수행하는 교수진과 정보사서의 연계가 더욱 긴밀해질 필요가 있다. 원격 교육 수강자들은 도서관 서비스와 정보원에 대한 대부분의 정보를 교육담당자로부터 얻게 되기 때문이다(Gandhi, 2003). 정보사서는 교과과정과 그 과제물에 가장 적합한 정보원을 학생들에게 지원해 주고 안내해 줌으로써 교과 과정의 개발 협력자로서 또는 학습의 파트너로서 이용자와 도서관 서비스와의 연계 기능을 강화시켜 나가야 할 것이다.

⑦ **연구 기능**
최근 연구 중심의 대학기관에서는 새로운 서비스를 개발하기 위한 프로젝트 기반의 업무 수행이 일반화되고 있다. 개인별 또는 팀을 이루어 외부 연구비로 프로젝트를 수행하는 기회가 늘어난다면 앞으로 연구 기능은 정보사서의 핵심적인 업무 활동이 될 것이며 연구팀원으로서 정보사서의 능력과 자질이 강조될 것이다(Pinfield, 2001, 37).

6.2 정보사서의 자격과 자질

장소로서의 도서관 개념이 기능과 서비스 개념의 도서관으로 바뀌게 되자 정보사서가 수행해야 할 역할과 기능도 변화하게 되었다. 그리고 역할과 기능의 변화는 사회가 요구하는 정보전문직의 자격과 그 전문직에 요구되는 능력과 자질의 문제를 재검토하도록 하고 있다.

6.2.1 정보사서의 자격기준

국내의 경우, 1963년에 공포된 도서관법에 의해 정보사서직이 전문직으로 인정되기까지 정보사서의 자격 향상을 위한 오랜 노력이 있어왔다. 그러나 전문직으로서 정보사서직의 수용은 아직 사회적으로 미흡한 편이어서 앞으로도 더 많은 노력을 필요로 하고 있다.

전문직의 조건은 첫째, 전문지식과 특수기술을 필요로 하며 둘째, 비전문직과 달리 전문지식과 특수기술을 뒷받침하는 실습과 연구가 계속되어야 한다. 그리고 셋째, 자신의 이익보다는 사회의 이익과 발전을 도모하는 사회 봉사직으로서 넷째, 사회가 인정해야 하며, 마지막으로 전문인의 이익과 권리를 옹호하기 위한 전문단체와 학문의 발전과 연구를 지원하는 학술단체가 구성되어 있어야 한다. 정보사서직은 이러한 전문직의 조건을 모두 갖추고 있지만 고도의 전문지식과 특수기술을 습득하는데 필요한 교육연한이 다른 전문직과는 달리 학부 4년의 문헌정보학 교육에 그친다는 점에서 정보사서직에 대한 사회의 이해와 인식이 결여되어 있는 편이다. 전문직의 모든 특성을 지니고 있다 해도 사회가 인정해 주지 않으면 전문직이 될 수 없는 것이다. 이러한 문제는 정보사서의 교육수준과 자격조건을 높이는 문제로 귀결되고 있다.

우리나라의 '도서관 및 독서진흥법'에서는 사서직을 1급 정사서, 2급 정사서, 그리고 준사서로 구분하고 있으며, 정사서 1급은 문헌정보학 박사학위 소지자를, 정사서 2급은 문헌정보학 학사 또는 석사학위의 소지자로 규정하고 있다. 전문직의 구분이 명확하지 않으나 실제로 국내에서는 2급 정사서를 전문직의 최저기준으로 간주하고 있다. 2급 정사서는 문헌정보학과를 졸업하거나 석사학위를 받은 자, 교육대학원에서 도서관교육 또는 사서교육을 전공하여 석사학위를 받은 자, 준사서 자격증을 소지하고 도서관 등 근무경력이 3년 이상인 자로서 지정 교육기관에서 소정의 교육과정을 이수한 자 등 대학에서 문헌정보학과를 졸업하면 전문직의 자격을 자동으로 부여받을 수 있고 전문대학 졸업자들도 소정의 과정을 거쳐서 정사서가 될 수 있는 자격 기준을 가지고 있다. 실제로, 국내의 대학사서 390명을 대상으로 교육배경을 조사한 한 연구결과를 보면, 학사가 63.3%로 가장 높은 비율을 차지하고 있고, 석사는 19.2%, 준학사는 16.45%, 그리고 박사학위 소지자의 비율이 1%인 것으로 나타나 있다(임동빈, 2001, 95).

그러나 미국이나 영국의 사서 자격 기준과 비교해 볼 때, 국내의 사서 자격 기준은 낮은 수준임을 알 수 있다. 미국의 경우, 사서의 교육은 대부분 공공도서관에 부속된 도서관학교를 통해 이루어졌으나 좀 더 학구적이고 전문적인 교육을 지향할 것을 주장하는 *Williamson Report*(1923)가 발표된 이후 1951년, 미국의 도서관 교육은 대학원 과정의 전문직 학문으로 확립되기 시작했고 사서의 자격조건은 ALA가 승인한 대학원의 교육과정을 수료한 문헌정보학 석사학위 소지자로 명시하게 되었다. 영국에서는 1987년 이후부터 문헌정보학/정보학 관련 학과에서 영국도서관협회가 인가한 교과과정을 이수한 학사 이상의 학위를 자격 요건으로 하고 있지만 그 이전까지는 학위취득 이외에 졸업 후 1년 동안 공인사서의 감독을 받으며 도서관의 실무 경험을 쌓도록 하였다. 영국의 사서 자격 기준에는 Associate of Library Association(ALA)와 Fellow of Library Association (FLA)가 있는데 최고의 사서 기준인 FLA는 ALA가 된 후 소정의 계속교육을 이수하고 전문적인 성취 능력을 증명하거나 인정받을 만한 출판물을 발표한 이후에 동료의 추천을 받도록 되어 있다(오경묵, 1999).

특히 다양한 주제 분야의 교육과 연구 활동을 지원하기 위해 방대한 지식정보를 체계적으로 수집, 정리하고 정보원과 이용자 사이의 정보 유통이 원활하도록 매개의 역할을 수행해야 하는 대학사서에게는 학문과 문헌에 대한 깊은 이해와 함께 고급 주제지식에 대한 자격 기준이 강조된다. 디지털 정보조사제공의 핵심 영역이라 할 수 있는 질문응답서비스, 정보이용교육, 장서개발, 원격교육, 전자정보원의 관리 등에 주제전문가의 지식과 기술을 대체할 방법은 없으며 고급 주제학위는 필수적인 것이라 할 수 있다.

독일의 'Referent' 즉, 주제전문사서는 독일 대학도서관에서 가장 높은 직급에 속하며 문헌정보학 전문자격에 덧붙여 주제 분야의 박사학위를 요구하는 것이 통례로 되어 있다(Biskup, 1977, 137). 미국의 경우, 학부의 전공과목을 전제로 한 대학원 과정의 사서 교육을 실시함으로써 주제 분야의 전문직 교육이 이루어지고 있고 정보전문직의 자격은 도서관의 관종이나 주제 분야에 따라 미디어 센터 전문가, 특수도서관 사서, 법학사서직, 의학사서직 등 사서의 자격과 자질이 구체화되어 있다(Special Library Association, 2003; American Association of Law Libraries, 2001). 대학사서의 채용 조건에서도 문헌정보학 석사학위가 최종학위이지만 문헌정보학 분야의 박사학위나 타 주제 분야의 고급 학위가 선호되고 있는 것이 현실이다.

1,213명의 미국 대학사서들을 대상으로 고급 주제학위에 대한 의견을 설문조사한 결과, 52.6%가 석·박사 주제학위를 가지고 있거나 수료 중인 것으로 나타났는데 고급 주제학위가 업무 수행에 필요한가에 대한 질문에 대해서는 18.05%가 반드시 필요하다고 응답하였고, 43.36%는 고급 주제학위가 요구되지만 일반적인 지식도 필요하다는 응답이었으며, 22.75%는 경우에 따라 주제 전문성이 요구되기도 하지만 일반적인 지식이 더 중요하다는 반응을 보였다. 그리고 15.50%의 응답자들은 주제 전문지식이 필요하지 않다고 답하였다(Mayer and Terrill,

2005). 고급 주제학위의 장점으로는 개인적 성취감, 구직 선호 조건, 업무수행 능력 개선, 높은 보수 이외에 교수와 학생들에게 높은 신뢰도를 인정받을 수 있고, 교수와의 연계 기능 측면에서도 유익하며, 각 주제 분야의 교육내용과 과정을 이해하는데 도움을 준다는 점들을 지적하였다. 그러나 정보사서의 기본 업무는 정보의 식별, 수집, 조직 그리고 정보의 접근을 가능케 하는 것이므로 정보학에 관련된 이론과 기술을 익히는 것이 주제지식을 높이는 것보다 더 중요하다는 주장도 있었다. 업무를 수행하면서 추가의 고급 주제학위를 취득하는데 시간과 경제적 뒷받침이 여의치 않으며 적합한 대학원 과정이나 원격교육 프로그램을 찾는 것 또한 어렵고 때로는 높은 학위가 자격과잉으로 보여 질 수도 있어 오히려 위협적인 조건이 되기도 한다는 현실적인 문제점들이 지적되기도 하였다.

정보사서의 자격이 문제시되는 또 다른 이유는 정보사서와 교수 간의 긴밀한 협력관계를 필요로 하는 업무의 효율성에 있다. 정보이용교육이나 장서개발 업무 등은 해당 교과과정의 목표와 교육방법, 교수의 연구관심 분야 그리고 학생의 학습능력과 방식에 대한 상호 이해를 바탕으로 하지만 정보사서를 동료로 인식하지 않는 국내 대학환경에서는 교과담당 교수와 그 주제 분야를 담당하고 있는 정보사서간의 유기적인 관계를 기대할 수 없다.

또한, 앞으로 정보이용교육의 수준이 전문화되고 대학의 정규과목으로 실시될 경우, 대학사서의 교육 기능은 더욱 강조될 것이다. 그러나 현재의 정보사서의 교육 조건으로는 효과적인 교육 프로그램의 개발과 운영 등에 요구되는 전문적인 지식과 교육기법을 충족시켜 줄 수 없다. 교수사서제가 적용되고 있는 미국의 대학도서관에서도 교수사서의 강의나 연구 기술의 중요성을 감안할 때 문헌정보학 석사학위와 제2 주제의 석사학위는 충분한 자격조건으로 볼 수 없다는데 대부분 동의하고 있다(Mayer and Terrill, 2005, 66). 전통적으로 정보사서들은 다른 분야 연구자들의 학술활동을 지원하는데 주력해 왔을 뿐 정보사서직의 전문성 발전을 위한 조사연구나 학술 활동에 관심을 기울이지 못했으며 이러한 태도는 정보사서가 사회에서 전문 집단으로 인정받지 못한 주요인이 된다고 할 수 있다.

따라서 업무수행능력이나 대학 내에서의 신뢰도 또는 학자로서의 자질 확립 측면에서 정보사서의 적절한 자격 조건에 대한 강화 문제가 논의될 필요가 있다.

정보사서의 전문성을 확립할 수 있고 질적 수준을 향상시킬 수 있는 가장 이상적인 방법은 미국에서처럼 학부 4년 동안 특정 주제를 공부하도록 하고 대학원 과정에서 문헌정보학 교육을 실시하여 주제 분야의 학사학위 이상과 문헌정보학 석사학위 이상을 정보사서의 자격 조건으로 하는 것이다. 또는 학부과정에서 부전공 제도를 의무화하고 문헌정보학 석사학위 이상으로 규정한다면 학부에서 문헌정보학을 공부하는 동안 부전공이나 복수전공을 통해 특정 주제 분야의 정보원의 형태 및 내용상의 특성과 지적 규범을 이해할 수 있는 기회를 갖게 되므로 부분적이나마 정보사서의 주제전문성을 발전시킬 수 있는 추가의 효과를 기대할 수 있을 것이다.

6.2.2 정보사서의 자질

6.2.2.1 정의와 관련 용어

자질이란 인격적 특징으로서 구비하여야 할 조건이나 교육과 훈련을 통하여 개발되어야 할 일반적 특질을 의미하는 것이며 자격이란 자질을 행정적으로 인정하는 것이다.

자질은 전문직의 자격, 교육, 성과의 평가 측면에서 중요한 논제로 다루어지고 있다. 새로운 정보원과 서비스의 개발, 다양한 관리업무 방식 그리고 이용자의 요구와 기대치의 증가 등 최근 10여년 사이 급격한 변화가 일고 있는 디지털 도서관 환경에서 정보사서의 자질 문제 역시 정보조사제공의 효율성을 대변하는 중요한 요소가 되고 있다.

정보사서의 자질은 정보사서가 정보 전문직의 주요 업무를 효과적으로 수행하는데 도움을 주는 핵심적인 지식과 기술 그리고 개인적 특성으로 정의된다 (Willis and Dubin, 1990, 1~7). 한편, 미국전문도서관협회(Special Library Association)에서는 정보사서의 자질에 대하여 '조직의 성공과 개인의 성취 그리고 직업 발전에 중요한 기술, 지식 및 행동의 결합'이라고 정의하고 있다(Special Library Association, 2003).

6.2.2.2 자질의 요소

이용자의 요구를 이해하고, 정보를 조직하며 효과적인 정보의 접근을 가능하게 하는 전문가로서 정보사서에게 요구되는 자질의 범주에는 사회와 기술의 변화에 따른 정보사서의 역할 변화가 반영되어 왔다.

전통적으로 도서관 업무에 수행에 적합한 정보사서의 일반적인 자질들로서 ① 문헌정보학의 지식과 기술에 대한 훈련이 잘되어 있어야 하고, ② 일반적인 지식 이외에 특정 주제 분야의 전문지식을 소유하여야 하며, ③ 교육에 관한 깊은 이해, ④ 효과적인 의사소통에 필요한 성품과 전문적인 태도, ⑤ 명석한 판단력과 협조정신 그리고 ⑥ 한 가지 이상의 외국어에 능통하기를 요청받았다(Kaldor and Jackson, 1975, 200; 유형승, 1968, 5~7).

1980년대의 도서관 자동화와 함께 온라인 정보검색 시스템의 활용이 활발해졌을 때에는 이용자의 정보요구에 적절한 데이터베이스를 선정할 수 있는 지적 분석 능력과 다양한 데이터베이스의 특성을 평가할 수 있는 능력, 탐색 전략과 이용자 프로파일을 작성할 수 있는 능력 등이 강조되기도 하였다(Bonta, 1983, 507).

한편, 전문가시스템이나 자연언어 처리가 가능한 지식기반 시스템의 지식베이스를 제작하고 활용시키는 '지식공학자'로서 정보사서는 전문용어에 대한 지식, 컴퓨팅 및 프로그래밍 지식과 함께 뛰어난 대화기술, 새로운 지식을 습득할 수 있는 지적 능력, 해당 분야 전문가의 협력을 유도해낼 수 있는 섭외능력, 팀원들과의 협력을 통해 문제를 해결해 나가는 인내와 친화력, 지루한 연구개발과정을 극복할 수 있는 끈기, 다양한 개발도구를 융통성 있게 활용할 수 있는 응용력과 창의력, 도전적이고 자신감 있는 태도 등의 자질들이 요구되었다(Hart, 1989, 44~46).

1990년대에 들어서면서 급격한 환경변화에 대응하기 위한 환경 변화의 분석 능력과 문제해결 능력, 조직 변화의 대응 능력, 정보기술 능력 등이 강조되기 시작했다.

미래의 도서관을 지식제공기관으로 정의한 김성혁(1993, 65~85)은 지능형도서관을 구축해 갈 정보사서의 자질로 첫째, 정보사회의 기반기술인 컴퓨터와 통신에 관한 지식과 경험이 있어야 하며 둘째, 멀티미디어로 된 정보와 지식을 처리할 수 있어야 하고 셋째, 정보와 지식을 매체 또는 전문가로부터 추출할 수 있어야 하며 넷째, 정보와 지식의 특성, 의미, 구조, 표현 방법들을 알아야 하며 다섯째, 어떤 유형의 이용자와도 대화할 수 있어야 하며 여섯째, 논리적이고 수학적인 배경이 있어야 하며 마지막으로 새로운 정보기술에 대하여 끊임없이 연구하고 이를 도서관에 구현시킬 수 있어야 한다고 주장하였다.

한편, 시대와 환경의 변화에도 불구하고 정보조사제공 업무에 변함없이 요구되는 기본적인 정보사서의 자질들도 있다.

Buttlar와 DuMont(1989, 15~16)가 1989년에 현장사서들을 대상으로 정보전문가로서 정보사서가 갖추어야 할 주요 자질들을 조사한 연구결과에 의하면, ① 서지도구에 관한 지식(85%) ② 이용자와의 대인관계(70%) ③ 정보자료의 선택과 평가(65%) ④ 정보면담 수행능력(64%) ⑤ 정보를 찾고자 하는 이용자에 대한 인적 도움(59%) 순으로 나타났으며, 1996년에 수행된 동일한 목적의 연구(Buttlar and DuMont, 1996) 결과에서도 정보원에 대한 지식과 주제지식, 정보면담 기법, 커뮤니케이션 기술과 논리적이고 창의적인 사고력, 교육 능력 등이 여전히 중요하게 인식되고 있음을 확인하였다.

사회가 요구하는 정보사서의 자질은 채용공고를 통해서도 확인할 수 있다. 정보사서의 채용공고에 나타난 필수적인 자격 요건 이외에 선호되는 요건들을 살펴보면, 수서의 전문성, 기술 서비스, 출판 지식, 회계, 연구와 학술 활동 등 업무관련 능력 이외에 독자적 또는 협력 업무 수행 능력, 환경변화의 적응력, 다인종, 다문화 환경에 대한 관심, 효과적인 커뮤니케이션 기술 등의 자질들이 요구되고 있다.

1990년대 후반부터는 디지털 도서관의 정보 관리와 서비스에 요구되는 새로운 정보사서의 자질들이 언급되기 시작했는데 Newton과 Dixon(1999)은 인터넷을 이용한 전자정보원의 배포, 인터넷 정보원의 분류와 목록, 전자정보원의 접근 능력 강화, 이용자 관련 사이트의 개발과 관리, 탐색 엔진이나 도구의 다양성과 장단점의 활용, 효과적인 탐색 전략을 수립할 수 있는 지식, 교육 프로그램의 개발과 관리 능력의 중요성을 강조하였다

한편, Lancaster(1999)는 정보기술을 지나치게 중시하게 되면서부터 이용자와의 직접적 접촉과 같은 요소들에 대한 관심이 상대적으로 낮아지고 있음을 지적하고 정보사서의 여러 자질들 중 이용자 요구를 어떻게 식별하고 평가하며 이해하고 그것을 어떻게 만족시켜 줄 것인가가 정보사서의 기본적인 역할임을 다시 한 번 강조하였다.

정보사서의 지식 경영 능력을 강조한 Ward(1999, 245)는 정보사서의 주요 자질로 경영지식, 조직내외의 자원에 대한 지식, 지식정보경영, 리더십, 프로젝트 경영 능력, 의사소통 능력, 이윤 및 가치의 측정 능력 등을 강조하였다.

2000년대에 들어와 유비쿼터스 컴퓨팅 시대라는 제2기의 정보화시대가 도래하면서 21세기의 정보전문직이 갖추어야 할 능력들이 재정립되고 있으며 자원개

발 능력, 정보서비스 관련 능력, 각종 정보기술 활용능력, 경영 능력, 기술서비스 능력, 대인관계 기술 및 커뮤니케이션 능력 등 다양한 영역의 능력들이 논의되고 있다(홍현진, 2000, 282~287).

최근에 수행된 바 있는 Washington State Virtual Reference Project에서는 디지털 정보조사제공을 운영하는 정보사서가 개발해야 할 핵심 기술과 능력, 태도를 다음과 같이 열거하고 있다(Hirko and Ross, 2004).

① 디지털 정보조사제공의 수행을 통해 전문가로서의 성취감 획득
② 숙련된 키보딩(Keyboarding) 기술
③ 온라인 커뮤니케이션 기법과 예절
④ 미리 준비한 메시지 등을 활용한 효율적인 질문응답서비스 수행 능력
⑤ 인터넷 검색 기술, 특히 최선의 탐색시작점 선택 능력
⑥ 도서관 데이터베이스를 포함한 각종 정보원의 효율적인 검색 능력
⑦ 정보의 식별과 이용, 평가에 비평적 사고능력을 적용할 수 있도록 이용자 지원
⑧ 이용자와의 효과적인 상호 브라우징 수행 능력
⑨ 온라인 정보면담의 평가와 개선 전략 수립
⑩ 다수의 윈도우와 멀티 업무 처리 능력,
⑪ 기술적인 문제를 파악하고 설명하며 해결할 수 있는 능력
⑫ 온라인 정보면담 정책의 개발과 적용 능력
⑬ 정보조사제공 업무 수행에 요구되는 기술을 향상시키기 위한 동기부여와 지속적인 학습

이와 같이 정보사서의 자질에 대한 중요성과 다양한 범주에 대한 여러 학자들의 주장이 제시되어 왔지만 정보사서가 지녀야 할 자질에 관한 논의가 이론적으로 체계화되거나 뚜렷한 모형으로 정립되지는 못하고 있다. 대표적인 기준의 예로는 ALA의 RUSA(Reference and User Services Association)에서 개발하여 발표한 정보사서의 전문직 자질 리스트(Competency List(RUSA Task force on Professional Competencies, 2003))와 개인적 자질과 전문직 자질로 구분하여 정보사서의 자질을 제시하고 있는 미국전문도서관협회(Special Libraries Association, 2003)의 기준을 들 수 있다.

지금까지 살펴 본 여러 학자들의 의견을 종합하여 정보사서의 자질을 구성하는 지식과 능력, 인성들을 살펴보면 다음과 같다.

① **일반지식**

정보사서는 정보의 전문가로서 무엇보다 정보원에 대한 풍부한 지식을 필요로 한다. 여기에는 정보원의 유형에 관한 지식 뿐 아니라 양질의 정보원을 선정, 입수, 조직, 배포, 관리 하고 보존하는 것과 관련된 광범위한 영역의 지식이 포함되며 이러한 지식은 이용자에게 적절한 정보를 제공함으로써 이용자의 요구를 만족시키는데 필수적인 정보사서의 기본적인 능력이다.

② **주제지식**

정보사서는 정보원에 대한 식별과 자원화를 위해서 특정 주제 분야의 학문적 개념에 대한 이해는 물론 주제 분야별 이용자의 정보요구, 정보원의 유통 현황, 학문의 발전에 영향을 미치는 내외적 변화 등을 파악하고 있어야 한다. 우리나라의 경우 보통 인문, 사회, 자연과학 등의 학문영역을 기준으로 주제자료실을 운영하고 있지만 해당 주제 분야의 지식을 갖추고 그 분야의 학문적 체계나 동향을 파악하여 심도 있는 주제별 정보조사제공을 제공해 주지 못하고 있는 실정이다. 정보사서의 주제지식은 해당 주제 분야의 체계적이고 균형 있는 장서개발과 정보이용교육, 그리고 질문응답서비스의 기능을 향상시키는데 중요한 자질이라 할 수 있다.

③ **정보기술의 활용능력**

정보사서는 도서관의 웹사이트를 개발하고 유지할 수 있는 콘텐츠 관리자와 웹마스터로서 정보기술에 대한 이해와 활용기술을 갖추어야 한다(Demas, 1994). 전자정보원의 수집과 제공, 전자우편과 푸시기술을 이용한 SDI 서비스, 온라인상의 이용자 지원 서비스, 인터넷을 이용한 정보이용교육을 수행하는데 필요한 컴퓨터 이용 기술과 각종 정보전달 매체의 활용법, 정보망의 이용법, 새로운 통신기술의 사용법 등 정보기술을 활용할 수 있는 능력을 지녀야 한다.

④ **커뮤니케이션 능력**

정보사서에게는 정보전달자로서 또는 다양한 이용자 집단이나 조직과의 연계 기능을 수행해야 하는 정보전문가로서 탁월한 대인 기술이 요구된다(Moore, 1996). 효과적인 커뮤니케이션 기술은 이용자와의 상호작용, 도서관 조직 내 동료나 상사와의 관계, 대외적 이해 당사자들과의 협력에서 매우 중요한 부분을 차지하고 있다. 특히 이용자와 정보사서간의 의사소통 능력은 성공적인 정보조사제공에 필수적인 요건으로 인식되어 왔다. 전화나 면대면 커뮤니케이션 방식 이외에 전자우편이나 채팅 방식의 질문응답서비스가 활발해지면서 이용자와의 상호작용은 더욱 복합적인 커뮤니케이션 능력을 요구하고 있다. 언어적, 비언어적 커뮤니케이션 기법을 활용한 정보면담 기법 이외에 문어적 커뮤니케이션 기법이나 키보딩(Keyboarding) 기술, 적절한 아이콘 사용 등 효과적인 온라인 커뮤니케이션 기술의 중요성이 커지고 있다. 그 외에도 도서관 업무 수행과 관련된 프레젠테이션 능력과 안내 자료나 보고서 작성에 필요한 문서 커뮤니케이션 능력 또한 정보사서의 주요 자질로 강조되고 있다(Buttlar and DuMont, 1996, 47~48).

⑤ **교육과 연구능력**

정보이용교육의 필요성이 점점 더 커지면서 정보사서의 교육 능력은 핵심적인 자질이 되고 있다. 전통적으로 서지 교육 담당사서가 이용자 교육을 담당해 왔으나 최근에는 모든 정보사서들이 각 영역의 주제와 관련하여 정보의 식별과 이용, 그리고 평가에 요구되는 이용자의 비판적 사고력을 증진시키기 위한 교육을 제공하고 있다. 정보사서는 이용자의 정보접근을 도와 줄 수 있는 다양한 교육내용을 편성하고 효과적인 교육방법을 개발하며 교육의 결과를 평가할 수 있는 능력과 아울러 가르치는 기술과 방법에 대한 전문성을 지녀야 한다. 정보사서는 또한 독자적인 연구나 특정주제에 관한 공동연구의 기능을 성공적으로 수행하기 위해서 전문적인 연구기술을 습득할 필요가 있다. 전반적인 프로젝트 관리 능력과 함께 이용자의 정보요구를 식별하고 서비스를 개발하며 그 효율성을 평가하고 홍보하는데 적용할 수 있는 설문, 전문가 집단, 면담 등과 같은 다양한 연구조사 기법에 대해서도 충분한 활용지식이 있어야 한다.

⑥ **경영능력**

지식경영의 중요성이 대두되면서 정보사서의 전략과 정책의 수립, 적합한 경영기법의 활용 능력을 포함하여 도서관 내외부의 새로운 기회와 도전을 분석하고 우선순위를 판단할 수 있는 경영 능력이 강조되고 있다. 지식경영은 조직의 구조적 자산과 인적 자산으로 최대의 생산성과 가치를 창출할 수 있도록 체계적으로 지식을 관리하는 전략이다. 따라서 정보전문직은 지식경영을 포괄하고 이를 효과적으로 수행하기 위해 필요한 지식을 결정, 평가, 조직해야 하는 촉매자의 기능을 수행해야 하며 그 능력을 갖추어야 한다.

⑦ **인성과 태도**

이용자와 이용자의 정보요구는 정보조사제공의 핵심요소이다. 정보사서는 무엇보다 사람을 좋아하고 이용자의 정보요구에 민감해야 하며, 이용자의 질문을 제대로 해석하고 적합한 답을 찾는데 요구되는 논리적 사고력과 판단력을 지녀야 한다. 새로운 것을 발견하고자 하는 창의력과 자신감, 정서적 안정감, 인내심, 호기심 역시 정보사서가 지녀야 할 긍정적인 인성으로 지적되고 있다. 또한 이용자에 대한 무한한 헌신과 사회적 자부심, 업무에 대한 열정, 동료나 후배에 대한 배려, 변화에 능동적으로 대처할 수 있는 유연하며 긍정적인 태도가 필요하다.

이러한 능력과 자질들은 문헌정보학 교육을 받는 학생들이 습득해야 할 기술과 지식의 범주를 제공할 뿐만 아니라 현장의 정보사서들이 계속적인 교육을 통해 획득할 수 있는 능력의 구체적인 지침이 될 것이며, 채용의 도구나 훈련 교육 프로그램 설계의 근거 또는 업무수행능력 평가의 도구로 활용될 수 있다.

6.3 정보사서의 교육

1957년 최초로 대학에 정규교육과정이 개설되면서 시작된 우리나라의 도서관학 교육은 1980년대에 이르러 정보화 사회에 적합한 정보사서들을 배출하기 위한 전환기를 맞이했었고, 학과명을 문헌정보학과로 개칭하면서 교육의 내용과 질적 수준의 향상을 도모해왔었다. 디지털 도서관의 출현은 정보전달의 중추적 역할을 담당했던 정보사서들에게 또 다시 전문직의 위기를 가져다줌과 동시에 정보사서직이 확고한 전문직으로 인식되기 위한 전문직 교육의 변화를 요구하고 있다. 지난 사반세기 동안 도서관은 다양한 정보매체와 정보접근 방식, 이용자와의 커뮤니케이션 방식의 변화를 경험해 왔다. 이 변화는 장소로서의 도서관 개념을 기능과 서비스 개념의 도서관으로 바꾸었고, 정보사서가 수행해야 할 역할과 기능에 영향을 미쳤으며, 정보사서의 자격과 교육의 문제를 재정립하도록 하였다.

정보사서의 역할을 효율적으로 수행하기 위해서는 지식과 기술의 습득이 필수적이며 그 기반은 교육과 훈련을 통해 이루어진다. 그리고 그 교육과 훈련은 정보전문직의 자격 요건에 부합하는 것이어야 하며 시대적 요구와 현장의 요구를 반영한 것이어야 한다.

정보사서직의 전문성을 확립시키기 위해 제공되고 있는 교육과 프로그램은 공식적 자격 취득을 위한 대학의 정규교육과 전문지식 및 기술을 함양할 수 있는 계속교육 프로그램으로 나눌 수 있다.

6.3.1 대학의 정규교육

전문직의 요건 중 하나는 그 직업을 수행하는데 전문지식이 필요하고 그 전문지식은 최소한 고등 교육기관에서 이수하여야 한다는 것이다. 정보사서의 자격요건을 갖추기 위해서는 소정의 교육과정을 이수해야 하는데 우리나라의 공식적인 정보사서직 교육기관은 4년제 대학교의 문헌정보학과와 대학원을 포함하여 교육대학원 그리고 지정교육기관이 있으며, 대학교의 학부에 설치된 문헌정보학과들이 주 교육기관으로서 전문직 사서의 양성 기능을 수행하고 있다.

1946년 국립도서관에 조선도서관학교(후에 국립도서관학교로 개칭)가 창설된 것을 우리나라의 근대적 도서관 전문사서 교육의 시초로 여길 수 있으나 대학 정규 과정으로 도서관학과가 창설된 것은 1957년이다. 우리나라에 문헌정보학 교육이 도입된 지 50여 년이 지난 2005년 12월 현재, 전국적으로 32개 대학교와 7개 전문대학에서 문헌정보학 교육이 실시되고 있으며, 석사과정은 25개 대학교에서, 박사과정은 11개 대학교에서 실시되고 있어 양적인 규모로 본다면 부족함이 없는 교육환경이라고 할 수 있다. 그러나 교육의 질적 내용은 해당 전문직에 대한 사회의 기대 역할에서 파생되는 것으로서 교육의 목적을 달성하는데 더 중요한 요소가 된다.

문헌정보학의 교육 목적은 디지털 정보사회가 요구하는 정보전문가를 양성하는 것이며 구체적으로는 정보전문직의 업무를 성공적으로 수행할 수 있도록 정보사서의 능력과 자질을 함양시키는데 그 목표를 두고 있다. 대학의 교과과정은 이러한 목적을 반영하여 다양한 유형의 전문직에 대한 사회의 요구를 충족시키기 위한 것이다. 따라서 문헌정보학 교육기관은 사회가 요구하는 정보사서의 역량과 기술의 변화에 따라 교육의 역할과 교과과정을 재정립할 수 있는 융통성을 지녀야 한다.

최근 이러한 경향은 더욱 뚜렷해지고 있는데 '문헌정보학과'의 명칭을 정보개념이 보다 강화된 '정보학과'로 바꾸는 상징적인 변화나 교과목의 확장 또는 전문주제 교육의 실질적인 강화를 통해 정보사서의 교육 전반에 대한 변화를 시도하고 있다(Marcum, 1997, 35~39.) Michigan 대학교에서는 학생들에게 정보시스템을 중심으로 한 교육과정을 강조하고 있으며 심리학, 컴퓨터공학, 경제학, 경영학, 행정학 등의 강의를 수강하도록 하고 있다. Drexel 대학교에서는 정보시스템을 중심으로 한 광범위하고 학제적인 교과과정을 재구성하였으며 모든 학생들은 실질적인 정보제공 업무를 최소한 18개월간 수행하도록 하고 있다. Illinois 대학교의 경우에도 학생들이 정보상담자로서의 역할을 준비할 수 있도록 연구팀원으로서 정보내용을 분석하고 제시하는 학생들의 능력 향상을 도모하고 있다. Florida 주립 대학교에서는 실무에 활용할 수 있는 실질적인 지식을 함양할 수 있도록 타 학과에서 이미 개설중인 정보학 관련 모든 교과목을 수용하는 학제적 교과과정을 운영하고 있다.

문헌정보학의 교육 목표가 공학기술, 경영학, 경제학 등 사회의 새로운 관심과 기준에 적응하지 못한다면 문헌정보학 교육기관의 입지는 약화될 수밖에 없을 것이다. 1887년, 최초의 문헌정보학 교육을 시작하여 120여 년의 역사를 지니고 있는 미국의 경우, 실제로 많은 문헌정보학 학교가 문을 닫았으며 상당수의 학교에서는 관련학과나 다른 교과과정에 문헌정보학 교육과정을 통합시키고 있다. 문헌정보학 교육의 목표가 도서관을 더 이상 정보사서직의 유일한 장으로 여기지 않게 되자 정보사서를 배출하기 위한 교육이나 훈련과정도 불필요해진 상황이 발생하게 된 것이다(Marcum, 2003, 639~640).

국내의 문헌정보학 교육에서도 현장과 밀접하며 특성화시킬 수 있는 교과과정의 개발이 요청되고 있지만 학문적 특성을 반영하면서 전문직의 정체성을 확립할 수 있는 교과과정의 설계는 정보전문직 교육의 가장 어려운 문제로 인식되고 있다(구본영, 2002).

디지털 정보사회가 요구하는 국내 문헌정보학 교육의 개발 내용을 살펴보면 주제전문성의 강화, 교육 기법과 마케팅 그리고 정보기술의 강화로 요약될 수 있다.

(1) 주제전문성

주제전문화는 이용자에게 효과적이고 체계적인 서비스를 제공함으로써 정보조사제공의 기능을 극대화할 수 있는 이상적인 서비스 방식으로서 그 효율성은 주제전문사서의 능력과 자질에 달려있다. 그러나 우리나라의 문헌정보학 교육에는 주제전문사서의 양성이 현실적으로 제도화 되어 있지 못한 실정이다. 미국의 경우, 주제전문가로서 정보사서의 최저수준을 확보하기 위한 방안으로 문헌정보학 대학원에서 이중 석사학위 프로그램(Joint or Double Degree programs) 즉, 학생들이 문헌정보학과 제2 주제 분야의 석사과정을 2년 혹은 그 이상 이수하도록 하는 프로그램을 개설하고 있다(Stueart, 1981, 6~16). 그러나 학부에서 타학문의 전공과정을 거치지 않고 문헌정보학 전공교육이 이루어지고 있는 우리나라의 경우에는 문헌정보학과 제2 주제 분야의 학문적 배경을 지닌 주제전문사서의 정보조사제공을 기대하기 어려운 실정이다.

주제전문사서제에 전혀 문제점이 없는 것은 아니다. 장서개발 측면에서 주제사서가 '우리 교수진', '내 주제영역'과 같은 주제지향성이 높은 의견을 강조하다보면 전체의 장서개발이 어렵게 될 수도 있다. 또한, 디지털 도서관 환경에서는 주제지식보다는 네트워크 기술이 더 강조되므로 주제전문가의 역할이 덜 중요해질 것이라는 예측들도 있다(Law, 1999; Martin, 1996). 그러나 디지털 시대의 정보전문직으로서 정보사서의 정보기술력이 높이 평가되고 있지만 정보전문직은 인간 중심 즉, 이용자 중심의 전문직이라는 사실을 고려할 때, 정보사서는 이용자 중심의 서비스를 제공하는데 주력할 필요가 있다(Gorman, 1999, 2).

주제전문사서제의 주요 장점은 이용자 중심의 서비스가 가능하다는 것이다. 주제전문사서는 도서관과 학과의 접촉을 촉진시키는 유일한 접근점이 된다. 그 과정에서 정보사서는 이용자의 요구를 구체적으로 파악할 수 있고 그 내용을 도서관 서비스 정책에 반영시킬 수 있다(Pinfield, 2001, 36). 주제전문사서제는 정보원이나 서비스의 개발에 변화하는 이용자 요구를 적극적으로 반영함으로써 이용자 중심의 도서관 서비스를 강화할 수 있는 매우 효과적인 방법이라 할 수 있다.

국내에서도 주제전문사서제의 필요성과 도입 방안에 대한 논의는 1960년대부터 계속되어 왔으며(강미혜, 2002; 정동열, 2002; 한상완, 1986, 117~125; 손정표, 1969), 주제전문가를 양성하기 위한 이중 석사학위 제도나 계속 교육 방안이 제시된 바 있지만 현실적으로 구체화되지는 못하고 있다(엄영애, 1998; 구자영, 1979).

현재 국내에는 의학 분야의 주제전문사서를 양성하기 위해 학부과정에 의학서지나 의학 용어에 관한 교과목을 개설하고 있는 문헌정보학과(윤영대, 2003)가 있으며, 법률주제전문사서의 양성을 위해 문헌정보학과 대학원에 법률사서 전공과정을 설치하자는 의견이 논의되고 있다(홍명자, 2001). 문헌정보학과 주제 분야 석사이상의 수준이 주제전문가의 가장 이상적인 자격수준이라 할 수 있지만 교육제도의 개혁 없이는 현실적으로 충족되기 어려운 조건이다. 이런 상황에서 주제전문사서의 양성 방안으로 가장 많이 언급되었던 것은 부전공 또는 복수전공 제도를 통한 주제 지식의 습득이었다. 1996년 전후로 국내 대학에 학부제가 도입되면서 학부과정에서 문헌정보학 전공자가 다른 분야의 주제 배경을 가질 수 있는 교육적 기회를 가질 수 있게 되었다.

(2) 교육 기법

문헌정보학 교육에는 정보이용교육의 주체로서 교육을 전담할 수 있는 정보사서의 전문적 지식 뿐 아니라 교육자에게 요구되는 교육 기법을 배울 수 있는 교육 내용이 강화될 필요가 있다.

앞으로 정보이용교육의 수준이 더 전문화될 것을 고려하여 컴퓨터 소프트웨어 응용과 하드웨어 이용에 관한 지식도 정보이용교육의 전문지식에 포함시켜야 할 것이다. 점차 정보이용교육의 범위가 확대되면서 여러 학문분야에 공통적으로 적용되는 컴퓨터 기술과 응용과정에 대한 교육이 일반화되고 있기 때문이다(Douglas 1999). 한편, 우리나라 대학사서들은 고등학교 교사들의 학력과 대등한 학력을 소유하고 있지만 교수(teaching) 수준에서는 교사들의 교수기법보다 오히려 더 미흡한 편이다. 정보사서가 효율적인 정보이용교육을 수행할 수 있도록 하기 위해서는 전문지식을 전달하는 교수방법의 이론과 실제의 중요성도 문헌정보학 교육 과정을 통해 강조되어야 할 것이다.

(3) 마케팅 전문지식

가상공간의 원격이용자들을 대상으로 새로운 정보조사제공 방식을 고안하고 적용하기 위해서는 정보사서의 마케팅 전문지식과 기술이 필수적이다. 마케팅이란 경영기술의 하나로서 특별한 구성원의 요구를 확인하고 그 요구를 만족시키기 위한 봉사나 생산물을 창조해 내는 것이다. 따라서 정보사서에게 마케팅은 도서관 서비스를 알리고 선전하는 것 이상의 활동이라 할 수 있다. 정보사서의 마케팅 능력은 의사결정을 위한 정보의 식별, 수집, 분석과 해석 그리고 프로그램 자체의 평가를 포함하는 것으로서 이용자의 요구를 체계적으로 파악하고 그에 따른 정보조사제공을 계획하며 평가하기 위해 요구되는 기본적인 능력이라 할 수 있다. 정보사서의 마케팅 기법을 강화시키기 위해서는 마케팅의 의의와 기법을 다룬 마케팅 관련 핵심 교과과정이나 경영학 관련 전문 프로그램들을 문헌정보학 교과과정에 반영시킬 수 있어야 한다.

(4) 정보기술

정보전문가는 정보의 수집, 가공, 축적, 제공 등 다양한 업무에 정보처리기술을 활용할 수 있는 능력을 끊임없이 요청받아 왔으며, 인터넷을 포함한 전자정보원의 접근과 이용이 활발해진 디지털 도서관이 발전하면서 정보사서의 기술이용 능력은 더욱 강조되고 있다. 디지털 도서관의 정보사서는 각종 정보매체의 특성을 충분히 이해하고 있어야 하며, 컴퓨터 정보처리 기법과 통신에 대한 깊은 이해를 필요로 한다. 각 전자정보원의 구조 뿐 아니라 그 정보원 이용에 따른 소프트웨어에 대한 학습이 요구되고 있고 텔레커뮤니케이션, 멀티미디어 시스템, 이용자 중심의 인터페이스 디자인 그리고 웹 출판 등 새로운 정보기술 영역의 지식과 기술을 배워야 한다.

특히 대학의 원격교육이 일반화되면서 원격교육 지원서비스를 전담하는 정보사서의 역할이 부각되고 있으며, 원격교육사서(Distance Education Librarian)에게는 온라인 장서개발과 정보이용교육, 질문응답서비스, 마케팅 업무 등을 운영할 수 있는 다양한 인터넷과 웹 활용기술이 요구되고 있다(Hoerman and Furniss, 2001, 248).

문헌정보학 정규교육과정에서는 정보전문가의 업무수행에 사용할 기초적인 컴퓨터 기술뿐 아니라 정보이용교육에 활용되어야 할 전문지식에서부터 시스템의 문제를 해결하는데 적용할 수 있는 문제해결 기술에 이르기까지 정보사서의 정보기술에 대한 이해와 이용능력을 강화시키는 교육 프로그램을 반영시켜 나가야 할 것이다.

6.3.2 계속교육

계속교육(Continuing Education)이란 용어의 의미는 평생교육(Lifelong Education)이라는 교육학의 용어를 Paul Legrand가 자국어인 불어로 L'education permanent로 표현한데서 비롯되었다. 성인을 위한 기초교육의 의미로 사용되어 오던 평생교육은 이후 변화하는 환경에 적응하면서 삶을 영위하기 위해 일생동안 교육받아야 한다는 개념으로 발전하였다.

문헌정보학 용어사전의 정의를 살펴보면, 계속교육이란 "도서관, 기타 정보기관의 직원들로 하여금 지식 또는 기술을 계속 향상시키고 개발하기 위한 교육이다"라고 정의되어 있다(사공철 등저, 1996). 정보전문직의 계속교육은 학위를 얻기 위한 정규교육이나 직업을 얻기 위한 준비교육이라기보다는 정보사서의 자격을 얻은 후에 일정한 전문분야에서 활동하던 중 새로운 영역으로의 발전과 확장을 위하여 개인 각자가 전문적인 교육과 훈련을 받는 모든 학습활동을 의미한다고 볼 수 있다. 또는, 보다 확고한 전문직으로 인식되기 위해 지속적으로 새로운 전문지식과 기술을 습득하거나 더 나은 업무수행을 위해 능력을 개발하는 활동으로도 정의될 수 있다.

정보환경이 변화하고 이용자의 정보요구와 서비스가 다양해짐에 따라 정보전문직에 요구되는 지식과 기술의 범위 또한 다양해지고 있다. 그러나 문헌정보학 학부과정에서 제공되고 있는 정규교육과정의 기초 이론과 실습으로는 이러한 사회적 변화와 요구에 적절히 대응하기 어려운 실정이다. 이와 같은 문제는 학부제나 복수전공제의 실시와 함께 최소 전공 이수학점이 현행 전공 이수학점의 약 2/3로 줄어드는 결과를 가져오게 되면서 더욱 가중될 것으로 보인다(장혜란, 1997, 8).

따라서 계속교육은 오래 전에 문헌정보학 교육과정을 마친 정보사서나 새롭게 현장실무를 접하는 정보사서 모두에게 자기 발전을 도모할 수 있는 유용한 기회라 할 수 있다. 문헌정보학의 이론적인 교육 내용과 현장의 실무 사이에 존재하는 차이를 메워줄 뿐 아니라 끊임없이 변화하는 지식과 기술의 퇴화를 막아

주고 업무수행능력과 자질 향상에 직접적으로 기여할 수 있는 계속교육은 정보사서직의 유지와 발전에 필수적인 요소로 인식되어야 할 것이다.

(1) 계속교육의 유형

계속교육의 유형은 교육기간, 장소, 참여하는 정보사서의 조건에 따라 여러 형태로 구분될 수 있으나 일반적인 구분은 공식 교육과 비공식 교육으로 나누어진다.

① 공식 교육

공식 교육의 목적은 정보사서의 이해력과 지식, 기술을 증진시키기 위해 체계화된 전문직 교육을 제공하는 것이다. 공식적인 교육기관 또는 전문협회나 학회에서 시행하는 전문직 계속교육 프로그램으로서 교육과정은 대학원의 학위나 연구과정, 문헌정보학과가 있는 대학에서의 위탁교육과정, 사서교육원의 학점제 과정 등으로 구성되어 있다.

교육기간은 대학의 정규교육과정보다 짧고, 교육대상을 일정한 순서로 나누어 시행하므로 교육의 계획과 조정이 용이하다. 교육유형은 연구과정, 국내외 선진 도서관의 방문이나 견학을 통한 현장학습, 관내에서 각 분야의 전문가를 초청하여 전문지식을 습득하는 연수나 세미나, 업무 개선 보고회, 발표회 등이 있다.

② 비공식 교육

비공식 교육의 목적은 공식 교육과 동일하며, 공식적인 교육기관이나 전문협회에서 제공하는 교육과정 이외의 모든 교육활동들이 비공식 교육에 포함된다.

교육유형은 학술회의 참석, 동료들과의 토론, 전자우편을 이용한 토론 그룹 참여, 전문 학술지 읽기, 관내 연구 프로젝트 수행 등 엄격한 시간표에 의존하지 않는 다양한 활동들로 구성되어 있으며 개인적인 자기개발 방법으로 어학연수나 특정 주제의 강좌를 수강할 수도 있다. 각종 학술대회나 세미나, 심포지엄, 도서관 관련 회의 등에 참여하여 최신의 지식을 습득한 후 보고회나 발표회를 통해 지식을 공유하는 교육유형도 있다.

(2) 계속교육 기관

① **국립중앙도서관**

국립중앙도서관은 정보사서직 전문교육훈련 기관으로서 현직 정보사서의 자질을 향상시키기 위해 정보사서직 실무자 직무교육을 연차적으로 실시하고 있다. 전문교육과정으로 도서관행정관리, 디지털 도서관 운영, 주제전문사서, 도서관 문화행사, 이용자관리, 장서관리, 도서관 커뮤니케이션, 독서지도, 독서치료, 이용자 교육, 자료보존, 통합정보서비스, 자료 분류, 도서관과 저작권, 도서관 PC관리, 웹사이트 구축, 지식관리시스템 설계, 디지털 기기활용, 디지털 정보자원관리 등의 강좌가 제공되고 있다. 이 이외에 앞으로 정보화 실무, 장서개발과정, 도서관 홈페이지 제작과정, 전자도서관 운영과정, 정보자원 서비스과정, 비도서자료관리 과정, 도서관 DB 과정, 프레젠테이션 활용과정, 도서관이용자관리과정 등이 추가될 예정이다(http://www.nl.go.kr/education/lecture/list.php).

② **사서교육원**

전문직 사서의 양성과 재교육을 목적으로 하는 사서교육원은 정규교육 기관은 아니지만 국가공인 사서자격증을 취득할 수 있는 단기 교육프로그램이다. 교육과정은 1급 정사서 과정, 2급 정사서 과정, 준사서 과정으로 구성되어 있으며, 문헌정보학 이론과 응용방법론에 관한 1년 연한의 교육과정을 이수하면 해당 사서자격증이 수여된다. 현재 성균관대학교, 계명대학교, 부산여자대학교에서 부설기관으로 사서교육원을 운영하고 있다.

③ **각종 협회와 협의회**

한국도서관협회, 공공도서관협의회, 국립대학도서관협의회, 전국사립대학도서관협의회, 한국전문도서관협의회 등에서 실무자 연구교육과 세미나를 개최하고 있으며, 한국의학도서관협의회에서는 의학사서를 위한 강습회와 매년 협의회 학술대회를 통해 주제발표와 워크숍 등을 개최하고 있다. 이 이외에 한국기록관리학연구원, 한국교육학술정보원, 한국정보관리학회 등에서도 정보사서의 계속교육 프로그램을 제공하고 있다.

(3) 계속교육의 발전

계속교육의 실효성을 높이기 위해서는 정보사서의 업무수행에 직접적인 도움을 제공할 수 있는 체계적이고 실용적인 계속교육 프로그램이 개발되어야 하며 프로그램의 내용은 기본 이론을 실제로 적용해 볼 수 있는 이론과 실무의 적절한 균형이 유지되어야 한다. 최근 미국에서는 정보전문가의 양성을 위해 다양한 주제지식을 강화시킬 수 있는 학제적 연구, 실제 정보요구의 처리에 대한 현장경험을 쌓을 수 있는 실용적 연구 그리고 화상회의 등 첨단기술을 이용한 교육환경에 대한 집중적인 논의가 진행되고 있다.

국내의 계속교육의 현황을 분석하고 발전 방안들을 제시하기 위해서는 다음과 같은 요인들이 고려될 필요가 있다.

① **교육참여도**

계속교육의 기능이 효율적으로 수행되기 위해서는 계속교육의 필요성에 대한 정보사서의 인식과 참여를 격려하는 조직의 동기부여가 중요하다. 캐나다의 공공도서관에 근무하는 300여명의 정보사서들을 대상으로 계속교육에 참여하는 시간을 조사한 결과에 의하면, 공식적인 교육에 일인당 평균 연간 31.5시간 그리고 비공식 교육에 300.8시간을 할애하고 있는 것으로 나타났다. 한편, 같은 해 다른 직종의 종사자들의 경우, 연평균 공식적인 계속교육의 참여 시간은 158시간인 것으로 나타나 정보사서직의 계속교육의 참여도가 낮은 것으로 분석되었다(Chan and Auster, 2003). 국내 정보사서들의 경우 최근 3년 이내 계속교육에 참여한 경험이 있는지를 조사한 결과를 보면, 234명의 응답자 중 약 절반 이상이 공식적인 계속교육에 참여해 본적이 없는 것으로 나타났다(장혜란, 1997).

일반적인 조직생활에서 계속교육의 참여도를 저하시키는 주된 이유로는 시간과 비용의 문제 그리고 경영자의 지원 결여가 지적되고 있다(Sussman, 2002). 계속교육의 참여 여부는 일차적으로 개인에게 책임이 있으나 계속교육에 대한 소속기관의 정책 또는 경영자의 관심은 교육의 참여도에 직접적인 영향을 미치는 또 다른 요인이 된다. 소속기관의 계속교육 정책에 관한 설문조사결과, 응답 기관의 67%가 교육의 참여를 장려한다고 답하였고, 31.2%는 장려하지 않고 있는 것으로 조사되었다. 장려하는 경우에도 교육시간과 재정적인 보조를 모두 제공하는 경우는 25%에 불과한 것으로 나타났다(장혜란, 1997).

계속교육을 통해 새로운 지식과 기술을 끊임없이 갱신하는 일은 곧, 도서관의 본질적인 기능을 효율적으로 수행하기 위한 정보사서의 주요 활동이라는 점을 고려한다면 조직은 이러한 교육에 참여할 것을 권장하며, 정보사서들이 적극적으로 계속교육에 임할 수 있는 동기요인을 마련해 주어야 할 것이다. 교육의 효과를 최대화하기 위해서는 시간적, 재정적 뒷받침과 함께 계속교육을 받은 정보사서에게는 조직의 차원에서 승진이나 평가를 통한 보상을 제도화할 수 있는 방안이 구체적으로 논의될 필요가 있다.

② **교육방법**

계속교육은 정규교육과는 달리 다양한 유형으로 이루어져야 하지만 연구기관은 단기 연구과정을, 전문단체의 경우 대부분 주제발표와 토론으로 이루어지는 세미나 유형의 교육방법이 가장 많이 사용되고 있어 교육방법의 다양화가 요구된다.

공공도서관 정보사서들을 대상으로 전문직 개발 교육에 대한 의견을 조사한 결과, 거의 모든 정보사서들이 계속교육을 통해 자신의 능력과 기술을 지속적으로 갱신하고 있었으며 가장 높은 비율을 보인 공식 교육의 유형은 도서관내에서 제공하는 프로그램인 것으로 나타났다. 그리고 비공식 전문교육의 경우, 가장 많은 비중을 차지한 교육 형태는 동료들과의 토론, 개인적인 독서, 개인 연구의 진행, 실무 훈련 순이었다(Auster and Chan, 2004).

국내의 경우에는 대표적인 계속교육의 유형이 개인적인 독서였으며 그 다음이 전문적인 모임, 관내 직원 모임, 동료들과의 자유토론회 순이었고, 가장 선호하는 교육방식으로는 뉴미디어를 이용한 교육(31.6%), 교수진이 순회하는 출장교육(29%), 그리고 온라인교육 (22.8%)순으로 나타났다(장혜란, 1997).

교육방법의 다양화는 교육의 효과를 증대시키는데 중요한 역할을 수행할 뿐만 아니라 시간과 장소의 제약으로 교육에 참여하지 못하는 정보사서들의 문제점을 해결해 줄 수 있다. 기존의 교육방법 이외에 단행본이나 학술지를 이용한 학습방법, 멀티미디어 또는 원격 강의 등 새로운 방식을 이용한 계속교육 프로그램이 개발될 필요가 있다. 테이프에 수록된 강의 내용은 정보사서가 편리한 시간에 원하는 주제의 강의를 받을 수 있으며, 사이버 강의는 전국의 정보사서들을 대상으로 지리적, 시간적 제약을 극복한 교육을 가능하게 한다. 웹 기반 교육과정이 아직 일반화되어 있지 않지만 온라인 강좌의 개설이나 가상 대학 교육과정을 통해 다양하고 편리한 교육적 환경이 제공되어야 할 것이다. OCLC Institute(http://www.oclc.org/education/defaul.htm)에서는 전문직 실무나 문헌정보학 교육과정에 필요한 다양한 프로그램들을 온라인으로 지원하고 있으며, 각종 전문 원격교육 프로그램들을 링크해 주고 있다.

③ **교육내용**

국내에서 수행되고 있는 계속교육의 주요 내용은 전자정보원의 탐색 기술, 서지정보 구축을 위한 DBMS의 이용, 정보네트워크 기술, 도서관서비스의 측정과 평가, 정보시스템 분석과 설계 등 정보관리와 정보화 분야가 큰 비중을 차지하고 있으며, 문헌정보학 기초를 포함한 학술적인 내용은 적은 편이다.

대학사서들을 대상으로 한 조사 결과에 의하면, 초보사서를 위한 훈련 프로그램에 포함되어야 할 주요 교육내용으로 정보면담과 기술의 이용이 지적되었고, 전문직 개발 활동에 특히 강조되어야 할 내용으로 교육기법과 문제 해결 능력, 논리적, 창의적 사고 능력 등이 언급되기도 하였다(Sussman, 2002, 5~12). 또한, 계속교육 참여자들은 문헌정보학 전반에 대한 교육보다는 깊이 있는 전문주제나 업무별 교육을 선호하는 것으로 나타났다(Auster and Chan, 2004).

교육내용과 수준은 정보사서가 근무하는 도서관의 특성, 업무의 성격, 이용자 계층에 따라 달라져야 하므로 관종이나 정보사서의 경력별로 다양한 유형의 교육 프로그램이 개발될 필요가 있다. 계속교육이 실시된 이후에 수행되는 평가를 통해 참여자들의 선호도를 수렴하고 이후 교육내용에 반영하는 방법도 고려해 볼 수 있다.

6.4 결론

공간과 장서 중심의 도서관 서비스가 네트워크 중심의 원격 서비스로 발전하면서 그 업무를 수행하는 정보사서의 역할과 기능에도 많은 변화를 가져오게 되었다. 네트워크와 정보기술의 발전은 이용자가 언제 어디에서나 쉽게 원하는 정보와 서비스를 이용할 수 있는 정보환경을 마련해 주었지만 인쇄정보원의 수집과 제공 그리고 보존을 위해 요구되었던 정보사서의 역할과 기능을 완전히 대체한 것은 아니다. 디지털 도서관의 등장은 오히려 이용자의 범위와 서비스 방식을 확장시켰을 뿐 아니라 전자정보원의 자원화와 정보이용교육의 필요성을 부각시키고 있으며, 그동안 시공간의 제약을 받아 왔던 정보사서의 기능이 가상공간을 통해 보다 효과적으로 구현될 수 있는 장을 제공해 준 것이라 할 수 있다.

정보환경의 변화 속에서 정보사서가 주목해야 하는 대상은 기술이 아니라 이용자이다. 이용자의 정보요구가 발생하는 한 가상공간의 보이지 않는 정보사서의 기능 역시 언제 어디에서나 이용자의 정보요구와 함께 존재하게 될 것이다. 따라서 정보사서는 정보관리자, 정보상담자, 정보중개자로서 뿐만 아니라 새로운 지식과 정보의 창출을 유도하는 정보생산자로서 전자정보원의 식별과 평가, 정보원과 서비스의 홍보, 교육과 연구 기능 등을 강화해 나가야 한다. 또한, 사회와 이용자로부터 정보사서직의 전문성을 인정받기 위한 노력도 병행해 나가야 할 것이다. 사회가 기대하는 정보전문직의 자격과 자질을 충족시키지 못할 때 이용자는 정보사서의 정보조사제공을 외면할 수밖에 없다.

사회가 인정하는 정보전문가의 배출이 중요해진 만큼 문헌정보학 교과과정이나 교육방향에 대한 재검토의 필요성도 강조되고 있다. 이용자의 정보요구에 적합한 정보를 찾아내기 위한 항해지식과 기술, 감각의 교육뿐 아니라 인간의 심리와 정서를 통제할 수 있는 상호작용 능력과 교육, 연구, 경영 능력을 습득할 수 있고 정보전문직에 대한 확신과 자부심을 키워줄 수 있는 다양한 교육과 훈련과정이 개발되어야 할 것이다.

인 용 문 헌

- 강미혜. 2002. “주제전문사서의 양성을 위한 주제서지과목 과제방안 연구.” 한국문헌정보학회지 36(3): 49~68.
- 구본영. 2002. “문헌정보학 전문직의 정체성과 미래의 전망.” 한국문헌정보학회지 36(3): 93~113.
- 김성혁. 1993. “정보화사회에서 사서의 역할 변화에 관한 연구: 지식공학과 지식공학자의 역할 수용태세를 중심으로.” 정보관리학회지 19: 65~85.
- 구자영. 1979. “주제전문사서의 양성을 위한 교육.” 도서관학 6: 37~51.
- 박준식. 2003. “인터넷 환경과 대학참고사서의 새로운 역할모델.” 한국도서관정보학회지 34(1): 379~397.
- 박준식. 2000. “정보환경의 변화와 사서의 역할변용.” 한국도서관정보학회지 31(2): 21~40.
- 사공철 등저. 1996. 문헌정보학용어사전. 서울: 한국도서관협회.
- 손정표. 1996. “21세기 대학도서관과 사서의 전문성에 관한 고찰.” 도서관문화 37(5): 4~16.
- 엄영애. 1998. “미국, 영국, 한국 사서직 교육의 비교.” 도서관학논집 27: 1~25.
- 오경묵. 1999. “영국 문헌정보학계의 발전 방향.” 한국문헌정보학회지 33(2): 169~184.
- 유형승. 1968. “참고사서의 자질과 효율적 봉사.” 국회도서관보 5(7): 5~9.
- 윤영대. 2003. “의학사서직의 교육에 대한 연구.” 한국도서관정보학회지 34(1): 131~146.
- 이우정, 박수희, 김태훈 공역. 2005. 눈에 띄는 도서관 마케팅. 서울: 이채.
- 임동빈. 2001. “사서직의 전문성 제고를 위한 계속교육 발전방안에 관한 연구.” 박사학위논문, 상명대학교 대학원.
- 장혜란. 1997. “문헌정보전문직을 위한 계속교육에 관한 연구: 현황과 요구 분석.” 한국문헌정보학회지 31(1): 7~28.
- 정동열. 2002. “지식기반시대 대학도서관의 주제전문화 역할 방향에 관한 연구.” 한국문헌정보학회지 36(3): 5~23.
- 한상완. 1986. 대학도서관정보서비스론. 서울: 구미무역.
- 홍명자. 2001. “법률전문사서의 양성에 관한 연구.” 한국도서관정보학회지 32(3): 249~274.

- 홍현진. 2000. "21세기 정보전문직의 역할과 능력에 관한 연구." 한국도서관정보학회지 31(3): 277~301.
- American Association of Law Libraries. 2001. "Competencies of Law Librarianship." <http://www.allnet.org/prodev/cometencies.asp>.
- Auster, Ethel and Donna C. Chan. 2004. "Reference Librarians and Keeping UP-to-Date." *Reference & User Services Quarterly* 44(1): 57~66.
- Bishop, W. W. 1915. "The Theory of Reference Work." *Bulletin of the American Library Association* 9(4): 134~139.
- Biskup, Peter. 1977. "Subject Specialists in German Learned Libraries: Impressions from a 1975 Visit to the Federal Republic of Germany." *Libri* 27: 136~153.
- Bonta, Bruce D. 1983. "Online Searching in the Reference Room." *Library Trends* 31: 495~510.
- Buttlar, Lois and Rosemary DuMont. 1996. "Library and Information Science Competencies Revisited." *Journal of Education for Library and Information Science* 37(1): 44~62.
- Buttlar, Lois and Rosemary DuMont. 1989. "Assessing Library Science Competencies." *Journal of Education for Library and Information Science* 30: 3~18.
- Cardina, C. and Donald Wicks. 2004. "The Changing Roles of Academic Reference Librarians over a Ten Year Period." *Reference & User Services Quarterly* 44(2): 133~142.
- Chan, Donna C. and Ethel Auster. 2003. "Factors Contributing to the Professional Development of Reference Librarians." *Library & Information Science Research* 25: 265~286.
- Crossley, C. 1974. "The Subject Specialist Librarian in an Academic Library: His Role and Place." *Aslib Proceedings* 26: 236~294.
- Demas, Samuel. 1994. "Collection Development for the Electronic Library: A Conceptual & Organizational Model." *Library Hi Tech* 12(3): 71~80.
- Douglas, G. V. 1999. "Professor Librarian: A Model of the Teaching Librarian of the Future." *Computers in Libraries* 19(10): 24~28.
- Fussler, Herman H. 1949. "The Bibliographer Working in a Broad Area of Knowledge." *College & Research Libraries* 10: 199~202.
- Gandhi, Smiti. 2003. "Academic Librarians and Distance Education." *Reference & User Services Quarterly* 43(2): 138~154.
- Green, Samuel Swett. 1876. "Personal Relations between Librarians and Readers." *Library Journal* 1: 74~81.

- Gorman, G. E. 1999. "The Future for Library Science Education." *Libri* 49(1): 1~10.
- Haro, R. P. 1969. "The Bibliographer in the Academic Library." *Library Resources and Technical Services* 13: 163~169.
- Hart, Anne. 1989. *Knowledge Acquisition for Expert System.* London: Kogan.
- Hirko, Buff and M. B. Ross. 2004. *Virtual Reference Training: The Complete Guide to Providing Anytime, Anywhere Answers.* Chicago, IL: ALA.
- Hoerman, Heidi L. and Kevin A. Furniss. 2001. "Education for Provision of Library Services to Distance Learners: The Role of the LIS Schools" *Journal of Library Administration* 32(1-2): 247~258.
- Kaldor, Ivan L. and M. M. Jackson. 1975. "Education for Academic Librarianship." In *New Dimensions for Academic Library Services.* edited by E. J. Josey. Metuchen, J.J.: Scarecrow Press.
- Katz, William A. 1982. *Introduction to Reference Work Vol. II: Reference Services and Reference Process.* New York: McGraw-Hill.
- Lancaster, F. W. 1999. "Second Thoughts on the Paperless Society." *Library Journal* 124(15): 48~50.
- Law, Derek. 1999. "The Organization of Collection Management in Academic Libraries." In *Collection Management in Academic Libraries.* 2nd ed. by C. Jenkins and M. Morley. Aldershot: Gower.
- Marcum, Deanna B. 2003. "Research Questions for the Digital Era Library." *Library Trends* 51(4): 636-651.
- Marcum, Deanna B. 1997. "Transforming the Curriculum; Transforming the Profession." *American Libraries* 28(1): 35~42.
- Martin, J. V. 1996. "Subject Specialization in British University Libraries: A Second Survey." *Journal of Librarianship and Information Science* 28(3): 159~169.
- Mayer, Jennifer and Lori J. Terrill. 2005. "Academic Librarians' Attitudes about Advanced-Subject Degrees." *College & Research Libraries* 66(1): 59~73.
- Moore, N. 1996. "The New Information Professional." *Managing Information* 3(6): 24~25.
- Newton, Robert and David Dixon. 1999. "New Roles for Information Professionals." *Journal of Education for Library and Information Science* 40(3): 156~159.
- Pantry, Sheila. 1997. "Whither the Information Professional Challenges and Opportunities. The Cultivation of Information Professionals for the New Millennium." *Aslib Proceedings* 49(6): 170~172.

- Pinfield, Stephen. 2001. "The Changing Role of Subject Librarians in Academic Libraries." *Journal of Librarianship and Information Science* 33(1): 32~38.
- RUSA Task force on Professional Competencies. 2003. "Professional Competencies for Reference and User Services Librarians." *Reference & User Services Quarterly* 42(4): 290~295.
- Smith, Eldred. 1972. "The Specialist Librarian in the Academic Research Library: The Role for the Area Studies Librarian." In *Final Report and Working Papers of the 17th Seminar on the Acquisition of Latin American Library Materials.* Amherst.
- Special Libraries Association. 2003. "Competencies for Special Librarians of the 21st Century." <http://www.sla.org/content/SLA/professional/meaning/competency.cfm>.
- Stueart, Robert D. 1981. "Library Education State of the Art." In *Education for the Research Library Professional: Minutes of the 97th Meetings....1980*, ed. by Association of Research Libraries. Washington, D.C.: ARL.
- Sussman, D. 2002. "Barriers to Job-related Training." *Perspectives on Labour and Income* 3: 5-12.
- Ward, Sandra. 1999. "Information Professional for the Next Millennium." *Journal of Science* 25(4): 239~247.
- Willis, S. L. and S. S. Dubin. 1990. "Competence Versus Obsolescence: Understanding the Challenge Facing Today's Professionals," In *Maintaining Professional Competence: Approaches to Career Enhancement, Vitality and Success throughout a Work Life.* ed. by S. L. Willis and S. S. Dubin. San Francisco: Jossey-Bass.

07

질문응답서비스

질문응답서비스는 정보요구를 해결하고자 하는 이용자에게 정보사서의 인적 도움을 제공해 주는 가장 대표적인 정보조사제공 영역이다. 인터넷과 디지털 도서관이 발전하면서 이용자와 정보사서간의 커뮤니케이션 방식은 그 어느 때보다 다양해졌다고 할 수 있다. 이용자가 도서관을 직접 방문하여 정보사서와 대면하는 전통적인 방식 이외에도 전자우편이나 전자게시판을 이용하여 질문을 보내고 답변을 확인할 수 있는 비동시적 전자 커뮤니케이션 방식 또는 인터넷 채팅기법을 활용한 질문응답서비스들이 시공간의 제약 없이 제공되고 있다. 그동안 전통적인 커뮤니케이션 방식에서 지적되었던 심리적, 환경적 장애요인 때문에 정보사서와의 직접적 면담을 기피했던 이용자들은 가상공간의 질문응답서비스가 제공하는 익명성이나 편이성을 강조하며 디지털 정보조사제공 환경의 새로운 이용자 문화를 형성해가고 있다.

그러나 기술의 발전은 이용자와 정보사서간의 상호작용 방식에 변화를 가져왔을 뿐, 이용자의 정보질문을 정확히 이해하고 적합한 정보를 적시에 제공해 준다는 정보조사제공의 본질에는 큰 변화를 가져오지 않고 있다. 풍부한 인터넷 정보원과 다양한 탐색 엔진들의 기능이 향상되고 있음에도 불구하고 인터넷 정보의 방대함과 질적 평가의 복잡성은 정보사서의 보이지 않는 기능을 더욱 강조하고 있기 때문이다. 이용자의 진정한 정보요구를 파악하는데 요구되는 정보사서의 면담 기술과 커뮤니케이션 기법의 활용 능력은 이용자와 정보원간의 상호작용에 여전히 중요한 요소로 남아 있다.

이장에서는 질문응답서비스의 본질과 이론적 토대를 이루는 커뮤니케이션 모형들을 살펴보고, 커뮤니케이션 매체별 질문응답서비스의 특성과 그 효율성을 향상시키는 방안들을 논의하였다. 디지털 질문응답서비스의 특성과 현황 그리고 정보환경과의 변화에 부응하는 질문응답서비스의 발전 요인들을 분석하였으며 언어, 비언어 커뮤니케이션 기법들이 전통적, 전자적 정보면담 과정에 어떻게 해석되어 적용될 수 있는지 그 응용가능성을 사례와 함께 살펴보았다.

7.1 질문응답서비스의 본질

질문응답서비스는 정보사서가 정보원을 매개로 이용자와 직접적인 상호작용을 하는 업무이다. 질문응답서비스는 정보사서가 수행하는 다른 도서관 업무와는 달리 이용자의 특정 정보요구에 부합하는 정보를 탐색해서 이용자에게 직접 제공해 주며, 그 과정에서 반드시 이용자와의 상호작용을 전제로 하는 활동이다. 이 상호작용은 정보문제의 핵심을 파악하기 위한 것으로서 정보면담을 통해 이루어진다. 모든 이용자가 자신의 정보요구를 명확하게 이해한 채 정보면담을 요청하는 것은 아니다. 그 결과, 이용자가 실제로 원하는 정보요구의 내용과 표현된 요구의 내용이 일치하지 않는 경우가 많다. 따라서 정보를 제공해주는 결과론적인 행위보다는 이용자가 원하는 정보를 제공하기까지의 면담 과정이 더 중요하며, 질문응답서비스의 본질은 바로 이 정보면담을 통해 설명될 수 있다고 할 수 있다.

7.1.1 정보면담의 정의와 필요성

일반적으로 면담이란 두 사람이 공통적인 목적을 갖고 정보를 주고받기 위해 말하기와 듣기가 연속적으로 반복되는 상호작용을 말한다. 정보면담은 정보사서와 이용자가 이용자의 정보문제를 이해하고 해결하기 위해 진행하는 질문응답서비스의 중추적인 과정이다. Taylor(1968, 180)는 이 과정을 "자신이 모르는 어떤 것에 대하여 다른 사람에게 설명하려 하는 가장 복합적인 인간 커뮤니케이션 행위"로 묘사하기도 하였다.

오늘날 사용되고 있는 정보면담이라는 용어는 1944년 Hutchins의 *Introduc-*

*tion to Reference Work*에 그 기원을 둔 것인데 Hutchins는 정보면담을 '정보사서와 이용자 간의 의사소통과정'으로 정의하였다(Hutchins, 1944, 21). 또한, Katz는 "정보면담은 길거나 짧거나 간에 정보사서가 이용자의 정보요구를 해결하도록 도와주는데 그 목적이 있으며 질문과 답변을 주고받는 동안에 이용자의 문제를 명확히 파악하게 되고 결과적으로 이용자에게 필요한 유형과 수준의 정보를 제공하게 된다."라고 설명하였다(Katz, 1992, 41). 즉, 정보면담은 이용자와 정보원/정보시스템, 그리고 이들을 매개하는 정보사서로 구성되어 있으며 이 세 요소의 상호작용 속에 진행되는 전문적인 도움관계로 정의될 수 있다(한상완, 1993, 91).

대다수의 이용자들은 자신의 정보요구를 명확하게 이해하지 못한 상태에서 정보질문을 제기하게 되며 이해를 하고 있는 경우라도 그 내용을 제대로 표현하는데 많은 어려움을 느낀다(Katz, 1997, 155). 이용자의 정보문제를 이해하기 위해 정보사서는 먼저 이용자가 어떻게 정보를 처리하고 저장하는지를 이해해야 하는데 이 과정에서 정보사서는 도서관의 조직, 개념, 구조보다는 이용자 내부의 지적 과정에 초점을 맞춘 면담을 진행할 필요가 있다. 정기간행물을 찾아보았느냐는 도서관 중심의 질문보다는 이용자의 인지적 상황을 이해하기 위해 지금까지 어떤 자료들을 찾아보았는지를 물어봄으로써 이용자의 구체적인 진술을 유도해야 한다. 따라서 정보면담은 인지적 면담(Cognitive Interview)이라고 불리기도 한다(Moody and Carter, 1999, 389).

이와 같이 정보면담은 정보조사제공 전 과정 중 가장 인간적인 중재를 필요로 하는 과정이며, 정보면담을 통해 이용자는 자신의 정보문제를 명료화하게 되고, 정보사서는 이용자의 정보요구를 보다 완벽하게 이해하게 되는 지적 커뮤니케이션 과정이라 할 수 있다.

7.1.2 정보면담의 구성요소와 과정

정보면담이란 이용자의 정보요구를 명확히 파악하고 정확한 답을 제공하기 위해 진행되는 커뮤니케이션 수단이며 과정이다. 이용자 질문의 핵심 내용을 밝히려는 정보사서와 이용자 간의 환류과정이 반복적으로 일어나기 때문이다.

따라서 정보면담의 구성요소와 과정은 주로 커뮤니케이션 모형을 통해 설명되어 왔는데 <그림 7-1>의 Shannon과 Weaver의 모형은 정보면담의 과정을 설명하는데 적용되어 온 가장 대표적인 커뮤니케이션 모형이다. 메시지와 메시지의 송신자, 수신자, 잡음 요소로 구성되어 있는 이 커뮤니케이션 모형은 정보이론에 입각한 수학적이며 기계적인 커뮤니케이션 이론을 토대로 하고 하지만 그 이후에 발표된 여러 커뮤니케이션 모형의 전형이 되었다. 이 모형에서 송신자는 자신이 전하고자 하는 메시지를 언어, 그림, 동작 등 다양한 상징을 이용해 수신자에게 전달한다. 수신자는 전달된 메지를 해독하여 송신자가 전달하려는 의미가 무엇인지를 이해하게 되는데 그 뜻이 송신자의 의도와 다르게 해석될 수도 있다. 송신자의 메시지가 제대로 전달되지 못하는 이유는 잡음 요인 때문이며, 이 잡음은 의미론적인 것 일수도 있고 물리적인 것일 수도 있다.

Vavrek은 정보면담의 대인 커뮤니케이션 현상을 설명하기 위해 Shannon과 Weaver의 모형을 응용하였는데 그 구성요소를 보면 <그림 7-2>와 같다. 이 모형에서 정보사서와 이용자는 송신자와 수신자가 되고, 메시지는 이용자의 정보질문과 정보사서의 응답이 된다. 그러나 이 모형은 이용자와 정보사서간의 대인 커뮤니케이션에서 내적, 외적 잡음 요인을 고려하지 않고 있다는 제한점을 지니고 있다.

1978년, Rettig는 Vavrek의 모형에 잡음 요인을 보완함으로써 정보면담 과정의 이용자와 정보사서간의 상호작용이 더 잘 이해될 수 있는 모형을 제시하였다(<그림 7-3>). 이용자의 정보질문과 정보원의 일치 여부를 확인하기 위해 이용자와 정보사서는 상호작용(Z, Z_1)을 반복하게 되는데 이 과정은 긍정적인 피드백이

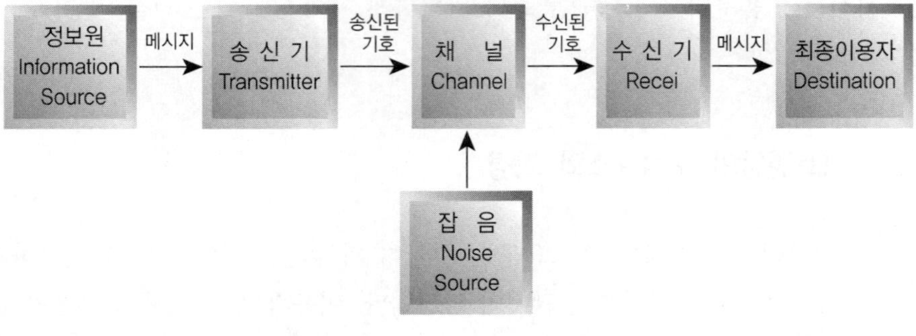

자료 : C. E. Shannon and W. Weaver. 1949. *The Mathematical Theory of Communication.* Urbana: University of Illinois Press, 98.

그림 7-1 ■ Shannon과 Weaver의 커뮤니케이션 모형

자료 : Bernard Vavrek. 1974. "The Nature of Reference Librarianship." *RQ* 13: 213~217. quoted in J. Rettig. 1978. "A Theoretical Model and Definition of the Reference Process." *RQ* 18: 18.

그림 7-2 ■ Vavrek의 모형

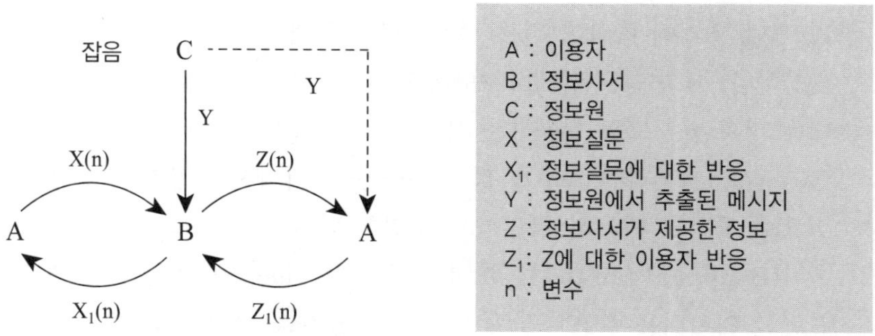

자료 : J. Rettig. 1978. "A Theoretical Model and Definition of the Reference Process." *RQ* 18: 19.

그림 7-3 ■ Rettig의 모형

이루어질 때까지 계속된다. Rettig의 모형이 지니는 의의는 잡음 요인뿐만 아니라 바로 이 피드백을 설명하고 있다는데 있다. 정확한 언어적, 비언어적 피드백 없이는 효과적인 대인 커뮤니케이션을 기대할 수 없기 때문이다. 이 모형을 통해 Rettig는 왜 이용자와 정보사서간의 상호작용이 필요하며 정보사서의 커뮤니케이션 기법이 요구되는지를 설명함으로써 질문응답서비스의 이론적 토대를 제공하였다.

이용자의 정보요구를 해결해 주기 위해서는 정보원에 대한 정보사서의 광범한 지식과 탐색 기술이 요구되지만 대인 커뮤니케이션의 원리에 대한 이해 없이는 이용자의 진정한 요구를 정확하게 파악하고 해석하기 어려울 것이다.

7.1.3 정보면담의 유형

질문응답서비스를 수행하는 과정에서 정보면담이 발생할 수 있는 상황은 매우 다양하다. 정보면담의 유형은 이용자 요구의 내용과 수준에 따라 유형별 정보질문을 해결하기 위한 면담, 정보이용교육을 위한 면담, 데이터베이스 탐색을 위한 면담 등으로 구분할 수 있다.

(1) 정보질문 유형별 면담

① 즉답형 질문을 위한 면담

즉답형 질문에 대한 면담은 간단명료하게 진행되지만 그 양상은 복사실의 위치를 묻는 지시형 질문에서부터 연구조사형의 정보요구를 지닌 이용자가 면담 초기에 즉답형 질문 형식으로 표현하는 경우에 이르기까지 매우 다양하다. 이 면담은 안내나 지시성격의 도움을 제공하는 것이므로 단시간 내에 정확한 정보를 제공하는 것을 목표로 하며 명감, 연감, 백과사전, 편람과 같은 기본적인 도구를 활용하게 된다. 따라서 이용자가 무슨 정보를 필요로 하는지 명확히 확인하고 분명한 답을 즉각적으로 제공해 주어야 한다(Bopp and Smith, 1995, 45). 즉답형 질문의 답변은 복잡하지 않고 간단한 지시내용이지만 필요한 경우, 이용자를 위해 응답 내용을 기록해 줄 수도 있다.

② 연구형 질문을 위한 면담

연구형 질문을 처리하기 위한 정보면담은 몇 시간, 며칠, 몇 주 또는 그 이상의 상호작용을 필요로 하는 경우도 있다. 탐색을 진행하는 동안 중복되는 노력을 피하기 위해서는 이용자가 지금까지 사용한 정보원이나 시도했던 접근방법을 기억하는 것이 중요하다. 그리고 면담 중에도 적절하다고 판단되는 정보를 이용자에게 제시해 줌으로써 이용자의 연구방향에 일치하는지를 확인할 수 있게 해주고 이용자의 질문을 점차 세분화, 구체화할 수 있도록 유도하는 것이 바람직하다(Bopp and Smith, 1995, 46).

(2) 정보이용교육을 위한 면담

정보사서는 정보이용교육을 수행하기 위한 첫 단계로서 면담을 진행하기도 한다. 면담을 통해 도서관이나 특정 정보도구에 관한 이용자의 지식과 경험을 파악하게 되고, 정보이용교육의 필요성 여부를 비롯하여 교육내용과 수준을 판단할 수 있다. 정보이용교육을 필요로 하는 이용자의 수부터 그 집단의 교육목적과 교육방법을 확인하기 위해서는 다양한 면담기법을 적용할 필요가 있다. 또한, 정보사서는 이용자와의 정보면담을 통해 정보이용교육을 수행하기도 한다. 정보면담 과정에서 이루어지는 정보이용교육은 이용자가 획득한 정보이용 지식을 새로운 문제 상황에 직면하여 어떻게 활용해야 하는지를 보여줌으로써 문제해결 중심의 교육 효과를 기대할 수 있다. 최근에는 정보사서가 특정 답을 제공해주기보다는 탐색 전략을 수립하고 처리하는 과정에 치중하는 방향의 교육이 강조되고 있다. 정보사서의 질문은 이용자가 자신의 도서관 이용을 하나의 전략을 수행하는 과정으로 생각할 수 있도록 문제 해결 측면에서 구성되어야 한다.

(3) 데이터베이스 탐색을 위한 면담

데이터베이스를 탐색하기 위해 수행되는 정보면담의 주요 기능은 연구주제나 사실정보의 요구내용을 탐색어나 구로 전환하고 필요한 경우 특정 데이터베이스의 통제어휘로 변환하여 효과적인 탐색 전략을 수립하는 것이다. 대부분의 온라인 탐색 면담은 이용자의 탐색 시간과 비용을 최소화하기 위해 수행되는 것으로서 탐색 이전 단계에서 수행된다. 탐색전 면담(Presearch Interview)을 통해 정보사서는 이용자 요구의 개념을 명확히 하고 탐색 전략을 수립하는데 필요한 단서들을 이용자로부터 파악해 낸다.

7.1.4 정보면담의 장애요인

효과적인 커뮤니케이션이란 전달자의 메시지를 본래의 의미대로 정확하게 이해시켜 수신자에게 의도한 영향을 미치도록 하는 것이다. 그러나 커뮤니케이션을 불완전하게 만드는 잡음 때문에 완벽한 커뮤니케이션이란 거의 불가능하다. 일반적으로 커뮤니케이션 상의 잡음을 장애요인이라고 부르는데 정보면담의 장애요인 중 가장 많이 언급되는 것은 이용자의 실제 정보요구와 표현된 질문내용상의 불일치에 관한 것이다. 국내 대학도서관의 정보사서들을 대상으로 수행된 설문조사에 따르면 이용자의 처음 질문과 실제 정보요구 사이의 차이는 약 20~40%인 것으로 분석된 바 있다(이수경, 1988, 67). 이용자의 정확한 요구를 파악해 내지 못하면 부적합한 정보가 제공되며 이는 이용자에게 심각한 잡음이 된다.

정보면담의 결과에 부정적 영향을 미치는 장애요인들은 매우 다양하고 복합적인데 정보면담에 참여하는 이용자와 정보사서가 지니는 장애요인과 물리적 장애요인으로 구분해 볼 수 있다.

(1) 이용자의 장애요인

① 개인적 특성

정보면담에 참여하는 이용자는 주제지식, 도서관 이용경험, 정보이용교육 수준, 신분, 사전 탐색 수준면에서 다양한 차이를 보인다. 이러한 개인적 특성은 도서관 서비스나 정보원, 특정 탐색 도구의 어휘에 대한 이용자의 지식수준에 차이를 가져오며, 이용자 자신의 질문에 대한 이해 정도와 질문을 표현하는 방식에 영향을 미치게 된다. 제대로 정립되지 못한 이용자의 정보질문은 일반적으로 모호하게 표현되는 경우가 많은데 원하는 주제어가 빠져 있거나 너무 일반적으로 진술된 경우, 그리고 어떤 주제에 관해 알고자 하는지 명확하지 않은 경우 등이 여기에 해당한다. 특정 정보가 필요한 이유와 필요한 정보의 양, 답의 수준을 자발적으로 밝히지 않는 이용자의 태도 역시 정보사서가 적합한 정보를 제공하는데 장애요인이 된다.

② 심리적 요인

심리적 장애요인은 이용자가 정보사서에게 도움을 요청하기 위해 접근하거나 자신의 정보문제를 진술하는 과정에서 주로 발생하는 요인이다(한상완, 1993, 93). Lederman(1981, 382~393)은 많은 이용자들이 정보사서에게 접근하는데 감정적 어려움을 느끼며 특히 '말하는 것에 대한 공포감'을 지니고 있음을 밝혔다. 낯선 사람과의 대화를 불편하게 여기는 사람들은 정보사서에게 도움을 요청하는 것을 어렵게 생각하고 정보사서와의 대면이 이루어진다 해도 본래의 의도를 충분히 밝히지 못하게 된다. 정보사서가 이용자의 도움을 유도하는 노력에도 불구하고 많은 사람들은 이러한 도움을 거부한다. 이용자가 자신의 정보요구를 제대로 표현하지 못하는 주요 심리적 장애요인으로는 자신의 질문이 너무 사소하다고 느끼거나 정보사서를 귀찮게 하고 싶지 않아서 또는 정보사서의 능력을 신뢰하지 않는 이유들을 들 수 있다. 한편, 과학자나 연구자들에게서 주로 나타나는 심리적 장애요인으로는 자신의 무지를 표출하지 않으려는 자존심 등이 지적되고 있으며, 이외에도 정보사서의 권위주의와 불친절한 태도 등의 이유로 이용자들은 정보사서에게 질문하기를 주저하는 것으로 나타났다(Dewdney and Ross, 1994; Hatchard and Toy, 1986; Kosa, 1982; Lederman, 1981; Moss, 1979; Mount, 1966).

(2) 정보사서의 장애요인

① 개인적 특성

정보사서의 주제지식, 정보원과 문헌정보학 지식, 경력, 커뮤니케이션 기술, 문제의 이해력 등은 이용자의 정보질문을 유도하거나 진정한 정보요구를 파악하는데 영향을 미치는 주 요인이 된다. 이용자가 보내는 다양한 신호에 대해 민감하지 못하거나 도움을 제공하는데 지나치게 도서관 전문용어를 사용하고 거만한 태도를 보이는 인성의 문제도 주요 장애요인이 된다.

② 심리적 요인

정보면담에서 발생하는 심리적 장애요인은 이용자뿐 아니라 정보사서에게서도 나타난다. 감정적으로 특정 이용자에게 반감을 느낄 수 있으며, 이용자의 정보질문에 대한 두려움이나 전문가로서 이용자의 정보질문을 성공적으로 해결해야한다는 자존심, 시간적 압박감, 이용자가 지니고 있는 장애요인들을 적절히 해소해 주고 대처할 수 있어야 한다는 부차적인 심리적 장애요인들이 있다(Richardson, 1985, 119). 그리고 정보사서의 지위와 역할에 대한 뚜렷한 사회적 인식이 결여되어 있는 상태에서 정보사서가 느끼게 되는 대외적 이미지와 이용자가 정보사서에게 기대하는 이미지 사이에 내재된 괴리에서 비롯된 심리적 요인들도 있다.

(3) 물리적 장애요인

정보면담의 효율성을 저해하는 요인으로는 외형상 요새와 같은 느낌을 주는 정보사서석, 정보사서석의 위치, 적절한 안내표시의 부족, 도서관의 구조와 배치의 복잡성, 이용자와 정보사서의 거리 등을 들 수 있다. 정보사서에게 너무 많은 업무가 부과되어 이용자를 위한 질문응답서비스에 충분한 시간을 할애할 수 없는 조직상의 문제 역시 물리적 장애요인에 포함된다.

이러한 장애요인들은 이용자로 하여금 본래의 정보요구 내용을 단순화시키거나 정보면담의 환류의 흐름을 방해 또는 왜곡시키며 최악의 경우 정보요구를 포기하도록 함으로써 이용자의 정보면담 의지를 좌절시키고 궁극적으로는 이용자 만족도의 극대화라는 정보조사제공의 효율성을 저해하게 된다.

7.2 질문응답서비스의 유형

질문응답서비스의 유형은 커뮤니케이션 방식의 변화와 발전에 따라 점차 다양해지고 있다. 전통적인 질문응답서비스에는 전화나 우편, 또는 면대면 커뮤니케이션 방식이 주로 사용되고 있으며, 디지털 도서관에서는 전자우편이나 전자게시판과 같은 전자 커뮤니케이션 매체를 이용한 질문응답서비스가 수행되고 있다. 최근에는 화상회의 방식 뿐 아니라 채팅이나 인스턴트 메시징 기법을 이용하여 텍스트형 메시지를 실시간으로 주고받을 수 있는 전자적 정보면담 방식도 제공되고 있다.

전통적인 도서관과 디지털 도서관이 공존하고 있는 현재의 정보조사제공 환경에서 질문응답서비스의 유형은 크게 동시적 커뮤니케이션 방식과 비동시적 커뮤니케이션 방식으로 구분해 볼 수 있다.

7.2.1 동시적 커뮤니케이션 방식

동시적 커뮤니케이션 방식은 면대면 상호작용이나 전화면담과 같은 전통적인 질문응답서비스 방식을 통해 이미 익숙한 방식이라는 점에서 정보사서들의 경험과 전문성을 구축하는데 용이한 커뮤니케이션 방식이라 할 수 있다. 화상회의(Videoconferencing), 채팅(Chat), 콜센터(Call-center-based System) 등 실시간의 온라인 상호작용 기법이 적용된 새로운 커뮤니케이션 방식들은 아직 소수의 기관에서 활용되고 있지만 점차 증가할 것으로 전망되며 효율성을 높이기 위해서는 전통적인 정보면담의 기술과 절차에 대한 적절한 해석과 적용을 필요로 한다. 동시적 커뮤니케이션은 공통적으로 빠른 응답의 장점을 지니고 있으나 시간적 압박감 때문에 피상적인 응답이 제공될 수 있다는 단점도 있다.

(1) 면대면 면담

면대면 방식은 이용자의 정보요구를 정확하게 파악해 내는데 적용할 수 있는 가장 효율적인 커뮤니케이션 방식으로 여겨지고 있다. 정보질문의 명료화 과정에서 명확하지 않은 부분들에 대해 이용자와 정보사서간의 즉각적인 피드백이 확인될 수 있으며, 완벽하게 표현되지 못했던 이용자의 진정한 정보요구가 언어적, 비언어적 단서를 주고받을 수 있는 직접적인 커뮤니케이션 과정을 통해 보다 명확하게 해석될 수 있다.

(2) 전화면담

전화로 문의되는 정보질문의 유형은 간단하고 명백한 사실에 관한 것에서부터 탐색이 필요한 질문이나 복잡하고 시간이 많이 걸리는 연구형 질문에 이르기까지 다양하다. 정보질문에 대한 응답을 제공하거나 질문 협상을 위해 미리 이용자와 통화할 시간을 결정하는 것이 효율적이다. 이용자에게 정확한 정보가 전달되었는지를 확인해야 하며 전화를 끊기 전 질문의 내용을 다시 확인하는 것이 중요하다. 면대면 면담과는 달리 전화 면담은 비언어적 커뮤니케이션이 지니는 장점을 응용할 수 없다는 단점을 지니고 있다. 정보사서는 전화면담 중 상호인식이 가능한 음색과 억양, 사용하는 어휘나 웃음소리 등에 주의를 기울여야 하며 성실하고 흥미 있는 태도로 이용자의 정보요구를 파악하는데 민첩성을 발휘해야 한다. 전화를 이용한 정보사서의 질문응답서비스 태도가 전화를 건 이용자에게는 보이지 않지만 도서관의 다른 이용자들에게는 노출되어 있음도 유의해야 한다.

(3) 화상회의

화상회의 방식의 정보면담은 원격지의 이용자와 얼굴을 화상으로 마주보고 정보면담을 진행하는 커뮤니케이션 방식으로서 주로 회의나 다른 용도로 사용되고 있으며 정보면담에 광범위한 적용은 이루어지지 않고 있다. 시험적으로

Michigan 대학교 도서관의 IRA(Interactive Reference Assistance) 프로젝트(Folger, 1997), 버클리 대학교 도서관과 노스캐롤라이나 대학교 도서관에서 수행된 See You a Librarian 프로젝트(Morgan, 1996), 캘리포니아 대학교 도서관에서 수행된 IRS(Interactive Reference Service) 프로젝트(Lessic, 1997) 등이 정보면담에 화상회의 방식을 도입한 대표적 사례이다. 정보사서와 이용자가 좀 더 개인적인 환경에서 상호작용이 이루어진다는 장점이 있지만 하드웨어와 소프트웨어의 비용 부담이 크며 카메라를 너무 의식하는 경우 이용자의 정보요구를 표현하는데 장애가 될 수도 있다. 웹 회의(Web Conferencing) 소프트웨어를 사용하는 경우, 정보사서와 이용자 모두 컴퓨터에 연결되어 있는 웹캠(Web Cam)을 통해 서로의 얼굴을 실시간으로 확인할 수 있는 커뮤니케이션이 가능하다. 그러나 정보사서가 항상 대기하고 있어야 하는 번거로움이 있으며, 이용자가 도서관 서비스를 이용하기 위해 큰 용량의 프로그램을 설치해야 하는 단점이 있다.

(4) 채팅

채팅은 무료로 이용 가능한 MSN Messenger Service, AOL Instant Messenger, ICQ 등 채팅 소프트웨어를 설치하면 간단하게 이용할 수 있는 텍스트 형태의 대화방식이다. 정보사서와 이용자는 웹페이지를 공유하면서 적합한 웹페이지나 탐색 전략, 탐색어를 이용자에게 푸시해 줄 수 있고, 이용자는 자신의 정보질문과 관련된 정보사서의 탐색 수행 과정을 지켜볼 수 있다. 채팅은 이용자에게 이미 친숙한 커뮤니케이션 매체가 되었으며 실시간 상호작용을 통해 이용자의 요구를 보다 정확하고 신속하게 파악할 수 있도록 해주지만 음성이나 웹캠이 없어 이용자와 정보사서의 음색, 자세, 몸짓, 눈맞춤, 얼굴표정과 같은 비언어적 의사소통의 단서들을 활용할 수 없다는 단점을 지닌다. 그리고 효율적인 정보면담을 진행하기 위해 정보사서에게는 타이핑, 간결한 표현 능력, 질문처리 중임을 알리는 장치, 자주 쓰이는 문구의 저장과 활용, 질문처리에 할애할 시간의 결정, 문어적 커뮤니케이션 기법과 같은 채팅 기술이 요구된다.

(5) 콜센터 기반 시스템

정보사서가 최근 관심을 갖기 시작한 또 다른 커뮤니케이션 방식은 콜센터 기반 소프트웨어를 이용한 정보면담이다. 이 채팅 프로그램은 질문응답서비스를 목적으로 만들어진 것이 아니고 웹상에서 실시간 고객서비스를 제공하기 위해 전자상거래를 목적으로 만들어진 것이지만 정보사서가 이용자를 통합된 방식으로 취급하는데 유용하다. 웹페이지를 공유할 수 있는 푸시기능이 있어 정보사서는 이용자의 브라우저에 웹 탐색 결과의 페이지나 온라인 목록 페이지 등을 제시해 줄 수 있고, 동일한 웹페이지를 보면서 이용자와의 대화가 가능하므로 교육도구로도 활용될 수 있다. 면담의 마지막 단계에서는 간단한 형태의 평가지가 이용자에게 보내져 응답 결과의 피드백 확인을 할 수 있으며, 자주 사용하는 문구들을 미리 저장해 놓았다가 응답할 수 있는 기능, 이용자의 정보이용 이력 생성기능, 채팅 내용을 저장해 놓은 아카이브를 통해 이전에 수행된 질문응답 내용을 탐색해 볼 수 있는 기능 등을 활용할 수 있다. 또한, 이용자 대기행렬 생성 기능이 있어 이용자가 얼마나 오랫동안 기다렸는지 알 수 있고 순서대로 서비스를 제공할 수 있으며 기다리는 이용자에게 정보사서가 다른 질문을 처리하고 있는 중임을 알리는 메시지를 보낼 수 있다. 설치비용은 비싸지만 이러한 다양한 선택 기능이 제대로 활용된다면 질문응답서비스의 가치를 높이는데 효과적인 도구가 될 것이다.

7.2.2 비동시적 커뮤니케이션 방식

전자우편이나 웹 질문양식(Web Form), 전자게시판 등 비동시적 커뮤니케이션 매체를 이용하는 질문응답서비스에서는 이용자가 자신의 정보요구를 언어적 표현이 아닌 질문메시지로 문자화할 수 있다는 점에서 실시간의 커뮤니케이션 방식보다 정보요구의 표현에 따른 심리적, 시간적 부담이 덜하고 질문내용의 명료성은 더 커진다는 장점을 지니고 있다(Koyama, 1999). 매체의 특성상 이용자의 질문을 이해하고 답변을 준비하는데 충분한 시간을 할애할 수 있는 정보사서의 입장에서도 면대면 면담이나 실시간 온라인 면담 환경에서보다 심리적 부담감이 덜하며 더 완벽한 답변을 제공해 줄 수 있다(Foley, 2002, 43). 그러나 이용자와 정보사서간의 즉각적인 피드백을 기대할 수 없다는 것은 비동시적 커뮤니케이션 방식의 가장 큰 단점이라 할 수 있다. 답변 확인이 시간적으로 지체되면 이용자의 정보요구 자체에 영향을 미쳐 원래의 정보요구가 소멸해 버리거나 질문 내용의 변화를 가져올 수도 있다. 또한, 질문메시지 작성에 관한 안내 이외에 이용자의 정보요구를 형식화하는데 도움을 줄 수 있는 커뮤니케이션 수단이 전혀 없기 때문에 자신의 정보요구를 표현하는 이용자의 심리적 부담이 오히려 더 클 수 있으며, 정보사서에게는 이용자의 진정한 정보요구를 파악하는데 필요한 정보를 충분히 입수할 수 없다는 커뮤니케이션상의 장애요인이 발생할 수도 있다.

(1) 전자우편

전자우편을 이용한 질문응답서비스는 전자우편을 사용할 수 있는 어떤 장소에서나 이용 가능하다는 점에서 많은 이용자들에게 선호되고 있다. 1990년대 초부터 전자우편은 편지나 전화보다 더 효율적이고 경제적이며 신속한 정보면담을 위한 대안으로 제시되고 있다(Rosenbaum and Newby, 1990). 접수된 정보질문의 유형, 질문처리 소요시간, 응답 내용의 기록이 유지될 수 있으므로 어려운 질문이나 동일한 질문인 경우, 기록을 재활용할 수 있고, 응답의 질과 정확성 등을 평가하는데 사용될 수 있다. 이용자는 편리한 시간에 정보질문을 작성하여 문의할 수 있고, 최초의 정보면담에서의 결과가 만족스럽지 못한 경우 계속적인 상호작용이 가능하며, 파일첨부 기능을 통해 문헌이나 멀티미디어 정보 등 다양한 정보를 직접 전달받을 수 있다. 또한, 정보사서에게는 정보질문에 대한 분석과 이해에 시간적 여유를 가지고 처리할 수 있어 응답의 정확성을 높일 수 있다는 장점을 지닌다. 그러나 전자우편을 이용한 질문응답서비스는 즉각적인 답변을 확인할 수 없고 정보사서의 응답이 있을 때까지 기다려야 하며 비언어적 커뮤니케이션 수단을 사용할 수 없다는 단점을 지니고 있다. 그리고 타이핑에 능숙하지 못하거나 읽고 쓸 수 없는 이용자들에게는 장애가 될 수 있으며 불특정 다수의 이용자로부터 불필요하거나 적합하지 않은 질문이 신청될 수도 있다.

(2) 전자게시판

전자게시판을 이용한 질문응답서비스는 다양한 사람이 답변에 참여함으로써 풍부한 해답을 얻을 수 있고, 빈번하게 요청되는 공통적인 질문은 FAQ로 축적하여 공개함으로써 유사하거나 동일한 질문의 답변을 여러 사람이 참고할 수 있다는 장점이 있다. 그러나 정보면담이 비공개적으로 이루어지는 전자우편과는 달리 질문과 답변의 내용이 공개되어 개인의 비밀보장이 불가능하며 게시판 운영자 혹은 정보사서가 책임을 갖고 운영하지 않으면 답변의 질적 수준을 보장할 수 없고, 이용자가 직접 게시판을 확인해야 하므로 답변을 얻는 시간이 지연된다는 단점을 지니고 있다. 이용자의 질문내용을 효과적으로 파악하기 위해서는 질문메시지의 작성 요령을 구체적으로 안내해 주고 기재해야 하는 질문의 요소들과 그 작성 방법을 설명해 주는 것이 바람직하다. 이용자로 하여금 질문의 유형을 주제 분야별 또는 도서관 서비스 영역별로 구분하여 입력하도록 하는 기관도 있지만 IPL (Internet Public Library)에 접수된 주제 분야별 이용자 질문들 중 1/3에 해당하는 질문들은 주제 구분이 제대로 이루어지지 못한 것들이었다는 연구 결과는 이용자가 자신의 질문에 대한 주제 영역을 결정하는데 어려움을 느끼고 있음을 보여준다(Carter and Janes, 2000). 완성된 질문메시지의 예시를 제공한다면 이용자가 자신의 정보요구를 보다 정확하게 표현하는데 직접적인 도움을 줄 수 있을 것이다.

(3) 웹 질문양식

즉각적인 피드백이 결여되어 있는 비동시적 커뮤니케이션 환경에서 이용자의 질문을 효과적으로 처리하기 위한 하나의 대안은 웹 질문양식(Web Form)을 적용하는 것이다(Abels, 1996). 전자우편과 유사한 장단점을 공유하고 있는 웹 질문양식은 이용자의 정보요구를 구체적으로 파악할 수 있는 면대면 정보면담의 피드백 기능을 대체하기 위해 시도된 웹상의 커뮤니케이션 수단이다. 질문양식을 통해 이용자는 자신의 정보요구를 형식화하게 되고 정보사서는 이용자 질문을 이해하는데 필요한 정보를 얻게 되므로 질문양식의 구성요소가 다양해질수록 질문의 명료화를 위한 커뮤니케이션 기능이 더 잘 수행된다고 할 수 있다. 일반적인 질문 항목으로는 이름, 전화번호, 메일 주소, 주제 범주, 답변의 유형 등이 있으나 이 요소들이 이용자의 정보질문을 성공적으로 처리하는데 반드시 필요한 것들인지 질문 항목의 구성과 적용 방식에 대한 신중한 검토가 요구된다. 질문양식을 작성하는데 소요되는 시간이 너무 길면 오히려 이용자의 정보요구 충족 의지를 저하시킬 수 있음도 고려해야 한다(Stemper and Butler, 2001, 181). 이용자가 작성을 원치 않는 항목에 대해서는 생략이 가능하다는 조건을 전제로 질문양식의 항목을 필수적인 것과 선택 가능한 것으로 구성하는 방법은 가상공간에서의 원활한 이용자와 정보사서간의 커뮤니케이션이 유지될 수 있는 한 방법이 될 것이다. 수준별 정보조사제공(Tiered Reference Service)에서처럼 정보질문의 복잡성의 정도에 따라 질문양식의 유형을 단순한 질문용과 복잡한 질문용의 두 유형으로 구분하고 이용자가 작성해야 할 항목의 수나 응답 소요시간에 차등을 두는 방법 또한 이용자와의 커뮤니케이션 과정에서 보다 다양한 선택의 여지를 제공해 줄 수 있는 방안으로 고려될 수 있다(이숙희, 2003, 164).

지금까지 살펴본 질문응답서비스 유형들의 특성과 장단점들은 일반적인 것이라고 할 수 있으며 실제 서비스를 수행하는 과정에서는 매우 다양한 양상을 보일 수 있다.

채팅이나 화상회의와 같은 기술적인 개입이 이루어진 커뮤니케이션 방식에서는 예상치 못한 상황이 발생하여 갑자기 면담을 중단해야 하는 경우가 발생할 수 있고, 이용자가 재접속할 때까지 기다리는 것 이외에 면담을 재개할 방법이 없는 경우도 있다. 한편, 전자우편 또는 웹 질문양식을 이용한 질문응답서비스는 더 이상 정보면담이라 부를 수 없다는 주장도 있다. 대다수의 이용자들이 일단 질문양식을 작성하여 보내고 나면 추가의 질문이나 상호작용 없이 응답을 기다리는 일회적인 질문 요청에 그치는 경우가 많기 때문이다(Janes, 2003, 51). 또한, 비동시적 커뮤니케이션 방식에서는 답변 내용의 완성도가 높은 만큼 정보사서가 더 많은 시간을 소요하게 된다는 단점이 지적되고 있지만 이러한 문제는 방법과 기술에 대한 경험이 누적되면 해소될 수 있는 문제로 여겨지기도 한다.

질문응답서비스의 환경 변화에 대한 정보사서들의 반응은 대체적으로 양분되어 있다. 면대면 방식을 선호하는 정보사서들은 이용자의 비언어 단서를 확인할 수 있고 면담의 결과가 성공적이지 못한 경우 과정을 수정하기에 용이하다는 점을 강조한다. 그러나 전자우편이나 채팅 방식을 선호하는 정보사서들은 전자정보원의 양과 원격교육이 갈수록 증가하고 있는 상황에서 새로운 방식의 질문응답서비스는 자연스럽고 필수적인 변화이며, 깊이 있고 연구 지향적인 질문을 처리하는데 훨씬 더 완벽한 커뮤니케이션 방식이라는 반응을 보이고 있다(Cardina and Wicks, 2004, 140). 한편, 인터넷 채팅기술과 함께 성장해 온 이용자들은 언제 어디에서나 신속한 응답을 확인할 수 있는 질문응답서비스를 강력하게 요구하고 있어 앞으로 실시간의 전자적 면담 기법에 대한 다각적인 분석이 수행되어야 할 것으로 보인다.

7.3 디지털 질문응답서비스

디지털 정보조사제공의 가장 큰 변화는 디지털 질문응답서비스의 등장이다.

미국의 경우, 1980년대 중반부터 주로 의학과 과학기술 분야의 연구도서관을 중심으로 적용되기 시작했던 디지털 질문응답서비스는 1990년대 초, 대학도서관에도 널리 확산되었다(Stemper and Butler, 2001; White, 2001). 그리고 1990년대 말부터는 채팅이나 인스턴트 메시징(Instant Messaging) 기법을 이용한 실시간 온라인 질문응답서비스가 도입되어 운영되고 있다.

국내에서는 디지털 질문응답서비스가 1990년대 중반부터 도입되기 시작했으나 질문의 건수나 이용자의 인지도에 있어서 이용수준이 높은 편은 아니다. 2003년 1월에 수행된 전국 대학교 도서관들의 실태 조사결과에 의하면, 258개 기관 중 42개 기관(약 16%)이 디지털 질문응답서비스를 제공하고 있는 것으로 나타났다(이숙희, 2003). 그리고 2004년 8월에 수행된 조사 결과에서는 36.9%의 제공률을 보였으며 이용자와 정보사서간의 상호작용 방식에 있어서도 전자게시판을 이용한 질문응답서비스가 일반적인 것으로 나타나 디지털 질문응답서비스의 매체가 다양하게 활성화되어 있지 못함을 보여 주었다(김달식, 2005).

서비스의 명칭은 서비스에 대한 언어적 표현이라 할 수 있는데 ARL 도서관들의 질문응답서비스 명칭을 조사한 결과를 보면, ‘Ask a Librarian’과 ‘Ask a reference question’이 각각 15.69%, 14.71%로 높은 비율을 보였고 기타 Ask로 시작되는 명칭이 15.69%를 차지하고 있었다(Stacy-Bates, 2000). 국내의 경우, 디지털 질문응답서비스의 명칭은 ‘온라인참고봉사’, ‘학술정보질의응답’, ‘참고질의응답’, ‘참고질의’, ‘묻고답하기’ 등 매우 다양하게 표현되고 있어 서비스의 인식도가 높지 않은 이용자들에게 오히려 혼란을 안겨주는 것으로 나타났다(김달식, 2005).

디지털 질문응답서비스는 이용자와 정보사서 간의 상호작용 방식뿐 아니라 서비스의 식별과 접근 능력, 정보면담의 효율성 그리고 서비스의 평가기준과 방법 측면에서 전통적 질문응답서비스와 비교되는 여러 특징들을 지니고 있다. 디지털 질문응답서비스의 성공을 위해서는 이러한 특징과 문제점들이 충분히 논의되고 고려되어야 할 것이다.

7.3.1 서비스의 홍보

디지털 질문응답서비스는 이용자가 직접 도서관을 방문해야 한다는 번거로움이 없으며 정보면담의 필요성이 발생했을 때 언제 어디에서나 원격 접속이 가능하다는 점에서 서비스의 접근이 편리하다는 장점을 지니고 있다. 그러나 디지털 질문응답서비스의 홍보에 관한 연구결과는 아무리 유용한 서비스일지라도 이용자가 서비스에 대해 알지 못하면 이용되지 않는다는 원리를 상기시켜 준다(King Country Library system and University of Washington, 2002). 국내 9개 공공도서관의 디지털 질문응답서비스 현황을 분석한 결과에 의하면, 디지털 질문응답서비스의 이용이 활성화 되지 못하고 있는 가장 큰 이유가 홍보 부족으로 인한 이용자의 낮은 인식도로 지적되었다(서용규, 김성희, 2003).

전통적인 질문응답서비스는 정보데스크라는 물리적 공간의 시각 효과 때문에 서비스에 대한 이용자의 식별력이 높은 편이다. 그러나 디지털 질문응답서비스에 대한 이용자의 식별은 도서관 홈페이지를 통해 이루어지므로 서비스명의 위치나 서비스 이용 안내문을 활용하여 가상공간에서의 서비스 식별력과 접근 가능성을 높여줄 수 있는 적극적인 서비스 홍보가 중요하다. 서비스의 홍보에는 서비스의 존재, 이용방법 그리고 양질의 정보를 무료로 적시에 제공한다는 정보조사제공의 기본적인 가치 뿐 아니라 정보사서의 전문적인 도움으로 복잡한 정보질문이 해결되는 과정 등을 포함시킴으로써 이용자들이 서비스의 기능을 충분히 이해하고 제대로 활용할 있도록 해야 한다.

서비스에 대한 인지도가 클수록 서비스의 접근과 이용률은 높아질 것이다. 디지털 도서관을 이용하는 이용자가 필요로 하는 경우 어느 서비스 포인트에서나 연결될 수 있도록 질문응답서비스의 인터링크 기능을 확대하는 것도 서비스의 접근력을 높이는 홍보 방안이 된다. 링크별 이용 데이터를 분석한 결과에 의하면, 디지털 질문응답서비스의 접속이 가장 많이 이루어진 링크는 도서관 홈페이지(38%)이며 주제별 데이터베이스(22%)와 온라인 목록 페이지(18%)가 그 다음 순인 것으로 나타났다(Wells, 2003).

국내의 디지털 질문응답서비스는 전자우편이나 전자게시판을 이용한 서비스 수준에 머물고 있지만 서비스의 편리함이 이용자에게 인식되면 발전가능성이 높은 만큼 다양한 홍보 방법에 의한 서비스 활성화 방안을 마련해야 할 것이다.

7.3.2 전자적 정보면담

이용자들은 전자 커뮤니케이션 매체를 이용한 원격의 정보면담이 정보사서를 덜 귀찮게 한다고 믿으며 정보사서에게 접근할 때 느끼는 이용자의 심리적 부담을 줄여 주는 효과적인 커뮤니케이션 방식이라고 여기고 있다(Gray, 2000, 372; Straw, 2000, 376~377).

전자적 정보면담의 상호작용은 다음의 네 단계로 구분할 수 있다(Marvin, 2003).

① **이용자의 정보요구에 대한 질문 단계**
(안녕하세요. 저는 ...입니다, 무엇을 도와드릴까요?)
② **이용자의 질문 내용에 대한 요약 단계**
(지금 찾고자 하는 것이 ...이라는 말씀이지요?)
③ **질문과 답변의 명료화 단계**
(질문하신 정보를 확인하기 위해서는 ...데이터베이스를 이용하면 됩니다.)
④ **후속 질문에 대한 예측 단계**
(다른 도움이 필요하다면 질문해 주세요, 만약 ...한다면 ...도 참고해 보세요.)

전자적 정보면담을 진행하는 정보사서에게는 각 단계의 정보면담에 대한 전략이 요구된다. 이용자의 질문을 명료화하기 위한 질문과 요약 단계를 적절히 반복하면서 명확하지 않은 부분들에 대한 이용자와 정보사서간의 이해도를 높일 수 있다. 실시간의 정보면담인 경우, 이러한 상호작용이 원활하게 진행될 수 있지만 비동시적 커뮤니케이션 방식을 이용한 정보면담에서는 이용자와 정보사서 간의 즉각적인 피드백이 확인될 수 없다. 따라서 동시적 커뮤니케이션 방식에서의 질문협상 기능을 대체할 수 있는 질문양식의 개발과 적용이 중요하다. 질문양식에는 이용자가 자신의 정보요구를 구체적으로 형식화할 수 있도록 자신과의 면담이 이루어질 수 있는 요소들이 포함되어야 할 것이다. 그리고 전자적 면담의 마지막 단계에서는 답변과 함께 예측되는 문제의 대안을 설명해 주어야 한다.

즉각적인 답변 확인이 불가능한 비동시적 커뮤니케이션 매체의 제한점을 극복하기 위해서는 응답 소요시간이나 이용자가 희망하는 응답 요청일을 확인하는 커뮤니케이션 장치 뿐 아니라 이용자의 질문메시지를 확인하는 빈도나 시간을 미리 알려주는 커뮤니케이션 수단을 이용해 답변의 지체에 따른 이용자의 불편함을 해소시켜 줄 수 있어야 한다. 대부분의 이용자들은 질문의 답변 메시지가 게시되거나 자신의 전자우편을 통해 답변이 전달될 때까지 막연하게 기다릴 수밖에 없다. 즉각적인 답변이 제공될 수 없거나 처리과정이 지연되는 상황을 직접 확인할 수 없는 정보면담 환경에서 이용자의 질문메시지가 접수되었음을 알려줄 수 있는 확인 메시지를 발송해 주거나 질문메시지가 처리중임을 게시판 리스트에 알려준다면 이용자가 자신의 질문이 처리되는 상황을 짐작하는데 도움을 줄 수 있을 것이다.

가상공간에서의 대인 상호작용은 환경적 요인, 정서적 요인, 물리적 요인, 심리학적 요인들이 복합적으로 작용하게 된다. 디지털 질문응답서비스를 수행하는 정보사서는 고도의 인내심과 민감성, 이견의 수용할 수 있는 능력을 지녀야 하며 이용자에게 더 높은 차원의 사고의 기회를 제공하기 위한 커뮤니케이션 능력을 강화해야 한다.

7.3.3 서비스의 기준

이용자와의 커뮤니케이션 방식이나 질문을 해결하는 방식에 있어서 전통적인 서비스와 많은 차이를 보이는 질문응답서비스가 성공적으로 수행되기 위해서는 새로운 방식의 특성을 고려한 서비스 기준을 필요로 한다. 이용자와의 전자적 정보면담을 진행하는 방법에서부터 이용자의 질문을 해결하기 위해 활용할 수 있는 정보원의 유형과 그 정보를 이용자에게 제공하는 방법 그리고 서비스의 효율성을 평가하는 방법에 이르기까지 구체적인 서비스의 지침이나 기준이 개발되어야 할 것이다.

현재 완벽하지는 않지만 각 기관이나 시스템마다 자체의 기준을 개발하여 적용하고 있으며 동시적인 커뮤니케이션 방식의 대표적인 서비스 기준은 IPL의 'Policy on Answering Ref Questions', Virtual Reference Desk의 'Facets of Quality for Digital reference Services', QuestionPoint의 'Member Guidelines', RUSA의 'Guidelines for Behavioral Performance of Reference and Information Services Professionals' 등을 예로 들 수 있다. 그리고 채팅과 같은 동시적 커뮤니케이션 방식에 적용될 수 있는 기준으로는 디지털 질문응답서비스의 소프트웨어 중 하나인 LSSI의 리스트가 있다.

이 기준들이 제시하고 있는 공통적인 항목들을 살펴보면, 응답의 구성요소, 응답 소요시간, 응답의 평가 등 질문응답서비스를 수행하는 과정에서 고려해야 할 서비스의 정책들로 구성되어 있다. 질문응답서비스의 기준에 포함되어야 할 주요 항목들을 열거하면 다음과 같다.

(1) 응답 준비

- 이용자의 질문이 접수되면 이용자의 신분과 계층 그리고 질문의 유형을 파악한다. 이는 이용자에 대한 선입견을 갖기 위한 것이 아니고 외부 이용자나 외국인 이용자인 경우, 면담의 수준을 결정하는데 반영하기 위한 것이다.
- 답변의 유형과 응답 요청일을 확인한다.
- 질문의 내용을 이해하고 FAQ 데이터베이스를 활용할 것인지 아니면 새로운 탐색을 시도할 것인지를 결정한다.

(2) 질문처리 소요시간

- 어렵고 까다로운 질문도 있지만 일반적으로 질문을 처리하는데 한 시간 이상을 소요하지 않는다. 45~60분을 경과하는 탐색에 대해서는 다른 정보사서나 전문가에게 질문을 의뢰하는 방법을 고려하는 것이 바람직하다.

(3) 응답

- 간단한 인사말로 시작한다. 이용자의 이름을 확인할 수 있는 경우에는 이름을 언급해도 좋다. 직접적인 대면상황에서 이용자와 정보사서간의 친밀감을 표현하고 접근력을 높여주는 미소와 응시의 커뮤니케이션 수단을 대체하는 기능이라 할 수 있다.
- 전자우편이나 SMS(Short Message Service)에 능숙한 이용자라면 다양한 약어와 기호, 이모티콘들을 사용하여 타이핑의 시간과 스크린의 공간을 절약할 수 있다. 다만, 약어의 사용은 모두가 이해할 수 있을 정도의 전문적이며 합리적인 수준으로 이루어져야 한다(PPL: people, OTOH: on the other hand, SOM1; someone, MOB: mobile 등).
- 이용자의 질문이 접수되어 누가 처리하게 되었는지를 이용자가 인식할 수 있도록 답변을 작성하는 정보사서의 이름과 이용자의 질문내용을 간략하게 요약한다.
- 응답은 이용자의 요구에 따라 사실형 응답인 경우에는 해당 정보원을 제시해 주고 왜 그 정보원을 제시하게 되었는지를 설명한다. 제공한 정보의 출

처를 밝혀주어야 하며 정보사서의 개인적인 의견은 확실하게 구분하여 알려주어야 준다. 웹 정보원을 인용할 때에서는 이용자가 바로 클릭할 수 있도록 웹 주소를 새로운 줄에 적어주어야 하며, 주소 끝에 마침표를 찍어 해당 정보원의 연결에 방해가 되지 않도록 해야 한다.

- 정보사서가 어떻게 그 정보를 발견하게 되었는지 설명해야 한다. 그리고 그 정보접근 경로를 구체적으로 밝혀준다. 특정 사이트나 서비스명을 언급할 때에는 그 정보원의 성격과 간단한 설명을 곁들여 주는 것이 이용자에게 혼란을 주지 않는다('Google'이라는 표현보다는 '탐색 엔진 Google', 'BIP'라는 표현보다는 '단행본의 출판정보와 서지사항을 확인할 수 있는 데이터베이스인 BIP' 등).

(4) 상호작용의 기록

- 이용자와 정보사서간의 상호작용을 모두 기록으로 남겨둘 수 있다. 전통적인 질문응답서비스에서는 대화나 몸짓을 통해 순간적인 상호작용이 이루어지고 나면 다시 추적할 방법이 없었지만 디지털 정보환경에서는 상호작용의 전 과정을 기록할 수 있다.
- 상호작용의 기록은 후속 면담이 발생했을 때나 유사한 주제의 질문이 접수되었을 때, 정보사서가 어떤 전략으로 탐색하고 답변을 작성했는지를 참고하는데 활용될 수 있다. 초기의 질문, 명료화된 질문, 응답 내용, 탐색 과정 등에 관한 기록들은 정보사서나 서비스, 장서의 이용에 대한 평가에 유용한 근거자료가 되기도 한다.

(5) 이용자의 개인정보

- 디지털 질문응답서비스를 구축할 때 정보사서는 이용자의 어떤 개인 정보를 수집하게 되고 그 정보로 무엇을 할 것인지를 이용자가 이해할 수 있도록 명확한 정책을 세워야 한다. 특히 이용자와 정보사서간의 상호작용에 대한 기록이 보존될 수 있기 때문에 프라이버시의 문제는 더 심각해진다. 다양한 계층의 다양한 정보질문에 대한 전문적인 응답 내용들을 모아 다시 활용한다는 것은 매우 의미 있는 일이지만 이용자의 허가 없이 개인의 정보가 공개되거나 누출되어서는 안 된다. 이용자 정보관리가 제대로 이루어

진다면, 공개적인 공간에서 큰 목소리로 이루어지는 면대면 상호작용에서 보다 이용자의 정보를 보완하는데 더 유용한 커뮤니케이션 수단이 될 수도 있다.

(6) 종료

- 짧은 인사말과 함께 정보사서의 이름을 알린다.
- 자주 사용하는 문구의 저장기능을 활용한다('질문에 대한 응답이 되었기를 바랍니다', '다시 한 번 시도해 보지요', '서비스를 이용해 주셔서 감사합니다', '잘못 이해했군요' 등).
- 답변 내용에 문법적, 철자의 오류가 없는지, 제시한 정보원의 링크가 제대로 작동되는지, 도서관의 전문용어의 약어를 사용하지 않았는지, 이용자 질문의 핵심 요소들에 대한 답변이 제대로 이루어졌는지를 전반적으로 검토한다.

(7) 평가

- 질문응답서비스의 평가는 이용자의 만족도에 대한 기준으로 평가될 수 있다.
- 질문응답서비스의 공통적인 가치는 응답의 정확성이다. 이용자의 정보요구에 적합하지 않은 응답은 이용자의 만족도를 저하시킨다.
- 응답 내용이 정확하지만 불완전할 수 있다. 질문을 처리할 때 정보사서는 보통 더 나은 답을 찾고자 한다. 그러나 답변을 한 후 추가의 정보원을 통해 처음 응답과 다른 답을 주어야 하는 경우도 있다. 답을 찾아내는 것이 간단할 수도 있으나 완벽하게 정확한 것임을 증명하는 것은 매우 어려운 일이다. 응답의 완전성을 위해 특정 질문에 대한 탐색 시간을 무제한 할애할 수는 없기 때문이다. 응답에는 시간제한이 있고 그 제한을 초과하면 정보가 무의미해 질 수 있다. 한정된 시간 내에서 어느 정도 완벽한 응답이 제공되는가가 질문응답서비스의 효율성을 평가하는 하나의 척도가 될 수 있다.
- 응답에 사용된 정보원의 저자와 출판사의 권위 또한 질문응답서비스의 평가척도가 될 수 있다. 정보사서는 이용자 질문을 처리하는데 권위 있는 정보원을 활용하기를 원한다. 인터넷의 출현으로 인해 정보원의 권위에 대한 평가가 더욱 어려워진 만큼 그 중요성은 더 커지고 있다. 그러나 정보사서

의 질문응답서비스가 상업적인 정보서비스와 차별될 수 있는 주요 가치중 하나는 권위 있고 신뢰할 수 있는 인터넷 정보원들을 식별하고 접근을 가능하게 해주는 능력에 있다고 할 수 있다.

7.3.4 협력형 질문응답서비스

협력형 질문응답서비스는 여러 도서관들이 인터넷상에서 협력체를 구성하여 이용자의 질문에 답변을 제공해 주는 시스템이다. 자원의 공유와 업무의 협력을 가능하게 하는 네트워크의 기능이 질문응답서비스 영역에 적용된 협력형 서비스는 기존에 구성된 도서관 협력체들이 질문응답서비스를 추가하여 수행되기도 하고, 질문응답서비스만을 제공하기 위해 구성된 협력체를 통해 제공되기도 한다. 협력형 질문응답서비스는 전통적인 질문응답서비스를 대체하기 위한 것이 아니라 보완하는 역할을 수행하며 질문응답서비스의 협력을 통해 기대되는 효과는 다음과 같다.

① 질문응답서비스 업무를 분담할 수 있다.
② 이용자들은 언제 어디에서나 전 세계의 각 주제 분야별 전문가의 서비스를 제공받을 수 있다.
③ 질문응답 데이터베이스를 구축하여 활용할 수 있다.
④ 소장 자료나 접속가능한 정보원의 한계를 극복할 수 있다.
⑤ 정보사서의 전문적인 능력을 최대한 활용할 수 있다
⑥ 지역, 국내 또는 국제적인 차원의 네트워크를 형성할 수 있다.

미국의 경우, 2004년 1월 현재 2개 이상의 도서관 간의 CDRS(Collaborative Digital Reference Service) 네트워크는 60여개 이상이 존재하고 있는 것으로 보고되고 있다(Diana Chan, 2005). 앞으로 디지털 질문응답서비스의 인식과 이용률이 높아지게 되면 국내의 협력형 서비스에 대한 관심도 높아질 것으로 보인다(김휘출, 방준필, 2004).

대표적인 협력형 질문응답서비스로는 QuestionPoint(http://www.questionpoint.org)가 있다(<그림 7-4>). 이 서비스는 1998년부터 미국의회도서관(LC)이 운영해오던 CDRS가 2002년 LC와 OCLC간의 협약이 이루어지면서 서비스명을 개칭하게 되었고, 현재 20개국의 1,000여개 기관이 회원으로 가입되어 있으며, 10개 국어의 인터페이스를 통한 질문응답서비스가 제공되고 있다. 이용자들은 소속 도서관의 홈페이지에서 'Ask a Librarian'이라는 메뉴를 통해 질문을 하고, 접수된 이용자의 질문은 먼저 해당 도서관의 정보사서에 의해 답변이 제공된다. 답변될 수 없는 질문들은 QuestionPoint의 질문 분배자인 Request Manager에게 전송되고 Request Manager는 다른 도서관의 정보사서나 외부 전문가들에게 그 질문을 의뢰한다. 그리고 질문의 답변은 최초에 질문을 의뢰한 도서관으로 전송된다.

국내에서는 KISTI가 'QuestionPoint'의 한국어판인 'Question포인트'(http://library.kisti.re.kr/oclcqp/submit_form.htm)라는 서비스명으로 국내외 정보전문가들의 협력을 기반으로 하는 질문응답서비스를 제공하고 있다(<그림 7-5>). Question포인트는 KISTI를 포함하여 성균관대학교, 포스코경영연구소, 포항공과대학교, KAIST 등 국내 5개 기관의 협력체를 기반으로 하고 있으며, 현재에는 의학, 농학, 산업, 경영분야의 질문에 제한하여 질문응답서비스가 제공되고 있다.

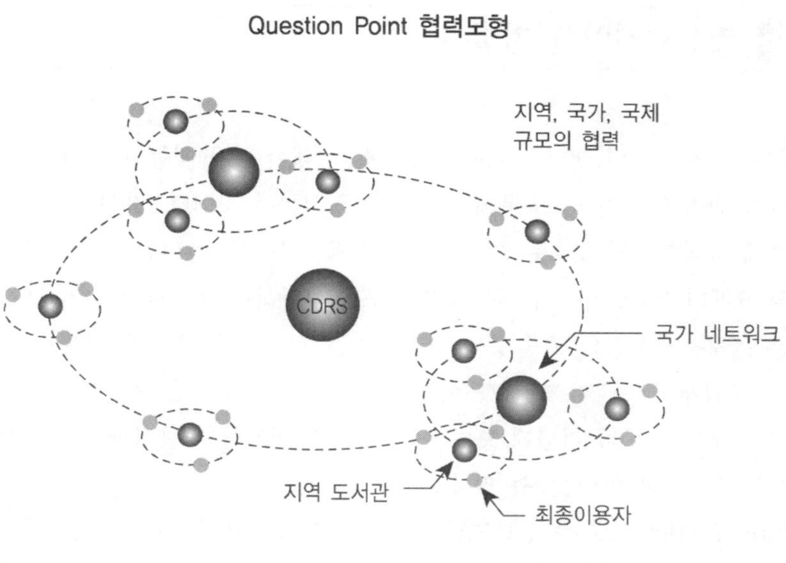

그림 7-4 ■ QuestionPoint의 협력 모형

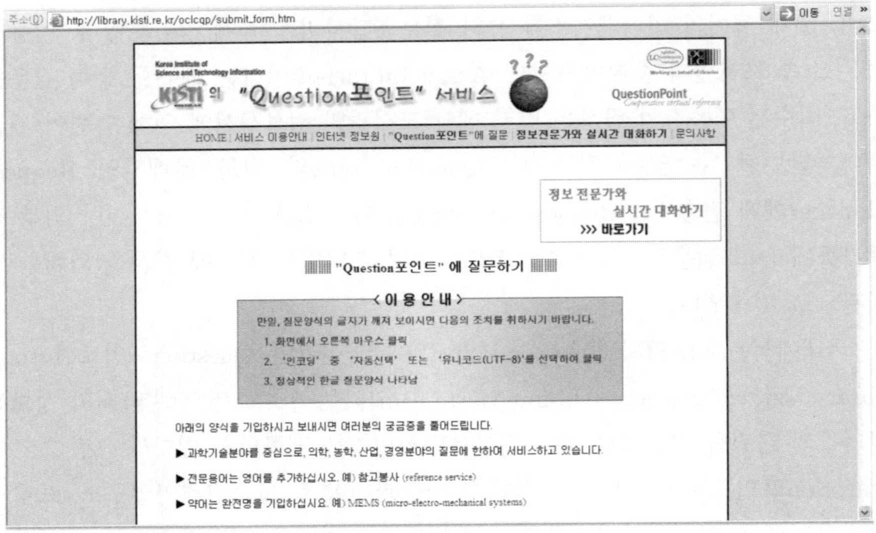

그림 7-5 ■ KISTI의 Question포인트 질문화면

7.4 커뮤니케이션 기법

질문응답서비스의 핵심은 이용자의 질문에 대한 답을 찾는 과정이라기보다는 이용자가 진정 알고자 하는 문제를 제대로 정의하는 것이다. 자신의 정보문제를 정확하게 형식화하지 못하는 이용자의 어려움, 미숙함, 불편함 등이 질문응답서비스의 요체가 된다. 따라서 이용자의 요구를 파악하는 정보사서의 커뮤니케이션 능력은 정보조사제공의 효율성을 향상시키는 필수적인 요소가 된다.

질문응답서비스에서 커뮤니케이션이 차지하는 중요성은 커뮤니케이션 학문분야의 다양한 이론과 기법에 보여 주었던 여러 학자들의 관심과 다양하게 시도된 연구들을 통해 확인할 수 있다.

Hutchins(1944, 21)는 정보면담의 성공이 이용자와 정보사서, 정보원 그리고 질문간의 적절한 관계 유지에 달려있다고 단언하였다. 이 관계에서 어느 한 요소라도 기울게 되면, 그 면담은 와해된다는 것이다. 비록 정확한 답이 제공되었다 해도 이용자와 정보사서간의 대인 관계가 균형을 잃어버린 정보면담에서는 이용자의 만족을 기대할 수 없다. Taylor(1968, 179)는 '정보 업무에 관한 연구는 정보자료의 분류체계와 같은 정적인 연구방법에서 커뮤니케이션 활동에 역점을 두는 동적인 연구방법으로 전환해야 한다'고 주장했다. 한편, Vavrek(1974, 213~217)과 Rettig(1978, 19~29)은 Shannon과 Weaver의 커뮤니케이션 모델을 기반으로 정보조사제공 과정의 모형을 개발했으며, Gothberg(1974)는 정보사서의 대인 커뮤니케이션 능력이 이용자의 좌절과 실패를 줄여주며 질문협상과정에서 이용자의 표현능력을 증진시키는 중요한 요인이라고 주장하였다. 정보면담에서 발생할 수 있는 커뮤니케이션의 장애요인들을 분석하고 그 요인들을 해소할 수 있는 다양한 커뮤니케이션 기법들을 논의한 Mount(1966)와 Shosid(1966)의 연구들도 주목할 만하다. 특히, 1970년대에는 질문응답서비스를 효과적으로 수행할 수 있는 정보사서의 자질, 면담기술, 언어와 비언어 커뮤니케이션 기술에 관한 연구가 활발히 이루어졌다. Plummer(1971), Pennland(1974), Boucher(1976), Munoz(1977)의 연구를 비롯하여 국내에서는 배순자(1981), 이수경(1989), 조윤희(1990), 김완선(1991), 설영주(1992), 한상완(1993), 김소희(1995), 유길호(1996) 등의 연구를 들 수 있다.

디지털 도서관의 발전으로 질문응답서비스의 방식에 많은 변화가 일어났지만 커뮤니케이션의 중요성은 변함없이 강조되고 있다. 원격의 정보면담을 효율적으로 수행하기 위해 면대면 정보면담에 적용되었던 커뮤니케이션 기법들을 활용하는 방안들이 논의되고 있으며, 정보사서의 문어적 커뮤니케이션 능력을 비롯하여 서비스의 접근, 이용자 정보요구의 명료화 그리고 이용자의 서비스 평가에 적용할 수 있는 커뮤니케이션 장치들이 개발되어 적용되고 있다(Straw, 2000; Tibbo, 1995).

7.4.1 대인 커뮤니케이션의 정의

커뮤니케이션은 보편적으로 사람이 자신의 '인간다움'을 성취하고 사회적 관계를 유지하는데 필수적인 사회적 과정으로 인식되고 있다. 커뮤니케이션이라는 말은 현대에 와서 여러 학문과 주제 분야에 걸쳐 광범위하게 사용되고 있어 그 용어의 규정은 상당히 애매하다.

커뮤니케이션이란 어원적으로 '공통' 또는 '공유'라는 뜻의 라틴어 'comunis'에서 유래된 것으로서 하나 또는 하나 이상의 유기체가 다른 유기체와 지식, 정보, 의견, 신념이나 감정들을 공유하거나 공통화 하는 행동이라고 할 수 있다. 대인 커뮤니케이션은 커뮤니케이션의 가장 중요하고 기본적인 형태로서 두 사람 혹은 그 이상의 개인들 사이에서 일어나는 대면적 상호작용을 말한다. 대인 커뮤니케이션의 특징으로 Barnlund는 ① 둘 또는 그 이상의 사람이 물리적 접근성을 갖고, ② 서로를 인식하면서 각 개인이 독립적으로 커뮤니케이션을 행하며, ③ 메시지를 서로 주고받고, ④ 대면적 상황을 바탕으로, ⑤ 비조직적으로 자연스럽게 이루어진다고 하였다(Barnlund, 1968, 8~11). 차배근(1981, 352~354)은 여러 학자들이 지적한 대인 커뮤니케이션의 특성을 종합하여 '대인 커뮤니케이션이란 둘 또는 그 이상의 사람이 인접한 장소에서 언어적 비언어적 기호의 교환을 통하여 얼굴을 맞대고 비교적 자유로운 형식으로 상호작용을 해 나가는 과정이다.'라고 정의하였다.

대인 커뮤니케이션의 과정과 그 활용성은 이용자의 정보문제 해결이라는 공동의 목적 아래 이용자와 정보사서 간의 상호작용이 이루어지는 질문응답서비스와 깊은 연관성을 지니고 있다고 할 수 있다. 면대면의 직접적인 상호작용이 이루어지는 전통적 정보면담뿐만 아니라 가상공간의 전자적 정보면담에서도 활용될 수 있는 커뮤니케이션 기법에 대한 이해가 요구되고 있다.

7.4.2 대인 커뮤니케이션 기법

대인커뮤니케이션은 그 표현 수단에 따라 언어 커뮤니케이션과 비언어 커뮤니케이션으로 나눌 수 있다. 정보면담에서 활용할 수 있는 언어, 비언어 커뮤니케이션 기법들은 이용자가 자신의 정보요구를 보다 개방적이고 솔직하게 표현할 수 있도록 심리적 안정감과 자신감을 제공해 주고, 정보사서가 이용자의 질문을 정확하게 파악하고 이해하는데 영향을 미치는 장애요인들을 해소할 수 있는 기법들이다. 커뮤니케이션의 효율성을 향상시키기 위해 정보사서가 적용할 수 있는 주요 기법들을 살펴보면 다음과 같다.

(1) 언어 커뮤니케이션 기법

① **경청**(Listening)

언어 커뮤니케이션에서 상대방의 이야기를 잘 듣는 것만큼 중요한 것도 없다. 경청이란 이용자의 질문내용에 주의를 기울이고 이해하고자 노력하는 행동을 의미한다(권석만, 1997, 132). 정보사서의 경청하는 태도는 이용자의 질문내용에 대한 관심과 흥미를 표현하고 이용자로 하여금 개방적이고 솔직한 표현을 독려할 수 있는 기능을 지니고 있다. 능동적 경청(Active Listening)을 실천하기 위해서는 무엇보다도 이용자의 이야기를 진지하게 듣고자 하는 자기훈련과 겸손한 태도 그리고 이용자를 존중하는 마음가짐이 중요하다.

② **기억**(Remembering)

정보면담 과정에서 이용자는 자신의 정보요구와 관련하여 짧거나 순간적으로 지나칠 수 있는 단서를 말하기도 하므로 정보사서는 이용자의 말을 주의 깊게 듣고 기억해야 한다. 동일한 내용의 정보를 되묻지 않으며, 이용자가 원하는 것을 정확히 파악하고 결정하기 위해 면담과정에서 수집한 정보의 기억 능력이 요구된다.

③ **질문하기**(Questioning)

질문하기는 일반적으로 자신의 문제를 명확하고 완전하게 제시하지 않거나 실제보다 단순화시켜 진술하는 이용자의 진정한 요구를 파악하기 위해 정보사서가 활용할 수 있는 매우 유용한 기법이다. 피상적인 질문은 피상적인 답을 얻는다. 정보사서의 교육은 이용자의 질문에 답을 제공해 주는 방법을 가르치는데 치중하고 있지만 질문응답서비스를 수행하기 위해서는 질문하는 방법을 배우는 것이 중요하다(Elmborg, 2002, 459). 정보사서의 질문은 이용자에게 자신의 정보요구가 어떤 주제 영역이며 그와 관련하여 무엇을 알고 있고 무엇을 알고자 하는지를 알도록 해 주는 것이다. 정보사서는 이용자에게 적절한 질문 기법을 적용함으로써 이용자가 자신의 진정한 정보요구를 정확히 인식하고 표현할 수 있도록 유도할 수 있다. King(1972, 158~160)은 질문의 유형을 개방형 질문과 폐쇄형 질문으로 구분하고, 이용자가 좀 더 완벽하게 자신의 요구를 표현할 수 있도록 하기 위해서는 개방형 질문을 이용해야 한다고 주장하였다. 정보면담을 시작할 때 정보사서의 "그 정보를 찾는 이유는 무엇입니까?", "찾고자 하는 정보에 대해 좀 더 구체적으로 설명해 주실 수 있습니까?"와 같은 개방형 질문은 이용자의 정보요구에 대한 동기와 그 질문에 대한 이용자의 지식 배경을 파악하는데 유용한 것으로 여겨지고 있다(Jennerich, 1997, 17). 한편, Dervin은 개방형 질문의 단점을 지적하고 이를 보완할 수 있는 또 다른 질문 기법으로서 중립형 질문 기법을 제시하기도 하였다(Dervin, 1986, 506 ~513).

④ **재진술**(Restate)

이용자의 진술내용을 반복해 주는 재진술은 이용자의 정보요구를 정확하게 파악하기 위한 일종의 환류 과정으로서 정보사서에게는 질문내용의 이해에 대한 확신을 심어주며 이용자에게는 자신의 질문내용을 수정하거나 명확하게 인식할 수 있는 기회를 제공해 준다(Somerville, 1982, 32~38). 전자우편이나 전자게시판을 이용한 면담에서는 정보사서가 이용자의 질문내용을 어떻게 이해했는지를 표현해 주고 질문메시지에 대한 이용자와 정보사서간의 이해의 정도를 최대화하기 위해 이용자의 질문내용을 원문으로 첨부하는 것보다는 정보사서의 언어로 요약해 주는 커뮤니케이션 기법이 더 효과적이다.

⑤ **언어적 감정이입**

정보사서가 이용자의 진술내용을 충분히 이해하고 있으며 감정적으로도 공감하고 있음을 표현해 주면, 정보사서에 대한 이용자의 신뢰를 증대시킬 수 있을 뿐 아니라 이용자의 진정한 정보요구를 표현할 수 있도록 독려하는 효과를 얻을 수 있다. 예를 들어, 하루 종일 도서관을 헤매었지만 원하는 정보를 찾지 못했다고 호소하는 이용자에게 "무척 힘드셨겠네요. 제가 원하는 정보를 신속하게 찾을 수 있도록 도와 드리겠습니다."와 같이 감정을 반영한 언어 커뮤니케이션의 활용은 이용자의 감정을 완화시켜 정확한 정보요구를 파악하는데 도움을 준다. 정보사서가 이러한 감정이입 기법을 실천하기 위해서는 무엇보다도 자신의 입장과 관점보다는 이용자의 입장에서 바라보고 이해하는 것이 중요하다.

⑥ **멈춤**(Pause)

정보사서는 이용자에게 질문을 재정리하거나 수정할 수 있는 시간을 주기 위해 또는 어떤 결정을 유도하기 위해 이용자의 말을 중지시킬 수 있다. 적당한 간격의 멈춤을 사용함으로써 정보사서는 면담이 진행하는 동안 이용자가 자신의 정보요구에 대해 설명하는 시간을 더 많이 갖도록 해줄 수 있다. 그러나 대화의 중단 행위가 이용자의 말을 중간에 가로막거나 주제를 바꾸는 등의 결과로 나타나서는 안 되며 지나친 멈춤은 피하도록 해야 한다.

⑦ **이름제시**(Naming)

정보사서가 이용자에게 자신의 이름을 밝히면서 커뮤니케이션을 한다면 이용자는 편안함과 친밀감을 느끼게 된다. 정보사서가 예기치 않은 상황에 직면하여 면담을 중단하게 되어 후속 상호작용이 필요한 경우나 유사한 주제의 정보요구 발생으로 다시 정보면담을 요청하게 되는 이용자에게는 차후 서비스 이용의 편이성을 높여 주는 커뮤니케이션 수단이 된다(Ellison and Molenda, 1976, 214~215). 이름제시의 언어적 기법은 이름표를 착용하거나 정보사서석에 이름표를 놓는 방법과 같은 비언어 커뮤니케이션을 통해 보완할 수 있으며 특히 이용자와 직접 대면하지 않는 전화정보면담이나 전자적 정보면담에서는 정보사서가 자신의 이름을 밝힘으로써 답변 내용에 대한 신뢰도 뿐 아니라 전반적인 서비스의 권위를 향상시키는 효과를 기대할 수 있다(White, 2001).

(2) 비언어 커뮤니케이션

비언어 커뮤니케이션은 "비언어적 단서를 통해 정보를 교환하는 것"이라고 정의할 수 있다(Birdwhistell, 1970, 25). 커뮤니케이션 과정에 직접적 또는 간접적 영향을 미치는 비언어적 요소들은 언어가 나타내는 의미 이상의 결정적 역할을 수행하는 경우가 많아 언어 커뮤니케이션을 보강해 줄 뿐만 아니라 그 자체로서도 의미전달의 주요 표현수단이 될 수 있다.

Mehrabian(1971)은 대인 커뮤니케이션의 의미 효과를 다음과 같은 공식으로 산출함으로써 비언어적 행위가 지니고 있는 효과의 중요성을 입증하기도 하였다.

대인 커뮤니케이션의 총 효과
= (0.07 언어적 표현) + (0.38 비언어적 행위) + (0.55 얼굴표정)

한편, Hinde(1972, 251~257), DeVito(1985, 117~125), Myers(1988, 169~176) 등은 비언어적 행위가 암시적 내용이나 모호한 언어적 메시지를 놓치는 경우, 상대의 의미를 제대로 이해하는 결정적 단서가 된다는 점을 지적하였다.

비언어 커뮤니케이션의 중요성을 강조한 여러 학자들의 견해를 종합한 비언어 커뮤니케이션의 특성을 제시하면 다음과 같다.

- 비언어 커뮤니케이션은 언어 커뮤니케이션과 마찬가지로 의사전달의 기능을 가진다.
- 비언어 커뮤니케이션은 표현의 강도에 따라 전달 의미의 단호함을 나타내고 확인의 정도를 전달할 수 있다
- 비언어 커뮤니케이션은 상황적인 해석에 근거하여 그 의미가 결정되므로 같은 행위일지라도 상황 및 문화에 따른 의미해석이 전적으로 달라질 수 있다.
- 비언어 커뮤니케이션은 신뢰도가 높은 커뮤니케이션 수단으로 여겨진다. 긍정적 단서들이 언어적인 채널을 통해 표현되지만 비언어적 채널을 통해 부정적인 단서들이 표현되는 경우, 의미 해석은 비언어적 행위에 근거하여 메시지의 진실성을 파악하게 된다.
- 비언어 커뮤니케이션을 통해 전달된 의미 해석의 애매함 역시 비언어 커뮤니케이션의 한 특성으로 지적된다. 채널간의 표현이 언제나 같지 않기 때문에 표현과 해석의 방법에 일관성을 기대하기 힘들다.

동양 문화권은 서구사회에 비해 언어보다는 비언어적 행위의 커뮤니케이션이 많고 비언어 커뮤니케이션은 사회적, 도덕적 관습의 영향을 많이 받는 문화의 산물이라는 점을 고려할 때, 비언어 커뮤니케이션의 특성과 기법에 대한 연구의 필요성은 더 커진다고 할 수 있다.

전통적인 정보면담 과정에 적용되었던 비언어적 단서들의 활용은 가상공간의 면담에서도 중요한 요소로 인식되고 있는데 전자적 정보면담의 효율성은 전통적인 커뮤니케이션 요소들을 어떻게 해석하고 적용하느냐에 따라 좌우될 것이라는 주장이 강조되고 있다(Ruppel and Fagan, 2002; Viles, 1999).

비언어 커뮤니케이션은 그 의미와 범주가 무한하고 가변적이어서 언어적 기호처럼 체계화 되어 있지 못하며 일정한 연구체계도 이루어져 있지 못하나 일반적인 비언어 커뮤니케이션의 유형은 신체언어, 의사언어, 공간행위, 그리고 가공행위로 구별해 볼 수 있다.

① **신체언어**(Kinesics)

신체언어는 1950년대 초, Birdwhistell(1952)에 의해 새로운 학문 영역으로 체계화되었는데 여기에는 얼굴표정이나 자세, 몸짓 등을 상징으로 의사를 표현하는 커뮤니케이션 행위들이 포함되어 있다.

얼굴표정은 의식적, 무의식적으로 자신의 정보나 감정을 타인에게 전달하며 동시에 상대의 반응을 결정하는데 중요한 역할을 한다. 정보면담 과정에서 정보사서는 이용자의 감정과 요구를 정확하게 파악하기 위해 입과 눈썹의 움직임을 주목하고 필요에 따라 스스로 원하는 얼굴표정을 잘 조절할 수 있는 능력을 가져야 한다. 사무적이고 무표정한 정보사서의 얼굴표정은 이용자의 접근을 저해하는 요인이 되며, 이용자를 향한 직접적인 행위가 아닐지라도 눈썹을 찌푸리는 행위는 이용자에게 극도의 불쾌감을 표출하는 단서로 해석되기 쉽다. 눈 맞춤은 상대에 대한 관심을 표현하면서 커뮤니케이션을 원활하게 하는 요인이 되지만 한국인의 응시 습관은 윗사람을 똑바로 응시하는 일이 무례하고 건방지다는 인상을 주기 쉽기 때문에 시선을 적절히 통제할 수 있어야 한다. 한편, 정보사서의 자세는 이용자에 대한 존경심이나 예의와 밀접한 관련을 갖고 있으며 이용자의 접근 의지를 결정하는 결정적 요인이 된다. 정보사서는 적절한 고개 끄덕임이나 장소의 안내 또는 의자를 권할 때 수반되는 손짓 등을 통해서도 이용자의 거부감이나 말하는 것에 대한 두려움을 해소시켜 주고 이용자를 격려하는 분위기를 제공해 줄 수 있어야 한다.

② **의사언어**(Paralanguage)

의사언어는 억양과 음색, 성량, 웃음소리 등 언어자체의 내용을 제외한 음운적 요소를 의미하며 말하는 사람의 개성과 감정뿐만 아니라 듣는 사람의 이해정도나 설득력에도 큰 영향을 미친다. 의사언어 자체로 큰 의미나 커뮤니케이션 효과를 가진다기보다는 수신자에게 말하도록 격려하거나 서로 어떤 대화가 오고 갔는지를 확인할 수 있도록 해주어 상대에게 자신의 메시지가 어떻게 받아들여지고 있는지를 가늠하게 해 주는 근거가 된다. 정보면담 과정에서 의사언어는 이용자의 질문이나 반응에 대한 적절한 피드백으로 표현될 때 그 효과가 커지며 특히, 전화를 이용한 면담일 경우 정보사서의 음색이나 억양은 중요한 역할을 한다.

③ **공간행위**

공간행위는 비언어 커뮤니케이션과 공간과의 관계를 계통적으로 연구하는 공간학(Proxemics)의 이론에 근거한 것이다. 이 학문 영역에 가장 큰 업적을 남긴 Hall(1966, 163~164)은 공간을 친밀한 거리(45cm 이내), 개인적인 거리(45cm~120cm), 사회적 거리(120cm~360cm), 공적인 거리(360cm 이상)로 구분하고, 인간의 커뮤니케이션은 이러한 공간적 거리에 따라 상대에 대한 친밀감이나 신뢰도, 관심이나 흥미, 태도 등의 차이를 반영하게 된다고 설명하였다.

정보면담 환경에서 이용자를 압도하는 정보사서의 업무 영역이나 정보사서와 이용자 사이의 물리적 거리는 커뮤니케이션 효과에 상당한 영향을 미친다. 정보사서의 공간에 접근하는 행위를 주저하는 이용자가 있다면 정보사서는 그 물리적 장애요인을 스스로 제거할 수 있는 의지를 보여 주어야 한다(Raccagni, 1978, 53~58). 정보사서석은 이용자가 쉽게 식별할 수 있는 곳에 위치해야 하지만 이용자가 접근할 때 다른 이용자들의 시선을 의식하게 되는 위치의 선정이 되지 않도록 유의해야 한다. 책상 위에 가득 쌓인 자료나 정리되지 않는 문서들은 정보사서의 또 다른 비언어적 행위를 대변해 준다(한상완, 1993).

가상공간에서 이루어지는 디지털 질문응답서비스는 물리적 공간의 영향력이 문제되지 않지만 서비스의 식별과 접근성을 높여주기 위한 커뮤니케이션 장치들이 적용될 필요가 있다. 서비스의 식별을 위해 도서관 홈페이지 화면에서 서비스명이 바로 확인될 수 있어야 하고, 디지털 도서관 서비스를 이용하는 이용자가 서비스 이용과정에서 언제라도 도움을 요청할 수 있도록 모든 도서관 서비스 화면에 디지털 질문응답서비스 채널을 제공해 줌으로써 접근의 용이성을 높여 줄 수 있어야 한다.

④ **가공행위**

가공행위는 신체의 인위적 행위를 다루는 가공학(Artifacts)에서 비롯된 것으로서 여기에는 의복, 향수, 문신, 화장 등을 비롯하여 신체적 상태에 변화를 주는 모든 행위들이 포함되어 있다(Leathers, 1976, 88). 이보다 더 광범위한 개념으로 가공적인 커뮤니케이션 행위는 인간이 자신의 신체에 변화를 주기위해 사용하는 모든 것이라 정의할 수 있다.

정보면담 상황에서 가공행위가 지니는 주요 기능은 이용자와 정보사서의 첫 대면에서 형성되는 선입견과 관련된 것이다. 언어 커뮤니케이션이 시작되기 전 성별, 의복, 나이, 용모와 같은 가공적 행위의 상호 이미지 효과는 면담이 진행되는 동안 지속적인 영향을 미치게 된다. 정보사서는 이용자에게 좋은 인상을 주기 위한 자신의 의복에 관심을 두어야 하겠지만 이용자의 의복에 대한 정보사서의 편견은 방지되어야 한다. 첫 대면의 신뢰성을 좌우하게 되는 단서로서 의복이나 장신구의 밝은 색은 젊음과 생동감을, 진한색은 침착함과 차분한 분위기를 전달하며 지나친 화려함이나 노출, 일상복의 가벼운 옷차림은 오히려 부정적인 영향을 미치게 된다(한상완, 1993).

전자적 정보면담 환경에서는 디지털 질문응답서비스명을 돋보이게 하는 시각적 효과나 애니메이션 기법들을 적용하여 이용자의 접근을 격려하는 정보사서의 태도를 표현해 줄 수 있다. 서비스명에 간략한 서비스 목적을 설명해 주는 풍선도움말 기능을 구현한다면 질문응답서비스에 대한 이용자의 이해를 돕고 서비스의 존재를 알리는 효과를 기대할 수 있을 것이다. 또한, 로고 혹은 아이콘의 적절한 이용은 웹상의 서비스에 대한 일관성 있고 매력적인 식별자의 효과를 기대할 수 있다. 최근 디지털 질문응답서비스에 도입되고 있는 아이콘들을 모아놓은 Morton의 'A Sampler of VR

표 7–1 질문응답서비스의 커뮤니케이션 기법

구분	언어 커뮤니케이션	비언어 커뮤니케이션
전통적 질문 응답 서비스	• 능동적 경청과 기억 • 개방형, 중립형, 폐쇄형 질문 기법 • 질문내용의 재진술 • 감정이입 • 적당한 간격의 대화 멈춤 • 이름 제시	• 적극적인 대기 자세 • 개방적이며 예의바른 몸짓 • 적절한 응시와 고개 끄덕임 • 상냥하고 온화하며 언어적 표현과 일치되는 얼굴표정 • 단정한 의복, 용모의 가공적 행위 • 이름표나 신분증 착용
디지털 질문 응답 서비스	• 질문내용의 원문첨부보다는 정보사서의 언어로 요약하여 재진술 • 희망하는 응답 요청일을 확인할 수 있는 장치 • 질문처리과정을 확인할 수 있는 장치 • 답변 주체의 실명 제시	• 서비스명의 위치와 링크 • 시각적 효과를 높일 수 있는 적절한 로고나 아이콘의 사용

Icons'에서는 비언어 커뮤니케이션 기능을 수행할 수 있는 다양한 예들을 제공하고 있다.

<표 7-1>은 전통적 질문응답서비스와 디지털 질문응답서비스에서 적용할 수 있는 커뮤니케이션 기법들을 요약한 것이다 .

7.4.3 커뮤니케이션 기법의 적용 사례

(1) 청각장애를 지닌 할머니와의 면담

노동자 계층이 많이 살고 있는 지역의 공공도서관에 청각 장애를 지닌 할머니 한분이 찾아와 오랫동안 앓고 있는 남편과 이로 인해 발생한 문제들 그리고 이러한 문제들 때문에 겪는 어려움들을 설명하며 장애인이 받을 수 있는 지원책에 대해 알고자 한다. 정보사서는 할머니가 원하는 바를 정확하게 이해하고 그에 적합한 정보를 제공해 주기 위해 다음과 같은 기법을 적용할 필요가 있다.

① 이용자의 청각 장애를 인지하고 발음을 할 때에는 명확하고 또렷하게 한다.
② 이용자가 자신의 질문이 정보사서를 귀찮게 하거나 시간을 헛되이 보내게 했다는 느낌을 갖지 않도록 얼굴표정에 유의하고 친절한 태도와 목소리로 이용자의 진술내용을 충분히 이해하고 있으며 감정적으로도 공감하고 있음을 표현한다.
③ 이용자가 진정으로 원하는 것이 무엇인지를 알아내기 위해 질문할 때에는 상대의 기분이나 감정을 충분히 배려한다.
④ 이용자와 이용자의 문제에 공감하는 태도와 관심을 보이고 확신과 예의를 갖추어 대화를 종결시킬 수 있어야 한다. 필요한 경우 다른 업무를 잠시 중단한다.

(2) 외국인 여성 이용자와의 면담

한국어가 유창하지 못한 외국인 여성 이용자가 도서관 이용등록에 대한 문의를 해온다. 정보사서는 이용자의 수줍음, 불안감을 인지하고 이러한 심리적 장애요인을 제거하는 방향으로 면담을 진행해야 하지만 이를 표현하지 않아야 한다. 이용자가 원하는 바를 정확히 이해하기 위해 질문할 때에는 복잡하지 않은 문법의 간단한 문장을 여러 번 사용하여 정확한 커뮤니케이션이 이루어질 수 있도록 해야 한다. 이용자 등록 절차에 대한 설명과 함께 관련 자료의 양식을 보여주면서 이해를 돕는다. 이 때 설명하는 태도가 간결하고 명료해야 하지만 강압적이지 않는 표현을 사용해야 한다. 시간을 아끼기 위해 이용자를 대신하여 정보사서가 직접 카드를 작성해서는 안 된다.

① 온화한 얼굴표정과 단정한 자세를 취한다.
② 조용하고 예의바르며 적당한 속도로 말할 수 있어야 한다.
③ 너무 세부적이거나 과다한 정보는 이용자를 오히려 혼란에 빠트릴 수 있음을 고려한다.
④ 이용자에게 언제라도 다시 도움을 청할 수 있음을 알려준다.

(3) 신입생과의 면담

도서관 이용경험이 없는 신입생이 특정 학술지의 논문을 찾고자 하지만 서지사항에 대한 이해가 부족하여 정보사서의 도움을 받고자 한다. 이런 면담의 경우, 정보사서는 이용자의 무지나 무경험이 드러나지 않도록 해주는 커뮤니케이션 기법의 활용이 중요하다. 그리고 언제든지 정보사서의 도움을 요청할 수 있고 당연히 도움 받을 수 있음을 인식시켜 주어 차후 도서관 서비스의 이용을 격려한다. 학생이 필요로 하는 도움이 무엇인지 그리고 도서관 이용에 대하여 어느 정도 알고 있는지를 정확히 파악하여 충분한 정보를 제공해 줌으로써 이용자가 도서관 서비스와 정보사서에 익숙해 질 수 있는 기회를 만들어 준다.

① 너무 딱딱한 태도나 사무적인 얼굴표정으로 학생이 접근하기 어렵다는 인상을 주어서는 안 된다.
② 적절한 미소와 주의력 있는 경청의 자세를 보인다.
③ 아무리 간단하고 사소한 이용자 질문이라도 관심과 흥미를 표현하는 눈맞춤과 몸짓의 중요성을 간과해서는 안 된다.

(4) 불만을 제기하는 이용자와의 면담

도서관의 서비스에 불만족스러워 하거나 화가 나 있는 이용자의 문제를 해결하기 위해서는 가능한 한 해당 문제나 그 문제의 해결책에 초점을 둔 면담이 이루어져야 한다(Rubin, 1990, 39~51).

① 공격성 항의에도 불구하고 불쾌하거나 귀찮은 표정을 짓지 않아야 한다.
② 미소를 지으며 가능하면 이름을 불러주면서 온화한 인사를 한다면 잠재적 문제를 해소시킬 수 있다.
③ 불만내용에 대하여 진지한 관심을 표현하며 적절한 응시와 고개를 끄덕이는 행위를 통해 이용자의 의견에 충분히 동의한다는 것을 전달할 수 있도록 한다.
④ 친절하고 친밀한 태도로 이용자의 가치를 존중하고 방어적 자세를 지양해야 한다.
⑤ 이용자의 말을 경청한 후 설명하려는 시도를 자제한다. 단, 이용자가 구체적인 설명을 요구할 경우에만 설명한다. 책임회피처럼 보일 수 있으므로 정당화하려는 설명은 적절한 대응이 아니다. 명분이 어떠하든지 이용자는 정보사서가 문제 해결의 책임을 지니기를 원한다.
⑥ 문제를 분명하고 간단하게 재진술한다. 문제에 대한 해답이 아니라 이용자가 말했던 내용을 다시 정리하여 확인하는 것이 중요한다. 요구와 해결책을 분리함으로써 보다 많은 대안들을 식별할 수 있다.
⑦ 왜 이러한 문제가 발생했는지 침착하고 논리적인 음색으로 설명한다. 가능한 한 호흡을 안정시키고 보통 때보다 더 천천히 그리고 더 조용하게 말하도록 유의해야 한다.
⑧ 해결책이 많이 제시될수록 좋다. 여러 해결책 중 이용자가 받아들일 수 있는 해결책을 선택하도록 하는 것이 중요하다. 제시된 해결책에 대하여 이용자가 제대로 이해했는지를 확인해야 한다. 만약 이 해결방법으로 이용자의 불만이 완화될 수 없다면 다른 정보사서에게 의뢰한다.
⑨ 서로 개인적인 감정을 품지 않도록 하며 우호적인 관계로 면담을 마치도록 한다.

(5) 웹 질문양식을 이용한 면담

답변 요청일: 2005. 6. 30

주제: 한국어

질문: 존댓말에 관한 질문입니다. 존댓말을 어떻게 사용하는지 교육시킬 때 참고할 수 있는 자료에 대하여 알고 싶어요.

소속: 교육학과

학년: 4년

답변 유형: 사실형

답변: 안녕하세요? 중앙도서관 정보봉사과 ○○○입니다.
존댓말의 사용과 교육자료에 대한 질문의 답변을 보내드립니다.
중앙도서관 사회과학실(4층)에서 '반말과 존댓말', 조수영, 한림, 1996 (306.44조ㅂ)이 있습니다.
더 많은 정보를 확인하고 싶다면 교보문고에 '나의 한국어 바로쓰기 노트', 남영신, 까치, 2002를 비롯하여 다양한 자료들이 있으니 참고하시기 바랍니다. '국어 큰 사전'을 이용하시는 것도 고려해 보세요. 즐거운 하루 보내세요. 감사합니다.

이용자가 요구하는 답변의 유형이 사실형이므로 질문에 대한 사실적인 답변과 함께 그 답을 확인할 수 있는 정보원의 출처와 어떻게 그 답을 찾게 된 과정과 어디에서 찾아 볼 수 있는지 그 방법을 구체적으로 설명해 주어야 한다. 해당 질문과 관련된 추가의 정보요구에 대비하여 참고할 만한 다른 정보원들을 제시해 주는 것이 바람직하다. 이용자의 질문 내용은 정보사서가 이해한 수준으로 요약하여 재진술해 준다.

(6) 채팅을 이용한 실시간 면담

정보사서: 안녕하세요? 무엇을 도와드릴까요?

이 용 자: 혹시 최소자승법에 관한 정보를 알 수 있을까요?

정보사서: 지금까지 살펴본 관련 자료들은 있나요?

이 용 자: 인터넷을 주로 찾아보았는데... 딱히 제가 원하는 정보를 찾지는 못했어요.

정보사서: 잠시만 기다려주세요. 지금 찾아보고 있는 중입니다.

이 용 자: 네.

정보사서: 기다려 주셔서 감사합니다. 여기 답을 찾아냈는데...

이 용 자: 그래요? 감사합니다.

정보사서: 찾고자 하셨던 정보는 수학대사전에서 확인할 수 있습니다. 제가 온라인 백과사전의 해당 페이지를 보내 드릴게요.

이 용 자: 아, 네.

정보사서: 지금 수학대사전자료를 보냈고요, 물리학 개론서 리스트도 보냅니다.

이 용 자: 네, 확인했어요. 감사합니다. 제가 원하던 내용인 것 같아요.

정보사서: 만약 적합한 정보가 아니라면 알려주세요. 다시 찾아보도록 하겠습니다.

이 용 자: 네, 오늘 정말 감사합니다.

정보사서: 감사합니다.

이용자의 정보요구를 정확히 파악하거나 정보질문과 관련하여 이용자가 이미 살펴 본 정보원들을 확인하기 위해서는 개방형 질문 기법의 적용이 유용하지만 정보사서의 답변이 이용자의 요구에 만족스러운 것인지를 즉각적으로 확인하기 위해서는 폐쇄형 질문을 사용할 필요가 있다. 정보사서는 이용자의 기다리는 시간을 인지하고 통제할 수 있는 커뮤니케이션 기법을 적용해야 한다. 답을 기다리고 있는 이용자에게 정보사서가 지금 무엇을 하고 있는지를 알려주어야 한다.

위의 사례들은 특정 정보면담 상황을 묘사한 것으로서 각 사례마다 제시된 대응책이 최선의 방법이라고는 할 수 없지만 이상적인 정보면담을 준비하고 진행하는 과정에서 적용할 수 있는 대인 커뮤니케이션 기법들이라 할 수 있다.

7.5 결론

기술의 발전과 함께 정보조사제공의 환경은 끊임없이 변화하고 있지만 이용자의 정보질문을 해결해 줌으로써 이용자 만족도를 지향하는 질문응답서비스의 기능은 변함없이 요구되고 있다.

전자 커뮤니케이션 매체를 이용한 새로운 질문응답서비스의 방식들은 그동안 이용자와 정보사서간의 상호작용에 영향을 미쳤던 심리적, 물리적 장애요인들을 해소해 주면서 기존의 정보면담에 대한 현실적인 대안으로 고려되고 있다. 그러나 각 커뮤니케이션 매체마다 상대적인 장, 단점을 지니고 있기 때문에 어느 한 질문응답서비스 방식이 다른 서비스 방식을 대체하지는 않을 것이다. 답변의 정확성보다는 답변의 즉시성을 우선하는 정보요구가 있을 것이며, 원격 접속의 편이성보다는 직접적인 면대면 면담의 친숙함을 선호하는 정보이용자들도 있을 것이다.

앞으로 더 많은 이용자가 디지털 도서관의 질문응답서비스를 이용하게 될 것이라는 예측은 질문응답서비스의 효율성에 대한 새로운 해석과 제안을 요구한다. 커뮤니케이션 방식의 변화에 따라 더욱 다양해진 질문응답서비스의 유형별 특성들이 비교분석 되어야 할 것이고 서비스의 홍보나 평가 그리고 전통적인 질문응답서비스의 대인적 요소들을 병합시키는 방법에 대한 서비스 운영 방안들이 논의되어야 할 것이다.

한편, 디지털 질문응답서비스는 정보원과 이용자에 대한 가장 전문적인 지식과 경험을 갖춘 정보사서로 하여금 최적의 기능을 수행할 수 있는 또 다른 기회를 가져다 준 것이라 할 수 있다. 질문응답서비스의 주체로서 정보사서는 질문응답서비스의 정확성과 신뢰성을 높일 수 있는 언어, 비언어 커뮤니케이션의 수단과 기법을 개발하고 적용할 수 있는 능력을 강화시켜야 할 것이다. 질문응답서비스의 성공에는 정보원에 대한 정보사서의 지식도 중요하지만 이용자의 정보요구를 제대로 파악하기 위한 헌신적이며 전문적인 정보사서의 정보면담 능력이 더 강조되고 있다.

인 용 문 헌

- 권석만. 1997. 인간관계 심리학. 서울: 학지사.
- 김달식. 2005. “대학도서관의 디지털 참고봉사에 관한 연구.” 한국도서관정보학회지 36(2): 241~262.
- 김소희. 1995. “정보면담 과정에서 대학도서관의 정보사서가 당면하는 커뮤니케이션 장애 분석.” 석사학위논문, 연세대학교 대학원.
- 김완선. 1991. “참고사서와의 커뮤니케이션을 통한 이용자 만족에 관한 연구-대학도서관을 중심으로-.” 석사학위논문, 이화여자대학교 대학원.
- 김휘출, 방준필. 2004. 협력형디지털참고봉사 모형구축. 서울: 한국교육학술정보원.
- 배순자. 1981. “참고상담에 있어서 사서와 이용자간의 커뮤니케이션의 기능에 관한 연구.” 석사학위논문. 연세대학교 대학원.
- 서용규, 김성희. 2003. “공공도서관 전자참고서비스 활성화 방안에 관한 연구.” 인문학연구(중앙대학교 인문과학연구소) 36: 111~142.
- 설영주. 1992. “비언어적 커뮤니케이션이 정보서비스에 미치는 영향에 관한 연구.” 석사학위논문, 전남대학교 대학원.
- 유길호. 1996. “도서관 이용자와 사서간의 대면적 커뮤니케이션의 고찰.” 도서관학논집 24: 81~106.
- 이수경. 1989. “참고면담상에서의 커뮤니케이션 기법에 관한 연구.” 석사학위논문. 이화여자대학교 대학원.
- 이숙희. 2003. “전자 정보서비스 환경에서의 이용자-정보사서간의 커뮤니케이션에 관한 연구.” 한국문헌정보학회지 37(1): 151~170.
- 조윤희. 1990. “대학도서관 참고봉사에 대한 학생들의 인식수준 연구.” 석사학위논문, 이화여자대학교 대학원.
- 장혜란. 2004. “디지털참고봉사의 이용활성화 방안.” 한국도서관정보학회지 35(4): 215~228.
- 차배근. 1981. 커뮤니케이션학 개론. 서울: 세영사.
- 한상완. 1993. “정보조사제공에 있어서 비언어적 커뮤니케이션의 응용모형개발을 위한 실증적 연구.” 한국문헌정보학회지 25: 83~150.
- Abels, E. G. 1996. “The E-mail Reference Interview.” *RQ* 35(3): 345~358.

- Anderson, E., J. Boyer and K. Ciccone. 2000. Remote Reference Services at the North Carolina State University Libraries.". <http://www.org/conferences/VRD2000/proceedings/boyer-anderson/ciccone12-14.shtml>.
- Barnlund, Dean C. 1968. *Interpersonal Communication: Survey and Studies.* Boston: Houghton Mifflin Co.
- Birdwhistell, R. L. 1970. *Kinesics and Context: Essays on Body Motion Communication.* New York: Ballantine Book.
- Bopp, Richard E. and Smith, Linda C. 1995. *Reference and Information Services: An Introduction.* 2nd ed. Englewood, Co.: Libraries Unlimited.
- Broughton, K. 2001. "Our Experiment in Online, Real-time Reference." *Computers in Libraries* 21(4): 26~31.
- Chan, Diana. 2005. "Virtual Reference Service: An Overview." <http://www.lib.tsinghua.edu.cn/calis/home/diana%20chan.ppt>.
- Cardina, Christen and Donald Wicks. 2004. "The Changing Roles of Academic Reference Librarians over a Ten Year Period." *Reference & User Services Quarterly* 44(2): 133~142.
- Carter, D. S. and J. Janes. 2000. "Unobtrusive Data Analysis of Digital Reference Questions and Service ant the Internet Public Library: An Exploratory Study." *Library Trends* 49(2): 251~265.
- Dervin, B. 1986. "Neutral Questioning: A New Approach to the Reference Interview." *RQ* 25: 506~513.
- DeVito, J. A. 1985. *Human Communication.* N.Y.: Harper and Row.
- Dewdney, P. and C. S. Ross. 1994. "Flying a Light Aircraft: Reference Service Evaluation from a User's Viewpoint." *RQ* 34(2): 217~230.
- Ellison, J. W. and C. Molenda. 1976. "Making Yourself Approachable." *New Library World* 77: 214~215.
- Elmborg, James K. 2002. "Teaching at the Desk: Toward a Reference Pedagogy." *portal: Libraries and the Academy* 2(3): 455~464.
- Foley, M. 2002. "Instant Messaging Reference in an Academic Library: A Case Study." *College & Research Libraries* 63(1): 36~45.
- Folger, K. M. 1997. "The Virtual Librarian: Using Desktop Video Conferencing to Provide International Reference Assistance." <http://www.ala.org/ala/acrlbucke/nashville1997pap/folger.htm>.

- Gotheberg, Helen M. 1976. "Immediacy: A study of Communication Effect of the Reference Interview." *Journal of Academic Librarianship* 2: 126~129.
- Gray, S. M. 2000. "Virtual Reference Services." *Reference & User Services Quarterly* 39(4): 365~375.
- Hall, E. T. 1966. *The Silent Language.* New York: Doubleday and Company.
- Hatchard D. and P. Toy. 1986. "The Psychological Barriers Between Library Users and Library Staff." *Australian Academic and Research Libraries* 17: 63~69.
- Hinde, R. A. 1972. *Non-verbal Communication.* Cambridge: Cambridge Univ. Press.
- Hutchins, Margaret. 1944. *Introduction to Reference Work.* Chicago: ALA.
- Janes, Joseph. 2003. *Introduction to Reference Work in the Digital Age.* New York: Neal-Schuman Publishers, Inc.
- Jennerich. E. Z. and E. J. Jennerich. 1997. *The Reference Interview as a Creative Art.* Englewood: Libraries Unlimited.
- Katz, William A. 1992. *Introduction to Reference Work, Vol. Ⅱ:Reference Services and Reference Process*, 6th ed. New York: McGraw-Hill.
- King, G. 1972. "Open and Closed Question." *RQ* 12: 157~160.
- King Country Library System and University of Washington. 2002. *Virtual Reference Service Marketing Guidelines.* <http://wio.statelib.wa.gov/service/vrs/testdocs/MarketingGuidelines.pdf)>.
- Kosa, Geza A. 1982. "The Psychological Barrier between College Students and the Librarian." *Australian Academic and Research Libraries* 13: 107~112.
- Koyama, J. T. 1999. "http://digiref.scenarios.issues." *Reference & User Services Quarterly* 38(1): 51~53.
- Leathers, D. G. 1976. *Nonverbal Communication Systems.* Boston: Allyn and Bacon.
- Lederman, Linda C. 1981. "Fear of Talking: Which Students in the Academic Library Ask Librarians for Help." *RQ* 20: 382~393.
- Lessic, Susan, K. Kjaer and S. Clancy. 1997. "Interactive Reference Service(IRS) at UC Irvine: Expanding Reference Service beyond the Reference Desk." ACRL 1997 National Conference Papers. <http://www.ala.org.acrl/paperhtm/a10.html>.
- Lipow, A. G. 1999. "In your Face' Reference Service." *Library Journal* 124(3): 50~52.

- Marvin, Stephen. 2003. “Pedagogical Objectives for Virtual Reference Services.” VRD 5th Conference San Antonio, TX. November 18. <http://www.vrd2003.org/proceedings/presentation.cfm?PID=150>.
- Mehrabian, A. 1978. “Nonverbal Betrayal of Feeling.” *Journal of Experimental Research in Personality* 5: 64~73.
- Moody, Janette and Elizabeth Carter. 1999. “Application of the Cognitive Interview by the Reference Librarian.” *Reference & User Services Quarterly* 38(4): 389~393.
- Morgan, Eric Lease. 1996. “See You See A Librarian Final Report.” <http://sunsite.Berkely.edu/~emorgan/see-a-liabrarian/>.
- Morton, D. H. “A Sampler of VR Icons.” <http://library.uwaterloo.ca/~dhmorton/icons.html>.
- Moss, Karen M. 1979. “The Reference Communication Process.” *Law Library Journal* 72: 48~52.
- Mount, Ellis. 1966. “Communication Barriers and the Reference Question.” *Special Libraries* 57: 575~578.
- Munoz, Joanna Lopez. 1977. “The Significance of Nonverbal Communication in the Reference Interview.” *RQ* 16: 220~224.
- Penland, P. R. 1974. “Interview as Communication.” *Library Occurrent* 24: 422~424.
- Raccagni, L. 1978. “Communication: The Missing Link in Reference Service.” *Current Studies in Librarianship* 2: 53-58.
- Rettig, J. 1978. “A Theoretical Model and Definition of the Reference Process.” *RQ* 18: 19~29.
- Richardson, J. 1985. “Evaluating Nonverbal Behavior in the Reference Interview.” *International Library Movement* 7: 117~123.
- Rosenbaum, H. and G. B Newby. 1990. “An Emerging Form of Human Communication Computer Networking.” *Proceedings of the ASIS Annual Meeting* 27: 300~325.
- Rubin, Rhea J. 1990. “Anger in the Library: defusing Angry Patrons at the Reference Desk (And Elsewhere).” *The Reference Librarian* 31: 39~51.
- Ruppel, M. and J. C. Fagan. 2002. “Instant Messaging Reference: Users' Evaluation of Library Chat.” *Reference Service Review* 30(3): 183~197.
- Shannon, C. E. and W. Weaver. 1949. *The Mathematical Theory of Communication.* Chicago: Illinois Univ. Press.

- Shosid, N. J. 1966. "Freud, Frug and Feedback: Am I Communicating?" *Special Libraries* 57: 561~563.
- Somerville, A. N. 1982. "The Presearch Reference Interview: A Step by Step Guide." *Database* 5: 32~38.
- Stacy-Bates, K. K. 2000. "Ready-references Source and E-mail Reference on Academic ARL Websites." *Reference & User Services Quarterly* 40(1): 61~73.
- Stemper, J. A. and J. T. Butle. 2001. "Developing a Model to Provide Digital Reference Services." *Reference Services Review* 29(3): 172~188.
- Straw. J. E. 2000. "A Virtual Understanding: The Reference Interview and Question Negotiation in the Digital Age." *Reference & User Services Quarterly* 39(4): 376~379.
- Taylor, Robert S. 1968. "Question-Negotiation and Information Seeking in Libraries." *College & Research Libraries* 29: 178~194.
- Tibbo. H. R. 1995. "Interviewing Techniques for Remote Reference: Electronic Versus Traditional Environments." *American Archivist* 58(3): 294~310.
- Vavrek, B. 1974. "The Nature of Reference Librarianship." *RQ* 13: 213~217.
- Viles, A. 1999. "The Virtual Reference Interview: Equivalencies." Discussion Group on Reference Work Report. The 65th IFLA General conference, Bangkok, 23 August 1999. <http://www.ifla.org/VII/dg/dgrw/dp9-06.htm>.
- Wells, C. A. 2003. "Location, Location, Location: The Importance of Placement of the Chat Request Button." *Reference & User Service Quarterly* 43(2): 133~137.
- White, M. D. 2001. "Diffusion of an Innovation: Digital Reference Service in Carnegie Foundation Master's(comprehensive) Academic Institution Libraries." *Journal of Academic Librarianship* 27(3): 173~187.
- White, M. D. 2001. "Digital Reference Services: Framework for Analysis and Evaluation." *Library and Information Science Research* 23(3): 211~232.
- Wilson. M. C. 2000. "Evolution or Entropy?: Changing Reference/User Culture and the Future of Reference Librarian." *Reference & User Services Quarterly* 39(4): 387~390.

08

정보이용교육

정보이용 환경이 급변하면서 이용자의 정보 접근과 이용능력은 지식정보사회의 중요한 생존능력으로 부각되고 있다. 언제 어디에서나 정보의 접근이 가능한 디지털 정보이용환경은 이용자에게 정보의 물리적 접근 기회를 확장시켜 주었지만 정보의 가치를 제대로 평가하고 활용하는데 요구되는 정보의 지적 접근 능력은 확장시켜 주지 못했기 때문이다. 현대의 정보환경에서 적합한 정보를 식별하고 이용할 수 있는 능력은 이용자가 스스로 개발해 나가야 할 결정적인 요소로 인식되고 있으며, 아울러 정보이용능력을 향상시키기 위한 도서관 서비스의 교육적 역할이 증대되고 있다.

정보이용교육은 정보조사제공 업무의 발생과 함께 수행되기 시작했던 이용자교육이 1970년대 후반 정보사회의 발전에 따른 사회적 요구에 부응하여 그 명칭을 바꾼 것이다. 이러한 용어의 변화는 정보이용교육이 정보환경과 교육환경의 변화를 수용하고, 전통적인 도서관의 자료 이용 교육에서 나아가 지식정보사회의 이용자에게 요구되는 핵심적인 정보이용능력을 키워줌으로써 평생교육을 지원할 수 있는 교육으로 발전하기 위한 것이었다.

이 장에서는 정보이용의 이론과 실제를 체험할 수 있는 교육의 장으로서 도서관이 준비하고 구성해야 하는 정보이용교육의 내용과 방법의 문제들을 다루고자 하였다. 정보이용능력의 개념과 정보이용교육의 발전, 효과적인 프로그램을 설계하는데 고려할 수 있는 다양한 교육 유형과 교육과 학습에 미치는 디지털 환경의 영향 그리고 교육 프로그램의 개발 요소들을 살펴보았다.

8.1 교육 기능 vs. 정보 기능

도서관은 이용자가 요구하는 지식과 정보를 제공해 주는 역할도 수행하지만 이러한 정보를 효율적으로 이용할 수 있는 방법을 지도하는 교육 기능도 담당하고 있다. 도서관의 교육 기능과 정보제공 기능은 상호배타적이지만 도서관의 고유한 기능으로 공존해 왔으며, 어떤 기능이 우선시되어야 하는가는 오랜 동안 논쟁의 대상이 되어 왔다.

도서관 이용교육의 역사는 1870년대 정보조사제공의 개념이 처음 발생하면서 시작되었다. 정보조사제공의 초기 이념이 이용자를 도와주는 업무에서 비롯되었기 때문이다. 1876년 정보사서와 이용자 간의 상호작용을 학술적으로 논의하고 강조했던 Green(1876, 80)은 스스로 원하는 정보를 찾을 수 없는 이용자들을 돕기 위해 정보사서가 제공하는 교육의 필요성을 최초로 제안하였다. 그러나 이용자가 전적으로 정보사서에게 의존하도록 해서는 안 되며, 정보사서는 이용자가 원하는 만큼의 도움을 제공함과 동시에 이용자 스스로 문제를 해결하도록 지도하여 독립적인 정보이용자가 될 수 있도록 격려해야 한다고 주장하였다.

이용자 교육의 궁극적 목적은 도서관을 독립적으로 이용할 수 있도록 이용자를 훈련시키는 것이다. 정보 자체보다 그 정보를 찾는 과정의 가치를 우선시 하는 이러한 모형은 특히 모기구의 사명이 교육적인 대학도서관이나 학교도서관에 오랜 동안 영향을 미쳐왔으며, 이와 관련된 다양한 특성들은 '교육하는 도서관(Teaching Library)'의 개념으로 응집되었다(Guskin, Soffle and Boisse, 1979). 도서관의 교육 기능은 1930년대에 이르기까지 정보조사제공의 주요 기능으로 간주되었으며, 공공도서관과 대학도서관들은 정보사서와 정보자료의 부족 그리고 긴축재정과 같은 현실적인 문제에 대처하기 위한 한 방안으로서 도서관 이용 교육을 강조했었다.

그러나 1930년대 이후, 이용자가 필요로 하는 정보자체를 제공해야 한다는 추세에 따라 정보조사제공은 교육 기능보다 정보 기능을 우선하게 되었다. 1960년대 이후부터는 정보량과 정보접근점이 증가하게 되면서 누구나 필요한 정보에 접근하여 이용할 수 있는 기술이 요구되었고, 정보조사제공의 교육 기능과 정보 기능은 동등하게 중요시 되었다. 도서관이 질적으로 우수한 봉사를 제공하기 위해서는 이 두 가지 기능을 모두 만족시켜야 한다는 것이다.

1970년대 정보화 사회의 변화에 따라 도서관의 교육 기능은 더욱 부각되었는데 1977년 ALA(American Library Association)에서는 도서관 이용교육에 관한 회의를 개최함으로써 이용자 교육이 정보사서의 주요기능임을 다시 한 번 확인하였으며, ACRL(Association of College and Research Libraries)에서는 도서관 이용교육 프로그램의 개선이나 개발에 적용할 수 있는 공식 지침을 발표하였다.

1980년대와 1990년대에는 정보기술의 영향력이 도서관 전 서비스 분야에 파급되었고, 디지털 도서관이 등장하면서 새로운 전자정보원의 선택과 평가에 대한 교육의 필요성은 그 어느 때보다 더 강조되었다. 특히, 정보의 접근과 이용능력의 증진을 위해 이용자에게 비판적인 사고력을 키워줄 수 있는 다양한 학습이론들의 적용 문제들이 적극적으로 검토되기 시작하였다(Rader, 2000).

정보 자체를 제공하기보다는 이용자가 도서관의 자료와 시설을 효율적으로 이용할 수 있도록 교육을 강조하는 서비스 모형을 일컬어 '보수적(Conservative)' 또는 '최소봉사(Minimum service)' 이론이라고 하며, 이용자가 질문을 했을 때 정보사서가 답을 찾아주고 때로는 직접 이용자에게 해당 자료를 제공해 주는 모형은 '진보적(Liberal)' 또는 '최대봉사(Maximum service)' 이론이라고 부른다. 진보적 이론은 과정보다 정보를 강조하는 서비스 모형으로서 정보사서는 탐색 검색 과정에서 이용자를 교육하려는 시도를 하지 않고 모든 노력을 정확하고 권위 있는 정보의 탐색과 제공에 기울인다. 진보적 서비스 이론의 옹호자들은 이용자가 도서관의 이용 기술을 배우기에는 도서관이 너무 복잡한 기관임을 강조한다. 그리고 정보사서는 독립적으로 도서관 이용이 가능한 이용자를 만들어 내기 위해 시간과 노력을 들이기보다 정보를 찾고 분석하는 주제전문가로서 봉사해야 한다고 주장한다. 이와 같은 서비스 모형은 주로 정보의 제공을 강조하는 정보기관이나 기업체의 도서관에 집중적으로 적용되고 있으며, 이런 기관의 정보사서는 교육자보다는 동료연구자로 인식되고 정보의 정확성과 적시성, 망라성, 권위 등을 매우 중시하는 경향을 보인다(Tyckoson, 2001, 191).

현대의 지식정보사회에서 도서관의 정보제공과 교육 기능은 모두 정보조사제공의 주요 역할로 인식되고 있으며, 교육은 보수적 그리고 정보는 진보적이라는 양분된 논쟁보다는 정보와 교육 기능을 포괄적으로 흡수한 최대의 봉사 기능으로 여겨지고 있다.

실제로 정보나 서비스에 대한 요구와 이용교육은 서로 상반되는 기능이 아니라 상호 영향을 미치는 관계로 알려져 있다. 일반적으로 이용교육을 수강한 학생들은 스스로 정보를 찾을 수 있는 능력이 향상되므로 정보사서에게 도움을 요청하는 질문응답서비스의 요구가 줄어들 것이라고 예측할 수 있다. 그러나 Vincent (1984, 40~41)는 이용교육을 수강한 이용자일수록 자신의 도서관 이용 기술이 결여되어 있음을 더 잘 인식하게 된다는 점을 지적하였다. 또한, 이용교육을 통해 정보원을 완벽하게 통제할 수 있는 능력을 획득한다는 것은 불가능한 일이며 오히려 더 많은 질문응답서비스를 발생시키는 결과를 가져올 것이라고 주장하였다. ARL(Association of Research Libraries)의 1995~2000년 질문응답서비스 통계 데이터를 근거로 질문응답서비스를 요청한 이용자와 이용교육의 수강 여부에 대한 관련성을 분석한 결과를 살펴보면, 실제로 이용교육의 참여경험이 있는 학생들은 좀 더 숙련된 정보이용자로서 질문응답서비스의 요구도가 더 높아진 것을 확인할 수 있다(Saunders, 2003).

8.2 정보이용교육의 정의와 발전

8.2.1 정보이용교육의 정의

정보이용교육(Information Literacy Education)의 개념은 전통적인 정보조사제공 업무의 한 영역으로 수행되어 왔던 이용자 교육(User Education)에서 발전된 것이다. 이용자 교육이란 도서관을 이용하는 사람들로 하여금 도서관의 전반적인 시설과 구조에 대해 익숙해지도록 안내하고, 도서관내의 모든 자료들을 정확하고 올바르게 이용할 수 있는 기술과 방법을 교육시켜 도서관에 대한 지식을 갖추도록 하는 것이다. 이용자 교육은 도서관 소개, 도서관 이용교육, 서지교육 등 교육의 내용과 수준에 따라 다양한 개념을 포괄하고 있다.

① **도서관 소개**(Library Orientation)

도서관 소개는 도서관의 시설이나 부서, 서비스의 장소, 담당직원, 상호대차나 특별 봉사, 장서의 조직 그리고 개관과 폐관 시간 등 도서관을 전반적으로 소개하는 교육 프로그램이다. 도서관을 처음 접하는 이용자들을 대상으로 도서관의 존재와 서비스 내용을 인식시키고 이해시켜 도서관의 이용을 유도하고 확대시킬 목적으로 이루어진다.

② **도서관 이용교육**(Library Instruction)

도서관 이용교육은 도서관 시스템의 조직에 대한 이해와 정보원의 이용능력을 향상시키는 것을 주요 목적으로 한다. 색인이나 목록, 서지 등 참고정보원에 대한 심도 있는 설명과 이용방법을 설명하며, 특정 교과목과 연계되어 특정 주제의 정보를 찾고자 하는 이용자 집단을 대상으로 실시되는 경우가 많다.

③ **서지 교육**(Bibliographic Instruction)

서지 교육의 내용은 도서관의 물리적 시설에 한정되지 않으며 정보자료 위주가 아닌 개념 위주의 교육을 강조한다. 도서관 중심의 기술적 교육보다는 문제해결에 중점을 두며, 특정 색인시스템의 이용방법보다는 정보의 조직과 탐색의 원리를 교육하는 서지 교육은 행동주의 학습이론과 인지주의 학습이론에 기초한 이론적 접근을 강조하고 있다. 연구나 학습 등 특정 목적을 지닌 이용자를 대상으로 해당 주제 분야의 기본적인 참고정보원과 소급 또는 현행 정보원을 탐색할 수 있는 능력뿐 아니라 그 분야의 연구 경향을 파악할 수 있는 능력까지 습득하는 것을 교육목표로 한다.

이러한 이용자 교육의 내용들은 최근 정보이용능력(Information Literacy)을 기르기 위한 교육으로 발전하고 있는데 정보이용능력은 1980년대 후반부터 도서관 프로그램 개발의 핵심이 되고 있다.

정보이용능력이라는 용어는 'Information Literacy'를 우리말로 옮긴 것이며 '정보사용능력', '정보처리능력', '정보소양능력', '정보를 읽고 쓰는 능력' 등 다양한 번역어로 해석되고 있다. 어원적으로 'Information'은 라틴어 'in'과 'formare'가 결합한 'information'에서 유래한 것으로서 '안에 형성하다', '알리다', '불어넣다' 등의 의미를 지니고 있으며, 'Literacy'는 읽고 쓸 줄 안다는 뜻으로서 'littera' 즉, '문자, 글자'에 어원을 두고 있다. 따라서 Information Literacy를 직역하면 '정보를 읽고 쓸 줄 아는 능력'이라고 할 수 있다. 그런데 '리터러시(Literacy)'는 특정 사회나 집단의 사회적, 개인적 요구를 반영하고 있는 진화하는 개념으로서 그 의미는 문화적, 사회적, 경제적, 정치적 맥락에 근거한 해석을 필요로 한다.

정보이용능력이라는 조어를 탄생시킨 Information Industry Association (IIA)의 Zurkowski(1974, 6)는 정보이용능력을 "정보가 언제 필요한지를 알고,

필요한 정보를 찾아 평가한 후, 그 정보를 효과적으로 이용할 수 있는 능력"이라고 정의하였다. 그런데 처음 이 용어가 만들어지게 된 동기는 업무를 보다 효과적으로 수행하기 위해 정보를 잘 이용할 줄 아는 사람을 적절한 용어로 지칭하는데 있었다. 이는 초기의 정보이용능력에 대한 대다수의 정의들이 정보이용능력 그 자체보다는 정보이용능력을 지닌 사람에 치중하게 된 배경이 되었다.

1989년에 발표된 ALA의 보고서에서는 정보이용능력을 지닌 사람을 "학습하는 방법을 학습한 사람"으로 정의하고, 정보이용능력을 "정보가 필요한 시기를 적절히 인식하여 유용한 정보를 찾아내고, 찾아낸 정보를 평가하여 의사결정이나 문제해결, 지식획득이 필요한 상황에 효과적으로 활용할 수 있는 능력"이라고 정의하였다(ALA, 1989, 1). 이 정의는 현대의 각종 정보이용능력에 대한 개념 정의에 그대로 반영되고 있으며, 컴퓨터 기술, 각종 소프트웨어와 데이터베이스 그리고 기타 정보기술들을 습득하여 교육과 업무 그리고 개인적 목적을 수행할 수 있는 능력 등이 추가되고 있다(ACRL, 2000). 또한, NRC(National Research Council, 1999)에서는 일상생활의 정보기술 활용 능력이 중요해지고 있는 컴퓨팅 유비쿼터스 시대를 맞이하여 정보이용능력은 모든 사람들에게 필수적인 것이며, 이를 바탕으로 한 정보이용교육이야말로 정보화 시대의 모든 시민들에게 정보권능(Information Empowerment)을 부여하는 일임을 강조하였다.

즉, 정보이용능력은 정보요구의 인식, 탐색 전략의 개발, 정보원의 선택, 평가, 종합, 새로운 정보의 효과적인 이용 개념을 내포하고 있으며, '능동적 학습(Active Learning)', '문제기반학습(Problem-based Learning)', '이용자 중심의 학습(Student-centered Learning)', '평생학습(Lifelong Learning)', '학습하는 방법의 학습(Learning to Learn)' 등의 개념들과 밀접한 관련을 맺고 있다고 할 수 있다(Tilburg University Library, 2001).

따라서 정보이용교육은 단순히 도서관을 안내하거나 기본적인 정보자료의 물리적 접근을 가르치는 교육수준에서 더 나아가 이용자가 독자적인 지식정보사회의 학습자가 될 수 있도록 적합한 정보만을 취사선택할 수 있고, 선택된 정보를 요구에 맞게 조직할 수 있으며, 이를 적절히 이용하는데 정보기술을 활용할 수 있는 능력을 키우기 위한 교육이라고 정의할 수 있다.

정보이용교육은 현재 모든 학문영역과 학습 환경, 그리고 교육과정에 공통적으로 요구되고 있는 평생교육의 기본적인 구성요소가 되고 있다.

8.2.2 관련개념

정보요구의 인식, 탐색 전략의 수립, 정보원의 선택과 통합, 정보원의 평가와 이용 능력 등 정보이용능력의 포괄적인 개념과 관련되어 있는 몇몇 새로운 용어들이 등장하고 있다.

① **정보경쟁력**(Information Competency)
Goetsch과 Kaufman(1998)은 정보이용능력이라는 용어 대신에 정보경쟁력이라 용어를 선호하였다. 정보경쟁력이란 다양한 형태의 정보를 찾고, 평가하고, 이용하고 커뮤니케이션 할 수 있는 능력을 뜻하며 도서관 이용능력, 컴퓨터 이용능력, 매체 이용능력, 기술 이용능력, 비판적 사고력 등을 통합한 능력이라 할 수 있다(Castro, 2002).

② **매체이용능력**(Mediacy)
Carbo(1997)는 전자매체를 포함한 모든 매체의 이용능력을 강조하는 의미에서 매체이용능력이라는 용어의 사용을 제안했다. 'Information Literacy'에는 읽을 줄 아는 또는 문명의 뜻을 지닌 'literacy'라는 용어가 직역되어 있는데 이는 자칫 정보이용능력이 없는 사람을 읽고 쓸 줄 모르는 '문맹의(illiterate)' 뜻으로 해석할 수 있다는 우려 때문이다.

③ **컴퓨터이용능력**(Computer Literacy)
Horton(1983, 14)은 디지털 정보환경에서 컴퓨터가 차지하는 비중을 고려하여 컴퓨터이용능력의 개념을 강조하였다. 컴퓨터이용능력은 기계가 무엇을 할 수 있고 할 수 없는지에 대한 이해 뿐 아니라 컴퓨터와 관련된 하드웨어와 소프트웨어를 조작할 수 있는 공학적 기술 그리고 기술의 개념과 문제 해결을 위해 그 기술을 적용할 수 있는 능력을 강조한다.

그러나 내용의 탐색과 분석, 평가, 그리고 커뮤니케이션 능력을 중시하는 정보이용능력이 컴퓨터의 활용방법을 알고 있는 것과 동일시 될 수는 없다. 정보요구의 이해와 정보접근 그리고 정보이용의 효율성에 직접적인 영향을 미치는 정보이용능력은 문제를 해결하기 위해 단순히 기술을 적용하는 것이 아니라 문제해결

그 자체를 목적으로 하기 때문에 온라인 목록이나 색인을 이용하여 자료를 검색할 수 있는 도서관 이용능력이나 컴퓨터이용능력 이상의 것을 요구한다. 정보이용능력은 컴퓨터나 인터넷 등 정보통신기기의 사용 능력을 기본 전제로 하는 개념이며 엄격히 별개의 차원에서 다루어져야 할 필요가 있다.

따라서 보다 효율적인 정보이용교육을 수행하기 위해서는 도서관 이용능력, 매체이용능력, 컴퓨터이용능력, 네트워크이용능력과 같은 관련 개념들을 모두 포함할 수 있는 정보이용능력의 개념이 발전되어야 할 것이다(Breivik, 2000).

8.2.3 정보이용교육의 발전

정보이용교육이라는 새로운 명칭이 언급되기 시작한 때는 1970년대로 거슬러 올라간다. 1960년대 말과 1970년대 초, 정보기술의 발전과 함께 도서관 외부의 정보접근이 가능해지고 대학의 교육 방향이 '강의 중심(Instructional)'의 패러다임에서 '학습 중심(Learning)'의 패러다임으로 변화하면서 정보사서들은 이용자 교육의 본질을 재검토하게 되었다.

기존의 도서관에서 수행되어왔던 이용자 교육과 정보이용교육의 구분은 명확하지 않으나 일반적으로 이용자 교육은 전통적인 도서관의 정보자료 이용에 대한 교육인 반면, 정보이용교육은 정보의 형태에 따라 다양한 교육 내용들을 반영할 수 있는 개념으로 발전하였다. 정보이용교육은 도서관에 도입되고 있는 모든 형태의 정보원들을 이용자가 효과적으로 이용할 수 있도록 특정 정보매체에 국한된 교육을 지양하며 교육의 초점 또한 도서관에 한정시키지 않는다는 특징을 지닌다 (Rader and Coons, 1992, 113).

정보이용교육을 구성하고 있는 구체적인 개념들은 1974년 미국의 문헌정보학위원회(National Commission on Libraries and Information Science; NCLIS)가 10년 후의 정보조사제공 환경을 전망하면서 발표했던 정보이용능력 교육 프로그램의 제안서에서 비롯된 것이다. 그 개념들을 살펴보면, ① 정보원이란 특정 업무 상황에 적용되는 것이며, ② 기술과 능력은 정보도구나 기본적인 정보자료의 이용에 요구되는 것이고, ③ 정보는 문제 해결에 이용되는 것으로 정의되어 있다. 1970년대에 언급되었던 정보이용교육에는 이 이외에 많은 요건들이 강조되었지만 정보를 처리하는데 요구되는 실제적인 능력과 지식을 정의하는 수준에는 이르지 못했다.

1980년대 중반에 이르러 보다 발전된 정보기술이 정보처리의 요구조건에 영향을 미치기 시작하면서 정보이용능력의 범주에는 정보이용에 요구되는 기술, 정보처리를 도울 수 있는 정보기술, 정보의 이해나 평가와 같은 고난도의 비판적 사고 능력 등이 필수적인 요소로 포함되었으며, 평생학습에 요구되는 이러한 정보이용능력의 습득은 자연스럽게 정보이용교육의 목표가 되었다. 그리고 정보이용교육의 개념은 단순히 정보에 대한 식별 차원을 넘어 그 정보를 이해할 수 있고 평가할 수 있는 능력의 배양으로 확장되었다. 아울러 정보이용능력의 개념이 정보사서나 교육자 또는 커뮤니케이션 전문가들에 의해 다양한 관점에서 정의될 수 있다는 점도 지적되었다. 특히, 정보이용능력에 요구되는 조건들과 도서관 이용자 교육이 추구하는 목적들이 서로 중복되면서 정보이용능력은 문헌정보학 영역의 주요 관심사가 되었다.

1980년대 후반, 정보화 사회가 요구하는 도서관의 교육 기능을 적절히 수행하기에는 전통적인 이용자 교육의 개념이 제한적이라는 인식아래 대학도서관을 중심으로 이용자의 비판적 사고능력을 교육하는 도서관의 역할과 도서관 이용능력 대신에 정보이용능력을 강조하는 교육 프로그램들이 개발되었다. 전 생애에 걸쳐 독립적인 학습자가 될 수 있도록 해주는 정보이용능력의 교육은 문헌정보학과 교육학 분야의 협력관계가 요구되는 교육적 문제로 인식되었으며, 효과적인 교육이 되기 위해서는 별도의 정보이용교육 프로그램이 아닌 대학의 정규과정을 통해 교육되어야 한다는 주장이 제기되기도 하였다(Behrens, 1994, 316).

1990년대는 정보이용능력의 개념이 완전히 정착되어 정규 교과과정을 위한 프로그램 모형과 이론의 적용이 활발하게 이루어진 시기로서 정보사서들은 이용자 교육과 정보이용능력 그리고 평생학습간의 연관관계에 관심을 보이기 시작했고, 자연히 대학 행정과 도서관, 강의실과 도서관간의 협력관계도 중요해지게 되었다. 디지털 도서관이 도입되고 있는 최근의 정보환경에서는 정보이용교육의 교육 내용과 방법에 관한 연구는 물론 각종 정보원과 정보기술의 영향력 그리고 정보이용능력 수준을 진단하는 도구의 개발과 평가의 문제들이 다각적으로 논의되고 있다.

8.3 교육 목적과 내용

8.3.1 교육 목적

정보이용교육은 정보에 대한 이용자의 물리적 접근과 지적 접근을 돕기 위한 것이며 그 궁극적인 목적은 정보이용능력을 지닌 사람을 키우는데 있다.

Doyle(1992)은 정보이용능력을 지닌 사람을 다음과 같이 정의하였다.

① 자신의 정보요구를 인식할 수 있다.
② 정확하고 완벽한 정보는 지적 의사결정에 기본적이라는 것을 이해한다.
③ 주요 정보원들을 식별할 수 있다.
④ 효과적인 탐색 전략을 수립할 수 있다.
⑤ 컴퓨터나 그 이외의 기술을 이용해 정보에 접근할 수 있다.
⑥ 정보를 평가할 수 있다.
⑦ 실제 문제에 적용할 수 있도록 정보를 조직할 수 있다.
⑧ 새로 입수한 정보를 기존의 지식에 통합시킬 수 있다.
⑨ 비판적 사고와 문제해결에 정보를 이용할 수 있다.

한편, ACRL에서는 고등교육 기관에 적용할 수 있는 *정보이용능력의 기준/Information Literacy Competency Standards for Higher Education*(ACRL, 2001)을 발표하였는데, 이 기준은 학생들의 정보이용능력 수준을 평가하기 위한 일련의 성과 지침으로서 5가지의 능력을 제시하고 있다.

① 필요한 정보의 범위를 결정할 수 있다.
② 필요한 정보를 능률적이며 효과적으로 접근할 수 있다.
③ 정보와 그 정보원을 비판적으로 평가하고 선택된 정보를 자신의 지식베이스에 통합시킬 수 있다.
④ 특정 목적을 성취하는데 획득한 정보를 효과적으로 이용할 수 있다.
⑤ 정보 이용에 따른 경제적, 법적, 사회적 문제들을 이해하고 정보를 윤리적이며 합법적으로 접근하여 이용할 수 있다.

따라서 정보이용교육의 목적은 이용자에게 연구와 학습에 필요한 지식정보를 신속하고 정확하게 식별하고, 양질의 정보를 선별하여 이용할 수 있는 능력을 길러줌으로써 앞으로 직면하게 될 새로운 문제 해결에 독립적으로 정보를 활용할 수 있는 평생학습자를 길러내는 것이라 할 수 있다.

8.3.2 교육 내용

정보이용교육을 통해 무엇을 가르칠 것인지를 결정하는 것은 교육의 목적 달성뿐만 아니라 교육의 정당성과 정체성을 확보하는 매우 중요한 요소가 된다.

정보이용교육의 내용은 전통적인 이용자 교육 이외에 정보능력을 증대시킬 수 있는 그리고 정보문제의 해결을 도울 수 있는 전문적인 교육 프로그램을 개발하는 방향으로 발전하고 있다. 도서관의 시설과 서비스에 대한 안내뿐만 아니라 참고정보원을 포함한 각 정보원의 유형과 이용방법, 소장하지 않은 정보의 접근방법, 온라인 목록을 포함한 각종 학술 데이터베이스의 접근과 검색, 인터넷 컴퓨터기술 그리고 학습이론의 영향에 따라 이용자가 스스로 문제를 해결하고 지식을 구성해 나갈 수 있는 능력에 초점을 둔 교육 프로그램들이 개발되고 있다.

최근에는, 전자정보원에 대한 이용자의 의존도가 높아짐에 따라 전자정보원의 접근에 요구되는 기술의 획득과 적용이 정보이용교육의 내용에서 큰 비중을 차지하고 있으며, 이용자가 자신에게 필요한 정보를 지속적으로 주지하고 수집, 평가, 선택하여 개인의 파일이나 데이터베이스를 유지할 수 있는 능력을 교육시키는 정보관리교육(Information Management Education)의 필요성도 커지고 있다. 그동안 정보사서들은 이용자에게 정보를 제공해 주는 것으로 자신의 임무를 다했다고 여겼으며, 이용자가 그 정보를 어떻게 해석하고 평가하여 이용하는지 그리고 차후의 이용을 위해 획득한 정보를 어떻게 관리하는지에 대해서는 관심을 두지 않았었다. 이용자가 입수한 정보를 체계적으로 관리하지 못하는 이유는 정보의 재활용 가능성이 낮고 관리를 하고 싶어도 분류와 정리 방법에 무지하거나, 개인적으로 정보자료를 관리할 수 있는 시스템이 부족하기 때문인 것으로 나타났다(김경곤, 2002). 또한, 입수한 정보자료를 체계적으로 관리하기 위해 시간과 노력을 투자하기보다는 인터넷을 이용해 다시 찾아보는 것이 더 편리하다고 여기는 이용자들도 있다. 그러나 이용자가 획득한 정보를 적절히 활용하는데 미숙하다면 이는 또 다른 정보질문을 야기하게 되고 결국, 정보사서의 업무 부담을 가중시키는 결과를 가져올 수 있다. 정보관리교육은 주로 연구도서관에서 전문가들을 위한 교육 프로그램으로 개발되어 시행되고 있지만 교육의 내용이나 절차, 방법 등에 관한 구체적인 지침을 마련하여 관종의 구분 없이 정보이용교육의 공통적인 교육 요소로 일반화 될 필요가 있다(박준식, 1998, 356~366).

한편, 교육 내용을 설계할 때에는 이용자들의 정보이용능력 교육에 대한 현재의 인식 수준을 정확히 진단하고 분석된 요구사항을 적절히 반영할 수 있어야 한다. 학생들은 일반적으로 도서관에 대한 공포감이 있고, 정보원들을 구별하는 데 어려움을 느끼며, 정보의 조직을 이해하지 못한 채 익숙한 정보원만을 선호하는 것으로 알려져 있다(Kracker, 2002). 또한, 웹 정보원 이용자의 이용행태와 관련하여 대부분의 이용자들은 인쇄정보원보다 전자정보원의 이용에 훨씬 더 큰 자신감을 보이지만 실제 정보이용교육을 이수하기 전과 후의 정보이용능력을 비교한 연구결과들을 살펴보면, 이용자들의 이용능력이 과대평가되고 있음을 확인할 수 있다(Buschman and Warner, 2005; Colaric, 2003; Warner, 2003). 이용자들은 특히 자신의 정보 탐색 과정에 대한 인식이 결여되어 있었으며, 탐색 기술을 이해하고 있었지만 과제를 해결하기 위해 실제 그 기술을 효과적으로 적용하는 데에는 상당한 어려움을 느끼고 있는 것으로 나타났다. 자신의 정보 탐색 기술과 선별 능력을 과대평가하는 이용자들의 일반적인 경향은 과제 중심의 정보이용과정을 강조하는 교육 프로그램의 설계에 반영될 필요가 있다.

정보의 식별과 식별된 정보의 이해 그리고 평가와 적절한 이용 능력을 기를 수 있는 교육 과정을 설계하는데 고려해야 할 요소들은 다음과 같다.

(1) 정보요구의 특성과 범위 파악

정보문제를 해결하는 첫 단계로서 이용자는 자신이 요구하는 정보와 범위를 정의하고 해답을 줄 수 있는 정보원을 파악해 낼 수 있어야 한다. 따라서 정보요구의 본질을 이해하고 형식화화기 위해 수행되는 정보면담의 역할과 질문협상과정에 대한 교육은 정보 이용의 준비 과정에 포함되어야 할 중요한 요소가 된다.

(2) 정보탐색

정보탐색의 교육 내용은 탐색할 정보시스템의 선정, 탐색 전략의 수립, 탐색 방법 그리고 정보탐색 과정과 관련된 것이다. 다양한 정보기술과 정보매체가 도입되고 인터넷이 보편화 되면서 정보환경의 변화에 따른 정보접근과 탐색 그리고 입수방식의 차이에 대한 교육의 필요성이 증대하고 있다. 정보요구를 탐색어로 구체화하고 주제어를 탐색 전략에 조합하는 방법, 통제언어의 사용, 키워드 탐색을 포함한 각종 탐색 기법, 탐색 엔진의 특성을 비롯하여 학술정보의 생산과 유통과정, 질문유형별 정보 접근법, 전자출판, 상호대차와 원문제공서비스의 이용법, 온라인 목록과 CD-ROM 또는 온라인 데이터베이스의 탐색, 인터넷상의 참고정보원의 이용에 대한 교육이 이루어져야 한다.

(3) 정보의 평가와 통합

입수한 정보를 비판적으로 평가하고 선별된 정보를 자신의 기존 지식기반과 가치 시스템에 통합할 수 있는 능력을 배양하기 위해서는 수집된 정보의 주요 개념들을 정확히 파악하고 요약하는 방법, 정보원의 정확성이나 권위, 신뢰성 등을 판단하기 위해 기준을 적용하는 방법, 정보가 생성된 문화와 물리적 환경을 고려하여 정보의 내용을 분석하는 방법, 획득한 정보의 특성을 파악하고 기존의 지식과의 차이를 분석하는 방법, 획득한 정보들을 근거로 결론을 도출해 내는 방법 등에 대한 교육이 이루어져야 한다.

(4) 정보의 이용

정보의 특정 부분을 인용하거나 필요한 정보를 추출하여 전달함으로써 정보의 효용성을 증가시키는 교육과정이 이루어져야 한다. 획득한 정보를 이용하여 논문이나 리포트를 작성할 때에는 그 정보를 그대로 옮기는 것이 아니라 능동적인 관심과 문제의식을 가지고 논리적이며 체계적으로 재구성할 수 있도록 구체적인 정보의 활용 능력이 다루어져야 한다.

(5) 정보윤리

윤리적이며 합법적인 정보의 접근과 이용에 관련된 경제적, 법률적, 사회적 문제를 이해하고 해결할 수 있는 능력을 키워주는 교육과정이 제공되어야 한다. 여기에는 정보의 공정한 이용과 저작권의 문제를 설명하고 인터넷상의 토론 문화와 예절, 저작물의 인용 방법에 대한 내용들이 포함되어야 한다.

8.3.3 교육 과정의 사례

정보이용교육의 목적을 달성하는데 요구되는 정보이용능력의 특성에 따라 다양한 수준과 내용의 교육 과정과 모형이 개발되고 있다.

(1) 대학의 정규교육 과정

대표적인 정보이용교육 모형으로는 학점이 인정되는 정규교과목을 통해 체계적이며 구체적인 교육이 이루어지는 정규교육 과정을 들 수 있다. 교육 과정은 주로 학생들의 정보요구를 충족시키는데 필수적인 정보이용의 개념과 기술들을 교육시키기 위한 내용들로 구성되어 있으며, 특정 주제 분야를 대상으로 정보원의 접근과 이용에 관한 강의, 토론, 실습이 병행되는 경우가 일반적이다. 그 한 예로, Washington State University 대학도서관의 정보이용교육 부서에서 제공하는 *GenEd 300 Information Literacy Program*(http://www.wsulibs.wsu.edu/usered/courses/300/index.htm)은 1학점이 부여되는 대학의 정규 교양 과목이다. 학문 영역별 정보의 접근과 이용을 중점적으로 다루고 있는 원격 정보이용교육 프로그램으로서 연구과정에 필요한 정보의 개념, 기술, 전략들을 습득할 수 있는 교육 과정으로 구성되어 있다. 교육 과정은 인문사회과학과 과학기술 두 과목으로 구분되어 있으며 학생들은 각 주제 분야의 학술 커뮤니케이션을 이해하게 되고, 적합한 정보를 찾는 도구로서 도서관 목록과 학술 데이터베이스, 인터넷의 활용방법, 다양한 정보원의 유형과 형태별 특성, 정보원의 평가방법 그리고 연구결과를 보고서나 발표 형식으로 통합하는 방법 등을 배우게 된다. <표 8-1>은 인문사회과학 분야의 정보이용교육 프로그램인 *Accessing Information for Research in the Humanities and Social Sciences*의 주별 교육 내용이다.

(2) 7 정보이용능력 모형(7 Pillars Information Literacy)

1999년에 SCONUL(The Standing Conference of National and University Libraries)에서는 고등교육 기관 학생들의 정보이용능력을 향상시키기 위한 목적으로 연구팀을 결성하였고 그 결과, <그림 8-1>과 같은 7 정보이용능력 모형을 제시하였다. 7 능력 모형은 기본적인 도서관 이용법과 정보기술 활용을 토대로 정보이용능력이 거의 없는 초보자에서부터 숙련된 전문가에 이르기까지의 단계별 수준을 다음과 같은 7가지 능력 면에서 구분하고 있다.

[표 8-1] GenEd 300 정보이용교육 프로그램 내용

구분	강의 내용
1주	Introductions - Syllabus Review Key Definitions
2주	Info Landscape, Scholarly Communication The Information and Publication Cycles
3주	MLK Jr. Day - No Class(All University Holiday)
4주	Controlled Vocabularies(Subject Headings) Classification Systems
5주	Developing a Research Topic
6주	Tour of Holland/New Library and the Web Site Reference Works Reserves, ILL, Special Collections
7주	Search Strategies Keyword vs Subject Searching Information Formats
8주	Using Online Databases I Key Social Science Databases E-Journals Popular vs Scholarly Works
9주	Using Online Databases II Government Documents - Marilyn Von Seggern
10주	Using the Internet Search Engines and Directories Key Social Sciences Web Sites
11주	Hot Topics in Information I Internet Filters, Digital Divide Information Privacy, Music Copyright Introduction and Research Day
12주	Break Up Articles Day
13주	Copyright and Plagiarism
14주	Hot Topics in Information II Internet Filters, Digital Divide Information Privacy, Music Copyright Class Discussion/Debate
15주	Presenting Your Research Citations, Documentation and Style Annotations, Abstracts, Book Reviews Tips on Giving an Oral Presentation
16주	Final Projects/Presentations Class Evaluation

① 능력 1: 정보요구를 인식할 수 있는 능력
② 능력 2: 정보의 격차를 구분할 수 있는 능력
③ 능력 3: 정보 탐색 전략의 수립 능력
④ 능력 4: 정보를 식별하고 접근할 수 있는 능력
⑤ 능력 5: 획득된 정보를 비교하고 평가할 수 있는 능력
⑥ 능력 6: 문제해결에 정보를 적용하고 전달할 수 있는 능력
⑦ 능력 7: 기존의 지식에 획득한 정보를 통합하여 새로운 지식을 창출할 수 있는 능력

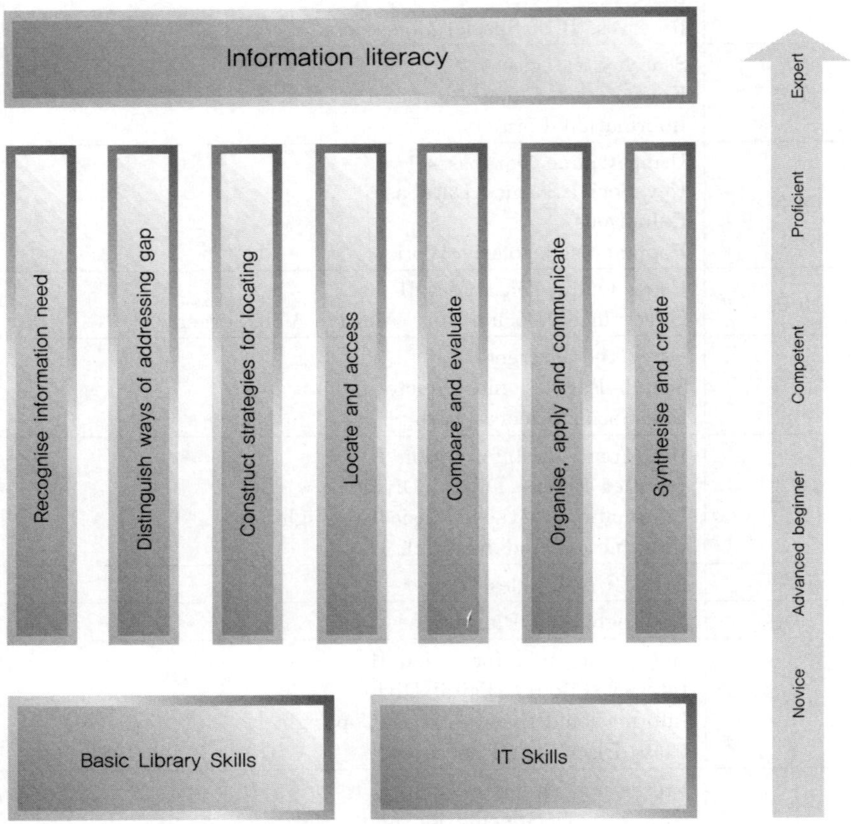

자료: SCONUL. 1999. Information Skills in Higher Education: A SCONUL Position Paper, London: SCONUL. <http://www.sconul.ac.uk/pubs_stats/pubs/99104Rev1.doc>.

그림 8-1 ■ 7 정보이용교육 모형

(3) Big 6 모형

Eisenberg와 Berkowitz(2001)가 개발한 Big 6 모형은 교육 내용이나 학습자의 연령에 상관없이 복합적인 정보문제의 해결 능력을 교육시키는데 가장 널리 적용되고 있는 정보이용교육 프로그램이다. 초등학생에서부터 대학생 그리고 성인교육에 이르기까지 다양한 주제 분야에 걸쳐 그 활용의 효과가 검증되고 있다. 이 모형에서 정보이용능력은 문제를 해결하기 위한 일련의 절차들을 통제하는 능력으로 정의되어 있으며, 정보이용교육은 학습자들이 현실적으로 직면하게 되는 문제나 과제에 통합되어 적용될 때 가장 효과적이라는 점을 강조한다.

Big 6 모형에서는 이용자들이 정보문제를 해결하는 방법과 절차를 분석한 결과를 토대로 한 성공적인 문제 해결의 핵심전략 여섯 단계를 제시하고 있는데 특정 정보요구나 과제를 해결하기 위해 적용할 수 있는 각 단계별 전략마다 두 가지의 구체적인 하위 절차가 기술되어 있다.

① **정보문제의 정의**(Task Definition)
- 해결해야 할 과제 또는 문제의 규명
- 문제 해결에 필요한 정보 확인

② **탐색 전략 수립**(Information Seeking Strategies)
- 이용 가능한 모든 정보원의 범위 확인
- 정보원의 활용 정도를 평가하여 최선의 정보원 선정

③ **정보의 식별과 접근**(Location and Access)
- 정보원에 대한 물리적, 지적 접근
- 정보 탐색

④ **정보이용**(Use of Information)
- 정보원 이용
- 적합 정보원으로부터 필요한 정보 추출

⑤ **통합**(Synthesis)
- 다양한 자료에서 얻은 정보를 과제의 목적에 맞게 재조직
- 최종 과제물 작성

⑥ **평가**(Evaluation)

- 수집한 정보의 가치와 최종 과제물과의 관련성 평가-효과성
- 정보문제 해결 과정의 평가-효율성

8.4 교육 유형

정보이용교육은 도서관 안내 책자의 배포에서부터 매년 신입생을 대상으로 실시되는 도서관 오리엔테이션 그리고 학점이 인정되는 정규과목의 수업 형식에 이르기까지 다양한 형태로 실시되고 있다. 교육 유형마다 상대적인 장단점을 지니고 있기 때문에 성공적인 정보이용교육을 수행하기 위해서는 교육 내용이나 수준, 교육 대상자의 규모와 특성에 따라 적합한 교육 방식을 선택하는 것이 바람직하다. 정보이용교육에 적용될 수 있는 대표적인 교육 유형들을 살펴보면 아래와 같다.

(1) 정보면담을 통한 개별교육

정보면담을 통한 정보이용교육은 이용자의 정보질문에 응답하는 과정에서 정보사서가 제공하게 되는 일대일 교육이다. 가장 전통적인 이용자 교육이라 할 수 있으며 이용자의 문제 해결에 가장 필요한 교육을 적시에 제공할 수 있다는 장점을 지니고 있다. ACRL의 통계정보원인 *Library Trends and Statistics*에 의하면, 응답도서관의 78%가 정보이용교육에 전자우편이나 전화를 이용한 일대일의 개별적인 교육방법을 적용하고 있는 것으로 나타났다(Thompson, 2002). 이러한 개별 교육은 매우 개인적이며 비조직적인 형태로 진행되지만 문제 중심적이며 구체적인 탐색 과정에 대한 설명과 확인이 이루어질 수 있기 때문에 교육에 대한 이용자의 만족도가 매우 높은 편이다. 정보면담이 진행되는 동안 정보사서의 문제 접근 방식과 탐색 과정을 이용자가 직접 확인할 수 있다는 것은 이용자들에게 그들이 표현한 정보요구와 그에 대한 정보사서의 실제 탐색 행위에 어떤 차이가 있는지를 이해할 수 있는 기회를 제공해 줄 수 있다. 교육의 효과를 높이기 위해 다양한 정보면담 기법들이 제시되고 있는데 특히 이용자들의 비판적 사고 능력을 키워주고 문제 해결의 전략을 밝히는데 도움이 되는 질문 기법들이 강조되고 있다(Beck and Turner, 2001). 예를 들어, 정보사서가 해당 문제에 대해 이용자는

어떤 생각을 했었으며, 문제 해결을 위해 어떤 방법을 고려해 보았고, 지금까지 찾아본 정보는 무엇이며, 그 탐색 경로를 설명할 수 있는지 등을 질문함으로써 탐색을 시작하기 전 이용자가 자신의 정보요구를 명료화하는데 도움을 줄 수 있다. 정보사서가 자신의 생각을 언어로 표현(Thinking aloud)하면서 탐색 과정을 진행하거나 정보데스크에서 나와 이용자와 함께 이동하면서 탐색 과정을 수행하는 방법은 교육의 장을 개방함으로써 주변의 이용자들에게도 동일한 교육의 효과를 기대할 수 있고, 질문을 격려하는 효과도 가져올 수 있다. 원격이용자를 대상으로 한 가상공간에서의 정보면담 또한 단순히 탐색 결과를 이용자에게 알려주는데 그치지 않고, 다양한 전자적 커뮤니케이션 매체의 특성을 이용하여 탐색 과정을 이용자와 함께 공유할 수 있는 효과적인 교육 방식으로 여겨지고 있다. 전자우편이나 채팅을 이용한 디지털 질문응답서비스의 발전과 함께 앞으로 정보면담 형식의 이용교육은 더욱더 증가하게 될 것이며, 질문응답서비스의 기능은 정보이용교육으로 확장될 것으로 보인다(Campbell and Fyfe, 2002).

(2) 오리엔테이션

도서관 오리엔테이션은 신입생 오리엔테이션의 한 과정으로 실시되고 있는 도서관 안내 프로그램이다. 정보이용교육의 첫 단계로서 도서관 각 부서의 위치를 비롯하여 소장 자료와 서비스에 대한 전반적인 소개와 이용에 대한 안내가 이루어진다. 일회적인 교육이어서 교육의 효과는 높지 않은 편이다.

(3) 견학

견학은 이용자들을 소규모의 집단으로 나누어 실제 도서관을 이동 순회하면서 도서관의 층별 서비스의 유형과 이용 방법, 자료의 배치 등에 대하여 지도하는 방법이다. 정보사서와 이용자의 직접적인 대면이 이루어지는 기회를 제공하므로 숙련된 정보사서와의 견학은 이용자에게 도서관과 서비스 그리고 정보사서에 대한 기대와 홍보 효과를 가져다 줄 수 있다. 도서관의 평면도나 자료의 유형, 배치도를 설명하고 있는 인쇄물이 함께 배포된다면 교육 내용의 이해도를 높일 수 있다. 그러나 견학은 주로 신입생 오리엔테이션 기간에 정기적으로 수행하는 교육방법으로서 세부적인 설명이 불가능하고 이용자에게 지속적인 교육의 경험을 제공해 주지 못한다는 단점을 지니고 있다. 또한, 정보사서의 시간을 할애해야 하고 도서관내의 다른 이용자에게 혼잡함을 줄 수 있다는 문제점도 지적되고 있다. 이런 문제를 해결하기 위해 박물관이나 미술관의 관람에서 이용하는 자가 견학(Self Guided Tour) 형식의 교육 방법을 고려해 볼 수 있다. 이 방법은 정보사서의 인솔 없이 도서관 안내 자료와 카세트테이프가 지시하는 내용에 따라 이용자 스스로 순회하며 도서관을 이해하도록 되어 있다.

(4) 안내 자료

안내 자료는 도서관 서비스나 자료 이용법의 개념과 구조를 짧은 시간에 이해시키는데 유용한 교육방법이다. 이용자가 자주 접하게 되는 문제들이나 기술에 관한 내용들을 팸플릿이나 책자형태 또는 도서관 홈페이지의 이용 안내문을 통해 제공할 수 있다. 구체적인 사항을 모두 설명하기에는 자료의 지면이나 안내 화면의 제한이 있으므로 안내 자료의 내용은 견학이나 오리엔테이션과 같은 교육 프로그램과 병행될 수 있는 내용으로 구성될 필요가 있다(Beck and Turner, 2001, 89~90). 예를 들어, 정보사서가 분류번호에 관한 사항을 설명하는 경우, 안내 자료의 분류표를 예로 들어 설명하게 되면 이용자의 이해력을 높이는데 도움을 줄 수 있을 것이다. 안내 자료를 설계할 때에는 이용자가 특정 과제를 완료한 후 습득하게 되는 기술과 개념은 무엇이며, 이용자가 실제 적용할 수 있는 상황은 무엇인지, 그리고 그 기술과 개념을 가르치기 위해 정보사서는 안내 자료를 어떻게 이용할 것인지 등 구체적인 요소들을 고려해야 한다.

(5) 강의

강의 방식의 정보이용교육에는 이용자의 요청에 의해 수시로 이루어지는 특강과 학과의 교과과정에 통합된 방식 그리고 정규과목으로 실시되는 교육 유형이 있다. 이 교육 유형은 면대면 교육 환경에서 학습자와 정보사서간의 즉각적인 피드백이 가능하며 상호 친근감을 형성할 수 있다는 특징을 지니고 있다. 다른 교육수단들을 활용할 수 있으며 경제적이고 융통성이 있다는 점 또한 강의 방식의 주요 장점이다. 그러나 교육내용과 수준이 일률적이어서 학습자가 요구하는 적절한 교육 시기나 실제 접하게 되는 문제의 상황에 일치되지 않는 경우에는 학습자의 동기 유발이 어렵고, 결과적으로 학습의 효율성이 떨어질 수 있다.

① **특강**

특강은 이용자의 요청에 의해 수시로 또는 정기적으로 이루어지는 교육 프로그램이다. 이 유형은 특정 교과목의 학습활동을 효과적으로 이수하거나 특정 주제 분야의 연구를 수행하는데 필요한 구체적인 정보수집과 이용능력을 함양시키기 위해 제공되는 교육으로서 교육 내용이나 수준을 결정하기 위해서는 정보사서와 해당 과목의 담당교수간의 연계가 필수적이다. 주로 전공 관련 주요 정보원들을 소개하고 목록시스템과 인터넷을 포함한 전자정보원의 검색 방법을 교육하며, 도서관의 강의실에서 교과 강의시간의 일부를 할애하여 진행된다. 편성된 교육 내용에 따라 실습을 병행할 수도 있으며 안내 자료나 시청각 교재, 프레젠테이션 기법 등을 다양하게 활용할 수 있다.

② **교과과정에 통합된 교육**

정보이용능력의 중요성에 대한 인식이 높아지게 되자 평생학습에 필수적인 정보이용기술을 현존하는 교과과정 속에 통합시켜야 한다는 주장이 1980년대 후반부터 구체화되기 시작했다. 교과과정에 통합된 정보이용교육은 특정 교과관련 정보원에 학생들이 쉽게 접근할 수 있도록 도와주기 위한 교육이다. 각 교과목을 구성하고 있는 요소들을 추출하여 도서관의 정보원과 문화에 적절히 연계시키기 위해서는 정보사서와 해당 교과목의 담당교수 그리고 대학 운영진과의 긴밀한 협력이 필수적이다(Malenfant and Demers, 2004). 교수진은 이용자인 동시에 정보이용교육의 협력자로서 교육을 원활히 수행하는데 매우 중요한 요소가 되고 있으며 정보사서는 프로그램과 서비스를 위한 지적 자원의 평가와 선택을 조정하고, 대학 운영진은 정보이용교육 프로그램을 도입하고 예산을 집행하는 역할을 담당하고 있다.

③ **정규과목**

정보이용교육은 정규교육과정의 일부로 운영될 수도 있다. 학점이 부여되거나 학점 없이 운영되기도 하며, 일반적으로 교양과목 또는 작문연습과 같은 특정 교과목과 병행하여 제공된다.

(6) 웹 기반 교육

디지털 도서관의 발전은 정보이용교육 방법에도 큰 변화를 가져왔다. 정보기술을 효과적으로 적용시킨 웹상의 교육 프로그램은 이용자의 학습 경험을 강화시키는데 긍정적인 영향을 미치고 있다. 웹 기반 정보이용교육은 교육의 시간적, 공간적 제약이 없을 뿐만 아니라 교육 대상 인원의 제한이 없으며, 멀티미디어 기능을 최대한 활용할 수 있고 교육 내용과 방법의 수정이 용이하며, 프로그램의 최신성을 유지할 수 있다는 장점을 지니고 있다. 교육 수준에 따라 개발된 능력별 교육 프로그램은 이용자가 자신의 필요에 따라 교육의 속도를 조절할 수 있도록 해주며, 전자우편이나 채팅 등 동시적, 비동시적 전자 커뮤니케이션 매체를 이용한 정보사서와의 상호작용을 통해 교육 과정의 의문점을 해결할 수도 있다 (Viggiano and Ault, 2001). 그러나 프로그램 개발과 유지의 비용 문제가 있으며, 웹 환경에 익숙하지 않은 이용자나 인터넷 이용 환경을 갖추지 못한 이용자에게는 제한적인 교육 유형이라고 할 수 있다. <그림 8-2>는 미국 텍사스 대학교 도서관에서 제공하는 온라인 정보이용교육 화면이다. 이 프로그램은 정보이용교육에 대한 개요와 함께 주제에 따라 각 교육 과정이 구분되어 있어서 이용자의 요구나 관심에 따라 특정 모듈을 선택할 수 있다.

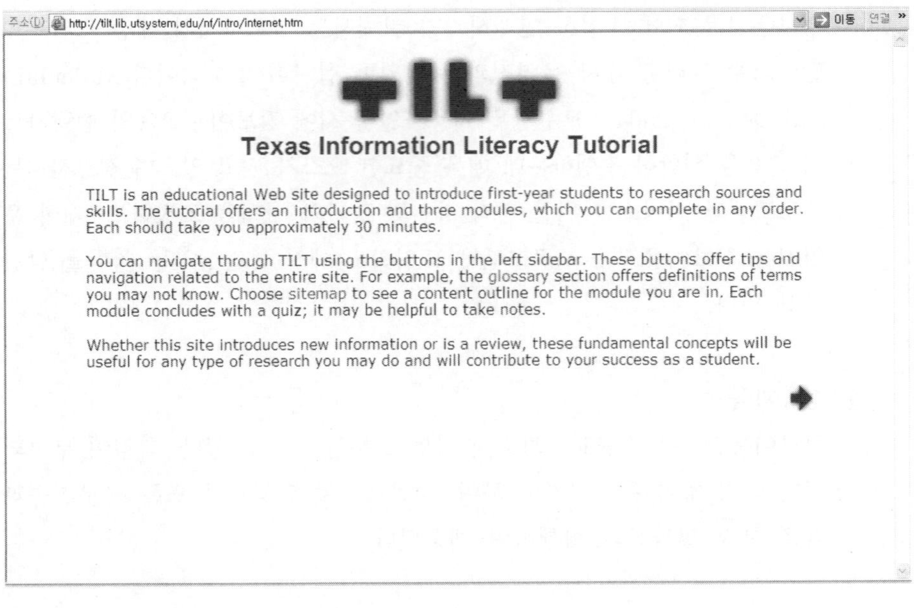

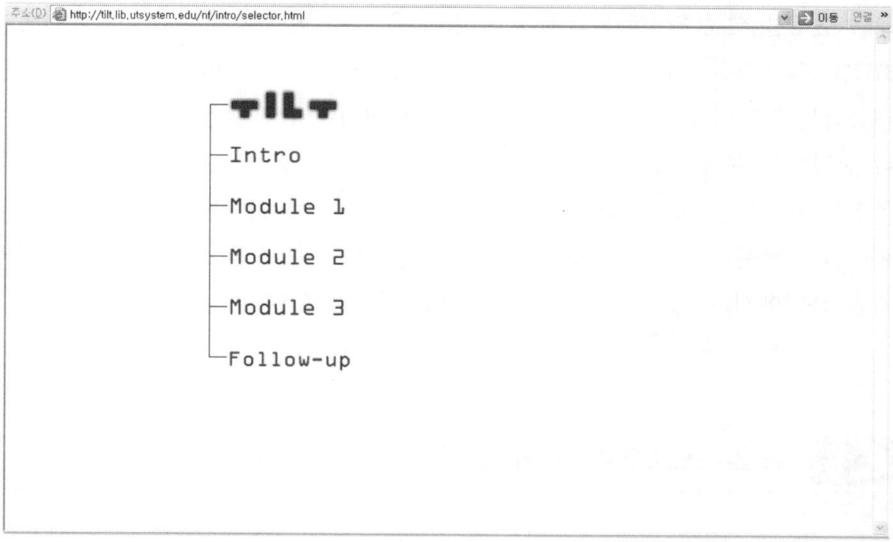

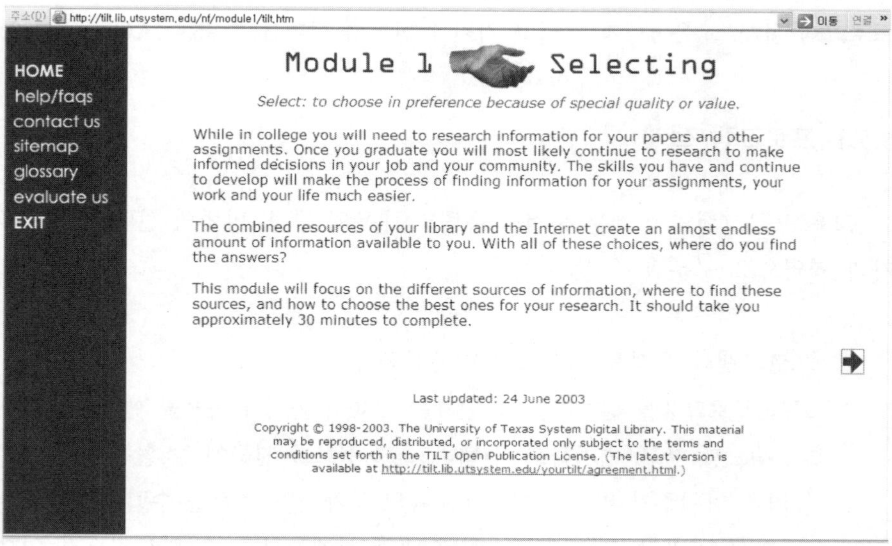

그림 8-2 ■ 텍사스 대학교 온라인 정보이용교육 프로그램

국내 대학도서관에서 실시되고 있는 정보이용교육은 정보검색교육, 학술정보 이용교육, 도서관 이용교육 등 다양한 명칭으로 존재하고 있지만 이용교육의 현실은 매우 좋지 않은 편이다. 국내 대학교 도서관의 정보사서들을 대상으로 이용

교육 현황을 설문조사한 결과에 의하면, 교육 유형 면에서 각각 오리엔테이션이 31.7%, 이용자신청에 의한 교육이 31.7%, 특강 16.9%, 데이터베이스 판매기관이 제공하는 교육이 15.9%로 나타났다. 주로 일회적이며 피상적인 오리엔테이션이나 신입생을 대상으로 한 특강 형식의 교육이 수행되고 있었으며, 정규과목으로 학점이 부여되는 경우는 3.3%에 불과했다(김달식, 2003). 정보이용교육을 활성화하기 위해서는 교육의 내용이나 형태, 교육담당자의 조건, 도서관 조직 차원의 지원 측면에서 구체적인 방안들이 모색될 필요가 있다.

8.5 교육 프로그램의 개발

성공적인 정보이용교육 프로그램을 개발하는데 고려해야 할 주요 요소들은 프로그램 설계, 교육담당자 그리고 지원 측면에서 살펴볼 수 있다(ACRL, 2003).

8.5.1 프로그램 설계

교육 프로그램의 설계는 목적의 수립과 내용의 구성, 방법의 선택 그리고 평가의 영역으로 구분될 수 있다.

① **프로그램의 목적을 기술하여 명문화한다.**
교육 프로그램을 설계하는 첫 단계는 교육의 목적과 목표를 설정하는 것이다. 정보를 찾고, 평가하고, 선택하고 그 정보를 연구에 잘 활용할 수 있는 능력을 키워주기 위한 정보이용교육의 구체적인 목적을 수립하기 위해서는 다른 기관의 교육 프로그램에 대한 사례조사도 수행될 필요가 있다.

② **이용자의 요구에 맞는 교육 내용을 구성한다.**
정보이용교육은 도서관 중심의 기술적 교육보다는 문제 해결에 중점을 두는 교육 내용으로 발전하고 있다. 효과적인 교육 내용을 구성한다는 것은 이용자가 자신의 정보문제를 스스로 해결할 수 있도록 탐색 주제의 선정에서부터 탐색 방법, 평가, 그리고 이용이나 인용하는 방법에 이르기까지 실질적인

문제 해결 과정에 맞출 수 있는 교육 과정을 개발하는 것을 의미한다. 그러나 아무리 교육 내용이 잘 구성되어 있다고 해도 이용자의 요구를 반영하지 않은 교육 프로그램은 무의미하다. 교육 프로그램이 이용자가 아닌 정보사서의 추측에 근거하여 계획하는 경향이 있으나 교육 프로그램은 무엇보다 이용자 중심의 교육을 전제로 한 것이어야 한다. 이용자 중심의 교육이 수행되기 위해서는 이용자 집단의 정보이용행태를 주시하고 그 결과를 반영할 수 있어야 하며 학습자의 상이한 경험과 지식 배경을 고려하여 능력 수준에 따른 교육의 난이도를 선택할 수 있는 프로그램 설계가 이루어져야 한다(East, 2005). 또한, 교과과정과 연계되는 정보이용교육의 경우, 주제별 또는 과제별로 세분화된 교육 프로그램이 운영되어야 하며, 정보원이나 서비스의 접근 방법 뿐 아니라 특정 주제 분야의 정보가 어떻게 수집되고 전달되며 조직, 이용되는지를 이해할 수 있는 과정이 제공되어야 한다.

③ **다양한 교육 방법을 적용한다.**

교육 내용을 성공적으로 전달하기 위해서는 학습자의 동기를 유발할 수 있고 흥미와 관심을 촉진시킬 수 있는 교육 방법을 선택하는 것이 중요하다. 교육 내용의 특성이나 교육 수준이 반영된 교육 방법으로서 교육이 진행되는 과정에서 정보사서와의 커뮤니케이션이 원활하게 이루어질 수 있는 수단을 제공할 수 있어야 한다. 효과적인 교육 방법을 결정하는 데에는 이용자의 탐색행태와 교육 매체에 대한 선호도의 분석이 요구된다. 웹을 이용한 학술정보의 탐색 과정에서 대다수의 이용자들은 서로 다른 인터페이스의 시스템을 활용하는데 많은 어려움을 느끼는 것으로 나타났다. 도움 화면이나 안내문을 거의 읽지 않은 채 탐색을 수행하는 편이며, 적합한 정보를 탐색하기 위해 더 많은 웹페이지 항목들을 살펴보기 보다는 탐색 결과의 첫 페이지만을 확인한 상태에서 정보원을 선택하는 경향이 높다(Cockrell and Jayne, 2002). 한편, 웹 기반의 이용교육은 웹이 지니고 있는 고유한 능력에 교육 이론을 결합시킬 수 있는 좋은 기회를 제공해주고 있다. 교육의 효과를 높이기 위해서는 교육 내용에 적합한 실습이나 시뮬레이션이 병행되는 것이 바람직하며, 다양한 매체의 활용과 공유 방안을 적극적으로 검토할 필요가 있다. 미국의 Project LOEX(http://www.emich.edu/public/loex/index.html)나 영국의 Material Bank(http://

www.lang.ltsn.ac.uk/resources/bankcontents.aspx) 등의 기관들은 정보이용교육과 관련된 교재나 강의계획서, 시청각 자료들을 공유하고 있다. 교육의 효과를 증진시킬 수 있는 또 다른 방법은 두 가지 이상의 교육 방법을 적용하는 것이다. 교육의 효과를 분석한 연구결과에 의하면, 이용교육의 실시 유무는 정보이용능력에 유의미한 차이를 가져오지만 교육 유형에 따른 교육의 효과에는 차이가 없는 것으로 나타났다(Nichols, Barbara and Shockey, 2003). 그러나 정보이용교육 프로그램을 개발할 때 두 가지 이상의 교육 방법을 적용하는 것은 선택사항이 아니라 일반화된 규칙으로 여겨지고 있다.

④ **교육 결과에 대한 평가를 실시한다.**

교육 프로그램을 개발하여 실시하고 나면 교육활동 전반에 대한 정기적인 평가를 통해 꾸준한 수정과 보완이 이루어져야 한다. 평가의 궁극적 목적은 교육의 정당성을 확보하고 교육 프로그램의 개선을 통해 교육의 질을 향상시키는데 있다. 따라서 교육의 목적과 목표, 교육 구조와 내용, 강의 시간과 수준, 강의 평가의 적절성, 홍보 활동, 학습자의 만족도 그리고 정보이용능력의 개선과 학업 성취에 미치는 영향력과 같은 교육의 효과가 평가되어야 한다. 평가의 필요성과 중대성이 인식되고 있음에도 불구하고 지속적인 평가의 수행과 그 결과의 반영은 제대로 이루어지지 않고 있다. 국내 이용자 교육 실태와 관련하여 교육의 평가가 이루어진다고 응답한 결과는 21.4%에 그친 것으로 나타났다(김달식, 2003). 평가는 주로 학습자와 정보사서 간의 피드백을 통해 또는 정보사서의 프로그램 전반에 걸친 분석 작업을 통해 이루어지며 관찰이나 면접, 설문조사와 같은 평가기법들이 적용될 수 있다.

8.5.2 교육담당자

정보이용교육을 효율적으로 수행하기 위해서는 적절한 자격과 요건을 갖춘 전문 인력이 확보되어야 한다. 지식정보를 기반으로 하는 디지털 정보사회에서 이용자의 요구를 효과적으로 충족시켜주기 위해서는 과거보다 훨씬 더 전문화된 정보이용교육을 필요로 하고 있다. 따라서 교육을 담당할 정보사서의 자질은 교육 내용과 효과에 직결되는 중요한 요소가 되며 교육의 성패를 좌우하는 결정적 요인이 된다. 특히 교과목과 연계되어 운영되는 이용교육의 경우, 주제 분야별 이용교육을 전담할 수 있는 정보사서의 주제전문성과 교수기법이 강조된다.

전반적인 교육 프로그램을 설계하고 관리하며 홍보와 평가에 참여해야 하는 교육 담당사서의 일반적인 역할은 아래와 같다.

① 이용교육의 목적과 목표 설정
② 교육 정책과 계획을 고안
③ 교육 프로그램과 서비스 개발
④ 다양한 교육활동 촉진과 관리
⑤ 교육 프로그램에 대한 연구와 평가 수행 그리고 개선
⑥ 교육 기법의 적용
⑦ 멀티미디어와 컴퓨터 기술을 이용한 교육도구와 교수법 개발
⑧ 필요한 직원과 예산의 확보
⑨ 직원의 훈련과 평가
⑩ 교육 홍보
⑪ 대학 내 구성원과의 긴밀한 협조

도서관의 교육 기능이 발전해 오면서 정보사서는 교육자라는 인식이 일반화되었고, 교육 프로그램을 설계하고 홍보하는 업무에 이르기까지 교육 활동에 적극적으로 참여해야 하는 역할을 부여받고 있지만 실제 정보이용교육의 담당자는 정보사서보다는 교수나 외부강사로 구성되어 있는 경우가 많다.

대학도서관 정보사서에게 교수지위를 부여하고 있는 미국의 경우에는 교육담당자로서 정보사서의 역할 수행에 문제가 없지만 국내의 경우에는 특히, 정규교과목으로 정보이용교육이 실시될 때, 정보사서의 자격과 역할 문제가 제기된다. 교육 담당사서의 역할은 정보원에 대한 지식이나 접근 기술과 같은 전통적 요구가 아닌 디지털 정보조사제공 환경에서 이용자의 연구와 학습 요구를 충족시켜 줄 수 있는 정보이용교육을 설계하고 평가하는 교육전문가로서의 역할이 요구되고 있다. 그러나 국내 문헌정보학 교과과정에는 이용교육과 관련된 교육설계나 교수방법 등을 전문적으로 훈련하는 과정이 없어 교육 담당사서들은 경험이나 부정기적인 단기 교육에 의존하는 경우가 대부분이다.

교육과 학술 그리고 서비스를 통합하는 정보사서의 역할에 대한 재검토가 필요하며, 문헌정보학 정규과정이나 전문단체를 통한 교육 담당사서의 계속교육이

수반되어야 할 것이다. 교육의 효과 면에서 이용교육을 전담하는 부서의 설치나 교육전담사서를 배치하는 것이 바람직하지만 정보사서가 정보제공과 교육의 역할을 병행해야 하는 현실을 고려해 볼 때, 이용교육을 정보조사제공의 주요 영역으로 정착시키는 일이 보다 중요하다.

8.5.3 지원

성공적인 정보이용교육 프로그램을 지원하는 일에는 상호 연관된 부분이 많다. 지원의 수준은 프로그램의 규모나 범주에 따라 달라지는데 효율적인 교육 프로그램을 운영하고 유지하기 위해서는 다음과 같은 지원책들이 마련되어야 한다.

① **교육시설과 장비의 지원**
교육을 위한 공간과 교육의 효과를 높일 수 있는 다양한 교육기자재가 지원되어야 한다.

② **교육 도구의 개발과 서비스 지원**
교육 자료의 설계와 갱신에 필요한 비품과 서비스의 이용을 제공한다.

③ **재정적 지원**
명시된 교육 프로그램의 목적과 목표를 달성하기 위해 적정한 재정적 지원이 이루어져야 한다. 교육 프로그램의 비용에는 교육 자료와 장비의 구입 또는 접근 비용, 프로그램의 홍보, 평가, 개선을 위해 지불되는 비용, 교육담당사서를 포함한 사무직원이나 기술보조원 등의 인건비, 교육담당자의 훈련과 계속교육의 참가비 등이 모두 포함되어 있어야 한다.

④ **교육 담당사서들의 전문적인 계속교육 지원**
교육담당자의 사기 진작을 위해 각종 훈련과 계속교육 프로그램에 참여할 수 있는 기회와 재정적 지원을 제공한다. 도서관 내에서 신입 교육사서들을 교육시키는 프로그램을 수행하는 것도 바람직하다.

8.6 결론

급변하는 디지털 지식정보사회의 경쟁력은 획득한 정보의 양과 질 그리고 지식정보의 이용능력에 달려 있다. 정보의 획득 경로는 점점 더 다양해지고 있으며 정보 그 자체가 편재(遍在)할수록 정보 주체의 창조적, 구성적 능력은 더욱 중요해지고 있다.

기술과 사회 그리고 교육 환경의 변화는 정보를 식별할 수 있는 능력뿐 아니라 이용자 스스로 획득한 정보의 의미를 효과적으로 구성할 수 있고, 새로운 지식을 생산해 낼 수 있는 독립적인 평생 학습자를 요구하고 있다. 도서관은 평생학습의 장으로 인식되고 있으며, 전통적으로 도서관에서 제공하는 별개의 교육으로 여겨져 왔던 이용자 교육이나 서지 교육이 이제는 공교육 교육 과정에서 강조되고 있는 고유한 기술로서 정보이용능력을 가르치는 교육으로 변화하고 있다.

정보이용능력은 정보접근과 이용에 필요한 평생학습의 핵심요소이다. 그리고 정보이용능력을 지닌 이용자는 다양한 정보원에서 정보를 얻고, 평가하고 이용할 수 있어야 한다. 정보조사제공의 주요 기능으로 수행되고 있는 정보이용교육을 통해 이용자들은 실제 직면하게 되는 문제 해결에 적용할 수 있는 정보접근의 원리와 기법 등을 습득하게 된다. 결과적으로 정보이용교육의 발전은 새로운 정보환경에서 도서관의 역할을 재검토하고 서비스 기능을 확장할 수 있는 기회를 제공해 주었다고 할 수 있다.

정보이용교육이 성공적으로 수행되기 위해서는 체계적이며 다양한 교육 프로그램이 개발되어야 한다. 도서관 내의 정보 식별에 치중했던 전통적인 강의 중심의 교육 모형에서 이용자의 정보요구와 추구행태를 토대로 한 이용자 중심의 교육 내용이 확대되어야 할 것이며, 다양한 유형의 교육 방법과 매체의 적극적인 활용이 요구된다. 그러나 정보이용교육에 무엇보다 중요한 것은 교육을 담당할 정보사서의 교육 설계와 교수 능력이라고 할 수 있다. 이용자의 학습 경로에 맞춘 교육 프로그램의 설계와 효과적인 교육 방법의 선택과 적용 그리고 평가와 홍보의 기능을 수행할 수 있는 교육 담당사서의 자격과 자질이 강조되며, 이러한 요구를 충족시켜 줄 수 있는 교육사서의 정규교육과 계속교육 프로그램의 개발이 요구된다.

인 용 문 헌

- 김경곤. 2002. "이용자의 정보추구행태에 기반한 PDL의 시스템 요구사항." 한국문헌정보학회지 36(4): 227~244.
- 김달식. 2003. "국내대학도서관 이용자 교육 현황과 활성화 방안." 디지털도서관 32: 49~67.
- 박준식. 1998. 정보서비스론. 대구: 계명대학교출판부.
- ALA. 1989. *Presidential Committee on Information Literacy. Final Report.* Chicago: ALA.
- ACRL. 2003. *Guidelines for Instruction Programs in Academic Libraries.* <http://www.ala.org/ala/acrl/acrlstandards/guidelinesinstruction.htm>.
- ACRL. 2000. *Information Literacy Competency Standards for Higher Education.* <http://www.ala.org/ala/acrl/acrlstandards/informationliteracycompetency.htm>.
- Beck, Susan E. and Nancy B. Turner. 2001. "On the Fly BI: Reaching and Teaching from the Reference Desk." *The Reference Librarian* 72: 83~96.
- Behrens, Shirley J. 1994. "A Conceptual Analysis and Historical Overview of Information Literacy." *College & Research Libraries* 55(4): 309~322.
- Breivik, Patricia S. 2000. "Information Literacy and Lifelong Learning: The Magical Partnership."<http://www.library.cqu.edu.au/conference/2000/keynote/breivik.doc>.
- Bruce, Christine. 1999. "Workplace Experiences of Information Literacy." *International Journal of Information Management* 19(1): 33~47.
- Buschman, John and Dorothy A. Warner. 2005. "Researching and Shaping Information Literacy in Relation to the Web: Some Framework Problems and Needs." *Journal of Academic Librarianship* 31(1): 12~18.
- Campbell, Sandy and Debbie Fyfe. 2002. "Teaching at the Computer: Best Practices for One-on-one Instruction in Reference." *Feliciter* 48(1): 26~28.
- Carbo, Toni. 1997. "Mediacy: Knowledge and Skills to Navigate the Information Highway." *International Information & Library Review* 29(3/4): 393~401.
- Castro, Gina. 2002. "From Workbook to Web: Building and Information Literacy Oasis." *Computers in Libraries* 22(1): 30~35.

- Cockrell, B. J. and E. A. Jayne. 2002. "How Do I Find an Article? Insight from a Web Usability Study." *Journal of Academic Librarianship* 28(2): 122~132.
- Colaric, Susan. 2003. "Instruction for Web Searching; An Empirical Study." *College & Research Libraries* 64(2): 111~122.
- Doyle, C. 1992. "Outcome Measures for Information Literacy within the National Education Goals of 1990: Final Report of the National Forum on Information Literacy." ERIC document no. ED351033, US Department of Education, Washington, DC,
- East, John W. 2005. "Information Literacy for the Humanities Researcher. A Syllabus based on Information Habits Research." *Journal of Academic Librarianship* 31(2): 134~142.
- Eisenberg, M. B. and R. E. Berkowitz. 2001. *The Big6 Information Problem-Solving Approach.* <http://www.big6.com>.
- Green, Samuel S. 1876. "Personal Relations Between Librarians and Readers." *Library Journal* 1: 74-81.
- Goetsch, L. A. and P. T. Kaufman. 1998. "Readin', Writin', Arithmetic, and Information Competency: Adding a Basic Skills Component to a University's Curriculum." *Campus Wide Information systems* 15(5): 158~163.
- Guskin, A. E., C. J. Stoffle and J. A. Boisse. 1979. "The Academic Library as a Teaching Library: A Role for the 1980s." *Library Trends* 28(2): 281~296.
- Horton, Forest W. 1983. "Information Literacy vs. Computer Literacy." *Bulletin of the American Society for Information Science* 9(4): 14~16.
- Kracker, J. 2002. "Research Anxiety and Students' Perceptions of Research: An Experiment. Part I. Effect of teaching Kuhlthaus's ISP Model." *JASIST* 53: 282~294.
- Malenfant, Chuck and Nora E. Demers. 2004. "Collaboration for Point-of-need Library Instruction." *Reference Service Review* 32(3): 264~273.
- Nichols, James, Shaffer Barbara and Karen Shockey. 2003. "Changing the Face of Instruction: Is Online or In-class More Effective?" *College & Research Libraries* 64(5): 378~388.
- Rader, Hannelore. 2000. "A Silver Anniversary: 25 Years of Reviewing the Literature Related to User Instruction." *Reference Service Review* 28(3): 290~296.
- Rader, Hannelore and William Coons. 1992. "Information Literacy: One Response to the New Decade." In *The Evolving Educational Mission of the Library.* edited

by Betsy Baker and Mary Ellen Litzinger, Chicago: Bibliographic Instruction Section, ACRL.

- Saunders, E. Stewart. 2003. "The Effect of Bibliographic Instruction on the Demand for Reference Services." *portal: Libraries and the Academy* 3(1): 35~39.
- SCONUL(Society of College, National and University Libraries). 1999. Information Skills in Higher Education: A SCONUL Position Paper, London: SCONUL. <http://www.sconul.ac.uk/pubs_stats/pubs/99104Rev1.doc>.
- Thompson, Hugh A. 2002. "The Library's Role in Distance Education: Survey Results from ACRL's 2000 Academic Library Trends and Statistics." *College & Research Libraries News* 63(May): 339.
- Tilburg University Library. 2001. "Digital libraries and Education." *D-Lib Magazine* 7(7/8).
- Tyckoson, David A. 2001. "What Is the Best Model of Reference Service?" *Library Trends* 50(2): 183-196.
- Viggiano, Rachel and M. Ault. 2001. "Online Library Instruction for Online Students." *Information Technology and Libraries* 20(3): 135~138.
- Vincent, C. P. 1984. "Bibliographic Instruction and the Reference Desk: A Symbiotic Relationship." In *Library Instruction and Reference Services.* edited by Bill Katz and Ruth A. Fraley, New York: Haworth Press.
- Warner, Dorothy A. 2003. "Programmatic Assessment: Turning Process Into Practice By Teaching for Learning." *Journal of Academic Librarianship* 29(3): 169~176.
- Zurkowski, P. G. 1974. *The Information Service Environment Relationship and Priorities.* Washington D.C.: National Commission on Libraries and Information Science.

09

상호대차와 원문제공서비스

정보조사제공의 궁극적 목적은 이용자가 원하는 정보를 적시에 제공하여 이용자 만족도를 최대화하는 것이다. 정보탐색이 성공적으로 이루어졌다 해도 해답이 되는 최종결과가 이용자에게 바로 제공될 수 없다면 이용자 만족도는 반감될 것이다. 따라서 특정 도서관의 소장 자료가 이용자의 정보요구를 만족시켜 줄 수 없을 때 외부 정보원을 연계해 주는 도서관의 능력 또한 정보조사제공의 효율성을 좌우하는 중요한 요인이 된다.

상호대차는 정보를 필요로 하는 이용자가 선택할 수 있는 도서관 서비스들 중 하나이다. 정보 출판량의 폭증과 도서관 예산의 긴축, 그리고 그 결과 도서관의 자료 수집 능력이 점차 저하하게 되자, 단일 도서관의 장서로 이용자의 요구를 충족시키는 일은 거의 불가능하게 되었다. 이용자가 원하는 각종 정보를 신속하고 정확하게 제공하기 위해서는 도서관들의 협력이 필수적이며, 상호대차는 공동수서나 공동목록 업무 등과 함께 도서관 협력의 대표적인 기능으로 발전해 오고 있다. 여기에 정보탐색 도구의 발전으로 서지정보에 대한 접근이 활발해지면서 원문에 대한 이용자의 요구가 높아지게 되었고 그 요구를 충족시키기 위한 각종 원문제공 시스템들이 발전하게 되었다.

정보기술과 컴퓨터 네트워크 기술의 발전을 토대로 하는 디지털 도서관의 도입은 상호대차와 원문제공 분야에도 많은 변화를 가져왔다. 정보의 '소장'에서 '접근'으로 패러다임이 변화함에 따라 정보원의 이용 문제는 양질의 자료를 망라적으로 수집하여 이용자에게 봉사하던 서비스 정책에서 상호대차나 상업적 원문제공 시스템을 이용해 비 소장 자료의 접근 가능성을 확대시키는 방향으로 발전하고 있다. 그 결과, 이용자들은 인터넷 기반의 원문제공 시스템을 이용해 도서관을 직접 방문하지 않아도 어디에서나 원격지의 자료를 주문하고 원문을 입수할 수 있게 되었다. 앞으로 비 소장 자료의 비율이 급증하고 원문정보의 수요가 늘어날수록 상호대차나 원문제공 서비스의 비중은 더 커질 것이다. 기술의 발전은 이러한 서비스의 절차와 방식을 극적으로 향상시키고 있지만 서비스의 질을 보장하는 정책의 수립과 제도의 개선 문제는 아직 중요한 과제로 남아 있다.

이 장에서는 상호대차와 원문제공서비스의 개념과 발전현황, 도서관 정보망의 기능 그리고 각종 원문제공 시스템의 유형과 특성을 살펴보고 상호대차와 원문제공 과정에 나타난 제도적 문제점들을 논의하였다.

9.1 상호대차와 원문제공의 발전

9.1.1 개념

상호대차(Interlibrary Loan)란 '협정을 맺은 도서관간에 소장 자료를 서로 빌려주는 제도'를 말하며, 일반적으로 한 도서관이 소장하지 않은 자료를 다른 도서관으로부터 빌려 이용자의 요구에 따라 제공하는 도서관 자료의 상호교류 활동을 지칭하고 있다. 상호대차의 최대의 장점이 도서관 자료의 공동활용인 반면 인력과 비용이 많이 들며, 자료의 손상과 분실위험이 있고, 이용자가 신청한 자료를 입수하기까지 많은 시간이 소요되며, 상호대차를 위해 대출된 자료를 자관의 이용자가 활용할 수 없다는 단점들이 지적되기도 한다(Lancaster and Sandore, 1997). 이러한 전통적인 상호대차의 개념은 복사기가 등장한 이후, 논문이나 기사 등을 복사하여 우편이나 팩스를 통해 제공하는 학술지 중심의 원문제공서비스(Document Delivery Service)로 확대되었다.

원문제공서비스는 일반적으로 자관이 소장하지 않은 자료를 다른 도서관 또는 상업적인 문헌제공기관을 통해 자료의 원문이 아닌 복사본을 자관의 이용자에게 제공하는 것을 의미한다. 국내에서는 이러한 원문제공서비스의 개념으로 '문헌제공서비스', '문헌전달서비스', '문헌복사서비스', '원문복사서비스' 등의 용어를 사용하고 있으며, 원문을 복사해서 우편이나 팩스로 전달하던 종래의 서비스 방식이 온라인 네트워크와 같은 전자적 수단에 의해 제공되는 방식으로 변화하면서 전자원문제공서비스라고 부르기도 한다(박정아, 1998, 39; Prytherch, 1995, 209~ 210).

문헌정보학 용어사전에서는 '문헌제공서비스'라는 용어의 정의를 '첫째, 우편, 복사, 특수서비스 기관 등 각종 신속한 방법을 동원하여 확인된 문헌을 제공하는 서비스, 둘째, 정보검색시스템에서 이용자의 요청이 있을 때마다 정해진 가격으로 문헌을 제공하는 것, 셋째, 도서관 장서 중 이용자들이 요청하는 문헌을 전달해 주는 것'으로 내리고 있다(사공철 등, 1996, 133). '문헌전달서비스'는 이용자에게 비 소장 원문의 대용 자료를 유료로 제공하는 서비스의 의미로 사용되고 있다. 한편, '원문복사서비스' 또는 '문헌복사서비스'는 이용자가 요구한 자료를 복사하여 소속 도서관 또는 사무실로 배달하는 활동을 의미하는 것으로서 도서관에서는 이러한 서비스들을 모두 상호대차의 범주에 포함시키고 있지만, 엄밀하게 상호대차는 도서관간에 자료의 실물을 빌려주는 것으로서 반드시 반납의 과정이 포함되므로 자료의 복사본을 제공하는 원문제공서비스와는 구분된다.

Prabha와 Marsh(1997)는 '상호대차를 이용하여 빌린 자료는 반납을 전제로 한 것이지만 복사가 가능해진 이후부터는 도서관들이 요청한 원본을 빌려주는 것 대신에 문헌의 복사본을 제공하기 시작했으며, 이 때 상호대차의 의미에 복사본을 제공하는 원문제공의 의미가 추가된 것'이라고 설명하고 있다. 그 이후 복사본을 제공하는 서비스가 상호대차의 개념으로 사용되는 것을 구분하기 위해 도서관상호대차와 원문제공서비스(Interlibrary Loan and Document Delivery; ILL/DD)라는 새로운 용어를 사용하게 되었다. 실물자료의 반납을 전제로 하는 도서관 상호대차와 원본이 아닌 복사본을 제공하는 원문제공서비스는 엄격히 별개의 업무로 규정되어야 하지만 원본이나 복사본을 제공하는 광의의 서비스 개념 측면에서 상호대차는 원문제공서비스의 일부분으로 해석될 수 있다.

9.1.2 의의

특정 정보를 필요로 하는 이용자들은 일차적으로 개인의 소장 자료나 소속기관의 도서관 장서로부터 원문을 입수하여 이용하게 되지만 이러한 정보입수가 불가능한 경우에는 상호대차나 원문제공 시스템을 통해 다른 도서관이나 상업적인 원문제공 기관과 같은 외부 전문 정보원의 자료를 제공받게 된다. 따라서 상호대차와 원문제공서비스의 기능이 제대로 수행되지 않는다면 이용자들의 완벽하고 효율적인 정보이용은 기대할 수 없을 것이다. 현재 웹 기반 원문제공 시스템은 단행본이나 학술지 뿐 아니라 논문 기사 내 필요한 정보를 더 쉽고 편리하게 접근할 수 있고, 도서관의 개입 없이 이용자가 직접 자료를 확인하여 주문하고, 비용을 지불하며 팩스나 전자우편 등을 통해 원하는 자료를 전송받을 수 있는 서비스 환경을 제공하고 있다.

상호대차와 원문제공서비스를 발전시킨 주요 요인들로는 크게 도서관의 자료 수집능력의 저하, 정보기술의 변화 그리고 그에 따른 이용자 요구의 증가를 들 수 있다.

① **자료 수집력의 저하**

정보의 생산량이 급증하는 가운데 자료구입비의 상승과 한정된 도서관 예산은 도서관의 자료 수집능력을 상대적으로 저하시켰으며, 장서의 불완전성을 높이는 결과를 가져왔다. 특히 국제적으로 과학기술 분야 학술지의 구독료가 급격히 인상되자 지난 20년간의 개인 구독률은 50% 이하로 하락하였고, 이용자들은 도서관에 의존하는 경향이 높아졌다(King and Tenopir, 1998). 이에 따라 도서관에서는 자료의 구입률을 줄이는 대신 이용자가 요구하는 정보를 보다 폭넓게 접근할 수 있는 방법들을 모색하게 되었고, 그 방안의 하나로 효율적인 상호대차와 원문제공서비스를 개선함으로써 이용자 만족도에 미치게 될 부정적인 영향력을 최소화하는 노력을 기울이게 되었다(Webster, 2000).

그 결과, 도서관들은 자체적으로 구독하는 학술지의 종수를 줄이면서 전체 학술지를 구독하기보다는 필요에 따라 외부의 원문제공 시스템들로부터 논문을 편당 입수하는 경향이 늘고 있다.

학술지의 소장과 상호대차의 경제성을 평가하기 위해 구독 취소에 따른 예산을 상호대차나 원문제공에 투입하는 방안을 검토할 수 있는데 이때 특정 학술지의 소장에 소요되는 총비용(구독료 + 발주 입수 비용 + 소장 공간과 서가구입 + 제본과 결호보충, 수선유지비 + 배가비 + 폐기비 + 간접비)에 한편의 논문을 제공하는데 소요되는 총비용(대차요금 + 저작권료 + 인건비 + 소요시간(이용자의 기회비용) + 간접비)을 산출하여 상호대

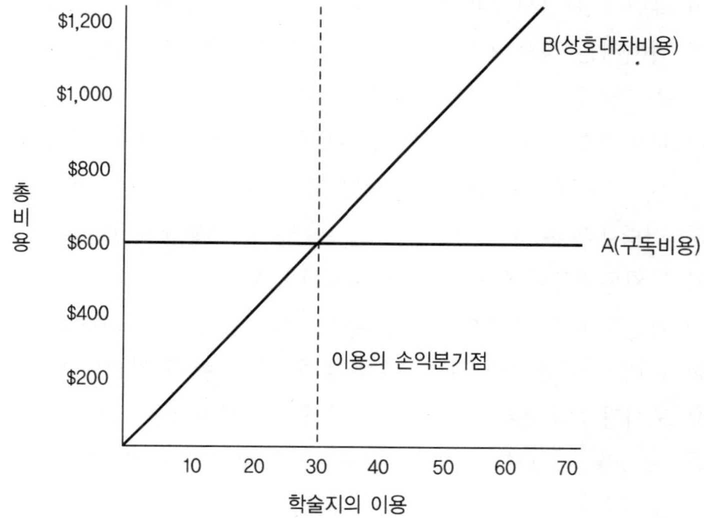

자료 : B. R. Kingma. 1997. "Interlibrary Loan and Resource Sharing: The Economics of the SUNY Express Consortium." *Library Thends* 45(3): 521.

그림 9–1 ■ 학술지의 구독과 상호대차의 손익분기점

차비용과 구독비용이 교차하는 지점 즉, 손익분기점을 찾아야 한다. <그림 9-1>은 학술지의 구독과 상호대차의 손익분기점을 설명한 그래프이다. 가로축은 학술지의 이용을 나타내며, 세로축은 학술지 구독 총비용 또는 상호대차 총비용을 나타낸다. 이 그림에서 예로 든 학술지의 총 구독비가 $600이고(A), 그 자료를 상호대차 할 때마다 소요되는 총비용이 그래프가 B와 같다고 할 때, 이용의 손익분기점은 30이 된다. 따라서 이 학술지의 이용이 30 이하인 경우, 구독보다는 상호대차를 이용한 자료의 제공이 더 경제적일 것이며, 이용이 30 이상인 경우에는 구독이 더 경제적이라 할 수 있다. 상호대차 총비용이 클수록 이용의 손익분기점은 낮아지게 되고, 구독비용이 증가하면 이용의 손익분기점은 높아지게 된다(Kingma, 1997).

② **정보기술의 발전**

문헌의 전자화, 원문의 압축과 저장기술, 커뮤니케이션 기술, 네트워크 기술 등 정보의 생산과 전달에 관련된 정보기술의 발전은 최종이용자가 직접 각종 정보원에 접근하여 정보원의 원문을 전송받을 수 있는 원문제공서비스의 발전을 촉진시켰다. 이용자에게 전자적인 방식의 원문제공이 이루어지기 위해서는 정보의 원문이 디지털 형태로 축적되어 있어야 하며, 인쇄물로 출판된 문헌을 디지털 형태로 전환하거나 전자형태로 출판된 문헌을 축적하는 기술, 그리고 축적된 전자문헌을 정보통신망을 이용하여 원거리에 있는 이용자에게 전송하는 기술을 필요로 하기 때문이다.

특히, 인터넷은 도서관 상호간 또는 원문제공 기관들과 도서관들 간의 상호대차나 원문제공이 쉽고 빠르며 효율적으로 이루어질 수 있는 정보 네트워크의 기반을 마련해 주었다. 도서관의 온라인 목록은 상호대차에 긍정적인 영향을 미친 대표적인 정보기술이라 할 수 있는데 인터넷의 발전은 세계 주요 도서관들의 온라인 목록에 접근하여 소장정보를 실시간으로 파악하고 바로 원문을 신청할 수 있는 전자원문제공 시스템의 활용을 가져왔다.

③ **이용자 요구의 증가**

정보기술의 발전은 이용자의 정보요구에 영향을 미쳤다. 온라인 목록이나 주제별 데이터베이스 등 정보검색 도구가 발달하면서 정보접근의 채널이 다양화되었고, 비 소장 자료의 서지정보에 접근할 수 있는 기회가 늘어나게 되자 검색 결과의 서지정보를 확인한 후 적합 자료의 원문을 입수하려는 이용자들의 요구가 증가하게 되었다(윤희윤, 1998). 또한, 그동안 이용자가 접근하기 어려웠던 회색문헌이나 전자정보원에 대한 수요가 증가하게 되면서 외부의 정보원을 정보의 소장기관에 구애받지 않고 쉽게 이용할 수 있는 서비스의 필요성이 대두되었다.

이러한 배경에서 출현한 원문제공서비스는 전통적인 상호대차의 단점을 보완할 수 있는 서비스 대안으로 여겨지고 있다. 원문제공 방식은 상호대차와 달리 원본이 아닌 복사본(전자적 복사물 포함)을 제공함으로써 반납할 필요가 없으며, 상호대차에서 제기된 공간적, 시간적 제약 요인을 해소할 수 있고, 장서의 소장 공간의 문제를 해소할 수 있는 서비스로 발전하고 있다. 그러나 전자적 이용이 불가능한 자료들은 여전히 전통적인 상호대차에 의존할 수밖에 없다. 단행본의 경우는 앞으로도 한동안 전자적 유용이 쉽지 않을 것으로 예측되고 있다. 정보를 입수하는 방식에 대한 이용자의 선호도는 정보제공의 속도나 질적 수준, 저작권의 제한 여부 등 이용자가 어떤 요소를 중시하느냐에 따라 다양해 질 것으로 보인다.

9.1.3 현황

우리나라에서는 1968년, 국립중앙도서관에서 '도서관 자료 이용 및 상호대차에 관한 협정'이 채택된 이후 한국과학기술 정보센터에서 발간한 '외국과학기술잡지 종합목록'을 시작으로 상호대차 업무에 필요한 서지정보의 공유가 이루어졌다(전명숙, 1986, 42). 같은 해에 전국 의학도서관들 상호간의 자료 이용 및 상호대차를 중심으로 관련 규약을 제정하면서 '의학관계잡지 종합목록'이 발간되었으며, 1972년에는 '과학단지장서 종합목록'과 학술진흥재단의 '외국학술잡지 종합목록' 그리고 국립중앙도서관의 '외국도서종합목록'이 발간되었다. 이용자들은 이러한 종합목록을 활용하여 서지사항과 소장기관을 파악하고, 이용자가 소장기관을 직접 방문하여 복사하거나 우편으로 타 기관에 복사를 요청하는 전통적인 상호대차 서비스를 이용해 왔다.

1990년대 초반, 국내 대학도서관의 전산화가 본격적으로 이루어지기 시작하면서 각 대학마다 소장 자료의 데이터베이스를 구축하게 되었고, 전자적인 방식의 상호대차가 활성화되었다. 인터넷을 이용한 정보검색이 가능하게 된 이후로는 각 대학의 홈페이지에 접속하여 타 기관의 소장 자료를 검색할 수 있게 되었고 아울러 비 소장 자료의 원문제공에 대한 봉사가 급증하게 되었다. 국내의 경우, 1960년대 후반부터 상업적인 원문제공기관이 운영되고 있었으나 대학도서관간 본격적인 원문제공이 이루어진 것은 KERIS나 KISTI, NDSL의 원문제공서비스가 출현하기 시작했던 1990년대부터라 할 수 있다.

2002년, KERIS의 원문제공 시스템을 통해 처리된 8만 여건의 원문제공 데이터와 회원기관 담당사서들을 대상으로 한 설문조사 결과에 의하면, 원문제공 신청 자료의 유형별 비율은 해외학술지가 48.9%로 가장 높았고, 국내 학위논문이 30% 그리고 국내 학술지가 8.7%를 차지하고 있는 것으로 나타났다(한국교육학술정보원 2003). BLDSC를 통해 신청한 자료들의 유형별 분석결과를 보면, 학술지의 원문제공 비율이 75%로 단행본(15%)이나 회의자료(7%)보다 월등히 높게 나타난 것과 비교해 국내 학술지의 원문제공률이 낮은 이유는 아직 전자화되지 않은 자료들이 많고 그에 대한 통합검색이 불가능한 결과로 해석된다. 국내 원문제공 신청 자료의 주제 분야별 비율은 순수과학 36%, 기술과학 28.6% 그리고 사회과학 16.73% 순이었다. 사회과학 분야의 원문제공 이용 비율이 낮은 이유로는 전자저널이나 웹 데이터베이스를 이용한 사회과학 분야의 자료 입수 경향이 높기 때문인 것으로 분석된다.

인터넷의 발전이나 디지털 도서관의 구축 등 정보환경의 변화는 원문제공의 환경에 매우 복합적인 영향을 미쳐왔는데 그 중 가장 큰 변화를 가져온 요인으로는 전자저널의 증가를 들 수 있다. 아직 전자저널의 종수가 원문제공 신청률을 저하시킬 만큼 다양하지는 않다는 주장이 일반적이지만 이용자들은 전통적인 상호대차나 원문복사서비스보다 전자저널의 이용을 더 선호하는 것으로 나타났다.

비 핵심 학술지에 대한 이용자의 수요를 충족시켜 주기 위한 방법으로서 인쇄저널 구독, 전자저널 구독 그리고 원문제공서비스를 이용하는 방법을 비교한 연구 결과에서는 원문제공 방식이 가장 성공적이라는 결론이 내려지기도 하였다(LaFond et al, 2000). OCLC의 원문제공서비스를 이용하는 일리노이 주의 26개 도서관들을 대상으로 1995, 1996년과 1999, 2000년의 데이터를 비교분석한 결과, 각 도서관의 전자저널의 이용률이 증가한 이후에도 원문제공의 비율은 9% 정도 증가한 것으로 나타났다. 논문의 전문(Full-text)을 제공하는 전자저널의 이용이 원문제공서비스의 필요성을 감소시키지 않는다는 결과로 해석할 수 있다(Wiley and Chrzastowski, 2002). ARL의 1986년에서 2004년까지의 통계에서도 원문제공서비스의 규모는 해마다 증가하고 있는 것으로 분석되었다(Kyrillidou and Young, 2005).

그러나 점점 더 다양한 종의 저널들이 전자저널 출판사의 데이터베이스를 통해 제공되면서 상업적인 원문제공기관의 자료 신청 비율은 감소하는 추세를 보이고 있다. 이러한 추세가 어느 정도 계속될지 알 수 없지만 BLDSC 역시 지난 2001년, 학술지 논문의 원문을 제공하는 Docusend가 도입된 이후부터 신청 건수의 감소 추세를 보이고 있다(Bower, 2005).

국내의 대표적인 원문제공 기관인 KISTI의 원문제공 통계에서도 원문제공 규모가 1995년의 442,217건에서 1996년에는 2.76%의 증가를 보인 이후 꾸준히 감소하다가 2001년에 이르러서는 261,997건으로 약 17%의 감소를 보인 것으로 나타났다. 그 이유는 이용자들이 KISTI가 아닌 다른 정보원으로부터 원문수요를 충족시키고 있는 결과일 수도 있지만 대학도서관들이 전자저널을 공동으로 구독했기 때문이라는 점 또한 배제할 수 없을 것이다(윤정옥, 2002). 앞으로 인쇄매체의 학술지들이 동시에 웹 데이터베이스 형태로 출판되는 경우가 늘어난다면 최신 정보원에 대한 원문제공의 요구는 낮아질 것으로 보여 진다.

9.2 도서관 네트워크의 기능

현재 수행되고 있는 상호대차와 원문제공서비스는 네트워크 서비스의 하나로서 컴퓨터와 통신기술의 발달로 인해 최근 발전하고 있는 도서관 정보 네트워크 개념과 분리시켜 생각할 수 없다. 도서관 네트워크의 이론적 기반은 자원을 공유하기 위한 도서관들 간의 협력에 있다. 도서관의 상호협력은 이용자에게 더 향상된 서비스를 제공할 뿐만 아니라 도서관 자체 업무자체에 있어서도 다양한 혜택을 제공해 준다.

이용자 정보요구의 급증과 다양화로 인해 단일의 도서관 체제나 소수 집단 체제로는 인적으로나 정보자원 그리고 재정적인 측면의 한계를 극복할 수 없다. 도서관 네트워크는 이러한 한계를 극복하고 이용자들의 정보요구를 최대한 충족시키는데 그 목적을 두고 있다.

도서관 네트워크의 주요 기능을 살펴보면 다음과 같다.

① **상호대차와 원문제공 기능** : 한 도서관이 소장하지 않은 자료를 다른 도서관으로부터 빌려 이용자의 요구에 따라 제공하는 정보자료의 상호교류 활동을 말한다.

② **정보검색 기능** : 다른 도서관의 소장 자료에 대한 접근을 가능하게 한다.

③ **커뮤니케이션 기능** : 전자게시판, 전자우편, 파일전송 등의 방법을 통해 회원 도서관들 상호간에 정보를 교류할 수 있다. 전자게시판 서비스의 일종인 리스트서브와 유즈넷 뉴스그룹은 각 분야별 메일링 리스트의 회원으로 가입하게 되면 해결하기 어려운 문제에 대한 협조를 얻을 수 있다.

④ **공동수서와 편목 기능** : 공동수서를 통해 한정된 예산과 공간의 문제를 해결할 수 있는 장서개발이 가능하며, 공동편목은 원격 정보검색이나 정보조사제공을 위한 기본적인 데이터베이스가 되는 것으로서 단 한 번의 편목 작업으로 회원 도서관 전체가 활용할 수 있는 자원공유의 전형이다.

⑤ **협력교육 기능** : 정보전문가의 지식과 기술의 협력을 통해 이용자를 위한 정보이용교육 프로그램이나 정보사서를 위한 계속교육 프로그램을 공유한다.

⑥ **협력 질문응답서비스 기능** : 특정 도서관에서 해결하지 못하는 이용자 질문을 다른 기관의 정보전문가들이 답변해 줌으로써 이용자들에게 양질의 질문응답서비스를 제공할 수 있다.

이러한 도서관 협력을 통해 기대할 수 있는 효과는 다음과 같다(송영희, 1992, 195).

① 정보접근의 가능성이 높아지게 되므로 정보제공 범위가 확대되고 특정 주제 분야에 대한 보다 깊이 있는 정보제공이 가능해진다.
② 제한된 인적, 물적 자원을 널리 보급하고 활용시킬 수 있다. 흔히 협력 활동이 비용을 절약할 수 있는 방안으로 간주되나 실제로는 두 개 이상의 도서관들이 작업을 분담하고 노력의 결과를 공유한다는 의미가 더 크다.
③ 업무의 분담과 그 결과의 공유는 정보사서로 하여금 성취능력과 열의를 갖도록 하며 한 분야 이상에서의 전문성을 갖추도록 한다. 이는 전반적인 업무 능력을 신장시켜 주고 결과적으로 더 나은 봉사로 이어져 이용자의 만족도를 향상시킨다.
④ 불필요한 복본의 구입이 줄어든다.
⑤ 협력서비스를 통해 이용자가 직접 해당 도서관을 방문하지 않아도 필요로 하는 정보를 입수할 수 있다.
⑥ 협력 관계에 있는 도서관들은 업무의 향상과 개선이 이루어진다. 자관의 업무를 수행하면서 동시에 다른 도서관의 업무와 봉사에 대한 이해도를 높이게 되므로 정보사서의 봉사수준과 문제해결 능력이 향상된다.
⑦ 정보사서는 자관이나 타관의 정보자료에 대해 잘 알게 되어 어떤 기관이 어떤 자료를 소장하며 어떠한 장점들을 갖고 있는지 알 수 있다. 이것은 도서관에서 자료를 선택하고 장서를 개발하는데 대단히 유용하다.

초기 도서관 네트워크의 내용은 정보조사제공을 위한 자동화 시스템이기보다는 도서관의 수서업무와 대출업무 등 도서관의 실무 작업을 편리하게 수행하기 위한 사무자동화로 볼 수 있다. 1960년대 중반 미국 의회도서관의 기계가독형 목록의 개발은 도서관의 상호협력 특히 자료의 상호대차에 많은 도움을 주었으며, OCLC와 같은 온라인 서지 네트워크를 출현시키는 기초가 되었다. 그리고 1970년대 중반과 1980년대 전 기간에 걸쳐 서지 네트워크 또는 서지 유틸리티(Bibliographic Utility)라고 불리는 본격적인 도서관 정보 네트워크가 발전하게 되었다.

서지 네트워크는 회원 도서관들이 소장한 자료를 중심으로 온라인 데이터베이스를 구축하고 이를 통해 회원들에게 데이터베이스와 그와 관련된 다양한 서비스를 제공해 준다.

국제적인 서지 네트워크로는 OCLC와 RLIN 그리고 OCLC Western 등이 있는데 이러한 온라인 목록 정보망들이 도서관 상호대차나 원문제공서비스의 하부시스템들로 개발되고 있으며, 이용자의 정보요구를 더 신속하고 더 용이하게 처리할 수 있도록 그 기능이 계속 강화되고 있다. 각 단위 도서관들은 서지 네트워크의 상호대차 서브시스템에 가입하거나 자체 시스템을 개발하여 원격 정보검색과 신속하게 원문요청을 처리할 수 있는 환경을 조성하고 있다. 온라인 목록과 온라인 데이터베이스의 탐색 모드를 통합하고 검색하여 제공하는 과정이 일체화되는 웹 기반 정보시스템이 구축됨으로써 이용자는 상호대차 담당사서와 개인적인 상호작용 없이 정보를 탐색하고 서지사항을 확인하여 원문제공 신청을 직접 할 수 있으며, 신청 자료를 우편이나 전자적인 형태로 제공받을 수 있게 되었다.

9.3 원문제공서비스의 유형

초기의 원문제공서비스는 개별도서관의 최신정보주지서비스를 통해 이용자에게 제공된 서지정보 중 이용자가 원문을 요청한 자료를 대상으로 이루어진 것이었다. 이후 정보 기능과 네트워크 기능의 발전으로 원문제공서비스의 범위는 자관 소장자료에서 타관 소장자료로 확대되었다. 따라서 원문제공서비스의 유형은 소장자료의 유무와 상관없이 원문을 제공하는 기관의 성격에 따라 구분해 볼 수 있다.

원문제공은 비영리 서지 네트워크나 각종 협의체를 이용해 서지 데이터베이스를 검색하고 원문을 주문하거나 상업적 원문제공 기관에 원문을 신청하여 우편이나 팩스, 전자우편 등을 통해 자료를 입수할 수 있다. 최근에는 전자책이나 전자저널을 출판하는 전자출판사들을 통한 원문의 접근과 이용이 늘고 있어서 전자저널 출판사들 역시 광의의 원문제공서비스가 되었다.

9.3.1 비영리 서지 네트워크

9.3.1.1 OCLC(Online Computer Library Center) (http:www.oclc.org)

OCLC는 1967년 오하이오 주 내의 대학도서관들을 중심으로 공동목록을 작성하고 서비스의 질을 개선시키기 위해 발족된 비영리 회원제 조직이다. 이후 COLC는 1980년대에 온라인 분담목록, 목록 소급전환 서비스, 온라인 수서와 상호대차 연속간행물 통정, 대출통정, 온라인 질문응답서비스 등 자원 공유를 위한 다양한 프로그램을 개발하고 보급시키는데 크게 기여하면서 서지 네트워크 서비스의 전형이 되었다. OCLC는 현재 미국을 비롯하여 전 세계 96개국의 5만 3천여 개 도서관들이 참여하고 있는 가장 오래되고 큰 규모의 서지 네트워크로 발전하였다(<그림 9-2>).

비영리 도서관 네트워크이지만 상용 네트워크와 같은 전략적 마케팅을 도입하여 상업적인 시스템들에 대한 경쟁력을 강화하고 있으며, 설립 초기에는 공동목록 작성을 통한 MARC 데이터베이스 구축에 중점을 두었으나 1991년 세계

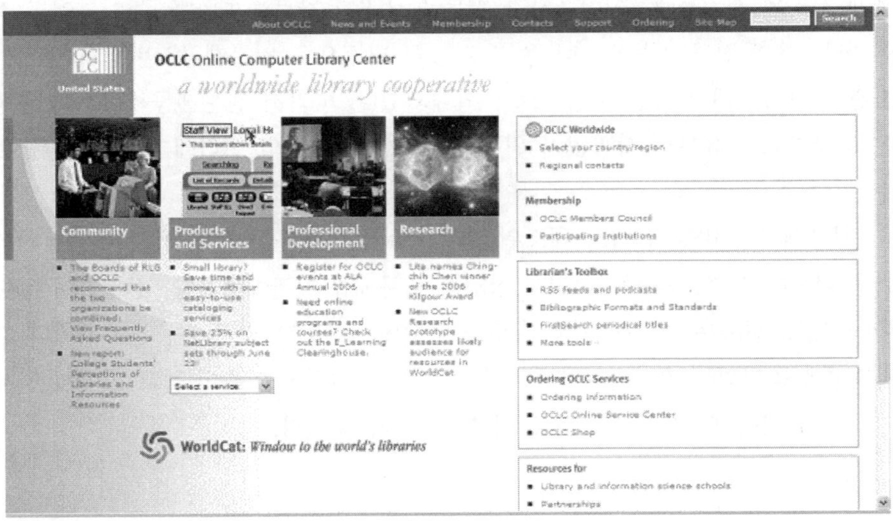

그림 9-2 ■ OCLC 홈페이지

최대 서지 데이터베이스가 구축된 이후부터는 통합 온라인 서비스인 FirstSearch와 같은 이용자 중심의 정보조사제공용 데이터베이스 서비스에 주력하고 있다. 이용자들은 특별한 검색 훈련을 받지 않고도 FirstSearch의 다양한 데이터베이스들을 단일의 검색방법과 명령어를 사용하여 편리하게 검색할 수 있으며, 원하는 경우 이용자가 직접 해당 자료를 신청할 수 있다.

2003년, OCLC는 새로운 웹 기반 상호대차 인터페이스를 개발하여 이용자가 단일의 절차를 통해 직접 원문신청을 할 수 있도록 하였는데, FirstSearch를 이용하여 가장 포괄적이며 최신의 목록 데이터베이스인 WorldCat을 검색할 수 있다는 점이 기존의 시스템과 비교했을 때 가장 큰 차이라 할 수 있다. ILLiad 시스템의 상호대차서비스는 수작업으로 이루어지던 상호대차나 원문제공서비스의 반복적인 업무를 단일의 윈도우 기반 인터페이스를 통해 처리하기 때문에 시간을 절약할 수 있다는 장점을 지니고 있다.

9.3.1.2 RLG(Research Library Group) (http:www.rlg.org)

1974년 하버드, 예일 그리고 콜롬비아 등 3개 대학도서관과 뉴욕 공공도서관이 결성한 연구도서관그룹(Research Library Group; RLG)은 설립 초기에 장서관리와 개발, 자원공유, 연구 자료의 보존과 정리, 그리고 서지통정을 위한 주요 프로그램들을 수행해 왔다. 1978년에는 스탠퍼드 대학이 운영하던 서지시스템 RLIN(Research Libraries Information Network)을 도입하였고 대학도서관과 연구도서관들을 중심으로 기존의 통신 기술망을 재설계하여 이용자 요구와 기술의 변화에 대응하고 있으며, 현재 150여개의 연구도서관, 기록보존소, 박물관 등이 회원기관으로 참여하고 있다. <그림 9-3>은 RLG의 홈페이지 화면이다.

자원공유를 위해 방대한 연구정보원인 RLG의 종합목록 SHARES를 구축하고 ILL Manager 시스템을 통해 이 데이터베이스의 자료들에 대한 상호대차 서비스를 제공하고 있다. 서비스 유형은 부분적으로 OCLC의 형식을 많이 따르고 있으나 팩스나 우편으로 원문을 전송하는 Ariel 시스템이라는 자체 소프트웨어를 가지고 있다는 특징을 지니고 있다. Ariel은 다른 도서관과 이용자에게 자료의 원문을 전자적인 방식으로 신속하게 전송하기 위해 개발된 소프트웨어이다. 이용자가 전자원문제공 시스템이나 Ariel 시스템 등을 이용하여 자료의 복사요청을 하면, 해당 자료를 비트맵 이미지로 스캔하고 원래 크기의 8% 이하로 압축해 PC에

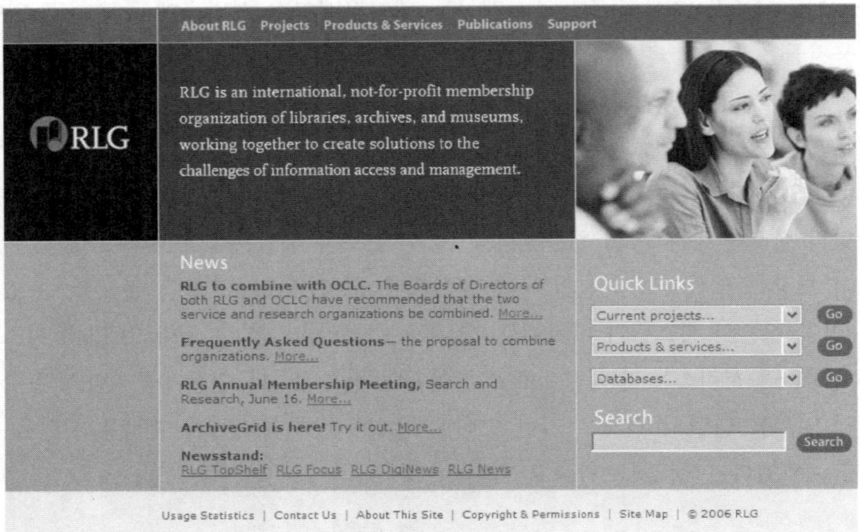

그림 9-3 ■ RLG 홈페이지

저장한 다음 인터넷을 통해 문헌을 전송하게 된다. 전송된 문헌의 비트맵 이미지는 Ariel 워크스테이션에 저장되어 압축을 풀고 PC에 연결된 프린터로 출력되거나 파일형태로 이용자에게 제공된다. 이용자에게 제공된 후 워크스테이션에 있는 이미지 형태의 문헌파일은 삭제되므로 저작권 문제를 해결할 수 있다.

2006년부터는 RLG의 Union Catalog를 비롯한 모든 온라인서비스가 OCLC에 통합되어 제공될 예정이다.

9.3.1.3 OCLC Western Service(http://www.oclc.org/western/)

OCLC Western Service는 1976년 미국 북서부 지역의 OCLC 회원기관들에게 교육과 지원 프로그램을 지원하기 위해 구축된 OCLC Pacific이 1999년, Western Library Network(WLN)와 합병하면서 탄생하게 된 네트워크 서비스이다. 미국 북서부와 캐나다의 550여개 회원기관이 참여하고 있는 WLN과 전세계 65개국 3만여 회원기관들의 비영리 조직인 두 서지 네트워크의 통합으로 WLN 회원들은 OCLC의 서비스와 자원들을 공유할 수 있는 단일의 통합서비

그림 9-4 ■ OCLC Western Service 홈페이지

스를 제공받을 수 있게 되었다. WLN의 종합목록은 OCLC의 목록에 통합되었지만 WLN이 수행해 오던 전거통제와 장서 분석 그리고 서지정보 서비스는 계속 유지되고 있다. <그림 9-4>는 OCLC Western Service 홈페이지 화면이다.

9.3.2 국내 협의체

국내의 경우, 대학도서관간 상호협력을 증진시키기 위해 전국 규모로 조직된 기구로서 한국교육학술정보원을 비롯하여 한국과학기술정보연구원, 학술정보공동활용협의회, 한국의학도서관협의회 등 각종 협의체 등을 들 수 있다.

9.3.2.1 한국교육학술정보원(Korean Education & Research Information Services; KERIS(http://www.keris.or.kr))

KERIS에서는 범국가적 학술정보망의 구성과 전국대학 가상도서관 구축 및 학술정보의 효율적 관리를 위해 전국대학도서관의 소장 자료를 검색할 수 있는 도서관종합목록을 구축하고, 이용자가 원하는 도서를 언제 어디서나 제공받을 수 있는 환경을 제공하기 위해 전국대학도서관의 도서목록을 통합한 온라인 공동목록시스템을 운영하고 있다.

학술종합목록은 KERIS에서 제공하는 학술연구정보서비스 Riss(http://www.riss.net)를 통해 통합검색이 가능하며, 1999년부터는 주요 사업 중 하나인 '대학교육 및 학술정보 서비스 사업'의 일환으로 대학도서관을 위한 상호대차 서비스가 제공되고 있다. 2006년 1월 현재, 국내 원문제공서비스는 전국 450여개 도서관과 자료실이 참여하는 학술자료공동이용서비스를 통해 이용되고 있으며, 국내 상호대차 신청은 전국 150여개 대학이 참여하는 도서 대출 서비스를 통해 이루어지고 있다. 또한, 일본대학 소장자료 통합검색을 통해 정보공유 협정에 참여한 88개 국립대학도서관의 소장 자료에 대한 원문제공서비스 신청이 가능하다.

9.3.2.2 한국과학기술정보연구원(KISTI(http://www.kisti.re.kr))

국내의 대표적 원문제공 기관인 KISTI는 국내에서 가장 큰 규모의 과학기술 분야의 학술지와 특허, 회색문헌 등을 소장하고 있으며 1968년부터 KISTI가 소장하고 있는 각 주제 분야별 핵심 학술지, 선진국의 특허, 규격, 기술보고서, 학위논문, 회의록 등 약 1천만건의 자체 소장 자료와 국내 타 기관 자료, 해외기관 자료(JICST, BLDSC, LC, NTIS, UMI 등)들에 대한 원문제공서비스를 하고 있다. 원문제공서비스를 이용하기 위해서는 유료회원에 가입해야 하고 회원은 웹, 팩스, 전자우편 그리고 우편들을 이용해 서비스를 신청하고 원문을 입수할 수 있다. 이용자의 원문신청이 접수되면 KISTI의 소장 여부를 확인하고, 소장자료가 아닌 경우에는 국내 협력 기관에, 그리고 국내 협력 기관에도 소장되어 있지 않는 자료는 이용자의 자료 의뢰범위에 따라 해외 협력기관 의뢰 여부를 결정한다.

9.3.2.3 학술정보공동활용협의회(Korea Resource Sharing Alliance; KORSA(http://www.korsa.or.kr))

KORSA는 1999년 광주과학기술원 도서관이 주축이 되어 160여개 회원기관들의 외국학술지의 공동 활용을 목적으로 창립된 협의회로서 공동수서, 학술지 데이터베이스 공동구축, 상호대차 서비스 등의 활동을 전개하고 있다. 도서관 운영 및 관리, 이용자 서비스에 필요한 다양한 기능을 웹을 통해 이용할 수 있는 KORSA ASP 프로그램을 개발하여 각 기관에서 소장하고 있는 자료와 각종 데이터베이스, 정보원에 대한 사항을 인터넷을 통해 상호 공유할 수 있도록 하였다.

9.3.2.4 국가과학기술전자도서관(National Digital Science Library; NDSL(http://ndsl.or.kr))

2001년, 한국과학기술원(KAIST)의 과학기술전자도서관 구축사업의 일환으로 시작한 NDSL은 400여 협력기관들이 제공하는 48,000여종의 해외 학술저널과 176,000여 종의 회의자료에 수록된 3천 1백여만 건 이상의 논문에 대한 검색과 원문제공서비스를 제공하고 있다. 또한 대학, 연구소, 기업체, 병원 등 학술연구 기능을 수행하는 각 기관의 전자저널 공동구매컨소시엄(KESLI)을 운영하고 있으며, KESLI에 참가하고 있는 기관에서 보유중인 인쇄저널의 공동이용을 위한 도서관 협력망을 운영하고 있다. 웹 기반 원문제공시스템을 이용하여 협력기관의 관리자가 인증한 이용자는 후불 또는 선불의 요금지불방법을 선택할 수 있고, 후불 신청 자료는 도서관으로 배달되며, 선불 신청 자료는 일반 개인이용자와 동일하게 처리된다. 원문신청 저널별 순위, 원문신청 기관별 순위, 월별 이용형황, 신청현황, 제공현황, 발송방법별 이용현황, 기관별 이용현황 등 다양한 원문제공 통계를 제공하고 있다. 2006년부터는 주관기관이 KAIST에서 KISTI로 이관되어 운영되고 있다.

9.3.2.5 학술지 종합정보시스템(MEDLIS(http://www.kmla.or.kr/))

학술지 종합정보시스템(Medical Library Information Service; MEDLIS)은 한국의학도서관협의회(The Korean Medical Library Association; KMLA)가 공동으로 운영하는 종합목록 시스템이다. 한국의학도서관협의회는 1968년, 의학정보의 관리와 회원 상호간의 친목, 조사연구, 자료의 교환 및 상호대차 협력, 직원들의 자질 개발과 외국 단체들과의 유대 강화를 목적으로 창립된 의학도서관, 병원도서관, 연구소, 제약회사 중심의 협의체이다. MEDLIS를 통해 170여 회원기관이 제공하는 5,700여종의 의학 관련 학술정보의 검색과 원문제공서비스를 제공하고 있다. 국내 소장 자료는 MEDLIS를 통하여 신청 가능하며, 국내 미 소장 자료는 일본 등 해외신청이 가능하다.

9.3.3 상업적 원문제공 기관

9.3.3.1 영국국립도서관문헌제공센터(British Library Document Supply Center; BLDSC (http://www.bl.uk/services/document/dsc.html))

BLDSC는 1916년 영국의 국립중앙도서관에서 출발하여 1973년 국립과학기술공공도서관(National Lending Library for Science and Technology; NLLST)과 합병하였으며 1986년, 현재의 BLDSC로 명칭이 변경되었다. BLDSC는 22만여 종의 학술지, 50만 건의 학위논문, 30만종의 회의보고서, 3백만 권의 도서와 각국의 정부간행물 등 영국국립도서관의 소장자료를 대상으로 한 세계에서 가장 큰 원문제공서비스이다.

1997년부터 웹을 통한 검색과 원문신청이 가능한 서비스가 제공되고 있다. 필요한 자료를 주문하면 그 문헌이 있는 도서관으로 연결되며 검색된 자료는 신청자에게 2시간 이내에 배달된다. 우리나라에서 신청하는 경우, 우편으로는 약 10~15일 정도 그리고 팩스로는 24~48시간 정도 소요된다.

9.3.3.2 CISTI(Canada Institute for Scientific and Technical Information (http://cisti-icist.nrc-cnrc.gc.ca/main_e.html))

CISTI는 1916년 캐나다의 연구 개발을 선도할 목적으로 창립된 국립연구원의 하부조직으로 발족하여 1974년부터 현재의 명칭을 사용하고 있다. 과학기술, 엔지니어링 그리고 의학 분야의 세계적인 학술정보원으로서 5만여 종의 연속간행물과 80만 건의 단행본, 회의자료, 기술보고서 등 CISTI의 장서뿐 아니라 Canadian Agriculture Library(CAL)의 정보검색이 가능하다. CISTI의 원문제공시스템인 IntelliDoc을 통해 가격과 서비스 면에서 다양한 수준의 원문제공서비스를 제공하고 있다.

9.3.3.3 IngentaConnect(http://www.ingent.com)

전자적 접근이 가능하도록 정보를 전자화하고 이용자가 온라인으로 접근하여 무료 또는 유료로 전문을 입수할 수 있도록 하는 전자출판사들은 또 다른 유형의 상업적 원문제공서비스라고 할 수 있다. 데이터베이스 명칭인 동시에 원문제공서비스명인 Ingenta는 1978년 CARL(Colorado Alliance of Research Libraries) Systems Inc.이 개발한 'UnCover'의 Document Delivery Service명이 바뀐 것이다. 과학기술 분야를 중심으로 한 포괄적인 학술정보원의 하나로서 29,500여 종의 학술지 논문 1천 9백만 건의 서지정보를 제공하며 온라인이나 팩스, Ariel을 통해 원문을 구입할 수 있다.

9.4 원문제공의 과정

일반적으로 상호대차나 원문제공은 이용자가 다른 기관에 소장된 자료를 자관의 담당사서를 통해 신청하고, 담당사서는 이를 접수하여 소장기관에 복사나 실물 대차를 요청하게 된다. 원문 요청을 받은 기관은 서지사항과 소장여부를 확인하여 회원 기관에게 의뢰하고 서지사항 기재의 오류나 제본 중인 자료, 또는 자료의 분실 등으로 제공이 불가능한 자료에 대해서는 그 사유를 통보해 준다.

최근에는 필요한 정보의 검색과 서지사항의 확인, 소장기관의 확인, 주문, 원문의 전송, 입수와 요금 지불 등 일련의 과정들이 통합적으로 처리될 수 있는 웹 기반의 이용자 주도형 원문제공 시스템들이 개발되어 이용되고 있다. 원문신청에서 원문을 제공받기까지의 일반적인 원문제공 과정을 살펴보면 다음과 같다.

(1) 원문신청

원문을 신청하는 방법은 도서관의 담당사서가 이용자의 원문신청을 대행하는 방법과 이용자가 직접 웹상에서 원문을 신청하는 방법 두 가지가 있다.

특정 원문을 필요로 하는 이용자는 소속 도서관의 담당사서에게 비 소장 자료에 대한 원문제공을 요청한다. 일반적으로 이용자는 온라인 목록이나 온라인 데이터베이스, 인터넷의 서지정보를 검색한 후 원문제공 신청여부를 결정하게 되지만, 담당사서가 원문신청을 대행하는 경우 이 과정은 담당사서에 의해 반복된다. 이용자의 자료 신청이 접수되면 담당사서는 자관의 목록과 연속간행물 데이터베이스를 이용하여 비 소장 자료인지를 확인하고 요구된 자료가 자관에 소장되어 있는 것으로 확인되면 바로 해당 자료를 이용자에게 제공함으로써 원문제공 과정을 종료한다. 한편, 비 소장 자료로 확인된 경우에는 국내외 도서관 목록 데이터베이스와 인터넷 데이터베이스를 검색하여 소장기관을 확인하고, 자료의 긴급성이나 비용의 적절성 등을 고려하여 가장 적합한 원문제공 기관을 선택하고 신청을 의뢰하게 된다. 이 과정에서 이용자의 정보요구에 따라 정보면담이 수행될 수도 있다.

이용자가 원문제공 기관과의 직접적인 상호작용을 통해 원문을 신청하는 경우에는 KERIS나 KORSA 또는 NDSL 등의 원문제공 기관에 회원가입을 하고 소속 도서관에서 이용자 인증을 받은 후 개인적으로 원문을 신청하면 된다.

2002년, 이용자의 웹 신청과 사서대행 신청 비율은 각각 17%와 83%로 사서대행 신청 비율이 월등히 높았으나 정보이용교육과 서비스 홍보의 확대로 점차 웹 신청비율이 증가하고 있는 것으로 나타났다.

한편, 단행본의 상호대차는 자료공동이용 협약을 맺은 도서관간에 상호대차 서비스의 일환으로 제공되고 있으며, 자료의 인수와 비용 납부는 소속도서관을 통해 이루어지고 있다. 대출기간은 일반적으로 도착 확인일 부터 반납 예정일까지 15일간이며 대출비용은 신청과 반납비용 그리고 우송료에 중앙정산수수료(IFM: ILL Fee Management)를 포함한 이용료를 부과하고 있다.

원문신청 과정에서는 서지사항의 확인 작업이 중요하다. 웹 기반 원문제공 시스템에서는 검색된 종합목록의 서지정보와 이용자 정보가 자동으로 신청서에 입력됨으로써 이용자 입력을 최소화하고 오타의 가능성을 줄이고 있다. 기술의 발전은 인간의 구체적인 확인 작업을 많이 감소시켜 주었지만 정확하고 완전한 서지사항이 기입되어 있지 않으면 시간과 비용의 문제를 초래하게 된다.

(2) 제공기관 접수

이용자가 직접 원문을 신청한 경우나 담당사서가 대행한 경우 모두 특정 원문제공 기관에 신청이 접수되면 그 기관에서는 원문제공 기관의 데이터베이스 검색을 통해 신청된 자료의 소장기관을 선택하고 신청내용을 입력하여 해당 기관에 원문복사를 의뢰하게 된다. 국내 자료인 경우에는 KERIS나 KISTI, NDSL, KORSA, MEDLIS 등을 통해 그리고 국외 자료인 경우에는 KERIS나 NDSL 또는 OCLC ILL이나 BLDSC 해외 원문신청 대행사에 의뢰하게 되며, 단행본 상호대차인 경우에는 일반적으로 KERIS에 신청하게 된다.

원문제공 기관을 선정할 때에는 자료의 주제 범위와 특성 즉, 제공 가능한 자료의 종수와 유형, 주제의 망라성, 수록 연도의 소급범위와 최신성, 그리고 언어와 출판지의 제한점 등을 고려해야 한다. 그 외 원문의 제공방식, 접근의 편의성, 요금과 지불방식, 처리 소요시간 등을 종합적으로 고려할 필요가 있다.

(3) 원문 입수

이용자가 신청한 자료에 대하여 최종적으로 원문을 제공해 주는 기관은 대학 도서관일수도 있으며 상업적 원문제공 기관일 수도 있고 협회나 출판사가 될 수도 있다. 원문제공 기관에 소장된 자료는 바로 원문신청을 의뢰한 도서관 또는 이용자에게 자료가 제공되지만 원문제공 기관을 통해 타 기관에 의뢰된 자료인 경우에는 해당 자료를 소장하고 있는 그 기관에서 의뢰 도서관이나 최종이용자에게 직접 자료를 제공해 준다. 최종적으로 원문제공을 의뢰 받은 기관에서는 요구된 문헌의 소장여부(서가위치, 대출 여부 등)를 확인하고 자료를 복사 또는 스캔하여 우편이나 전자우편. 팩스, Ariel 등을 통해 의뢰도서관 또는 원문을 신청한 이용자에게 직접 전달하게 된다.

이용자는 원문의 신청, 처리 중, 발송, 도착 확인 등 일련의 진행 과정을 확인할 수 있어야 하는데 웹 기반 원문제공서비스에서는 신청 자료가 도서관에 도착하면 전자우편이나 SMS문자를 이용하여 이용자에게 자료의 도착을 알려 준다.

(4) 신청원문 제공

도서관 담당사서가 원문신청을 대행하여 원문신청자에게 입수된 자료를 제공할 때에는 송장(invoice)과 요금 내역서를 함께 발송해야 한다. 송장에는 이용자 요구사항을 구체적으로 확인할 수 있어야 하고, 각 자료에 대한 비용 산출과 부가 비용에 대한 명확한 설명이 포함되어 있어야 한다. 이용자가 지불해야 할 비용의 결제 방식과 의문사항이 있을 경우 누구와 어떻게 연락해야 하는지 구체적인 사항을 반드시 담고 있어야 한다. 또한 담당사서는 각 원문신청의 처리내용

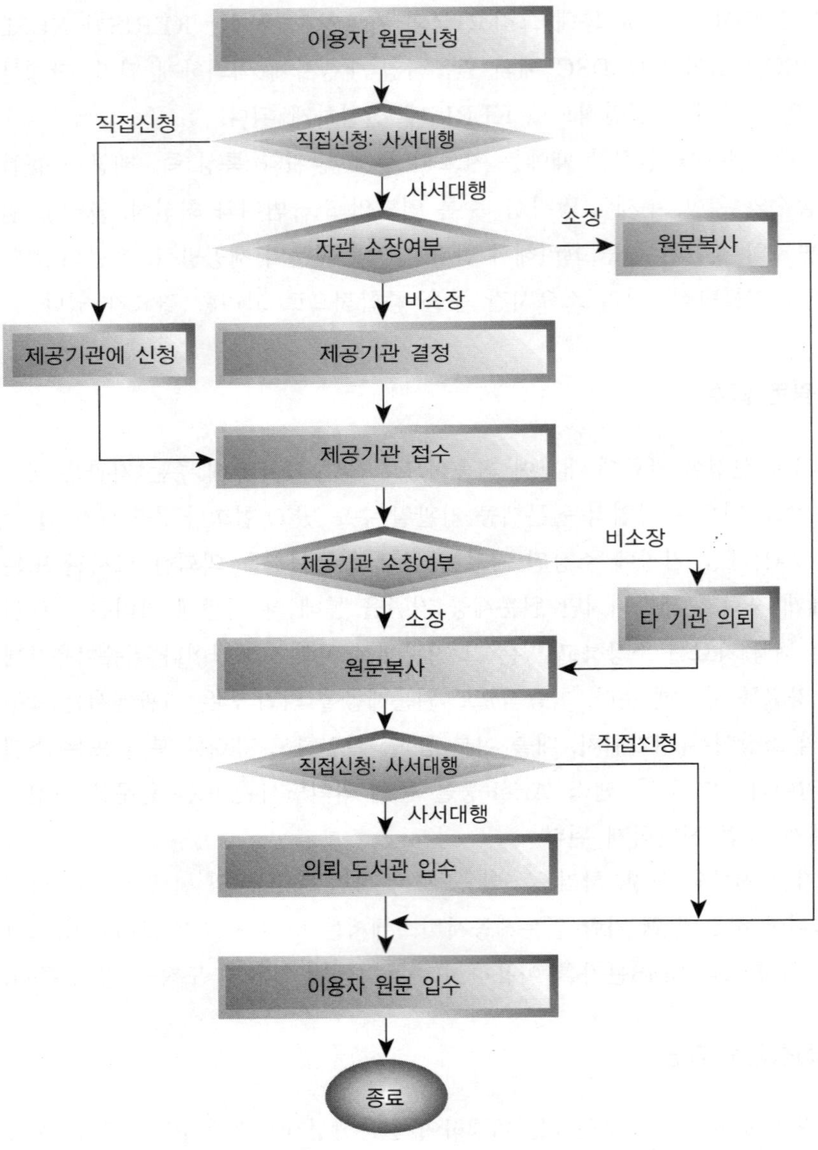

그림 9-5 ■ 원문제공의 과정

을 유지하고 관리해야 한다.

<그림 9-5>는 원문신청 접수에서 제공까지의 과정을 설명한 것이다.

9.5 원문제공의 효율성

원문제공의 효율성은 신청된 문헌을 제공하는 과정과 결과에 대한 질적인 통제를 의미한다. 효율적인 원문제공이란 신청 자료를 정확하고 신속하게 제공하여 이용자의 만족도를 높이는 것이다.

원문제공의 효율성을 평가하는 대표적인 항목으로는 충족률과 전달속도 그리고 비용을 들 수 있다. 충족률이란 요청 건수에 대한 제공 건수의 비율 즉, 성공률을 의미하며, 전달속도는 원문의 신청에서 제공까지 소요된 총 경과시간을 그리고 비용은 요청한 원문이 제공되기까지 소요된 총 경비를 뜻한다.

이 이외의 효율성 평가 항목으로 문헌의 주제나 형태, 기간호의 소급 범위, 요금 지불 방법, 신청과 제공방법, 이용자의 직접 주문과 도서관 사서의 주문대행 방식, 고객서비스에 대한 이용자의 만족도 등을 고려할 수 있다(Jackson, 1993, 611~612). 특히 국내의 원문제공 환경에서는 담당부서의 비일관성이나 담당직원의 부족, 저작권 규제, 종합목록의 최신성 결여와 부정확성, 상호협력 기관들 간의 불균형성 등과 같은 문제들이 원문제공의 효율성을 저해하는 주요 요인으로 지적되기도 한다(이화연, 1997). 국내 대학도서관의 상호대차 담당사서들을 대상으로 한 설문조사에서는, 원문제공의 성공률을 높이는데 시스템이나 정보이용교육 지원보다는 종합목록 데이터베이스의 품질이 더 중요하다는 주장이 제기되기도 하였다(정기연, 2003).

이 절에서는 원문제공의 효율성에 영향을 미치는 주요요소들을 원문신청과 제공방법, 비용, 협력의 형평성, 담당인력 그리고 저작권 규제의 측면에서 살펴보고자 한다.

9.5.1 원문신청과 제공방법

원문의 신청과 제공방법은 원문입수의 소요시간을 결정하는 중요한 요인이 된다. 단행본의 경우 이용자가 특정한 부분만 필요로 한다면 원문복사서비스가 유용할지 모르나 문헌 전체를 필요로 하는 경우에는 우편에 의한 전달 방법이 일반적이다.

한편, 논문자료의 원문을 전송하는 방법에는 우편이나 팩스 또는 Ariel 시스템을 이용하는 방법이 있다. 우편은 자료의 유형과 무관하게 여전히 보편적인 원문 입수 방식으로 활용되고 있다. 특히 경제적 이점 때문에 시간적 여유가 있고 비용이 적게 드는 방법을 원하는 이용자들이 많이 선호하고 있다. 스캐너로 압축한 파일을 인터넷을 통해 전송하고 전송된 파일은 자동으로 압축 해제되어 프린터로 출력할 수 있는 Ariel 시스템(http://www.infotrieve.com/ariel/index.html) 또한 네트워크 환경에서 원문을 전송할 때 가장 편리한 방법으로 여겨지고 있다. 최근에는 요청된 문헌을 PDF 파일로 제작하여 전자우편을 통해 제공하는 방법도 많이 활용되고 있다. 원문을 복사하지 않고 스캐너로 읽어 인터넷을 통해 상대 PC로 송신하면 상대 PC에서 프린터로 출력시키는 방식이다. 서비스 비용이 전혀 들지 않는 장점이 있고 한번 작성된 원문은 파일로 저장되어 다음에 필요할 때 해당 파일만 다운로드 받아 활용할 수 있는 효율성을 지니고 있다.

KERIS에서 수행한 국내 대학도서관의 원문제공에 대한 통계분석 결과, 원문제공의 방식의 유형별 비율은 우편이 92.93%, 전자전송은 5.4%, 그리고 팩스전송이 1.67% 순으로 나타나 우편을 이용한 원문전달이 우세하였다. 원문의 신청에서 자료를 제공받기까지 제공방식에 따른 소요일수는 우편이 평균 5~6일이었으며, 전자전송은 3.58일 그리고 팩스전송은 3.9일인 것으로 나타났다(한국교육학술정보원, 2003).

9.5.2 비용

원문제공 기관이 제공하는 자료 제공에 대한 다양한 선택 사항과 가격 정책은 서비스를 이용하는 이용자에게 가장 큰 부담을 주는 요인이며 상호대차나 원문제공 서비스의 활성화에 장애요소가 되기도 한다. 도서관은 자료의 구입비나 별도의 예산에서 서지정보의 검색과 입수채널을 확보하기 위한 접속 비용을 부담하여야 하고 이용자는 비 소장 원문 정보를 입수하는데 소요되는 비용을 지불하여야 한다. 이용자들은 원문제공 비용에 민감한 편이며, 논문의 적시성보다 비용 문제를 만족도의 중요한 요소로 간주하기도 한다.

원문 신청자의 요금 부담을 경감시키는 하나의 방안으로 이용요금 중 원문제공에 따른 일상적인 반복 업무로 파생되는 인건비의 비율을 줄일 수 있도록 시스템을 개선하는 방안이 제시되고 있다.

9.5.3 협력의 형평성

KERIS의 2001년 통계에 의하면, 회원기관 230개 기관 중 원문제공 이용률이 높은 상위 50개 기관이 전체 이용건수 55,407건 중 44,441건을 처리한 것으로 나타나 약 20%의 기관이 80%의 원문제공을 처리한 것으로 분석되었다. 2002년 데이터의 분석 결과에서도 신청건수는 상위 10위의 도서관들이 전체 신청 건수의 29.3%를 차지하고 있었으며, 제공건수에서는 상위 10위의 도서관이 전체 제공 건수의 47.5%를 차지하고 있었다. ARL의 경우, 상위 10위의 도서관이 전체 신청건수의 21%, 그리고 제공건수의 14.2% 차지하고 있는 것과 비교해 국내의 원문제공 이용률은 상당부분 일부 대학에 편중되어 있음을 알 수 있다. 이러한 현상은 소장자료가 많은 도서관들이 협력을 기피하는 결과를 가져오고 있다. 장서가 많은 도서관은 문헌제공자로서의 역할이 강조되고 의뢰건수보다 제공건수가 많은 도서관일수록 상호협력 시스템에 부정적이거나 미온적인 입장을 견지하는 경향이 높아지게 된다. 특정 도서관에 원문신청과 제공의 편중 현상이 심화되면서 도서관별 기여도에 따른 객관적인 평가와 회원제도 도입에 대한 필요성이 대두되고 있다(정기연, 2003).

9.5.4 담당사서

도서관이나 담당사서의 개입 없이 이용자가 정보의 검색에서 원문을 신청하고 입수하기까지의 전 과정을 웹상에서 처리할 수 있는 이용자 주도형 웹 기반 원문제공 시스템이 발전하면서 상호대차와 원문제공 담당 인력의 감축에 관한 문제가 제기되고 있다.

전통적인 상호대차와 원문제공은 담당인력과 공간, 설비, 커뮤니케이션의 지원과 재원을 필요로 하는 노동집약적 서비스로 알려져 왔다. 상호대차와 원문제공 비용의 80%가 노동력의 비용이라는 점을 감안할 때 비용의 효율성을 높이기 위해서는 담당 인력을 감소시켜야 한다는 제안이 설득력을 얻고 있다(Morris, 2004). 더욱이 이용자 주도형 원문제공 시스템은 저렴한 비용과 더 빠른 전송 그리고 높은 충족률을 보이면서 담당사서가 대행하는 서비스보다 이용자에게 더 만족스러운 서비스를 제공하는 것으로 밝혀졌다(Jackson, 2004).

전자원문제공이 전통적인 원문복사 서비스나 문헌제공 서비스를 대체하게 되면서 앞으로 원문제공을 처리하기 위해 소요되는 인력은 신청 건수가 더 많이 증가한다 해도 점차 감소할 것으로 예측된다.

상호대차와 원문제공 담당사서의 미래를 부정적으로 보는 시각이 있지만 정보사서의 목표는 최종이용자를 정보원에 안내해 주는데 있다는 점을 고려할 때, 원문제공 업무를 수행할 정보사서는 여전히 필요로 하게 될 것이라는 주장도 있다(Line et al, 2002). 이런 경우, 담당사서에게는 광범한 주제지식을 겸비한 주제전문가로서, 이용자에게 적합한 자료를 안내하기 위해 웹 서비스 인터페이스를 개발할 수 있는 웹 마스터로서 그리고 이용자를 교육시키는 교육자로서의 지적 업무가 요구될 것이다.

9.5.5 저작권

네트워크상에서 전자정보원을 제공하는 원문제공서비스의 또 다른 문제는 저작권과 관련된 것이다. 수정과 복사가 용이하며, 대용량의 저작물이라도 짧은 시간 안에 전송과 배포가 가능하고, 무한한 복제가 손쉽게 이루어질 수 있다는 특징을 지니고 있는 네트워크상의 전자정보는 그 저작자의 권리를 보호할 수 있는 법적 규제를 필요로 하고 있지만 다른 한편으로는, 이용자의 이용 권리를 보장할 수 있는 공정한 이용 제도의 필요성도 요구하고 있다.

현행 저작권법에 '도서관간 복제 전송 및 디지털 형태 원문의 출력' 행위에 대해 '보상금제도'를 마련해 놓고 있지만 시행에 필요한 예산이나 과금시스템의 구축, 저작권 대상 자료의 범위, 저작물의 복제 범위 등 구체적인 저작권 수용 정책들에 대한 논의는 계속 진행 중이다(유수현, 한상완, 2004). 특히 Fax나 Ariel 시스템을 이용하여 원문을 제공하는 경우, 저작권법상 무료로 이용이 가능한 면책 사항에 포함되는지 아니면 현행 저작권법을 위반하는 행위가 되는 것인지 등 원문제공서비스에서 발생하는 복제나 전송의 적법성 여부와 관련하여 더 많은 논의를 필요로 하고 있다(홍재현, 2005).

전자원문제공을 합리적으로 이용하면서 디지털 콘텐츠의 불법 사용과 복제로부터 저작권을 보호하기 위한 장치로서 저작권 관리(Digital Rights Management; DRM) 시스템이 도입되고 있다. 이 시스템은 DRM이 적용된 원문만을 유통시켜 원문 이용자에 의한 원문의 변조, 불법적인 재배포를 근본적으로 차단하고 원문의 이력을 관리할 수 있는 기술적 장치이다. 한편, 최근 정보이용 환경은 학술지의 위기를 극복할 수 있는 새로운 학술정보 유통체제로서 개방 접근 환경으로 변화하고 있다. 개방 접근은 연구자들이 자신의 논문에 대한 저작권 양도를 유보하고 출판사에게는 이용허가만을 줌으로써 출판과 동시에 온라인상에서 모든 사람이 정보를 무료로 이용할 수 있도록 함으로써 정보의 공유를 보장하는 개념이다. 앞으로 개방 접근이 확산되어 웹상의 무료접근이 가능한 정보들이 많아지게 되면 유료의 원문제공은 저하될 것으로 보인다(McGrath, 2005).

9.6 결론

21세기는 개인과 개인, 국가와 국가, 기관과 기관간의 지식의 전달과 교환을 토대로 하는 정보와 커뮤니케이션의 세기이다. 단일 도서관의 소장 자료로 제공할 수 있는 정보의 제공 범위가 급격히 축소되면서 자관이 소장하지 않은 자료들의 정보를 제공하는 정보전달 기관으로서의 도서관 역할이 강조되고 있다. 도서관은 더 이상 자료의 소장처가 아니라 정보를 가장 효율적으로 공유할 수 있는 곳으로 발전하게 될 것이며 도서관들 간의 협력에 의한 원문의 접근은 정보의 공유를 실현시킬 수 있는 최선의 방법이 될 것이다.

이런 측면에서 상호대차와 원문제공은 지식정보화시대의 필수적인 도서관 서비스로서 적극적으로 개선하고 발전시켜야 할 정보조사제공 영역이라 할 수 있다. 기술의 발전은 끊임없이 이 분야의 발전을 주도할 것이며 상호대차와 원문제공의 원리와 방법 역시 기술의 진보에 따라 변화하게 될 것이다.

전자저널의 발전과 개방 접근의 확산은 상호대차에 의한 원문의 요구를 감소시키는 요인이 될 것이라 예측되고 있지만 도서관과 이용자의 요구가 존재하는 한 그리고 서비스 지향적인 정보사서가 존재하는 한 원문제공은 이용자의 정보요구와 비례하여 증가할 것이며, 정보의 탐색과 전달과정에 필수 요소로서 그 활발한 기능을 수행하게 될 것이다.

상호대차와 원문제공서비스의 능률과 효율은 이용자의 만족도에 직접적인 영향을 미치게 되고, 정보조사제공의 전반적인 질을 좌우하는 중요한 요소가 될 것이다. 서비스의 발전을 위해서는 이용자의 정보요구나 수요 동향을 적절히 예측하고 대응할 수 있는 원문제공시스템의 유지가 필요하며, 도서관들 간의 균형 있는 상호협력과 원문제공에 제기되는 저작권의 문제들을 적절히 해석하고 적용할 필요가 있다.

인 용 문 헌

- 국가과학기술전자도서관. <http://ndsl.or.kr>.
- 박정아. 1998. "문헌제공서비스에서의 정보기술 도입에 관한 연구." 국회도서관보 35(1): 36~56.
- 사공철 등편. 1996. 문헌정보학용어사전. 서울: 한국도서관협회.
- 송영희 등. 1992. 장서개발론. 서울: 구미무역.
- 유수현, 한상완. 2004. "대학도서관의 저작권 수용 정책 표준안 연구." 한국문헌정보학회지 38(1): 323~345.
- 윤정옥. 2002. "KISTI 과학기술정보 이용자의 원문수요와 관련된 정보환경 연구." 한국문헌정보학회지 36(2): 5~24.
- 윤희윤. 1998. "국내외 상업적 문헌제공시스템의 현황파악과 비교분석." 정보관리학회지 15(2): 7~28.
- 이해영. 1997. "국내 특수 도서관에서의 원문제공과 상호대차 서비스 및 정보기술의 활용 현황." 한국문헌정보학회지 31(3): 53~73.
- 이화연. 1997. "대학도서관의 전자문헌제공 모형구축에 관한 연구." 정보관리연구 28(1):34~61.
- 전명숙. 1986. "상호대차 제도의 이론과 응용." 도서관학 13: 39~68.
- 정기연. 2003. 국내대학도서관 문헌제공서비스의 효율성에 관한 연구. 석사학위논문. 계명대 교육대학원.
- 학술정보공동활용 협의회. <http://library.kjist.ac.kr>.
- 한국교육학술정보원. <http://www.keris.or.kr>.
- 한국교육학술정보원. 2003. 상호대차 서비스 고도화를 위한 이용데이터 분석 및 활용. 서울: 한국교육학술정보원
- 한국과학기술정보연구원. <http://www.kisti.re.kr>.
- 한국의학도서관협의회. <http://www.kmla.or.kr>.
- 홍재현. 2005. "상호대차에 의한 원문복사서비스의 도서관 면책에 관한 연구." 정보관리학회지 22(1): 21~45.
- BLDSC. <http://www.bl.uk/services/document/dsc.html>.
- Bower, Gordon. 2005. "Docusend: the One-stop, Integrated, Document Delivery Broker Service." *Interlending & Document Supply* 33(1): 8~13.

- CISTI. <http://cisti-icist.nrc-cnrc.gc.ca>.l
- EBSCOdoc. <http://www.ebsco.com>.
- Gossen, E. A. and Suzanne Irving. 1995. "Ownership versus Access and Low-Use Periodical Titles." *Library Resources & Technical Services* 39(1): 43~52.
- Ingenta. <htttp://www.ingenta.com>.
- Jackson, M. E. 2004. "Will Electronic Journals Eliminate the Need for ILL?" *Interlending & Document Supply* 32(3): 192~193.
- Jackson, S. 2004. *Assessing ILL/DD Services: New Cost-effective Alternatives.* Washington DC: ARL.
- King, Donald W. and C. Tenopir. 1998. "Economic Cost Models of Scientific Scholarly Journals." <http://www.bodley.ox.ac.uk/icsu/kingppr.htm>.
- Kingma, Bruce R. 1997. "Interlibrary Loan and Resource Sharing: The Economics of the SUNY Express Consortium." *Library Trends* 45(3): 518~530.
- Kyrillidou, M. and M. Young. 2005. *ARL Statistics 2003-04.* Washington, D.C.: ARL.
- Lancaster, F. W. and B. Sandore. 1997. *Technology and Management in Library and Information Services.* London: Library Association Publishing.
- LaFond, D. et al. 2000. "Diversity in Collection Development: Comparing Access Strategies to Alternative Press Periodicals." *College & Research Libraries* 61(2): 136~144.
- Line, Maurice B. et al. 2002. "The Future of Interlibrary Loan and Document Supply." *Interlending & Document Supply* 30(2): 60~65.
- McGrath, Mike. 2005. "Interlending and Document Supply: A Review of the Recent Literature-51." *Interlending & Document Supply* 33(1): 42~48.
- Morris, L. R. 2004. "How to Lower Your Interlibrary Loan and Document Delivery Costs: An Editorial." *Journal of Interlibrary Loan, Document Delivery & Information supply* 14(4): 1~3.
- OCLC. <http://www.oclc.org>.
- Prabha, C. and E. C. Marsh. 1997. "Commercial Document Suppliers: How Many of the ILL/DD Periodical Article Requests Can They Fulfill?" *Library Trends* 45(3): 551~568.
- Prytherch, Ray. 1995. *Harrod's Librarians' Glossary. 8th ed.* England: Gower Publishing Company Limited.

- RLIN. <http://www.rlg.org>.
- Webster, D. 2000. "Emerging Responses to the Science Journal Crisis." *IFLA Journal* 26(2): 97~102.
- Wiley, Lynn and T. E. Chrzastowski. 2002. "The Illinois Interlibrary Loan Assessment Project II: Revisiting Statewide Article Sharing and Assessing the Impact of Electronic Full-text Journals." *Library Collections, Acquisitions and Technical Services* 26(1): 19~33.

10

정보조사제공의 평가

정보조사제공은 이용자에게 적합하고 완벽한 정보를 적시에 제공해 주기 위해 수행되는 도서관/정보센터의 핵심기능이다. 그러나 완벽한 정보사제공을 기대하기란 현실적으로 거의 불가능한 것으로 여겨지고 있다. 정보조사제공은 끊임없이 변화하는 환경의 영향을 받을 뿐만 아니라 다양한 정보요구를 지닌 이용자와 정보원 그리고 정보사서라는 인적 매개체간의 역동적인 상호작용이 이루어지는 만큼 그 효율성을 전적으로 통제하는 일이 쉽지 않기 때문이다.

실제 정보조사제공 환경에서는 필요로 하는 정보를 얻지 못했으나 이용자 만족도가 높은 정보조사제공이 수행되는가 하면 이론상 어딘가에 답이 존재할 것 같으나 그 출처를 확인할 수 없고, 충분한 시간이나 노력, 비용을 투여해도 응답이 불가능한 질문이 발생하기도 한다. 이용자의 정보요구를 만족스럽게 해결해 주지 못한 정보조사제공은 효율적인 시스템의 운영 차원에서 그 원인에 대한 분석과 해결책이 제시되어야 한다. 그러나, 이러한 정보조사제공의 특성은 효율성을 평가하는 기준과 요소 그리고 방법의 선택에 많은 어려움을 안겨주고 있다.

정보조사제공의 효율성 평가는 이용자 만족도를 어떻게 측정할 것인가의 문제제기로부터 시작된다고 할 수 있다. 이용자 만족도란 이용자의 기대수준과 실제 봉사 수준의 격차를 나타내는 것이며, 정보조사제공의 평가는 그 차이를 설명하고 원인을 분석할 뿐만 아니라, 그 원인을 해소할 수 있는 객관적 근거를 제시해 줄 수 있어야 한다. 그러나 이용자 만족도는 무형의 가치개념을 내포한 것으로서 객관적 수량화가 불가능하다는 또 다른 평가의 문제점을 제기하고 있다.

이 장에서는 정보조사제공 평가의 개념과 특성을 살펴보고, 성공적인 정보조사제공을 수행하는데 영향을 미치는 요인들을 어떻게 분석하고 평가할 것인가의 문제를 다루어보고자 한다.

10.1 평가의 개념과 필요성

10.1.1 개념

정보조사제공의 평가는 다양한 형태의 정보원이나 시스템 그리고 정보사서라는 인적자원을 투입하여 이용자에게 정보를 제공하고 그에 대한 이용자 만족도를 향상시키는데 그 목적을 두고 있다. 따라서 일반기업이나 산업체에서의 이윤 또는 제품에 대한 생산성 평가와는 다른 측면의 개념 해석과 적용을 필요로 한다.

가시적이며 실체가 있는 제품에 대한 품질 평가는 그 양적 측정이 가능하지만 무형의 서비스로 이루어지는 정보조사제공은 측정이 쉽지 않고 비교 분석 또한 어렵다. 서비스의 품질이란 서비스에 대한 소비자의 기대와 인지 사이의 불일치 정도로서 높은 수준의 서비스 품질은 이용자 만족도를 증가시킨다. 그러나 서비스 품질 평가는 매우 주관적이며 추상적인 개념이어서 이용자를 대상으로 조사하는 인지적 접근방법에 의존하는 수밖에 없다. 정보조사제공의 질적 수준 역시 객관적으로 평가되기 어렵고 이용자 입장에서 주관적으로 평가될 수밖에 없다.

획일적인 공정과정을 거쳐 생산된 제품과는 달리 정보조사제공의 결과에는 이용자가 직접 서비스 과정에 개입하면서 미치게 되는 영향력이 포함되어 있다. 이는 이용자가 최종 정보조사제공 결과에 대한 만족도를 평가하는 역할에 그치지 않고 정보조사제공 전 과정에 영향을 미치는 주요 변인이 된다는 점과 개개의 정보조사제공 결과는 이용자 개개인의 상황이 반영된 고유한 가치를 지니게 된다는 것을 의미한다. 즉, 정보조사제공의 평가는 양적인 측정(Measurement)의 개념보다는 서비스 결과의 효율성과 가치를 판단하거나 분석하는 평가(Evaluation)의 개념이 강조되어야 한다.

10.1.2 필요성

정보조사제공의 평가는 기대 업무수행에 대한 실제 업무수행을 비교 분석하여 서비스의 효율성을 판단하는 체계적인 작업으로서 그 결과는 앞으로의 계획 수립에 기초자료가 된다.

정보조사제공 평가의 필요성에 대해 Katz(1992, 257)는 첫째, 현 서비스에 대한 상태나 수준을 검토하고 둘째, 장·단기적인 개선책 마련을 위한 기초자료를 제공하며 셋째, 서비스의 철학을 비롯하여 그 기관의 목적이나 목표를 개정하고 보완하기 위한 것으로 요약하였다.

정보조사제공 업무를 평가하는 보다 구체적이고 실질적인 이유는 서비스를 개선하기 위한 것으로서 인적·물적 자원을 효과적으로 운영할 수 있는 가장 효율적인 방법을 강구하기 위한 것이라 할 수 있다. 평가의 결과는 예산 요청의 객관적인 근거자료가 될 수 있고, 정보조사제공의 역할과 기능을 도서관 내외에 인식시켜 주는 효과를 지니기도 하며, 장서개발이나 기술도입 정책과 인사고과에 반영될 수도 있다.

이러한 평가의 진정한 의의를 실현하기 위해서는 정보조사제공의 본질에서부터 평가의 이유와 목적, 평가대상 그리고 평가방법에 이르기까지 신중한 검토를 필요로 한다. 그러나 무엇보다 중요한 것은 평가에 대한 관리자의 관심과 태도라 할 수 있다(Seggern, 1987). 시스템의 효율성을 개선하기 위한 평가의 중요성을 인정하면서도 실천되지 못하고 있는 주요 원인 중 하나는 정책 결정이나 예산의 수립, 인사관리에 반영되어야 할 평가가 하나의 원칙이라기보다는 예외적인 업무로 인식되고 있기 때문이다. 서비스의 질과 직원의 요구사항을 객관적으로 평가하고자 하는 관리자의 의지 그리고 명확한 정의와 적절한 해석이 가능한 지속적인 평가의 수행은 효율적인 시스템 운영에 필수적인 요소라 할 수 있다.

10.2 평가기준

정보조사제공을 평가하기 위해서는 누가 무엇을 근거로 평가할 것인지 평가의 기준을 먼저 설정해야 한다. 평가기준이란 해당 업무 또는 서비스의 효율성을 평가하기 위한 척도로서 업무의 목표와 목적 그리고 업무 수행과정에서 발생하는 다양한 문제 영역들을 포괄적으로 반영하고 있어야 한다.

도서관의 여러 활동들, 즉 수서나 대출, 정리, 열람 업무와 비교할 때, 정보조사제공 업무는 각 도서관마다 그 성격과 범주의 구분이 명확하지 못한 편이며, 이러한 특성은 평가기준의 설정에 어려움을 가져오는 요인이 되고 있다. 성공적인 평가가 이루어지기 위해서는 정보조사제공 업무의 특성과 이용자의 기대 그리고 특정 도서관의 상황을 최대한 반영할 수 있는 세부적이고 가치 있는 평가척도가 제시되어야 한다.

정보조사제공의 효율성을 평가하는 대표적인 척도로는 이용자 만족도를 들 수 있다. 그러나 이용자 만족도는 무형의 가치개념을 내포한 것으로서 객관적 수량화가 불가능하므로 정보조사제공의 평가는 이용자 만족도를 누가 어떻게 평가할 것인가의 문제 제기로부터 시작된다.

10.2.1 평가척도와 주체

정보조사제공의 질적 수준을 평가하기 위해서는 정보조사제공 시스템의 구성요소들이 이용자의 정보요구를 어떻게 그리고 어느 정도 충족시켜 주는지 이용자 만족도를 평가할 수 있어야 한다.

응답의 정확성은 이용자의 만족도를 좀 더 객관적으로 평가하고자 적용해 온 대표적인 평가척도이다. 이 척도는 정보조사제공에 대한 이용자의 기본적인 요구가 정확한 답을 제공받는 것임을 전제로 하고 있다. 그러나 정확한 답을 제공받은 이용자일지라도 자신에게 불친절하고 질문내용에 무관심한 사서에게는 다시 도움을 요청하지 않겠다고 응답한 이용자의 비율이 90%라는 연구결과는 이용자 만족도가 응답의 정확성에 따라 전적으로 결정되는 것이 아님을 보여준다(Durrance, 1989, 35). 정보질문에 대한 아무런 답변을 제공받지 못한 이용자일지라도 질문을 처리하는 과정에 만족한 이용자는 높은 만족도를 평가할 수 있다. 정보조사제공 과정에서 이용자들은 정보사서와의 상호작용이나 정보원 또는 물리적 환경에 대한 의견과 태도를 형성하게 되는데 그 결과가 이용자 만족도에 직접적인 영향을 미칠 수 있기 때문이다(백항기, 2001, 47). 일정 시간동안 처리된 총 질문수와 그 중 응답된 정보질문 수의 비율을 측정한다거나 처리된 질문수를 정확히 응답된 질문의 수와 비교하는 것과 같은 평가 방법으로는 이러한 정보조사제공의 특수한 상황을 반영할 수 없다. 정확성을 평가하기 위해서는 제공된 결과의 특정 상황까지도 고려할 수 있는 평가방법이 개발될 필요가 있다.

한편, 응답의 정확성을 측정하는 효율성 평가는 대부분 대리이용자(Proxy)를 평가주체로 하고 있다. 실제이용자가 정확성을 평가하는 경우 일어날 수 있는 평가결과의 타당성 문제를 최대한 배제하기 위한 것이다. 실제이용자는 정보조사제공에 대한 기대 수준이 대체적으로 낮은 편이며, 자신의 정보질문을 해결하기 위해 이용하는 자료나 시스템의 특성을 충분히 이해하고 있지 못하기 때문에 평가의 주체로서 적합하지 못하다는 점을 고려한 것이다. 일반적으로 이용자가 판단한 응답의 정확성은 제공된 응답의 실제 정확성보다 훨씬 더 높게 평가되고 있다. 특히 정보사서의 면담기법이나 커뮤니케이션 기술과 같은 인간의 행태와 관련된 요소를 평가하는 경우, 실제이용자와 대리이용자의 만족도간에는 상당한 차이가 있는 것으로 조사되었다(한상완, 1993). 실제이용자와 대리이용자의 평가결과가 상이하게 나타나는 이유와 관련하여 실제이용자의 비평적 판단 능력의 결여보다는 오히려 부적합한 평가도구의 적용문제가 지적되고 있어 평가척도와 방법에 대한 신중한 고려가 요구된다(Murfin, 1995, 229~230).

Whitlatch(1990)는 이용자와 정보사서를 대상으로 정보조사제공의 효율성을 인식하는 척도를 조사하였는데 그 결과 사서의 입장에서는 이용자와 사서간의 원활한 의사소통, 이용자 봉사에 할애하는 시간, 그리고 사서의 주제지식 순이었으며, 이용자 입장에서는 사서의 봉사태도, 사서와 이용자 간의 원활한 의사소통, 협력 관계, 사서의 봉사의지 등이 효율성을 결정하는 주요 요인임을 밝혔다. 이는 정보조사제공의 효율성이 이용자나 정보사서 어느 한쪽의 시각보다는 양자의 시각에서 평가되어야 하는 이유를 설명해 준다.

Grogan(1991, 170~171)은 이용자 만족도 평가와 관련하여 "응답의 정확성이나 적합성이 정보 자체의 가치라고는 말할 수 없다. 정보탐색의 성공여부나 정보조사제공 과정에 대한 만족 여부를 결정할 수 있는 효과적인 방법은 이용자의 문제가 해결되었는가에 기준을 두는 것이며, 그 판단 주체는 이용자 즉, 질문한 사람이 되어야 한다. 그러나 제공된 정보가 이용자의 정보문제를 해결해 주었는가를 알아내기 위해서는 그 정보가 문제에 적용될 때까지의 일정 시간이 경과해야만 한다. 적용과정을 거쳐야 비로소 이용자의 질문 자체가 지니고 있었던 문제 또는 미처 밝혀지지 않았던 또 다른 원인의 실체를 파악할 수 있기 때문이다. 결국 실제이용자가 정보를 제공받은 시점에서 판단할 수 있는 것은 제공된 자료가 그 요구에 부합하는 것인가의 여부이다."라고 주장하였다.

결과적으로, 정보조사제공에 대한 이용자 만족도는 제공된 정보의 내용과 질에 대한 정보만족도와 정보사서의 인적도움에 대한 면담만족도라는 두 가지 고유한 척도가 적용될 수 있으며, 이용자 만족도는 실제이용자가 판단하지만 이용자의 정보요구를 충족시켜 주지 못한 실패의 원인 분석은 각 평가요소의 특성에 따라 평가의 주체를 결정해야 한다고 볼 수 있다.

10.2.2 평가기준의 효용성

기준의 효용성이란 도서관 관리자가 도서관의 목적과 목표를 검토하고 분석하여 어떤 의사결정들을 내릴 수 있으며, 또 그 과정에서 파악된 정보가 어떻게 그 도서관의 발전에 기여하게 될 것인가를 측정하는 것이다. 평가기준의 효용성과 관련하여 절대적인 조건이 명시되어 있지는 않으나, 일반적으로 특정 도서관의 사명과 그 도서관이 봉사하는 이용자의 특성을 신중히 검토하여 반영하고 있는 평가기준이 그 효용성도 높다고 할 수 있다. 도서관이나 정보조사제공의 목적과 목표에 부합되는 평가기준을 개발하기 위해서는 정보조사제공의 본질, 개요, 구성 요소 등과 관련된 개념적 구조가 담겨 있어야 하며, 어떤 경우에도 분석 결과를 명확히 해석할 수 있도록 구체적인 세부 사항들이 명시되어 있어야 한다.

정보조사제공과 정보사서를 위해 제시된 대표적인 기준으로는 Reference and User Services Association(2000)의 *Guidelines for Information Services*를 들 수 있다. 이 기준은 학습과 연구 그리고 여가 활동을 지원하기 위한 정보조사제공의 고유한 사명과 교육자, 조언자, 상담자, 경영자로서 정보조사제공을 수행해야 할 책임을 지니고 있는 정보전문가들을 위한 지침으로서 서비스의 유형과 방식, 정보자원, 정보원과 서비스의 접근, 인적자원, 평가 그리고 윤리에 관한 기준들로 구성되어 있다.

기준의 효용성은 또한 그 적용방법과 평가자의 태도에 따라 좌우되기도 한다. 평가자가 기준에 제시된 정보조사제공의 요소들을 근거로 실제 정보조사제공의 내용을 평가할 수 있고, 특수한 상황에 맞게 그 평가 결과를 해석하는 임무를 성공적으로 완수한다면 기준의 효용성은 그만큼 더 높아진다고 할 수 있다.

10.3 평가요소

평가를 수행하는 과정에서 직면하게 되는 또 다른 문제는 정보조사제공을 구성하는 여러 요소들 중 무엇을 대상으로 평가해야 하는가이다. 이는 이용자 만족도에 영향을 미치는 요인들을 밝혀내는 중요한 평가 과정이라 할 수 있다. 제품생산의 효율성은 기술수준이나 시장조건 등 제품생산에 영향을 미치는 요인들을 모두 고려한 후, 가장 영향력이 큰 요소를 선정하게 된다. 그러나 정보조사제공의 효율성 평가는 정보사서와 이용자 간의 복합적인 인적 상호작용의 결과를 대상으로 해야 한다는 측면에서 정보조사제공 과정의 단계별 평가요소에 대한 다각적인 분석이 이루어져왔다.

Lancaster(1984)는 사실형 또는 즉답형 질문이 완벽하고 정확하게 응답되는데 영향을 미치는 55가지 요인을 분석하고 이를 정책 요인, 장서 요인, 사서 요인, 정보질문 요인, 이용자 요인, 환경 요인 등으로 구분하였다.

Hernon(1987)은 정보조사제공의 효율성에 영향을 미치는 요인으로 좀 더 다양하고 구체적인 요인들을 열거하였는데 정보사서(소속부서, 임무, 지위), 이용자(정보요구, 개인적 특성), 도서관의 서비스 제공 능력(재정적 지원능력, 서지통정 수준, 관리 형태, 직원훈련), 정보질문, 정보사서의 질문처리 능력(정보자료의 질적, 양적 수준) 그리고 제공된 정보의 정확성 등을 들었다.

한편, Katz(1992, 258)는 평가의 요소를 직접적 요인과 간접적 요인으로 구별하여 설명하였는데 직접적 요인에는 정보조사제공에 대한 이용자 만족도나 이용자 교육의 효율성을 그리고 간접적 요인으로는 장서개발, 도서관 내외의 유용 가능한 정보원, 시스템, 예산 그리고 인적자원 요소들을 언급하였다. 그러나 이 두 요인들은 목적이 명확하게 구분되지 않아 간접적 요인에 대한 분석 결과는 반드시 직접적 요인 분석결과를 그리고 직접적 요인 분석결과는 간접적 요인의 분석결과를 반영해야 한다고 강조하였다.

지금까지 분석되어 온 정보조사제공의 평가요소들은 평가의 중요성이 강조되기 시작했던 1960년대 초기, 가시적이고 양적 측정이 가능한 요소에 치중하는 경향을 보였으나 이용자 만족도에 대한 가치 평가의 중요성이 대두하면서 정보조사제공의 질적 수준을 평가하려는 다각적인 시도로 변화하고 있다.

정보조사제공의 효율성을 평가하기 위해 분석된 주요 평가요소들과 그 내용을 살펴보면 다음과 같다.

10.3.1 이용자

이용자는 정보조사제공 결과에 대한 만족도를 최종적으로 판단하는 평가의 주체일 뿐만 아니라 정보조사제공 전 과정에 걸쳐 영향을 미치는 정보조사제공 효율성 평가의 핵심 요소라 할 수 있다. 이용자는 자신의 일상적인 도서관 이용경험을 통해 정보조사제공의 과정과 결과를 지속적으로 평가하게 된다. 따라서 정보조사제공 평가는 질문제기에서부터 만족도 평가에 이르기까지 이용자의 정보이용행태 상에 나타나는 특성을 모두 반영할 수 있어야 한다.

이용자의 특성은 이용자의 기대수준과 가치 평가에 영향을 미치는 요인들로 구성된다. 이용자의 직업이나 교육수준, 정보조사제공의 내용과 프로그램에 대한 인식 정도, 정보사서의 기능과 역할에 대한 인식 그리고 정보이용능력과 같은 평가에 미치는 간접적 요인뿐만 아니라 정보요구에 대한 동기, 질문의 주제에 대한 지식과 이해의 정도, 정보의 유형별 선호도, 정보입수 방법의 선호도, 정보사서와의 커뮤니케이션 기술, 이용자 만족도의 평가기준 등 정보조사제공의 효율성에 직접적인 영향을 미치는 모든 요인들이 분석될 수 있다. 이러한 이용자 특성은 이용자 파일을 통해 가장 효과적으로 파악될 수 있다.

10.3.2 정보사서

정보사서는 이용자에게 정보의 접근 방법을 알려주거나 정보 그 자체를 제공해 주는 정보조사제공의 도구이며 정보원의 한 유형이다. 정보원이나 시스템에 대한 일반지식, 이용자 질문에 대한 주제지식, 전문가로서의 책임 의식, 교육 및 훈련 배경, 경력, 면담기술 등은 정보조사제공 전 과정을 통해 영향을 미칠 수 있는 정보사서의 요인들이라 할 수 있다.

정보사서의 지식과 경력은 이용자의 요구를 해결해 주기 위해 참고한 정보원이나 시스템의 이용에 영향을 미쳐 결국 이용자의 만족도를 결정하게 된다. 정보사서에 대한 평가는 주로 정보사서의 업무수행능력을 평가하는 것으로서 업무의 효율성은 정보질문을 처리하고 조사 결과를 제공하는데 소요되는 시간이나 제공된 정보의 정확성을 대상으로 평가된다. 이밖에 이용자에 대한 태도, 정보질문을 해결하기 위해 적용하는 탐색 방법이나 정보원의 선택 능력, 질문협상 과정에서의 이해능력 등도 평가될 수 있다.

특히 정보사서의 질문처리 방법과 수준은 이용자가 원하는 정보나 자료를 입수하고 이용하는데 결정적인 영향을 미치는 것으로 나타났다. 사서가 이용자와 함께 직접 자료를 탐색하고 입수 및 확인 과정을 동행한 경우와 단지 지시나 안내의 질문처리 수준에 그치는 경우를 비교했을 때, 정보조사제공의 효율성에 약 8%의 차이가 나는 것으로 분석되었다(Bunge, 1990, 45). 한편, 정보조사제공의 효율성을 증진시키는 정보사서의 요인으로는 특정 정보원이나 주제에 관한 지식의 영향력이 가장 큰 것으로 나타났다(이숙희, 1997; Quinn, 1994).

10.3.3 정보질문

정보조사제공은 이용자의 정보질문과 정보사서 그리고 정보원 또는 시스템과의 상호작용이 이루어지는 활동이다. 그런데 정보질문은 이용자의 주제지식이나 도서관 이용 경험 등 주관적 특성뿐만 아니라 사회, 정책, 기술의 발전과 같은 객관적 특성을 반영하고 있어서 봉사수준이나 정보사서의 자질, 기술, 지식, 정보원이나 시스템의 개발 수준 등을 결정하는 척도가 되기도 한다. 특히 이용자 질문의 유형이나 주제, 난이도에 따른 정보질문의 특성은 정보조사제공의 성패와 관련되어 분석되는 주요 요소들이다. 질문의 난이도를 어떻게 측정할 수 있는가는 또 다른 평가의 문제로 남아 있다. 질문의 난이도를 측정하기 위해 질문의 길이나 질문의 구성 요소, 응답을 제공하기 위해 참고한 자료의 수, 참고도구의 유형(인간정보원, 인쇄정보원, 전자정보원), 응답 소요시간 등 다양한 척도들이 제시되고 있다(Derr, 1984; Childers et al, 1991).

해결되지 못한 정보질문 또한 평가대상이 될 수 있는데 응답되지 못한 정보질문들을 분석한 결과는 서지나 색인도구의 평가, 장서개발 정책 등에 반영될 수 있다. 정보질문의 형태별, 주제별, 난이도에 따른 분류와 누계에 근거한 정보질문의 평가는 주로 정보면담의 상호작용 기록을 참조하여 실시하게 되므로 정보조사제공의 통계 유지에 관한 기준을 갖추는 것이 바람직하다.

10.3.4 정보면담

이용자와 정보사서간의 정보면담 과정이 이용자 만족도에 영향을 미치는 주요 요인으로 지적되자 면담이나 언어, 비언어 커뮤니케이션 기법들이 새로운 평가요소로 주목받기 시작했다(Gers and Seward, 1985; Kazlauskas, 1976). 정보면담 과정에서 정보사서가 보이는 행태적 특성이 다른 어떤 요인보다도 응답의 정확성과 밀접한 관련성을 보였다는 연구결과들은 이용자 질문에 대한 정보사서의 관심이나 협조적이며 편안한 면담 분위기 그리고 긍정적인 커뮤니케이션 기법들의 활용이 정보원에 대한 지식이나 기술보다 더 중요하다는 것을 입증해 주었다(한상완, 1993; Lancaster et al, 1992; Mount, 1966). 한편, 인간관계의 정서적, 심리적 요소들의 중요성은 전자적 정보면담에서도 강조되고 있다.

10.3.5 정보원

정보원 또는 정보시스템은 정보조사제공의 질적 수준을 평가하기 위해 적용되어 왔던 대표적인 양적 평가요소라 할 수 있으며, 동시에 정보조사제공 결과에 가장 수동적이며 간접적인 영향을 미치는 요소라 할 수 있다. Powell(1978)은 정보질문에 대한 응답의 정확성을 평가하면서 참고정보원의 규모와 응답의 정확성 간에 높은 상관성이 있음을 확인하였는데 그 상관관계가 무한한 것은 아니었으며 일정수준 이상의 장서규모를 유지할 경우, 정보사서의 정보원에 대한 지식은 오히려 저하되어 응답의 정확성이 낮아진다는 결과를 확인하였다. 그러나 정보원이나 시스템을 평가함에 있어서 양적으로 풍부한 자원의 확보와 수준 높은 장서 유지가 곧 효율적인 정보조사제공을 보장한다고는 볼 수 없다. 완벽하고 정확한 답을 제공해 줄 정보원을 얼마나 많이 소장하고 있는지를 나타내는 장서의 규모도 중요하지만 디지털 정보조사제공 환경에서는 어떻게 정보원의 접근과 이용률을 높일 수 있는가가 정보조사제공의 효율성을 좌우하는 관건이 된다. 따라서 장서의 규모가 이용자 만족도에 미치는 직접적인 영향보다는 이용자가 이용한 정보원 또는 시스템에 대한 만족도를 평가하고 그 만족도에 영향을 미치는 요인들을 분석할 필요가 있다.

정보원의 최신성, 정보매체별 이용률, 정보조사제공을 위해 사용되는 정보원의 종류와 유형, 정보원의 이용행태에 대한 분석 등은 정보원의 활용도를 높이는 데 유용한 자료를 제공해 줄 것이다.

10.3.6 비용효과

정보사서의 수는 한정되어 있고 이용자의 요구는 갈수록 다양하고 복잡해져

가는 정보조사제공의 환경에서 비용효과의 분석은 효율적인 서비스 체제를 수립하는데 필수적인 요소라 할 수 있다. 비용효과는 정보조사제공 환경에서 쉽게 측정될 수 없는 평가요소로 여겨질 수 있으나 최근 정보기술의 도입과 함께 정보시스템의 효율성 평가는 비용효과 분석을 전제로 하고 있다.

비용효과는 일정 시간동안 처리된 질문의 수와 각 질문을 처리하는데 소요되는 응답시간, 정보사서의 급료에 기준한 정보조사제공의 시간당 비용, 처리된 질문의 건당 비용, 질문의 유형별 비용, 정보매체별 이용률 등을 산출하여 측정할 수 있다. 그러나 이러한 방법은 도서관 운영비를 무시한 것으로서 좀 더 실제적인 평가가 이루어지기 위해서는 도서관 예산에 반영된 정보조사제공의 연간 총 비용을 정보조사제공을 이용한 이용자수로 나누는 방법이 선택되기도 한다(Lopez, 1973, 234~242). 이러한 비용효과의 평가결과는 예산 감축에 따른 인원과 시설 그리고 장서개발의 정책 수립, 정보사서의 업무 시간 배정을 위한 우선순위나 전문사서와 준사서의 배치와 업무 수준 결정에도 반영될 수 있다.

10.3.7 비이용자

정보원의 구성과 정보사서의 업무수행능력이 아무리 뛰어난 것이라 해도 이용자가 이용하지 않는다면 그 서비스는 존재의 가치를 잃고 말 것이다. 이런 의미에서 정보조사제공을 이용하지 않는 이용자는 정보조사제공의 효율성을 평가하는데 고려해야 할 또 다른 요소가 된다.

정보조사제공을 이용하지 않거나 정보사서에게 도움을 요청하지 않는 이유로는 정보사서의 태도, 정보원이나 시스템의 양적, 질적 수준, 도서관 정책과 조직상의 문제점 들이 지적되고 있다(Swope, 1972; Morgan, 1980). 또한 특정 이용자 집단을 대상으로 도서관의 이용 빈도, 정보조사제공 의뢰 정도, 도서관의 정보원이나 서비스에 대한 기대와 인식 정도를 조사함으로써 비이용자의 특성을 파악하고 도서관 이용을 유도하는 홍보나 서비스 정책의 개발 방안을 마련할 수 있다. 그 밖에 비이용의 원인으로는 이용자의 경력이나 연구 분야, 도서관의 물리적 위치나 거리상의 문제점들이 지적되기도 한다(김태승, 1991).

10.3.8 환경

정보사서석의 위치와 규모, 정보원이나 시스템의 배치와 같은 물리적 환경을 비롯하여 정보사서의 긴장도, 업무 부담도, 정신적, 육체적 건강상태와 같은 환경적인 요인도 정보조사제공의 효율성에 영향을 미치는 요인으로 분석되고 있다. 이용자의 직접적인 정보원의 접근과 이용이 활발해지면서 정보원이나 서비스 이용에 대한 안내나 지시문의 역할 또한 이용자 만족도에 유의한 영향을 미치는 것으로 나타났다(McCarthy, 1995, 231~232). 한편, 도서관 홈페이지의 메뉴 구성은 가상공간에서 도서관 서비스에 대한 이용자의 인지도와 접근을 결정하는 중요한 요인으로 지적되고 있다(유종덕, 2005). 서비스명의 위치나 서비스 이용 안내문의 기능이 제대로 구현되지 못할 때, 이용자의 서비스 식별과 접근 가능성은 낮아질 수밖에 없다.

10.4 평가방법

정보조사제공의 효율성을 평가할 요소들이 결정되면 평가의 목적과 요소의 특성에 따라 어떤 평가기법을 적용할 것인지를 결정해야 한다. 개개의 평가방법은 고유한 장, 단점을 지니고 있지만 반드시 타당성과 신뢰도를 지녀야 하며 주관적인 관찰에 의한 평가일지라도 데이터의 객관성과 과학적인 분석방법이 균형을 이루는 것이 바람직하다.

이용자 만족도에 내포된 주관적 가치를 어떻게 객관적이고 과학적인 방법으로 측정할 수 있는가는 정보조사제공 평가의 가장 본질적인 문제라 할 수 있다. 정보조사제공의 효율성과 관련된 요인들이 포괄적으로 분석되지 못하고 한정된 봉사환경을 대상으로 수행될 수밖에 없었던 원인 또한 이러한 평가방법의 한계에서 비롯된 것이라 할 수 있다.

정보조사제공 평가에 일반적으로 사용되고 있는 전통적인 평가기법으로는 통계, 관찰, 설문조사, 면담, 자기평가 방법들을 들 수 있다. 개개의 방법이 그 자체로 완벽하지 않으므로 평가의 범위와 대상, 목적에 따라 가장 적절한 평가기법을 선택해야 한다. 두 가지의 이상의 기법을 적용한 평가를 실시할 경우에는 하나의 상황을 여러 방법으로 접근할 수 있기 때문에 각 평가방법의 단점을 최소화하고 장점을 부각시킨 결과를 얻을 수 있다. 따라서 효과적인 평가를 수행하기 위해서는 각 평가방법에 대한 특징과 장, 단점을 정확하게 이해하고 적용하는 것이 무엇보다 중요하다.

10.4.1 통계

통계는 가장 오래되고 간단하여 널리 사용되는 양적 평가 기법이다. 대출 건수, 상호대차 건수, 시간대별 이용자수, 질문응답서비스 유형별(전화, 면담, 전자우편 등) 이용자수, 정보질문의 유형, 데이터베이스별 이용 빈도, 평균 탐색 시간 등에 관한 통계는 정보조사제공의 이력을 관리함으로써 손쉽게 얻을 수 있는 객관적인 평가 결과이다. 평가의 목적에 따라 일정기간 동안 특정 항목에 대한 통계를 집중적으로 분석할 수도 있지만 정보조사제공 업무 전반에 걸친 일상적인 통계는 월별 추이나 연간 실적 보고서 작성을 위한 근거 자료로 이용할 수 있다. 그리고 각 도서관의 통계를 비교하여 특정 도서관의 정보조사제공의 규모나 가치를 평가하는데도 유용한 기법이다. 또한, 통계기법은 객관적 데이터를 바탕으로 하므로 과거의 기록과 비교할 수도 있으며, 평가를 수행할 때 기존의 기록을 사용할 수 있다는 장점이 있다. 반면, 정보원의 규모나 내용, 이용자의 유형이나 정보이용능력 또는 정보사서의 업무수행 능력과 경험 등에 따라 통계 결과의 객관성이 결여될 수 있으므로 결과의 해석에 유의할 필요가 있다.

10.4.2 설문

설문조사는 특정 표본을 대상으로 또는 무작위 표본 집단을 대상으로 이용자나 정보사서의 의견을 수렴하는 한 방법으로서 정보질문의 유형, 정보이용행태, 특정 서비스에 대한 이용자의 만족/불만족 요인, 정보매체의 선호도 등 어떤 평가요소에도 가장 광범위하게 실시될 수 있는 기법이다.

효과적인 평가기법이 되기 위해서는 설문조사 결과에 대한 신뢰도를 높이는 것이 가장 중요한데 이것은 응답자가 어느 정도 성의 있는 자세로 설문에 응하였는가에 따라 좌우된다. 그러므로 설문지에 사용된 용어와 설문의 의도가 명확해야 하며 모호한 문항에 대해서는 그 의미를 분명하게 이해할 수 있도록 설명을 충분히 보충해 주는 것이 바람직하다. 또한 설문지의 문항에 조사자의 편견이 지나치게 반영되어서는 안 되며, 응답자 역시 질문자의 의도에 맞추어 응답해서는 안 된다.

영리조직의 서비스 품질에 대한 개념이 도서관영역에 도입된 이후, 도서관의 서비스 품질을 평가하기 위한 설문 도구들이 개발되었는데 대표적인 예로 SERVQUAL과 LibQUAL+™ 을 들 수 있다.

(1) SERVQUAL

SERVQUAL은 ① 유형의 제품과 서비스의 차이를 제공된 서비스의 질 측정 측면에서 정의하고, ② 서비스의 질 연구에 적용시킬 수 있는 측정방법을 정의하며, ③ 서비스의 질을 특징지을 요소들을 검토하려는 차원에서 1985년, Parasuraman과 Berry 그리고 Zeitheml에 의해 개발된 평가도구이다. SERVQUAL은 특정 서비스에 대한 이용자의 기대치와 서비스를 체험한 후의 인식치를 비교하여 기대치와 인식치의 차를 측정하고 이를 통해 서비스의 품질을 평가한다.

서비스 품질의 평가는 서비스 전달과 관련된 과정 품질과 결과의 품질에 의해 이루어지는데 SERVQUAL의 평가항목은 결과와 관련된 ① 신뢰성(Reliability, 성과의 일관성과 확실성, 대출기록의 정확성, 정확한 서비스 시간, 믿을 수 있는 임무 수행) 그리고 과정에 관한 ② 유형성(Tangibles, 물리적 시설, 장비, 서비스 제공자, 커뮤니케이션 도구의 유형, 서비스 제공을 위해 이용되는 시설과 장비), ③ 응답성(Responsiveness, 고객을 도와 즉각적인 서비스를 제공하려는 의지), ④ 확신성 또는 보장성(Assurance, 직원의 지식과 정중한 예절), ⑤ 공감성(Empathy, 고객에 대한 개별적인 관심과 배려, 쉽게 접근할 수 있고, 의사소통이 잘되며 고객을 잘 이해함) 등 5가지 영역으로 구성되어 있다.

이 평가모형은 거의 모든 분야의 서비스 품질 평가에 보편적으로 적용되고 있는 평가도구이지만 정확하지 못한 개념 정의는 문제 해석의 다양성을 낳을 수 있고, 기대치와 인식치의 문항이 반복되어 응답자가 혼란을 느끼게 하며, 평가도구로서 신뢰성은 입증되었으나 그 타당성은 완전하지 못하다는 문제점이 지적되고 있다(Cook and Bruce, 2000).

(2) LibQUAL+™

LibQUAL+™ 은 SERVQUAL 모형을 문헌정보학 분야에 적합하게 수정하고 개선하여 1999년, ARL과 Texas A & M 대학도서관이 공동 개발한 평가도구로서 현재에도 개발 작업이 진행 중이다. SERVQUAL과 비교했을 때, 동일한 구조를 지니고 있지만 각 평가영역에 대한 점수 척도와 도서관 서비스 평가를 위한 용어의 조정이 이루어진 점에서 보다 확장된 평가도구라 할 수 있다. 평가항목은 계속된 수정 과정을 거쳐 2004년 현재, 3개 차원의 22개 문항으로 축소되었다. <그림 10-1>은 LibQUAL+™ 설문지 화면의 예이다.

LibQUAL+™ 은 도서관의 서비스 품질에 대하여 이용자가 받아들일 수 있는 최저치(minimum, 이용자가 받아들일 수 있는 최저 수준을 나타내는 점수), 실제 도서관 서비스에 대해 이용자가 느끼는 인식치(perceived, 도서관이 현재 제공한 서비스 수준을 나타내는 점수) 그리고 도서관의 서비스에 대하여 이용자가 희망하는 기대치(desired, 이용자가 개인적으로 원하는 서비스 수준을 나타내는 점수) 등 3가지 측면에서 리커트 9점 척도로 평가하도록 한 온라인 설문 도구이다. 그러나 최저치와 기대치의 차이로 이용자의 서비스 질에 대한 인식치를 비교하는 LibQUAL+™ 은 왜 이용자가 특정 서비스에 대해 그렇게 인식했는지를 설명할 수 없는 제한점을 지니고 있다. 예를 들어, 학부생이 대학원생보다 여러 항목의 평가에서 더 높은 인식치를 보였지만 최저치의 평균값이 대학원생의 평가 값보다 높게 나오지 않으면 LibQUAL+™ 에서는 이론적으로 대학원 도서관의 서비스 질이 학부 도서관의 서비스 질보다 낮은 것으로 해석된다. 이 이외에 5-10%의 낮은 응답율을 보이는 설문 결과로는 연령, 성, 학문영역별 대표성을 지닐 수 없다는 문제나 교내외 이용자를 모두 포함시키지 못하는 표본 집단의 문제 그리고 온라인 설문에 응할 수 없는 이용자 만족도를 평가하는 문제 등 객관적이며 타당

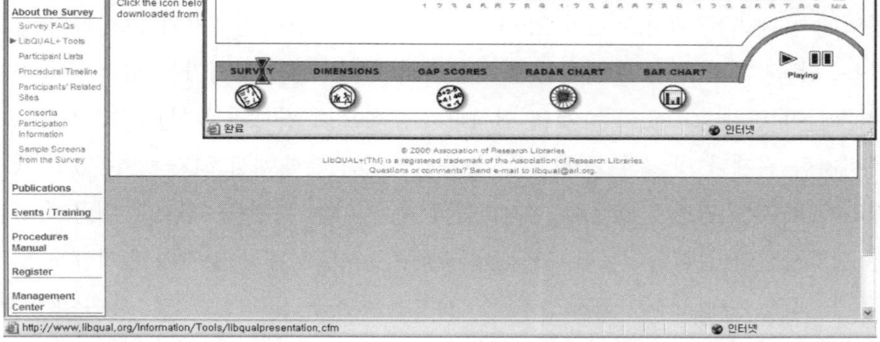

그림 10-1 ■ LibQUAL+™ 의 설문지 예

한 평가도구로서 개선해 나가야 할 여러 문제점들이 지적되고 있다(Shi and Levy, 2005).

10.4.3 관찰

평가요소를 관찰하고 그 결과를 기록하는 관찰은 활동지향적인 연구 방법 중 하나이다. 관찰기법을 효율적으로 적용하기 위해서는 많은 데이터를 객관적으로 수집하고 조직적인 방법으로 기록할 수 있도록 미리 정해놓은 관찰 지침이 필요하며, 관찰 후에는 관찰 대상의 반응을 즉시 기록할 수 있어야 한다. 평가결과의 타당도와 신뢰도를 보장하기 위해서는 동일한 기준을 가지고 일관성 있는 관찰기록이 이루어 질 수 있도록 관찰 기록자들에 대한 훈련도 실시되어야 한다(김영신, 1995, 313).

관찰은 공개적인 방법(Obtrusive Method)과 비공개적인 방법(Unobtrusive Method)으로 구분된다. 공개적인 방법은 평가자의 의도나 조사목적을 미리 밝히고 평가를 실시하는 방법으로서 면담이나 설문 기법 등이 여기에 포함된다. 이 기법은 즉각적이고 솔직한 응답을 기대할 수 있고, 통제된 상황에서 수행되는 질문응답서비스의 신속성이나 정확성의 정도를 검토하거나, 정보사서의 운영능력을 평가하는데 유용하다. 그러나 평가의 목적이 미리 인지되기 때문에 진정한 평가결과를 얻지 못하는 경우가 있으며 관찰 대상자나 응답자의 민감한 반응이 평가결과에 부정적인 영향을 미치기도 한다는 제한점을 가지고 있다. 이러한 공개적인 관찰 방법이 지니는 문제점들을 보완하고 더 정확한 평가결과를 유도하기 위해 비공개적인 평가 방법이 적용될 수 있다. 비공개 평가기법은 주로 비즈니스 영역에서 대리 구매자(Secret Shoppers)들을 고용하여 판매자와 고객과의 상호작용, 상품, 가격 등을 조사하는데 사용되어 왔다. 비공개 평가는 평가 대상자들이 자신이 평가받고 있다는 것을 인식하지 못하므로 평가대상자는 공개적인 평가에서처럼 견제나 방어적인 태도가 아닌 일상적인 상태에서 평가될 수 있고 평가결과에 미치는 편견의 영향력도 최소화할 수 있다는 특징을 지닌다. 비공개 평가는 정보사서의 업무수행능력, 면담만족도 등 정보조사제공 영역의 평가에도 널리 적용되고 있는데 대리이용자가 미리 준비한 실험용 정보질문들을 정보사서에게 제기하고 그 응답의 정확성을 평가하게 된다(Hernon and McClure, 1987; Elzy et al, 1991). 대리이용자에 의한 비공개 평가는 응답에 대한 정확성뿐만 아니라 정보면담 과정에서 보이는 사서의 행태적 요인들을 평가하는데 최적의 방법으로 간주되고 있다. 그러나 비공개 평가의 실험용 질문들은 답이 한정적이고 명확한 즉답형 또는 사실형 정보질문들로 구성되어 있기 때문에 실제 정보조사제공 환경에서 제기되고 있는 다양한 유형의 이용자 질문의 특성을 충분히 반영할 수 없다는 제한점을 지니고 있으며, 그에 따른 비공개 평가 결과 역시 한정된 정보조사제공 활동에 대한 효율성 평가라는 비판이 따르고 있다. 또한 정보조사제공 평가영역의 새로운 장을 열어주었다는 점에서 그 유용성을 인정받고 있지만 평가절차상 제시되는 윤리적인 문제는 보편적 평가 기준으로 수용되는데 큰 장애요인이 되고 있다(Douglas, 1988; Bailey, 1987).

10.4.4 면담

면담은 일종의 대화라고 할 수 있다. 그러나 평가기법으로서의 면담은 공식적인 성격을 띠고 있고 어떤 특정한 목적을 가지고 진행된다는 점에서 일상의 대화와는 다르다. 면담은 미리 준비한 항목을 바탕으로 한명 또는 소규모의 응답자에게 질문함으로써 평가에 필요한 정보를 얻고자 하는 대표적인 질적 평가 방법이다.

면담의 종류는 형태에 따라 면대면, 서면, 전화, 화상회의와 같은 전자적인 방식의 면담 등으로 구분되며, 응답의 규모에 따라 단독 면담과 집단 면담으로 나누어진다. 4~12명 정도의 참여자들이 특정한 주제에 대한 인식이나 생각을 얻기 위해 토론을 하는 전문가 집단 면담(Focus Group Interview) 역시 면담 기법의 한 유형이다. 전문가 집단 면담은 참여자들의 생각이나 의견의 합일점을 찾는 것이 아니라 선택된 주제에 대한 경향을 알아보는 것으로서 프로그램의 개발이나 평가에 많이 사용하는 기법이다.

면담자는 솔직하고 완전한 해답을 얻을 수 있도록 응답자로부터 동기를 유발시키는 일이 중요하다. 또한 응답자가 면담자의 의도를 파악하여 결과에 왜곡된 영향을 미칠 수도 있으므로 면담자는 면담과정에 개입되는 심리적인 영향 요인을 파악하고 이를 통제할 수 있어야 한다. 따라서 유용한 면담 결과를 얻기 위해서는 면담자의 전문적인 면담 기술과 지식이 필수적이다. 일반적으로 면담 기법은 제3자의 개입 없이 개방형 질문에 대한 솔직하고 심도 있는 응답을 이끌어 낼 수 있다는 장점을 지니고 있으나 면담자들의 전문교육이 필요하고, 다른 기법들보다 시간과 비용이 많이 들며, 면담 대상자의 규모가 제한적이고, 면담과정에 편견이 개입되는 경우에는 결과의 정확성이나 객관성을 상실하게 된다는 단점을 지니고 있다.

10.4.5 자기평가

자기평가 기법은 평가 절차가 매우 간단하며 평가비용 면에서도 가장 경제적인 방법이다. 정보사서는 굳이 공식적이며 정규적인 평가절차를 거치지 않고도 자신의 업무태도나 정보원에 대한 지식 그리고 그 활용 능력에 대해 매일 스스로 평가할 수 있어야 한다. 정보조사제공 과정에서 발생하는 여러 문제들 중 면담과정을 통해 이용자의 반응을 바로 파악할 수 있는 문제들은 정보사서의 자기평가로 충분히 해결될 수 있다. 이를 위해서는 업무의 평가지침이 마련되어 있어야 하고 비디오나 오디오 테이프를 이용하여 자신의 정보조사제공 수행행태를 분석하고 평가할 수 있는 환경이 조성되어야 한다. 업무의 특성에 따라 다양한 영역의 자기평가표들이 개발되고 있으며, 정보사서를 위한 자기평가의 기준들도 제시되고 있다(Librarians Association of the University of California-Berkeley, 2001).

10.5 결론

정보조사제공이란 도서관이 이용자 중심의 기관으로 그 개념이 급속히 변화하기 시작했던 20세기 후반의 정보사회에서 새롭고도 핵심적인 업무로 부각된 전문활동이다.

정보조사제공은 이용자를 위한 직접적인 인적 도움에서부터 장서개발, 정보이용교육, 전자정보원의 접근에 이르기까지 매우 다양한 활동으로 전개되는 서비스 영역으로서 그 효율성은 무형의 서비스 가치를 객관적으로 분석하고 해석하는 평가에 의해 완성된다.

이용자의 정보요구와 정보이용환경을 변화시키는 사회적, 기술적 환경변화는 정보조사제공의 질적수준을 유지하고 발전시키기 위한 평가의 중요성을 더욱 강조하고 있다. 정보조사제공의 효율성을 개선하기 위한 평가를 수행하는 데에는 평가 목적에 부합하는 평가요소의 파악과 객관적인 기준 그리고 적절한 평가방법의 적용이 요구된다. 정보환경의 변화에 따른 평가요소의 다양성과 복잡성을 이해해야 하며 평가요소의 특성을 반영한 기준의 설정과 양적, 질적 평가를 모두 고려할 수 있는 기법의 개발에 관한 연구와 노력을 통해 적절한 비용으로 쉽게 그리고 효과적으로 평가할 수 있는 평가 모형이 제시되어야 할 것이다.

인 용 문 헌

- 김영신. 1995. “비통보식 조사를 통한 참고사서 업무능력 평가.” 한국문헌정보학회지 29: 305~343.
- 김태승. 1991. “과학기술정보서비스의 비이용 요인에 관한 연구.” 박사학위논문, 성균관대학교 대학원.
- 백항기. 2001. 대학도서관서비스에 대한 고객만족도 분석. 한국비블리아 12(1): 43~64.
- 유종덕. 2005. “대학도서관 홈페이지의 이용자서비스 접근성에 관한 연구.” 석사학위논문, 경기대학교 대학원.
- 이숙희. 1997. “대학도서관 정보조사제공에 있어서의 응답실패 요인에 관한 연구.” 박사학위논문, 연세대학교 대학원.
- 한상완. 1993. “정보조사제공에 있어서 비언어적 커뮤니케이션 응용모형 개발을 위한 실증적 연구.” 한국문헌정보학회지 25: 83~150.
- Bailey, B. 1987. “The Continuing Debate on Library Reference Service: A Mini-symposium the ‘55% Percent Rule’ Revisited.” *Journal of Academic Librarianship* 13(5): 280~282.
- Brown, D. M. 1985. “Telephone Reference Questions: A Characterization by Subject, Answer Format, and Level of Complexity.” *RQ* 24: 290~303.
- Bunge, C. A. 1990. “Factors Related to Output Measures for Reference Service in Public Libraries: Data from Thirty Six Libraries.” *Public Libraries* 29(1): 42~47.
- Childers, T. et al. 1991. “Measuring the difficulty of Reference Questions.” *RQ* 31(2): 237~243.
- Cook, Collen and T. Bruce. 2000. “Reliability and Validity of SERVQUAL Scores Used to Evaluate Perceptions of Library Service Quality.” *The Journal of Academic Librarianship* 26(4): 248~258.
- Derr, R. L. 1984. “Questions: Definitions, Structures and Classification.” *RQ* 24(2): 186~190.
- Douglas, I. 1988. “Reducing Failures in Reference Services.” *RQ* 28(1): 94~101.
- Durrance, J. C. 1989. “Reference Success: Does the 55% Rule Tell the Whole Story?” *Library Journal* 114(7): 31~36.
- Elzy, C. et al. 1991. “Evaluating Reference Service in a Large Academic Library.” *College & Research Libraries* 52: 454~465.

- Gers, R. and Seward, J. 1985. "Improving Reference Performance: Results of a State-Wide Survey." *Library Journal* 110: 32~35.
- Grogan, D. 1991. *Practical Reference Work.* London: LA Publishing.
- Hernon, Peter and C. R. McClure. 1987. "Library Reference Service: An Unrecognized Crisis - A Symposium." Journal of Academic Librarianship 13(2): 69~80.
- Katz, William A. 1992. *Introduction to Reference Work. Vol.I: Basic Information Sources*, 6th ed. New York: McGraw Hill.
- Kazlauskas, E. 1976. "An Exploratory Study: A Kinesic Analysis of Academic Library Service Points." *Journal of Academic Librarianship* 2: 130~134.
- Lancaster, F. W. 1992. "The Reference Librarian as Mediator: Predicting Accuracy Scores from User Impressions." *The Reference Librarian* 37: 143~159.
- Lancaster, F. W. 1984. "Factors Influencing the Effectiveness of Question-Answering Service in Libraries." *The Reference Librarian* 11: 95~108.
- Librarians Association of the University of California-Berkeley. 2001. "Guidelines for Preparing Self-Evaluations." <http://www.lib.berkeley.edu/LHRD/revself.html>.
- Lopez, M. D. 1973. "Measurement, Cost and Value: Academic Reference Service." *RQ* 12: 234~242.
- McCarthy, C. A. 1995. "Students' Perceived Effectiveness Using the University Library." *College & Research Libraries* 56(3): 221~234.
- McClure, C. R. 1984. "Output Measures, Unobtrusive Testing and Assessing the Quality of Reference Service." *The Reference Librarian* 11: 215~233.
- Morgan, L. 1980. "Patron Preference in Reference Service Points." *RQ* 19: 373~375.
- Mount, E. 1966. "Communication Barriers and the Reference Question." *Special Libraries* 57(8): 575~578.
- Murfin, M. E. 1995. "Evaluation of Reference Service by User Report of Success." *The Reference Librarian* 49/50: 229~241.
- Parasuraman, A., Leonard L. Berry and Valarie A. Zeitheml. 1985. "A Conceptual Model of Service Quality and Its Implications for Future Research." *Journal of marketing* 49 (4): 41~50.
- Powell, R. R. 1978. "An Investigation of the Relationships Between Quantifiable Reference Service Variables and Reference Performance in Public Libraries." *Library Quarterly* 48(1): 1~19.

- Quinn, B. 1994. "Beyond: The Examplar Librarian as a New Approach to Reference Evaluation." *Illinois Libraries* 76(3): 165~171.
- Reference and User Services Association. 2000. *Guidelines for Information Services.* <http://www.ala.org/ala/rusa/rusaprotools/referenceguide/guidelinesinformation.htm>.
- Seggern, M. V. 1987. "Assessment of Reference Services." *RQ* 26(4): 487~496.
- Shi, Xi and Sarah Levy. 2005. "A Theory-guided Approach to Library Services Assessment." *College & Research Libraries* 66(3): 266~277.
- Swope, M. R. and J. Katzer. 1972. "The Silent Majority: Why Don't They Ask Questions?" *RQ* 12: 161~166.
- White, M. C. 1985. "Evaluation of the Reference Interview." *RQ* 25: 76~84.
- Withlatch, J. B. 1990. "Reference Service Effectiveness." *RQ* 30(2): 205~220.

찾 아 보 기

한 글

ㄱ

ㄴ

ㅎ

영 문

A

B

C

D

E

F

M

N

O

P

Q

R

S

T

U

V

W

Z

기 타

정보조사제공학

한상완·이숙희 공저

펴 낸 곳 연세대학교 출판부
등 록 1955년 10월 13일 제9-60호
주 소 서울시 서대문구 신촌동 134
전 화 392-6201, 2123-3380~2
팩 스 393-1421
E-mail ysup@yonsei.ac.kr
홈페이지 http://www.yonsei.ac.kr/press
인 쇄 네오프린텍(주)

2007년 1월 20일 1판 1쇄
ISBN 978-89-7141-761-4 (03020)

값 30,000원